하자! 성경일독

말씀보는 눈이 확 열리는

성경일독스쿨

하자! 성경일독

1판 1쇄 발행 2022년 6월 3일

지은이 최시영

발행인 장진우
디자인 윤석운
펴낸곳 호산나(주)
주소 경기도 안양시 벌말로 123, A909호
전화 1644-9154
홈페이지 www.hosanna.net
인쇄 창영프로세스

가격 25,000원
ISBN 979-11-89851-34-7

- 호산나출판사는 "네 형제를 굳게 하라" (Strengthen your brothers) 는 주님의 말씀을 사명으로 알고, 좋은 도서를 출판하여 성도들에게 유익을 드리는 것을 늘 꿈꾸고 있습니다.
- 호산나출판사는 한몸 사역의 일환으로 진행되고 있습니다.

꼭! 강의 영상과 워크북을 활용해 보세요.

| 최시영 지음 |

하자! 성경일독

말씀보는 눈이 **확** 열리는

성경일독스쿨

HOSANNA

목차

추천사

살아계신 하나님을 체험하는 성경읽기

최근에 한국교회 가운데 성경을 읽고, 쓰고, 암송하는 운동이 곳곳에서 일어나는 것은 대단히 반가운 일이다. 그러나 노력하는 것만큼 사역의 현장에서 좋은 결실이 나타나는 것 같지 않아 안타깝기만 하다. 성경을 읽기는 하지만 그것이 성도의 삶을 변화시키는 원동력이 되지는 못하는 것이 늘 마음에 걸렸다. 그런데 이번에 "하자! 성경일독" 책이 출간되어 교회와 사역의 현장에서 애쓰는 목회자와 말씀을 사모하는 평신도에게 많은 도움이 되기를 소망한다. 성경은 누구나 읽을 수 있지만 읽는 사람 모두가 그 내용과 그 안에 담긴 하나님의 뜻을 이해하는 것은 아니다. 성경은 우리가 살아보지 않은 지역의 이야기이고 우리가 잘 모르는 역사적 배경이 있다. 낯선 목적지를 잘 찾아가기 위해서는 네비게이션이 꼭 필요하듯이 이 책은 우리를 성경에 관한 바른 이해와 은혜의 길로 인도해 주는 좋은 길잡이가 될 것이다. 왜냐하면 15년간의 이민 목회현장에서 성도들에게 성경을 잘 가르치기 위해 고민하고 노력한 흔적이 있다. 또한 시중에 유사한 책들이 이미 많이 나와 있지만 목회현장에서 실질적인 적용과 연구가 담긴 책은 많지 않다. 이 책이 독자들의 손에 들려질 때 그 값을 발휘할 것이라 확신한다. 그리고 목회자와 평신도가 사모하는 마음으로 읽으며 그 속에서 살아계신 하나님을 체험하는 가교역할을 충분히 해줄 책이라 믿기에 적극 추천하는 바이다.

이 정 익 목사

(신촌성결교회 원로, 실천신학대학교 총장, 대한성서공회 이사장)

성경, 꿀송이 같이 단 말씀

하나님께서는 이스라엘 백성들에게 매일 새로운 만나를 주신 것처럼 우리에게도 매일 말씀으로 새로운 양식을 주시길 원하십니다. 하나님의 말씀, 성경은 영혼의 양식이요 생명의 양식입니다. 성경은 꿀송이보다 더 단 하나님의 말씀입니다. 성경은 기록된 하나님의 말씀이며, 우리는 날마다 그 말씀을 읽음으로 그 맛을 느끼며 영적 생활에 필요한 양식을 얻고, 그 음성을 듣습니다. 하나님의 백성들이 하나님의 말씀을 읽지도 않고, 듣지도 않고, 순종하지도 않는다면 하나님의 축복을 잃어버리게 되고, 삶의 변화도 일어나지 않게 됩니다. 말씀을 읽을 때 그것은 단순히 지식을 얻기 위한 독서가 아니라 삶의 변화를 위하여 읽는 것입니다. 우리는 날마다, 평생, 자세히 그리고 전념하여 말씀을 읽어야 합니다. 느헤미야는 예루살렘 성벽을 재건하고 이스라엘 백성들을 수문 앞 광장에 모이게 했습니다. 그리고 에스라가 율법책을 읽을 때에 백성들은 귀를 기울였으며, 말씀을 깨닫고, 말씀을 기뻐하며, 말씀에 순종했습니다. 그들은 하나님의 말씀에 전인격 - 지성(이해하고), 마음(기뻐하고) 그리고 뜻(순종하고) 이 사로잡혔습니다. 그 결과 말씀 부흥이 일어났으며 무너진 심령은 재건되고 삶은 변화되었습니다. 그러나 현실은 어떠한가요? 교회를 다니는 많은 신자들이 성경을 일독도 하지 않은 채 신앙생활을 하고 있습니다. 심지어는 직분자들 조차도 성경을 일독도 하지 않은 채 교회를 섬기고 있습니다. 오늘날 교회 안에 말씀 부족 현상이 심각합니다. 한국 교회 침체의 근본 원인은 말씀 부족에 있습니다. 말씀 부흥이 일어나면 한국 교회는 다시 부흥할 것입니다. 마침 교회 부흥이 필요한 이 때에 최시영 목사님이 "하자! 성경 일독"을 해산의 수고를 하여 출판하게 된 것을 기쁘게 생각합니다. 목사님은 성경 전체를 일독할 수 있도록 성경 읽기를 위한 배경지식, 성경목록과 구조, 지도와 도표 등 역사적 배경을 토대로 창세기부터 요한계시록까지 성경 한 권, 한 권 읽기를 안내하고 있습니다. 이 책은 책상 위에서 쓴 이론서가 아니라 지난 15년 동안 성도들과 함께 '성경 일독 스쿨'을 운영하면서 목회 현장에서 쓴 책이라는 점에서 더 가치가 있습니다. 이 책은 개인적으로 성경 일독을 할 수 있도록 도와줄 뿐 아니라 교회에서 소그룹으로 성경 일독을 할 수 있도록 안내하고 있습니다. 최시영 목사님이 심혈을 기울여 쓴 “하자! 성경 일독”을 통하여 한국 교회와 미주 한인교회에 말씀 부흥이 일어나는 계기가 되며 성경 일독을 통하여 성경의 맛을 보고, 성경을 보는 눈이 활짝 열려 성경이독, 삼독, 십독 그 이상을 통하여 가정마다 교회마다 성경 읽기 운동이 전개될 기회가 될 줄로 확신하여 이 책을 기쁨으로 추천합니다.

이 형 로 목사

(만리현교회 원로, 목회자세움 네트워크 대표)

성경을 붙잡으면 거기에 살 길이 있다.

사랑하는 후배이자 존경하는 목회자인 최 목사님께서 오랜 임상을 거쳤기에 안전한 약 같은 귀한 성경공부 교재를 이번에 출판하시게 되어 참으로 기쁩니다. 나라가 망해 바벨론으로 끌려간 유대인들은 70년 포로 생활 가운데 중요한 세 가지 일을 해냈습니다. 먼저는 구약성경의 뼈대를 만들었습니다. 둘째는 성경을 가르칠 랍비들을 양성했습니다. 셋째는 그들이 사는 마을마다 회당을 세워 랍비들이 성경을 가르치고 마을 사람들은 성경을 배웠습니다. 그리고 이것은 나라 없이 2천년을 넘게 세계를 떠돌던 유대인들이 나라를 다시 세울 수 있는 힘이 되었습니다. 세상이 변하고 또 변하여도 변하지 않는 것이 있습니다. 그것은 성경입니다. 팬데믹이 2년동안 세상을 휩쓸면서 온 세상의 모든 것을 다 뒤집고 있어도 뒤집히지 않는 것이 있습니다. 성경입니다. 세상이 아무리 시끄러워도 성경을 붙잡으면 거기에 살 길이 있습니다. 늘 성실하시고, 한결 같으신 최 목사님이 세상에 내놓으신 본서를 통해 우리 이민 교회의 성도들이 하나님의 말씀을 붙잡는 역사가 일어나길 바랍니다. 말씀에 우리와 우리 자녀들과 우리 교회가 살 길이 있기 때문입니다. 귀한 책을 내신 최 목사님 고맙고 감사합니다.

윤 석 형 목사

(산샘교회 담임, 미주성결교회 총회장)

성경읽기 안내서

미국 버지니아 주에서 오직 말씀으로만 목양하는 최시영 목사님의 저서가 출간되어 너무 기쁘고 반갑기만 합니다. 모든 사람들은 목마른 사슴처럼 영적인 갈망을 가지고 있습니다. 특별히 현대는 옳음과 그름이 혼동되어 절대 진리를 부정하는 포스트모던의 시대이기도 합니다. 그래서인지 우리 주변엔 오히려 성경과 복음을 더욱 올바르게 알고 싶어하는 사람들, 위대한 창조주의 이야기와 구세주의 감동적인 사랑의 진리를 알고자 하는 영적인 목마름을 가진 분들이 많이 있습니다. 최시영 목사님의 이번 저서는 그런 목마름을 가진 사람들에게 적합합니다. 이 책은 성경의 전체적인 맥을 짚어줄 뿐만 아니라 성서지리와 배경에 대한 정확한 이해를 제공하는 유익한 성경읽기 안내서이기 때문입니다. 또한 '성경일독스쿨'을 운영하고 싶은 분들에게도 매우 좋은 교재가 될 것입니다. 성경읽기는 우리를 온전한 믿음으로 이끌어주고, 하나님의 사람으로 성장시키는 유일한 방법입니다. 이 책의 안내를 받으며 성경일독에 다시 한번 도전해 보시기를 강력하게 추천하는 바입니다.

김 기 호 교수

(한동대학교 신앙교육원장 , 성경읽기운동센터장, 기독교변증학연구소장)

기독교 신앙의 핵심은 '성경'이다.

"하자! 성경일독"은 저자의 15년 성경일독 지도 경험이 담긴 훌륭한 책이다. 추천인 또한 저자의 추천과 배려로 교재(구 버전)를 가지고 콜롬버스 성경일독원(오하이오주), 앨라바마 성경일독원(앨라바마주), 한국 목회현장, 그리고 캠퍼스에서 다년간 성경일독학교를 진행해 왔고 큰 효과를 거두었다. 기독교 신앙의 핵심은 '성경'이다. 본 책은 저자를 통해 수년 간 연구되고 발전되어 성경전체의 흐름을 쉽게 습득할 수 있도록 구성되었다. 또한, 성경 신구약의 균형을 잘 이루고 있어서 특정 부분에 편식(?)하지 않도록 다양하고 풍성한 성경적 컨텐츠를 제공하고 있다. 그래서 성경의 깊이 있는 달콤함을 맛보고 싶지만 읽기를 주저하는 분들에게 좋은 안내서가 될 것이라 확신한다. 특히, 이 책은 소그룹 모임인 '교회 안에 작은 교회'(ecclesiola in ecclesia)를 실천하며 소그룹 구성원들과 성경을 알아가고자 하는 분들에게 더욱 효과적이다. 소그룹과 함께 성경을 읽고 본 책의 안내를 받으면, 재미 있게 성경 전체를 읽고 은혜를 경험할 수 있다. 본 책은 교회 안에 소그룹 모임 뿐 아니라 캠퍼스, 회사, 선교단체, 그리고 다양한 기독교 공동체들이 활용하면 좋다. 추천인 또한 저자의 교재를 교회 뿐 아니라 미국 대학 한인 학생 캠퍼스 모임(오하이오 주립 대학교), 한국에 명지대학교 기독학생모임, 기독교 기업인 이롬(주)에서 사용하여 큰 효과를 보았다. 그래서 "하자! 성경일독"은 보다 발전된 '성경일독서'로서 이 책을 활용하는 분들에게 큰 도움이 될 것으로 믿고 적극 추천한다.

주 상 락 교수

(명지대학교 교수, 교목)

성경 전체를 통전적으로 바라보기

신실한 목회의 여정을 걷고 있는 최시영 목사님께서 "하자! 성경일독" 이라는 귀한 책을 출간하게 되셨습니다. 추천사를 부탁 받고 책 전체를 정독 했습니다. 우선 이 책이 목회현장에서 성도들에게 성경을 가르쳐 본 경험에서 출발했다는 것을 주목하고 싶습니다. 그리스도인이라면 누구나 성경을 읽어야 한다는 것을 알고 있습니다. 하지만 실제로는 분주함, 난해함, 실패함 등등의 이유로 잘 실천하지 못하죠. 이를 극복하기 위해 저자는 '성경일독스쿨'을 여러 번 실험하고 검증한 후 이 책을 집필했습니다. 동변상련이죠? 저 스스로가 참여자의 입장에서, 또 때로는 인도자의 입장에서 상상력을 동원하며 즐겁게 읽어 내려 갔습니다. 전체적으로는 저자의 "따뜻함과 자상함" 이라는 성품이 돋보이네요. 저자는 서두르지 않습니다. 크게 아는 척을 하지도 않습니다. 그리고 참여자들을 향한 사랑과 관심을 놓치지 않습니다. 좋은 성품을 가진 목회자의 힘이겠죠? 책 전체에서 느껴지는 진솔함, 겸손함, 사랑의 권면, 적절한 도전과 제안 등은 이 책이 신실한 사역의 결과임을 증명합니다. 자연스레 "현장감" 이 극대화 되죠? 이 책에는 저자의 시행착오와 이를 극복하기 위한 노력들이 잘 녹아 있어, 독자들로 하여금 '성경일독스쿨'의 현장에 있는듯 느껴지게 합니다. 두번째는 이 책이 무척 '효과적' 이라는 점도 말씀드리고 싶습니다. 무엇보다 경험에서 우러나는 저자의 강조점과 권면이 무척 설득력이 있어요. 예를 들어, 먼저 연대기 순으로 읽기, 그 위에 벽돌을 쌓듯 시대 상황과 연관된 다른 책들을 쌓아 올려 이해하기, 누구나 궁금해 할 만한 난제들을 먼저 지적하고 설명하기, 적절한 이미지들과 잘 정리되어 있는 도표들을 배치하기 등의 방법은 독자들로 하여금 어렵게 느끼던 성경을 보다 친숙히 느끼고 다가서도록 돕습니다. 또한 이 책은 아주 '실제적' 입니다. 저자의 출발점은 '어떻게 하면 성도들로 하여금 성경을 스스로 읽게 할 것인가?' 에 있습니다. 이후 독자를 성경으로 안내하는데, 그 초대의 과정이 무척이나 체계적이고 또 자상합니다. 무엇보다 과하지 않아요. 저자는 항상 큰 그림부터 보여주고, 각각의 책으로 안내하는데 그 과정마다 접근 방법, 역사, 배경, 지리, 기후, 고려할 점 등의 과정을 반복함으로, 독자로 하여금 흥미를 잃지 않고 조금씩 더 가까이 가도록 안내합니다. 결국 성경 전체를 통전적으로 바라보게 되죠. 그 실제적인 안내의 여정이 참 훌륭합니다. 한 사람의 동역자로써 "하자! 성경일독"의 출간을 축하하고 기대하며, 이를 통해 많은 목회자와 성도들이 하나님의 말씀인 성경을 실제로 읽고 또 알아가는 복된 열매들이 가득하게 되기를 축복합니다. 감사합니다.

김 신 일 목사

(LA 유니온교회 담임, AEU 미성대학교 이사장)

목회현장에서 성경일독을 적용하고자 하는 목회자에게 권할 수 있는 책

분주한 목회 현장에서 어떻게 이런 책을 집필할 수 있었을까 놀랐으며 자성하게 되었습니다. 각 권에 대한 연구와 묵상을 거듭하면서 한 글자 한 글자 원고를 써 내려간 목사님의 노고에 동료목사로서 뜨거운 박수를 보내고 싶습니다. 성도에 대한 깊은 사랑에서 비롯된 성경에 대한 집요한 연구의 결과물입니다. 지금 목사님이 섬기시는 교회의 부흥의 비결이 무엇인지 여실히 알 수 있었습니다. 또한 '워싱턴선한목자교회'의 성도들은 참으로 복된 성도가 아닐 수 없습니다. 시중에 성경통독에 관한 도움이 될 만한 책들이 적지 않지만 이상할 정도로 목사가 써 낸 책은 드문 것 같습니다. 성도의 삶과 현장에 대한 고민을 가지고 설교를 준비하며 본문을 탐구한 목사의 저서라는 측면에서 다른 책들이 주기 어려운 유익이 있습니다. 성경을 전체적으로 이해하고자 하는 분들과 목회현장에 성경일독을 적용하고자 하는 목회자에게 확신 있게 권할 수 있는 책입니다.

안 선 홍 목사

(아틀란타 섬기는교회 담임)

성경의 눈이 열린다.

하나님의 말씀은 살아 있고 운동력이 있어 좌우에 날 선 어떤 검보다 예리하여 혼과 영과 및 관절과 골수를 찔러 쪼개기까지 하며 또 마음의 생각과 뜻을 판단한다(히 4:12)고 말씀하셨다. 그럼에도 불구하고 오늘날 가장 비극적인 현실은 이 말씀의 검을 잘 사용하지 못하고 있다는 것이다. 사용하지 못하는 이유는 아마도 성경이 어렵다고 생각하기 때문이 아닌가 한다. 그런데 최 목사님의 "하자! 성경일독"이야말로 성경에 목말라 하는 사람들에게 생수와 같은 책이다. 우선 성경을 읽는데 도움이 된다는 것이다. 그리고 이 책은 성경을 쉽게 이해할 수 있는 장점이 있다는 것이다. 또한 성경을 읽을 때 중요한 것이 구약과 신약의 흐름인데 그 맥을 너무나 잘 이어주고 있다. 목회를 하면서 누구나 한 번쯤 '성경의 흐름을 설명해 줄 만한 책이 필요하다'는 생각을 했을 것인데 아무나 성공할 수 없었던 과제를 최 목사는 하나님의 영광을 위해 도전했다. 이에 이 책을 읽는 사람들마다 성경의 눈이 열려 하나님의 영광을 위해 살기를 바란다.

황 영 송 목사

(뉴욕 수정교회 담임)

들어가는 말

많은 목회자들이 얼핏 보기에 비슷한 방식으로 목회를 해 나가는 것 같지만 깊숙이 들여다보면 다들 저마다의 세분화된 관심분야가 있기 마련입니다. 저는 미국에서 15년 넘게 이민목회를 하는 동안에 특별히 제자훈련에 관심이 많았습니다. 그리고 감사하게도 자연스럽게 제자훈련에 사용할 다양한 교재를 직접 만들어 볼 기회가 많았습니다. 제자훈련 교재를 직접 만들기 위해 기존에 출판된 다양한 책을 분석하고 연구하다 보니 시중에 나와있는 교재들 가운데 공통적으로 나타나는 특징 몇 가지를 발견하게 되었습니다. 그 중 하나는, 제자훈련 교재에 인용되는 성경구절들이 성경의 문맥과는 상관없이 의도된 정답을 이끌어 내기 위해 선택된 경우가 많았다는 것입니다. 다른 하나는, 교재에 인용된 성경구절의 90% 이상이 신약에 집중되어 있고 그 중에서도 사복음서와 바울서신에 편중되어 있었습니다.

제자훈련은 복음을 단기간에 집중해서 가르치는 과정이기 때문에 정해진 시간 안에 최대의 효과를 기대할 수 있는 교육 방법을 선택할 수밖에 없습니다. 그러나 어떤 목적에 부합되는 교재를 만들다 보니, 성경 66권 전체를 통전적이며 종합적으로 다루지 못하고 신약에 집중되고 특히 복음서와 바울서신에 있는 구절에 편중되어 인용하였던 것입니다. 그 결과로 의도하지는 않았지만 성도의 성경지식이 한쪽으로 치우치는 현상과 신앙의 불균형을 초래하는 크고 작은 원인이 되었습니다.

몸이 음식을 골고루 섭취해야 건강하듯이, 영적으로 건강한 그리스도인으로 성장하기 위해서 반드시 한쪽으로 치우치지 않는 균형적이고 종합적인 성경공부가 필요합니다. 성경 66권 모두 하나님의 계시의 말씀이며 언약이고 영혼의 양식입니다. 또한 목회자는 성도를 건강한 그리스도인으로 양육해야 할 책임과 사명이 있습니다. 이런 막중한 사명감을 느끼며 지난 15년간 '성경일독학교'를 목회현장에서 적용하면서 나름 열심히 연구한 내용과 자료를 모아 "하자! 성경일독"을 출판하게 되었습니다.

이 책에 대해 설명하기에 앞서 말씀드리고 싶은 내용이 있습니다.

저는 신학자가 아니라 목회자입니다. 다시 말해 이 책은 신학적인 입장에서 쓴 것이 아니라 목회적인 입장에서 '어떻게 하면 평신도에게 성경을 효과적이고 쉽게 가르칠 수 있고, 어떻게 하면 복음적인 관점에서 성경을 읽을 수 있는 능력을 키워 줄 수 있을까?' 고민하며 쓴 책입니다. 또한 '성경일독학교'라는 이름으로 성도에게 가르쳐 보고, 가르친 내용을 주변의 목회자들과 나누다 보니 알게 된 사실이 있습니다. 의외로 많은 목회자가 교회안에서 '성경일독학교'를 하고 싶어 한다는 것입니다. 그러나 문제는 어떻게 준비해야 하는지 방법도 막막하고, 자신이 원하는 적당한 교재를 찾기도 쉽지 않다는 것입니다. 목회현장의 어려움 때문에 수업을 준비할 시간을 확보하기 힘든 것이 사실입니다. 결국 대다수 목회자가 외부에서 전문 강사를 초빙하여 '성경일독세미나'를 하지만 적지 않은 비용에 부담을 느낄 뿐만 아니라 큰 재정지출에 비해 효과가 기대에 미치지 못하고 일회성 프로그램으로 끝나는 경우가 많아 교회안에서 지속적인 성경읽기 운동으로 확대되지 않고 있습니다.

이러한 목회 현실을 고민하다가 개교회의 상황에 맞게 수정이 가능한 교재를 만들어 보면 좋겠다 생각하며 쓰게 된 것이 "하자! 성경일독"입니다. 이 책은 매과마다 일정한 분량의 내용을 정리하여 개인이 읽고 성경공부를 해보기 쉬운 구성으로 되어 있습니다. 또한 스스로 성경 읽기표에 따라 성경을 읽으면서 매주 한 과씩 공부하여 1년 안에 성경일독을 결심하고 도전하기 용이하도록 만들었습니다. 그리고 개교회의 목회자나 성경을 가르치는 평신도 지도자가 워크북을 활용하여 소그룹과 대그룹으로 "성경일독스쿨"을 쉽게 운영할 수 있도록 편집되었습니다. "하자! 성경일독"은 본 교재와 "인!사이트 성경일독사역원" 홈페이지(www.bible1dok.net)에서 무료로 제공하고 있는 워크북(Workbook)으로 구성되어 있고, 누구나 홈페이지를 방문하시면 자료를 다운로드 하실 수 있습니다. '성경일독스쿨'의 운영방식은 인도자가 많은 시간을 투자해서 준비해야 하는 강의식이 아니라, 참여자 모두가 예습을 통해 미리 정해진 분량의 성경과 책을 읽고 워크북에 쓴 답을 함께 나누는(Sharing) 방식이기 때문에 부담 없이 시작하고 진행할 수 있습니다. 저도 했는데요! 여러분도 하실 수 있습니다.

최근에 성경읽기에 도움을 주기 위해 출판된 책들은 각각의 '서술 관점'이 있습니다. 시중에 소개된 책은 '하나님 나라의 관점'이거나 '구속사적 관점'으로 쓰여진 책들이 많습니다. 그런데 "하자! 성경일독"은 "하나님의 영광"이라는 새로운 관점에서 성경을 읽고 공부하기 위해 집필된 책입니다. '웨스트민스터 신앙고백'과 '소요리문답' 제1편에 보면 인간 존재의 목적은 하나님을 영화롭게 하는 것과 그 분을 영원토록 즐거워하는 것이라고 명시 되어있습니다. 성경 여러 곳에 인간의 존재목적이 "하나님의 영광"을 위한 것이라는 사실을 분명히 밝히고 있습니다.

"그런즉 너희가 먹든지 마시든지 무엇을 하든지 다 하나님의 영광을 위하여 하라"(고전10:31) / "우리 주 하나님이여! 영광과 존귀와 권능을 받으시는 것이 합당하오니 주께서 만물을 지으신지라. 만물이 주의 뜻대로 있었고 또 지으심을 받았나이다."(계4:11) / "이는 만물이 주에게서 나오고 주로 말미암고 주에게로 돌아감이라. 그에게 영광이 세세에 있을지어다. 아멘." (롬11:36)

성경은 뚜렷한 주제를 가지고 있습니다. 그것을 보는 관점에 따라 조금씩 다르게 설명되지만 궁극적인 주제는 동일합니다. 역사의 분기점이신 예수 그리스도의 탄생은 죄 가운데 묶여 영원히 죽을 수밖에 없는 우리를 십자가의 대속과 부활의 능력으로 하나님의 영광을 보게 하신 역사적 사건입니다. "하자! 성경일독"을 통해 '성경일독스쿨'을 공부하는 모든 분이 창세기부터 요한계시록까지 흐르는 "하나님의 영광"이라는 주제를 깊이 경험하고 지금도 살아계시고, 역사하시는 하나님을 만나는 기쁨을 누리길 소망합니다.

이 책을 통하여 '성경읽기 운동'과 '경맹퇴치(經盲退治) 운동'이 교회마다 일어나기를 소망합니다. 1920~30년대 당시 한국은 문맹률이 전체 인구의 80%~90%에 달할 정도로 높았습니다. 그런데 '문맹퇴치(文盲退治) 운동'을 통하여 국민들이 글을 배우고 책을 읽기 시작하면서 백성들이 개화되었고, 책의 출간이 많아지고 교육이 확대되면서 훌륭한 인재들이 양성되어 나라의 발전에 이바지함으로써 대한민국은 선진국으로 성장하게 되었습니다. 이와 같은 맥락에서 볼 때, '경맹(經盲) =성경을 못 읽는 사람'의 비율을 낮추는 일은 하나님 나라의 회복과 영광을 위해 꼭 필요한 사역입니다. 경맹퇴치 운동은 교회 부흥의 길입니다.

미국 라이프웨이(LifeWay) 연구소에서 1,000명의 미국인을 대상으로 성경에 대한 생각과 읽는 실태를 조사했습니다. 지금까지 최소한 성경을 한 번 통독했다고 답한 응답자는 전체의 20%이었고, 성경을 조금 읽었다고 답한 응답자는 43%, 성경을 전혀 읽어본 적이 없다고 답한 응답자는 10%였습니다. 즉 절반 이상은 성경을 거의 읽지 않고 신앙생활을 하는 것입니다. (2016년 9월부터 약 1달간 조사한 결과입니다.)

이런 결과에 대해 스캇 맥코넬 편집장은 '대부분 미국인들은 성경을 거의 펼쳐서 읽지 않기 때문에 성경의 전체적인 이야기를 직접적으로 알지 못한다. 또한 예배 참석자들 가운데도 매일 성경을 읽는 이들은 절반에 불과하고 많은 이들이 성경읽기를 단순한 경험으로 생각하고 성경을 꼭 읽어야 한다는 생각을 하지 않는다. 그렇기 때문에 교회 지도자들은 사람들이 성경을 읽고, 이를 통해 삶이 변화될 수 있도록 도와야 한다'고 말했습니다. (출처: Christianity Daily)

이 책을 출판하며 저에게 한가지 기도제목이 있다면, 이 책이 "하나님의 영광"을 위해 쓰임 받는 도구가 되는 것입니다. 또한 책을 읽는 모든 분들이 하나님의 영광을 맛보며 은혜를 누리는 것입니다. 이제 성경 66권으로 이루어진 하나님의 말씀을 통해 주님을 깊이 만나고 행복한 동행과 연합이 시작되기를 두 손 모아 기도합니다.

마지막으로 든든한 동역자로 섬겨준 사랑하는 아내 강지형 사모와 두 딸 최명(Michelle)과 최안(Joanne)에게 감사의 마음을 전합니다. 또한 부족한 아들을 하나님이 기뻐하시는 목사가 되도록 항상 기도하시는 어머니 정낙분 권사님과 천국에 계신 아버지 최선준 성도님과 아들처럼 사랑해주시고 기도해 주시는 장인 강대구 장로님과 장모 김임순 권사님께 감사드립니다. 그리고 지도 사용을 허락해주신 "대한성서공회"에 깊이 감사드립니다.

Glory to God!

2022년 1월 버지니아 스프링필드에서

최 시 영 목사

성경일독스쿨을 시작하기 전에

성경일독스쿨을 시작하기 전에 알아야 할 내용들이 있습니다. 아래에 소개되는 것들은 "성경일독스쿨"을 효과적으로 공부하기 위해서 꼭 필요한 내용입니다.

1. 성경읽기 훈련을 위해서 새번역 성경을 추천합니다.

새번역 성경은 "대한성서공회"에서 번역한 성경으로 공신력 있는 기관에서 번역했을 뿐만 아니라 6개교단 신학자들이 참여하여 보다 원문에 가까운 자료들을 근거로 번역했습니다. 또 개역한글과 개역개정 성경보다 쉽게 번역하였고 기존에 현대어로 번역된 우리말성경 혹은 현대인 성경, 쉬운 성경 보다는 좀더 성경적인 무게감이 느껴지는 중간 레벨 정도로 번역했습니다.

일반적으로 우리가 성경 읽기가 쉽지 않다고 느껴지는 것은 일단 기존의 성경이 어렵게 번역되었기 때문에 그렇습니다. 그래서 성경을 보기만해도 어렵다는 생각을 먼저 합니다. 개역한글과 개역개정 성경은 고어체(≠현대어체)로 되어 있습니다. 그렇기 때문에 성경을 읽을 때 쉽다는 생각보다는 어렵다는 생각부터 듭니다. 그래서 개역한글과 개역개정 성경을 읽을 때 우리가 전혀 의식하지 못하는 사이에 자꾸 성경을 공부하거나 묵상하려는 자연스러운 행동이 나옵니다.

결국 성경 읽는 습관을 기르는 목적에 충실하자면 먼저 번역이 쉬운 성경으로 훈련하는 것이 좋습니다. 새번역 성경은 여러 임상 과정을 통해 검증된 성경이기 때문에 매우 적절한 수준의 성경이며 읽기에 좋은 성경입니다. '성경일독스쿨' 과정 중에 새번역 성경으로 읽다 보면 익숙한 개역(한글/개정)성경을 다시 읽고 싶은 마음이 생깁니다. 그러나 제 경험으로 비추어 볼 때 창세기를 마칠 때까지 잘 참고 계속해서 읽다 보면 새번역 성경이 더 편해지고, 유익한 점도 발견하게 됩니다. 새번역 성경으로 읽을 때 얻는 2가지 유익을 간단히 소개하면 첫번째, 번역된 단어가 우리에게 친숙한 단어이기 때문에 이해가 쉽습니다. 예를 들어 법궤를 만들 때 사용된 나무 이름이 개역(한글/개정)성경에는 '조각목'으로 나옵니다. 그래서 어떤 목회자는 이스라엘이 12지파의 연합으로 이루어졌기 때문에 법궤도 조각목으로 만들었구나 생각하고 연합을 해야 한다는 은혜로운(?) 설교를 하셨다가 조각목이 조각을 붙여서 만든 나무가 아니라는 사실을 아시고 다음 주에 사과하고 정정해서 다시 설교를 했다고 합니다. 어렵게 번역이 되고 낯선 단어로 번역되었을 때 이해도는 낮아지고 정확한 의미를 파악하기 힘듭니다.

두번째, 문장 전체를 이해하고 문맥을 잡을 수 있도록 도와줍니다. 문맥을 잡고 문장 전체를 이해하게 되면 자연스럽게 성경 각 권의 흐름을 명확하게 알 수 있습니다. 예를 들어 우리가 잘 알고 있는 금식에 관한 내용이 나오는 이사야 58장을 생각해 보면 목회자가 설교할 때 하나님께서 기뻐하시는 금식은 결박을 푸는 능력이 있다는 내용으로 이 구절을 꼭 인용합니다.

(개역한글) 나의 기뻐하는 금식은 흉악의 결박을 풀어주며 멍에의 줄을 끌러주며 압제 당하는 자를 자유케 하며 모든 멍에를 꺾는 것이 아니겠느냐

(개역개정) 내가 기뻐하는 금식은 흉악의 결박을 풀어주며 멍에의 줄을 끌러 주며 압제 당하는 자를 자유하게 하며 모든 멍에를 꺾는 것이 아니겠느냐

(새번역) "내가 기뻐하는 금식은, 부당한 결박을 풀어주는 것, 멍에의 줄을 끌러 주는 것, 압제 받는 사람을 놓아주는 것, 모든 멍에를 꺾어 버리는 것, 바로 이런 것들이 아니냐?"

번역의 차이를 보면, 문장 전체에 대한 이해가 달라지는 것을 알 수 있습니다. 개역한글 성경으로 읽을 때 특히 오해되는 부분이 많습니다. 그래서 개역개정이 출간되었고 그것으로 인하여 많은 부분 올바른 해석을 위한 도움을 받았습니다. 그러나 새번역 성경은 읽으면서 이해가 되도록 현대적인 언어 표현으로 번역이 되었기 때문에 '성경일독스쿨' 교재로 적합하고 성경을 읽는 습관을 기르기 매우 좋은 성경이라 생각합니다. 새번역 성경이 아니더라도 가급적 쉽게 번역된 성경으로 꼭! 도전해 보시기 바랍니다. 문맥을 파악하고 전체적인 흐름을 이해하는 눈이 열리게 될 것이라 확신합니다.

2. 성경읽기 훈련을 위해서 매일 정해진 분량만큼, 연대기식 방법으로 읽기 바랍니다.

'성경일독스쿨'은 성경공부에 초점이 있는 학습 과정이 아니라 '성경읽기'에 초점이 있는 훈련 과정입니다. 그래서 '성경일독스쿨'을 통해 성경에 관한 지식보다는 성경을 읽는 습관을 길러야 하고, 성경을 스스로 읽을 수 있다는 자신감을 얻어야 합니다. 왜냐하면 '성경읽기' 습관은 하루아침에 생기지 않습니다. 일정한 기간 동안 지속적으로 반복하여 습관이 붙도록 만들어야 합니다. '성경일독스쿨' 과정에서 연대기식 성경읽기 방법으로 성경을 읽는 이유는 역사 순서와 시간 흐름에 따라 성경을 읽는 것이 성경 전체를 이해하는 것과 흐름을 파악하는데 큰 도움이 되기 때문입니다.

성경을 읽고 이해하기 위해선 먼저 전체 맥을 잡는 것이 중요합니다. 많은 분들이 알고 있는 것처럼 성경 목록은 시간 순서대로 배열이 되어 있지 않습니다. 그래서 시간 순서에 따라 성경을 읽어 보는 것은 성경 전체의 흐름을 이해하는데 큰 도움을 줍니다. 부록편에 있는 연대기식 성경 읽기표를 참고하여 시간 순서대로 읽어 보시기 바랍니다. 읽은 분량도 꼭 표시해 보시기 바랍니다.

3. '성경일독스쿨'은 성경을 읽는 습관을 기르는 것과 성경을 스스로 읽을 수 있는 자생능력을 키우는 두가지 목표를 가지고 있습니다.

어떤 성경공부를 하든 성경적인 지식만을 추구하는 공부는 좋지 않습니다. '성경일독스쿨'의 목적은 성경에 관한 지식을 얻고, 성경읽기 습관을 기르고, 스스로 읽을 수 있는 자생 능력을 키우는 것입니다. 그것이 "성경일독스쿨"의 진정한 목표입니다. 그래서 책을 읽고 공부하는 것도 중요하지만 매주 주어진 성경의 범위를 읽는 것이 어찌 보면 더 중요합니다. 만약 '성경일독스쿨'이 성경지식만을 추구하는 성경공부처럼 된다면 지식적인 만족만 얻을 뿐 성경을 읽고 은혜를 받아 예수님을 인격적으로 만나고 변화를 경험하기는 어렵습니다. 단지 순간의 기쁨과 은혜를 위한 성경공부가 아니라 '성경일독스쿨'을 통해 스스로 성경을 읽을 수 있는 성도가 되어야 하며 말씀을 통해 살아계신 하나님을 인격적으로 만나 그리스도인 다운 사람으로 변화됨의 기적이 있어야 합니다.

그리고 성경일독스쿨을 마친 뒤에 풍성한 성경의 지식과 함께 스스로 성경을 읽을 수 있다는 자신감을 가져야 합니다. 스스로 밥을 해 먹을 수 있어야 자취하고 독립적인 생활을 할 수 있는 것처럼 영적인 자생능력을 성도 개개인이 갖추어야 합니다. 자생능력이 필요한 이유는 종말의 시대가 가까울수록 곳곳에서 거짓된 복음과 스스로 하나님이라 말하는 이단이 득세하고 있습니다. 성경 말씀에 중심을 두고 참된 복음과 분별력을 가지고 신앙생활을 해야 간사한 사탄의 속임수에 넘어가지 않습니다. 이단이 말하는 종말론은 성경을 제대로 읽고 배우기만해도 스스로 분별할 수 있는 내용입니다. 그런데 너무나 쉽게 현대 그리스도인들이 이단의 가르침에 빠지는 이유는 교회 안에서 성경 66권 전체를 복음적 관점에서 공부할 기회가 없었고 성경적인 분별력과 기준이 성도에게 교육되지 못했기 때문입니다. 그래서 지금은 신앙의 자생능력이 절대적으로 꼭 필요한 시대입니다.

자생능력이 있는 성도는 목회자를 도와서 하나님나라의 영광과 교회를 위해 헌신하는 동역자가 되기 때문에 성도의 신앙을 말씀위에 잘 세워야 합니다. '내셔널지오그래픽'에 나온 24명의 자녀를 낳은 부부 이야기를 보면서 어떻게 저렇게 많은 아이들이 함께 살수 있을까? 생각했습니다. 그 당시 저는 딸 아이만 둘인데, 저와 아내가 열심히 해도 힘든데 어떻게 질서 정연하게 아이들이 다 알아서 집안일을 도와서 할까? 그 이유를 살펴보니, 큰 딸이 막내를 돌보고 어머니를 돕습니다. 둘째가 막내보다 조금 큰 아이를 돌보며 부모를 도와줍니다. 그렇게 큰 아이들이 순서적으로 작은 아이들을 돌보니까 가정에 모든 일을 함께 하며 건강하고 화목한 가정을 만드는 것입니다. 자생할 능력을 갖추어서 그리스도의 몸 된 교회를 건강하게 함께 세워갈 동역자가 있어야 목회자도 탈진하지 않고 마지막까지 믿음의 경주를 다 할 수 있습니다. 목회자의 동역자는 성도입니다. 말씀으로 동역자들을 세워야 합니다.

4. 성경읽기는 계시의 말씀을 통해 하나님의 뜻을 바르게 이해하는 것입니다.

성경은 계시의 말씀입니다. '계시(啓示)란 열어서 보여준다'는 뜻입니다. 성경은 하나님께서 열어서 보여주어야 볼 수 있고, 알 수 있고, 깨달을 수 있습니다. 그래서 성경읽기는 계시해주신 하나님의 말씀이 열리는 시간입니다. 하나님은 여러 과정과 방법을 통해서 계시해 주시고 믿는 우리를 만나 주십니다. 그래서 어떤 사람은 기도하다가 만났다고 이야기하는 사람도 있고, 어떤 사람은 갑자기 사업의 어려움으로 부도가 나고 파산해서 고난과 역경을 경험하다가 하나님을 만났다고 합니다. 또 어떤 사람은 죽을 병에 걸렸다가 기적적으로 하나님을 만나 병이 나았다는 사람도 있고, 어떤 사람은 아무런 문제가 없었지만 인생의 허무함을 느끼고 깊은 내면의 갈등 속에서 진지한 인생의 질문을 고민하다가 하나님을 만났다는 사람도 있습니다. 이렇게 만나고 경험한 내용은 사실 주관적인 경험에 근거한 체험이고 확신입니다. 그래서 주관적인 경험과 확신은 중요하고 필요하지만 그것이 객관적으로 하나님을 아는 정확한 지식이라 말할 수 없습니다.

하나님께서 정확하지 않거나 불완전하기 때문에 그렇다는 말이 아닙니다. 하나님은 전적으로 자신이 누구인지 보여주기 위해 인간이 이해하며 수용할 수 있는 범위와 표현 방식으로 우리에게 계시하여 주십니다. 이런 계시의 대표적인 예가 특별계시인 '성경'입니다. 하나님은 무한하고, 전능하며, 완전하신 분이십니다. 그래서 하나님은 온전히 자신을 보여주실 수 있습니다. 그러나 그것을 수용하는 인간은 유한합니다. 한계가 있습니다. 불완전한 존재입니다. 그래서 하나님께서 다 보여주시고 가르쳐 주어도 인간은 그것을 다 수용할 수 없고 이해할 수 없기 때문에 우리가 깨닫고 알 수 있는 범위 안에서 인간의 언어로 계시하여 보여주신 것이 바로 '성경'입니다. 그렇기 때문에 우리는 성경을 사사로이 나의 지식과 이해의 범위와 학문의 내용으로 풀면 안됩니다. 성경에서 다루지 않는 내용까지 억지로 풀려고 노력하다가 시험에 빠진 사람들이 이단이 되었습니다. 성경은 자신의 영적인 경험 혹은 학문과 지식으로 풀면 안됩니다. 이단이 생기는 이유가 이것입니다. 그래서 베드로후서 1장 20절과 21절에서 엄히 경고하신 말씀을 깊이 생각해야 합니다.

(새번역) 20 여러분이 무엇보다도 먼저 알아야 할 것은 이것입니다. 아무도 성경의 모든 예언을 제멋대로 해석해서는 안됩니다. 21 예언은 언제든지 사람의 뜻에서 나온 것이 아니라, 사람들이 성령에 이끌려서 하나님께로부터 오는 말씀을 받아서 한 것입니다.

5. 성경은 반드시 성령의 조명을 받아서 읽어야 합니다.

아무리 성경에 대한 사전 지식이 있고 내용을 명확하게 분석하고 해석한다 해도 성령께서 역사하고 조명해 주시지 않으면 성경을 읽으면서 지식을 더할 뿐이지 성경을 쓰신 하나님은 만날 수 없습니다. 이것은 마치 시력이 좋다 해서 빛 하나 없는 어두운 방 속에 들어 갔을 때, 아무것도 보지 못하는 것과 같은 이치입니다. 그래서 조명이 켜질 때 방 안이 보이듯이 성령께서 빛으로 비춰 주시면 성경의 뜻이 보일 뿐만 아니라 성경을 쓰신 하나님을 알게 되고 결국 살아계신 하나님을 인격적으로 만나게 됩니다. 성경을 읽으면서 성령께서 깨닫도록 역사하고 인도해 주시기를 사모하는 마음으로 기도하기 바랍니다. 분명히 도와주시고 깨닫는 지혜와 기쁨을 베풀어 주실 것입니다.

6. "성경일독스쿨"을 교회 안에서 소그룹모임으로 운영해 보시기 바랍니다.

이 책은 모든 목회자들이 섬기시는 교회의 특성과 목회 철학과 신학적 입장에 맞추어 소그룹으로 인도할 수 있도록 책과 워크북으로 나누어 제작했습니다. 15년 넘게 '성경일독학교'를 운영하면서 갖게 된 확신은 "하자! 성경일독" 책과 워크북을 이용하여 소그룹 나눔 방식으로 인도하는 것이 일반적인 목회자도 손쉽게 교회 안에서 자체 운영이 가능한 방법이라는 것입니다.

이런 확신은 단순히 이론적인 내용이 아니라 실제 사역의 현장에서 여러 과정을 통해 얻게 된 경험을 바탕으로 말씀드리는 것입니다. 소그룹으로 모여 함께 나누는 방식으로 운영할 때 유익한 점은 함께 성경을 분량만큼 읽고 성경일독학교 시간에 나누면서 자체적인 숙제 검사가 이루어지고, 자발적인 동기부여가 함께 어우러져서 시너지 효과가 나타난다는 것입니다. 참여하는 분들에게 순서적으로 예습의 분량만큼 읽은 성경내용을 나누도록 유도하니까 약간의 경쟁(?)심이 포함된 자발적인 참여가 이루어지면서 시간이 지날수록 더욱 열심히 읽고, 은혜 가운데 예습을 준비하는 모습을 보았습니다.

또 다른 유익은 가르치면서 인도자(목회자) 스스로가 더 발전하게 됩니다. 매년마다 성경을 더 깊이 깨닫기 때문에 다른 성경공부를 인도할 때와 설교를 준비할 때 부담이 줄어들게 됩니다. 성경 읽는 회수가 많아질수록 성경에서 예화를 찾게 되고, 성경을 성경으로 풀게 되는 은혜도 동시에 누리에 되니까 점점 설교준비를 할 때 자료를 찾고 주석을 살피며 설교 재료를 찾기 위해 인터넷을 활용하는 일이 크게 줄어들고 묵상과 깨달음을 통해 얻게 된 은혜 자체가 설교의 재료가 되는 유익을 얻을 수 있었습니다.

7. "성경일독스쿨 워크북"은 개교회 목사님들께서 원하시는 내용으로 수정해서 교회 상황에 맞게 사용할 수 있습니다.

"성경일독스쿨 워크북"은 제가 섬기는 교회 성도들에 맞추어 경험했던 내용들을 근거로 일반 성도에게 질문하듯 만들었습니다. 그리고 꼭 알아야 할 필수적인 내용을 질문으로 만들어 전체의 흐름을 파악하고 '하자!성경일독'을 충분히 이해할 수 있도록 제작했습니다. 워크북은 워드 파일로 혹은 아래 한글 파일로 제작이 되어 있습니다. 그래서 홈페이지를 통해 요청하시면 게시판에 기록된 (혹은 게시판에 남겨 주신) 이메일을 통해 자료를 보내 드립니다. 성경일독스쿨 세미나 참석자 명단에 등록되었거나 또는 현재 복음주의 교단 소속 교회를 담임하고 계신 목사님들은 자신의 신분을 명확히 밝혀 주시면 아무런 조건 없이 무료로 자료를 받을 수 있습니다.

홈페이지 주소: www.bible1dok.net / 이메일 주소: bible1dok@gmail.com

워크북 사용과 제작에 있어 제 생각은 목회자마다 강조점이 다르고 목회 현장에서 꼭 가르쳐야 할 핵심과 초점은 다양할 수 있기 때문에 다각도로 접근할 필요성이 있다고 생각합니다. 또한 제가 만든 '워크북' 보다 더 좋은 '워크북'을 만들 수 있는 능력이 있는 목사님들이 많다는 것을 알기 때문에 교회와 교단과 목회 철학에 맞추어 수정하고 보안하여 자체적으로 만들어서 사용해도 좋다고 생각합니다. 단 부탁드리고 싶은 것은 여러분이 만든 워크북을 다른 목회자에게 도움을 주는 운동의 일환으로 '인!사이트 성경일독사역원 홈페이지에 직접 업로드 해 주시거나 제이메일(bible1dok@gmail.com)로 파일을 보내 주시면 감사하겠습니다. 여러 종류의 워크북이 필요합니다. 함께 하면 그 힘이 커지고 다양한 방법들을 통해 더 많은 목사님들이 도움을 받게 됩니다. 이 작은 섬김과 참여들이 많은 교회가 말씀 읽는 운동으로 확대되는 시작이 되었으면 좋겠습니다. 다윗처럼 자신에게 맞는 도구를 사용해야 합니다. 말씀의 물맷돌로 목회의 현장에 있는 나의 골리앗을 이길 수 있으면 좋겠습니다. 예상치도 못한 골리앗의 거대한 몸짓 하나에 벌벌 떨며 어떻게 해결할 방법을 몰라 헤매며 두려워했던 이스라엘 군사들처럼 우리는 지금 급변하는 시대와 메마른 심령으로 가득한 성도들 앞에서 방황하고 있습니다. 개교회 목사님들께서 자신의 워크북을 만들고 훈련해서 성경읽기 운동이 섬기는 교회마다 일어나기를 간절히 기도합니다. 진심으로 이민교회와 한국교회 안에 성경읽기 운동이 일어나 하나님께 영광을 올려드리는 성도와 교회들이 물이 바다를 덮음 같이 이 땅에 가득하기를 간절히 소망합니다.

1과

성경읽기를 위해 필요한 배경지식은 무엇입니까?

1. 왜 성경을 66권으로 묶었을까?

성경은 어떻게 해서 지금의 구조와 배열 순서를 갖게 되었을까? 궁금하지 않을 수 없습니다. 저는 어릴 때, 왜 성경이 이렇게 두꺼운지 궁금했습니다. 그리고 주일학교에서 부르던 "성경 66권 목록가"를 잊을 수 없습니다. 노래를 부를 때마다 '목차와 순서도 외우기 힘든데 어떻게 다 읽을 수 있을까?' 생각했습니다. 만약 여러분도 저와 같은 고민이 있었거나 지금 하고 있다면 용기를 내어 이 책을 읽으면서 "성경일독"에 도전해 보시기 바랍니다. 여러분도 분명히 성경을 스스로 읽을 수 있는 "자생능력"을 갖게 될 것입니다.

현재 우리가 사용하는 성경은 하나로 된 '단권'이 아니라, 여러 권의 성경이 묶여진 '합본'의 형태로 되어 있습니다. 원래 성경은 고대에 쓰여진 책이기 때문에 종이가 아닌 '두루마리' 즉 '파피루스'에 기록된 여러 책들이 나중에 하나로 묶여 지금의 성경으로 완성되었습니다.

> 파피루스(Papyrus)란? 이집트 나일강변에서 자라는 사초류로 만든 것인데 '종이'와 유사합니다. 질감은 '삼베'와 비슷하다고 합니다. 고대 '종이'를 상징하는 유명한 식물이다 보니 영어로 종이를 뜻하는 '페이퍼'(Paper)의 어원이자 '바이블'(Bible)의 어원과도 밀접한 관계가 있습니다.

구약성경은 BC 3세기 말쯤 프톨레미 2세가 안렉산드리아에 있는 70여명의 유대인 랍비(성경교사)를 불러서 히브리어로 기록된 성경을 당시 공용어인 헬라어로 번역하게 했습니다. 그동안 각 권으로 되어 있던 구약 성경을 하나로 묶어서 최초의 번역 성경이 탄생하게 됩니다. 이것을 학자들은 "70인 경" 혹은 "70인 역"이라고 부릅니다. 이 번역본은 예수님 당시에 사도들과 바울도 사용했을 것이라 추정합니다. 지금 사용되는 구약성경 39권의 최종적인 결정은 A.D. 90년경에 유대 랍비들이 '얌니아'(지중해 연안 도시)에 모여 회의를 통해 확정했습니다. 그러나 모세오경은 B.C. 400년경에 확정되었고, 예언서들은 B.C. 165년경에, 성문서는 B.C. 200년경에 이미 어느 정도 정경(Canon)으로 확정되었지만 구약성경 39권을 하나로 묶어 확정한 것은 '얌니아'회의입니다. 그리고 신약성경 27권은 예수님 탄생이후부터 시작하여 A.D. 90년경까지 거의 다 기록 되어 완성이 되었고 A.D. 397년 교회 지도자들이 각 권으로 나누어진 신약성경을 정경으로 분류하는 과정을 통해 카르타고(북 아프리카)공의회에서 최종적으로 확정했습니다.

신구약 성경은 여러 특징들을 가지고 있는데, 우리가 사용하는 성경은 20가지의 다양한 직업을 가진 40여명의 기자(성경 기록자)들이 약 1,600년 동안 서로 다른 나라에 살면서 3개 국어인 '히브리어', '헬라어', '아람어'로 기록했습니다. 개신교(카톨릭은 외경도 포함)에서 사용하는 성경은 위와 같은 역사적인 과정을 통해 구약 39권과 신약 27권 모두 합쳐 66권으로 확정되었습니다. 또한 총 2,930명의 이름이 성경에 등장하고 1,551개의 지명(지리적 이름)이 나옵니다. 아울러 성경의 총 장수는 1,189장이고 구절은 31,173절로 되어 있습니다. 그리고 성경 안에 있는 각 권마다 문학 장르가 다양합니다. 지금 우리가 사용하고 있는 신구약 성경은 역사서, 지혜서, 산문, 시, 묵시문학, 연애편지, 전기, 수수께끼를 비롯하여 여러 다양한 '문학양식'과 '서술방식'으로 쓰였습니다.

2. 왜 성경을 읽을 때마다 앞이 깜깜하고 속은 답답한 것일까?

일반적으로 지도도 없이 모르는 곳을 찾아가면 어디로 가야 할지 깜깜하고 어떻게 해야 할지 답답합니다. 그렇기 때문에 성경을 이해하는데 있어 성경에 나오는 지형과 기후를 모르면 동일하게 답답하고 어려울 수밖에 없습니다. 예를 들어서 한국에 관한 지식이 없고, 살아본 경험이 전혀 없는 외국인에게 대관령이라는 곳을 설명한다고 생각해 봅시다. 일반적으로 우리나라 사람들은 누구나 한 번쯤 대관령을 배우고 그곳을 지나 강릉과 강원도 지역을 여행해 봤을 것입니다.

그래서 우리는 대관령하면 휴게소와 스키장, 황태와 옥수수, 고랭지 채소와 우유공장 등등 여러가지 내용들이 떠오르지만 외국인들은 이름부터 생소합니다. 또한 대관령이 높은 곳인지 낮은 곳인지 기후는 어떻게 되는지 전혀 감을 잡을 수 없습니다. 고랭지 채소가 생산이 되며 우유공장은 왜 그곳에 있는지 그 이유를 알지 못하기 때문에 대관령이라는 지명만 들으면 아무런 생각도 없는 것입니다. 최소한 그 지역에 관한 일반적인 지식마저 없기 때문에 전혀 감을 잡을 수 없습니다. 그래서 성경을 읽을 때 막막하고 답답한 것은 성경에 나오는 지명이 생소할 뿐만 아니라 기후도 모르고 지리적은 특징도 모르고 가보거나 살아보지도 않은 지역이기 때문입니다. 그리고 문화적인 배경과 역사적인 배경을 전혀 모르기 때문에 이런 상태에서 성경을 읽으면 이해가 되지 않는 것뿐만 아니라 관심이 생기지 않는 것은 너무나 당연한 일입니다.

3. 성경에 나오는 지리적인 배경을 알아야 성경이 쉬워집니다.

그 지역 사람들은 비옥한 초승달 지역을 풍요의 상징으로 보았고 신(God)에게 축복받은 땅이라 생각했습니다. 북왕국 이스라엘을 정복하고 중동지역의 패권을 차지했던 '앗수르' 제국의 지리적 기반은 비옥한 초승달 지역인 '메소포타미아' 평야입니다. 거대한 평야는 제국을 건설할 수 있는 경제 기반인 곡식을 쉽게 얻을 수 있는 강점이기 때문에 '앗수르'는 다른 지역의 국가들 보다 쉽게 제국으로 발전할 수 있었던 것입니다. '메소포타미아'라는 말은 '메소'와 '포타미아'가 합쳐진 말입니다. '메소'는 음악에서 사용되는 '메조'라는 말과 어원이 같습니다. '가운데' 혹은 '중간'이라는 뜻입니다. 그래서 소프라노와 엘토 사이에 위치한 파트를 '메조 소프라노'라고 부릅니다. 또한 '포타미아'는 강이라는 말입니다. 그래서 '메소포타미아'는 강과 강 사이 중간에 위치한 땅(평야)을 말합니다. '메소포타미아'에 흐르는 두 강줄기는 창세기에 언급된 '티그리스' 와 '유프라테스' 강입니다. '티그리스' 강은 '메소포타미아' 위쪽에 위치한 강이고 '유프라테스' 강은 아래쪽에 위치한 강입니다. 저는 이것이 늘 헷갈려서 어린시절 '성경퀴즈대회'에서 상을 받기 위해 티셔츠는 위에 입으니까 '티그리스'는 위쪽 강이고 '유프라테스'는 아래쪽 강이라고 외운 기억이 있습니다.

4. 비옥한 초승달 지역을 그려봅시다.

이미 말씀 드린 것처럼 구약을 이해하기 위해 성경 배경과 지도를 아는 것이 중요합니다. 지도를 이용하여 공부하는 것은 우리에게 살아보지 않은 지역에 대한 이해도를 높여주고 현장을 간접적으로 경험하게 만들어 주기 때문에 성경을 읽고 이해하는데 꼭 필요한 과정입니다. 단순히 시청각 교재로 보여주기 위한 도구 정도가 아니라 성경에 나오는 지형과 지리적인 배경을 모르고 성경을 읽는 사람과 성경에 대한 지리적인 상황과 환경을 이해하고 읽는 사람의 이해도는 큰 차이를 보일 수밖에 없습니다. 지도를 스스로 그려보는 것은 성경내용을 효과적으로 오랜 시간 기억하기 위해 꼭 필요합니다. 아래의 팁(Tip)을 읽어 보고 안내에 따라 꼭 그려 보시기 바랍니다. 아래 방법은 독창적인 방법이 아닙니다. 이미 '성경 파노라마" 책을 쓴 '테리 홀' 과 '즐거운 성경탐구', '성경의 맥을 잡아라' 등등 여러 책에서 비슷한 내용이 소개되었습니다. 다만 이것을 강조하는 이유는 그만큼 구약성경을 배울 때 중동지역의 그림을 익히는 것이 성경을 효과적으로 이해하고 읽는데 도움을 주기 때문입니다. 지명이 익숙해져야 성경을 읽을 때 쉬워집니다.

Tip 지도를 생각하면서 머리로 상상을 해보시기 바랍니다. 우리는 지금 악어를 잡기 위해 출발합니다. 악어를 잡기 위해 네모나고 넙적한 고기(지중해)를 삼지창(나일강)으로 찍어서 악어(홍해)를 유인합니다. 입 벌린 악어가 혀(시내산)를 보이며 물 위로 올라올 때 이제는 닭다리(갈릴리 호수, 요단강, 사해)로 다시 한번 유인합니다. 그때 오른쪽에 미리 준비한 두 줄로(티그리스와 유프라테스 강) 묶인 로프(페르시아만)로 힘이 강한 악어를 잡습니다. (머리로 연상하여 다음 그림을 기억하시기 바랍니다.)

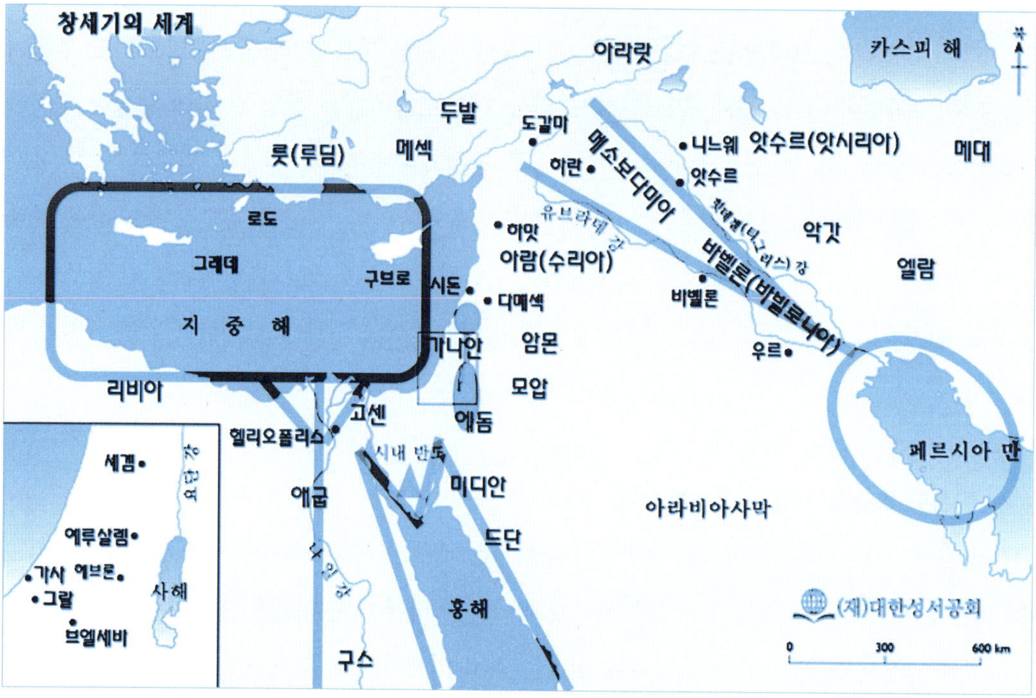

지중해(地中海)는 말 그대로 땅들 한 가운데 바다가 있다는 뜻입니다. 성경에는 대해(Great Sea)라고 나옵니다. (참고: 민수기 34장, 여호수아 1, 23장, 에스겔 47장) 그리고 애굽(이집트)은 나일강을 끼고 있어 늘 물이 풍족합니다. 이것이 애굽을 교만하게 만든 원인이기도 합니다. 나일강 삼각주는 광대한 평야를 이루고 있기 때문에 기후 변화에 상관없이 풍부한 곡식을 항상 얻을 수 있습니다. 그러나 반대로 가나안 땅은 하나님께서 늘 비를 내려 주시고 은혜를 베풀어 주셔야만 살 수 있는 땅입니다. 기후에 따라 땅이 얼마나 다른 지 모릅니다. 그래서 우리 인생을 땅으로 비유하자면 믿지 않는 자와 믿는 자의 인생이라는 땅은 다릅니다. 이것을 잊지 말아야 합니다. 세상 사람들은 힘이라는 물줄기를 붙잡고 살아야 하는 땅(인생)이지만 믿는 자들은 하나님의 은혜를 붙잡고 살아야 하는 땅입니다. 하나님께서 비를 내려 주시듯 풍성한 은혜를 주셔야 사는 땅입니다. 믿는 자들은 애굽에서 사는 사람들과 같은 라이프 스타일로 살면 승리할 수 없습니다. 믿는 사람들은 가나안에서 사는 사람처럼 살아야 합니다. 비가 내려야 살 수 있습니다. 하나님의 은혜가 비처럼 내리도록 하나님의 은혜와 인도하심을 항상 구하며 살아야 합니다. 믿는 자의 인생은 가나안 땅과 같습니다.

홍해는 모세가 이스라엘 백성을 이끌고 출애굽 할 때 육지처럼 건넜던 바다입니다. 홍해의 길이는 최대 1914 Km이고 폭은 300 Km입니다. 하나님은 이 큰 바다를 갈라 길을 만들어 이스라엘 백성을 구원합니다. 이런 놀라운 기적과 능력을 보여주신 것은 하나님께서 전능하신 분이심을 믿으라는 뜻입니다. 그리고 하나님만 따라가면 된다는 것을 보여주신 것입니다. 시내산은 시나이반도 남쪽에 위치한 산입니다. 지금도 정확한 시내산 위치는 모릅니다. 다만 학자들이 성경의 내용을 기반으로 추정한 위치가 시나이 반도 남쪽에 있는 호렙산 자락의 일부가 시내산 일 것이라 추측합니다. 시내산(호렙산:시내산의 또 다른 이름)은 모세를 통하여 하나님과 이스라엘 백성 가운데 언약을 맺은 장소입니다. 또한 왕후 이세벨의 말을 듣고 실족해서 죽여 달라 했던 엘리야에게 세미한 음성을 들려준 곳입니다. 가나안 땅은 이스라엘 백성이 약속으로 받은 땅입니다. 그곳에 이미 다른 민족들이 살고 있었지만 하나님께서 믿음의 조상 아브라함에게 주셨습니다. 현재 "팔레스타인"으로 불리는 가나안 땅은 신약시대에 로마 황제로 인해 "팔레스티나" 즉 "블레셋의 땅"으로 부르게 됩니다.

가나안에 대표적 수(水)자원은 지중해와 갈릴리 호수, 요단강과 사해 바다가 있습니다. 갈릴리 호수의 길이는 좁은 곳이 약 11Km이고 넓은 곳은 약 23Km가 넘는 하프모양과 비슷한 담수호입니다. (담수호: 물이 담겨 만들어진 호수) 갈릴리 바다는 아름다운 정원 모양을 하고 있다해서 '게네사렛'이라 불렀습니다. 또한 '게네사렛'의 히브리식 표현은 '긴네렛'입니다. 히브리어 '기니'라는 말은 하프라는 말입니다. 그래서 갈릴리 호수를 헬라어로는 '게네사렛'으로, 히브리어로는 '긴네렛'으로 불렀습니다. 또 다른 이름으로 불린 것은 디베랴 바다입니다. 로마의 황제 티베리우스에게 잘 보이기 위해서 헤롯왕이 세운 도시가 갈릴리 바다 근처에 있습니다. 큰 도시가 세워지고 다른 지역 사람들도 갈릴리라는 명칭보다는 "디베랴"가 더 유명해지면서 디베랴 옆에 있는 바다로 부른 것입니다.

헬몬산은 갈릴리 호수 오른쪽에 위치한 산으로 그 정상에 만년설이 있기 때문에 눈이 녹으면 차가운 물이 흘러내려 옵니다. 이 물은 일차적으로 갈릴리 호수에 모이고 그 물이 요단강 줄기를 타고 내려가면 약 100Km정도 흘러 사해(염해)까지 가게 됩니다. 사해는 해수면보다 421m 낮은 곳에 위치한 소금 바다이기 때문에 세계에서 가장 낮은 곳에 위치한 담수호입니다. 그래서 물이 한번 흘러내려가 고이면 빠져나갈 곳이 없기 때문에 그 자리에서 물이 증발하게 됩니다. 이런 활동이 수천년 반복되면서 사해의 염도가 높아진 것으로 추정합니다. 성경에는 사해라는 이름이 아닌 염해 혹은 아라바의 바다 혹은 동해라고 부릅니다.

5. 이스라엘의 지리와 기후를 알면 성경 읽기가 쉬워집니다.

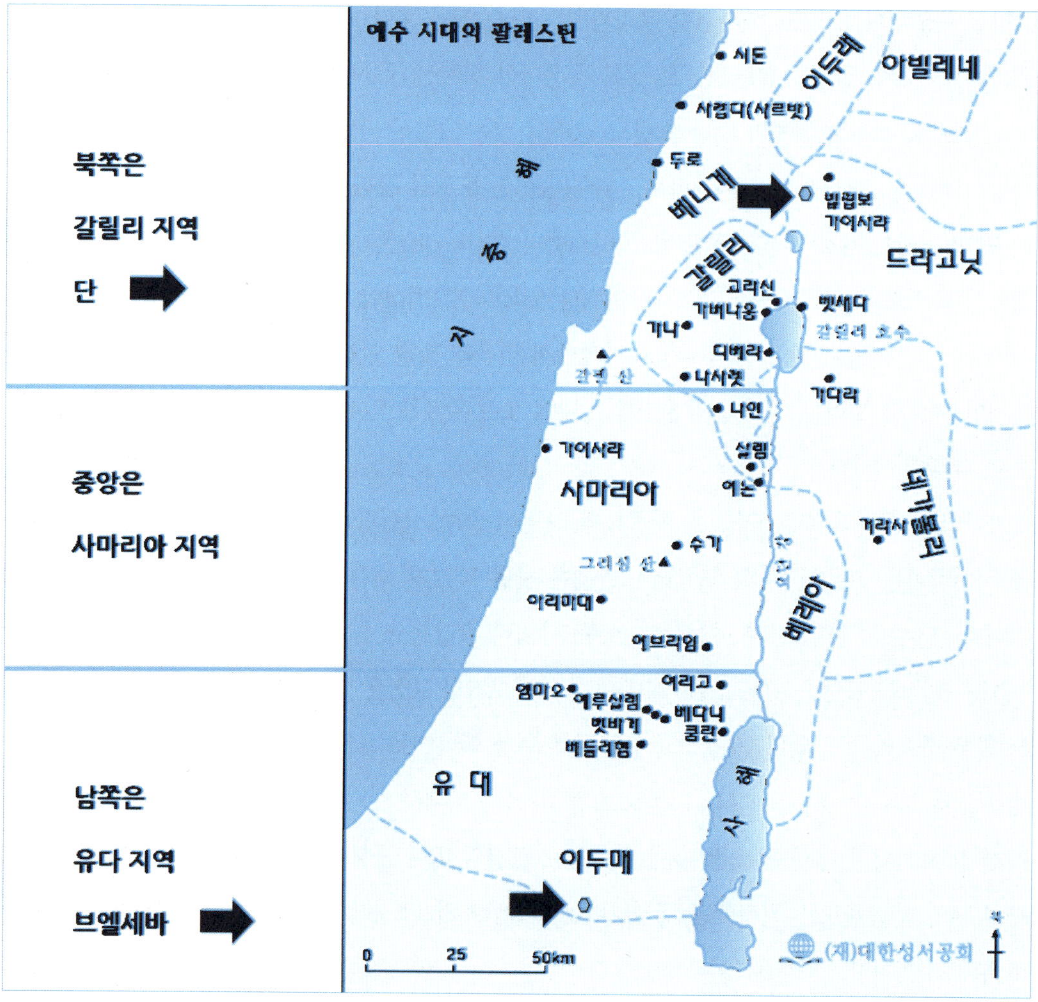

이스라엘 영토 전체를 이야기할 때 성경에서는 항상 “단에서 브엘세바까지”라고 말합니다. 이렇게 말하는 것은 마치 우리나라 사람들이 한반도 전체를 가리켜 “백두에서 한라까지”라고 말하는 것과 같습니다. 그래서 헬몬산 위쪽에 위치한 ‘단’에서부터 아래로 엘리야가 아합왕과 왕후 이세벨을 피해 도망갔던 사해 끝자락에 위치한 ‘브엘세바’까지 이스라엘의 영토 전체로 본 것입니다. 가나안을 세지역으로 구분하면 북쪽은 갈릴리, 중앙은 사마리아, 남쪽은 유다로 나누게 됩니다. 그래서 복음서를 읽어 보면 예수님께서 어떤 지역으로 움직이셨는지 성경 속에서 갈릴리, 혹은 사마리아, 혹은 유다를 언급하는 경우가 많습니다. 이렇게 지리적인 배경을 알고 있어야 예수님께서 공생애 기간동안 어떻게 움직이시며 사역하셨는지 쉽게 알 수 있습니다. 북쪽은 갈릴리 지역으로 바다 근처에 위치한 도시는 베드로의 고향인 가버나움이 있습니다. 또한 예수님이 어린 시절 살았던 나사렛도 있습니다. 그리고 중앙은 사마리아 지역으로 우리가 잘 알고 있는 예수님께서 우물가의 여인을 만난 수가성이 있습니다.

남쪽은 유다 지역으로 특별히 유명한 도시는 예루살렘입니다. 종교와 정치의 중심지이며 다윗이 성전을 세우고 수도가 된 곳입니다. 예루살렘 남쪽에 베들레헴이 있습니다. 예수님이 태어나신 곳이며 다윗의 고향이기도 합니다. 예루살렘을 중심으로 지중해 방향으로 엠마오가 있고 요단강 방향으로 여리고가 있습니다. 여리고는 뽕나무 위에 앉아 예수님을 보고 있던 삭개오의 고향입니다. 마지막으로 최남단에 위치한 브엘세바는 엘리야가 이세벨을 피해 내려가서 쉬었던 로뎀나무가 있던 곳입니다. 지도에 표시된 구분선은 정확한 구역표시가 아니라 알기 쉽게 기억하라는 의미로 만들었습니다. 가나안 땅을 세지역으로 구분해서 갈릴리, 사마리아, 유다로 나눈다는 것을 알고 성경을 읽으면 성경 이해가 빠르고 쉬워집니다. 꼭 기억해 두시기 바랍니다.

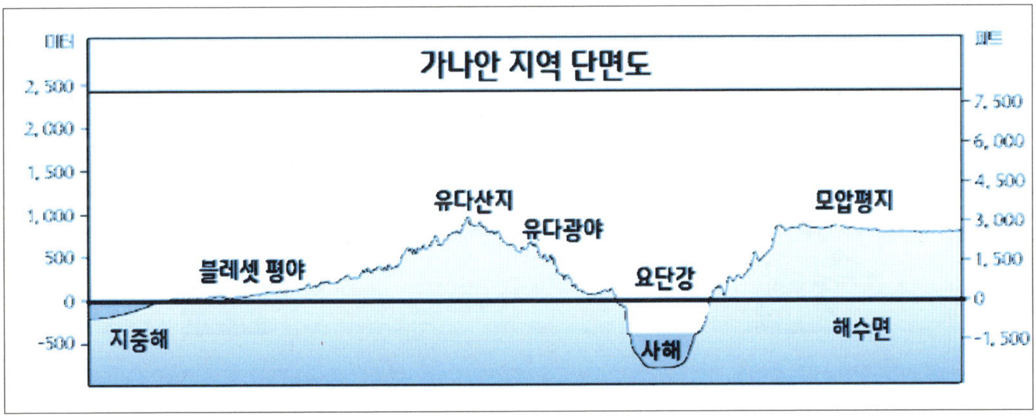

계속해서 이스라엘의 기후를 살펴보면 가나안 지역은 밀 농사를 많이 짓습니다. 그래서 건기(비 안 오는 시기)와 우기(비 오는 시기) 때를 잘 맞추어야 파종을 하고 수확을 할 수 있습니다. 가나안 지역은 전반적으로 밤과 낮의 기온차가 대단히 심합니다. 성지순례를 갈 때 그 곳 날씨가 더울 것이라고 생각하고 두꺼운 외투를 준비하지 않고 갔다가 밤에 겟세마네 동산에 올라가 기도도 못해보고 추워서 내려오는 일이 다반사입니다. 그래서 이스라엘 사람들은 겉옷을 이불처럼 중요하게 생각했고 밤이 되기 전에 겉옷을 돌려주라는 말씀을 하신 이유가 바로 이런 일교차가 큰 기후 변화 때문입니다.

가나안 지역의 땅은 건기일 때와 우기일 때 큰 차이가 있습니다. 건기일 때는 땅이 돌처럼 딱딱하게 굳습니다. 그래서 길로 이용되기도 합니다. 예수님의 비유에 "길가"라고 나오는 곳이 바로 밭이었던 곳이 기경 하지 않아서 길로 그냥 있는 상태를 표현한 것입니다. 그러나 비가 내리면 상황은 달라집니다. 비가 내리면 딱딱한 땅이 풀어지듯이 옥토처럼 변화되고 밭을 기경하여 씨를 쉽게 뿌려 농사하기 좋은 상태가 됩니다. 성경에 보면 이른 비를 가리켜 '단비'라고 말하고 영적인 의미로 성령과 연결하여 표현하기도 합니다. 그래서 사람의 마음이 아무리 길가처럼 딱딱하게 굳어도 성령의 단비가 마음 가운데 내리면 생명이 싹트는 좋은 밭이 되고 옥토같이 바뀌게 됩니다.

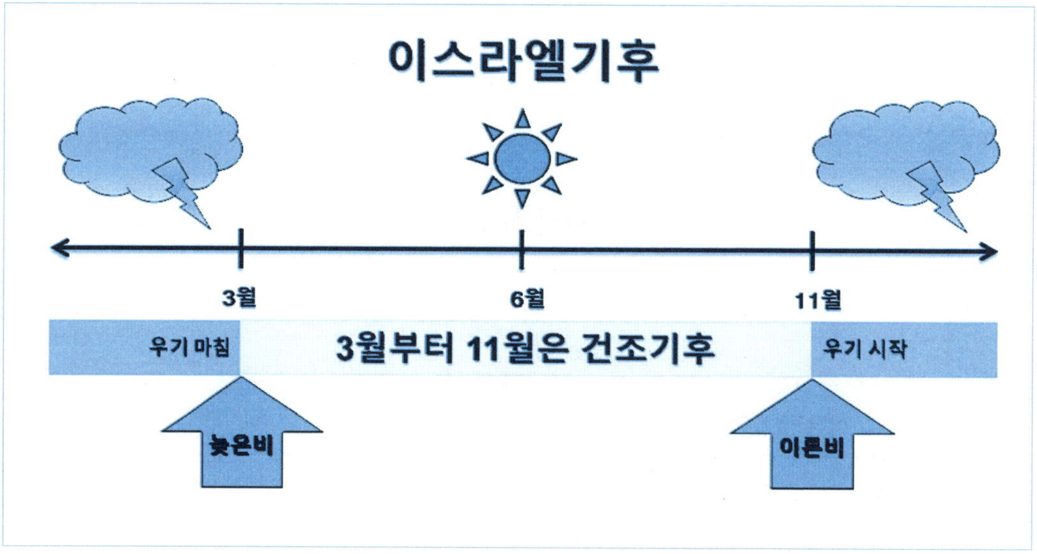

씨를 뿌리는 시기에 맞추어 이른 비가 내리면 밭을 갈아 엎기가 쉬워집니다. 그래서 이른 비는 농사가 시작이 되는 파종기(10월 중순부터 11월초)에 꼭 필요한 비입니다. 그리고 수확기(3월초)에 늦은 비가 마지막으로 내려 주면 곡식 안에 물기가 가득 들어가 알이 커지고 알찬 결실이 됩니다. 그래서 이른 비는 우기가 시작될 때 내리는 비를 말하고 늦은 비는 우기가 끝날 때 수확을 앞두고 내리는 비를 말합니다. 이슬비는 이스라엘 땅에 일교차가 커서 내리는 비입니다.

마지막으로 바람의 종류를 살펴보면 건기에 부는 바람은 주로 사막 쪽에서 오는 바람이기 때문에 동풍이고 뜨거운 열풍입니다. 이 바람은 초목을 마르게 할 만큼 뜨겁고 건조해서 호세아 13장 15절에서도 하나님의 심판을 상징하는 바람으로 소개됩니다. 그리고 대해풍이 있는데 이것은 지중해 쪽에서 불어오는 시원하고 습한 바람입니다. 많은 비를 동반하는 이 바람은 구름을 만들어주는 바람입니다. 대해풍을 타고 비 구름은 육지로 올라옵니다. 우리가 잘 아는 갈멜산에서 하나님의 선지자 엘리야와 850명의 바알과 아세라 선지자들이 비를 오게 하는 제사를 각각 드리게 됩니다. 그런데 왜 하필 갈멜산에서 드렸는가? 궁금하지 않으십니까? 저는 갈멜산 하면 기도원 이름부터 생각이 납니다. 아마도 갈멜산에서 하나님의 불이 떨어져 물에 젖은 제단을 불살랐기 때문에 그렇게 성령의 강한 불이 임하기를 소망하는 마음에서 기도원 이름을 갈멜산으로 이름했다 생각합니다. 강화도 마니산은 기우제를 지냈던 곳으로 유명합니다. 왜냐하면 비가 오는 서해 쪽 가장 끝자락에 위치한 높은 산이기 때문에 비 구름이 오는 것을 가장 먼저 볼 수 있는 곳입니다. 이처럼 성경에 나오는 갈멜산은 지중해와 가장 근접한 높은 산이기 때문에 엘리야는 그곳에서 기우제를 제안합니다. 지리적 배경을 모르면 막연하고 재미가 없지만 이렇게 내용들을 알고 그 상황들을 이해하게 되면 성경은 쉽고 재미있어집니다.

성경에 비슷한 지명이 참 많습니다. 특히 갈멜산과 감람산은 성경을 처음 접하시는 분들에게 익숙하지 않은 이름이기 때문에 헷갈릴 수 있습니다. 감람산은 예루살렘 근처에 위치한 산입니다. 이곳은 예수님께서 자주 올라 기도하신 곳입니다. 그곳에 감람나무가 많은 산이어서 감람산이라 부른 것입니다. 감람나무는 올리브 나무입니다. '감람유' 기름은 '올리브유'입니다. 이렇게 지도와 각 지명이 생각나야 성경을 읽을 때, 머리 속에서 성경의 장면들이 드라마처럼 보이는 효과가 나타나기 시작합니다.

2과 성경목록과 구조를 알아야 쉬워집니다.

1. 매뉴얼을 봐야 어떻게 만드는지 알 수 있습니다.

한국에 살다가 미국으로 유학을 왔을 때, 문화적인 차이와 생각이 달라서 힘들었던 기억이 있습니다. 그중 하나가 가구를 구입할 때 일입니다. 지금 한국도 IKEA(이케아)가 있어 다들 아시겠지만 처음에 딸아이 침대를 사러 갔다가 놀랐습니다. 한국은 이미 다 조립된 완제품을 판매하는데 이곳은 자기가 직접 만들어야 한다는 것이 너무 생소했습니다. 그래서 매뉴얼에 나온 순서를 따라서 하나 하나 조립을 하게 되었습니다. 처음에는 당황스럽고 무엇부터 해야 될지 몰랐다가 설명서를 따라 모양을 맞추고 완제품 그림을 보면서 모양을 완성하니까 조립하는 일이 나름 재미가 있었습니다. 침대를 완성하고 그것을 보는 순간 얼마나 기쁘고 뿌듯했는지 모릅니다.

하루는 근처에 사는 목사님이 동일한 물건을 사셨다가 완성하지 못해 힘들어하고 있다고 도움을 요청하셨습니다. 일단 경험이 무섭다는 것을 알았습니다. 제가 실수해서 잘못 만들었다가 풀었던 자리가 그대로 보였습니다. 어떤 파트는 헷갈리는 부분이라서 저도 몇 번을 다시 만들었다 풀었다 하면서 설명서를 여러 번 확인했던 곳입니다. 결국 매뉴얼을 봐야 어떻게 만들 수 있는지 알 수 있습니다. 그리고 한번 완제품을 만들어 보면 다시 만들 때, 실수를 반복하지 않습니다.

침대 하나도 조립하기가 이렇게 어렵고 복잡한데 성경을 읽을 때 쉽게 읽고 이해할 수 있다고 생각하는 것은 어리석은 판단입니다. 우리가 이미 알고 있듯이 성경이 읽기 쉬운 책이 아닙니다. 성경을 효과적으로 읽기 위해 필요한 것 중 하나가 성경목록의 배열과 구조를 아는 것입니다. 이것을 알아야 성경의 흐름을 파악할 수 있고 성경 전체 그림이 머리속에 그려지게 됩니다.

성경이 어려운 것도 있지만 성경이 어떻게 서로 연결이 되어 있는지 연결 구조를 알지 못하기 때문에 어렵다 생각하고 막막한 느낌을 받습니다. 구약 성경은 크게 역사서 17권(창세기~에스더), 시가서 5권(욥기~아가), 선지서 17권(이사야~말라기)으로 구성되어 있습니다.

구약성경 목록표

역사서

모세오경
- 창세기
- 출애굽기
- 레위기
- 민수기
- 신명기

역사서
- 여호수아
- 사사기
- 룻기
- 사무엘상
- 사무엘하
- 열왕기상
- 열왕기하
- 역대상
- 역대하
- 에스라
- 느헤미야
- 에스더

역사서

시가서
- 욥기
- 시편
- 잠언(2)
- 전도서(3)
- 아가서(1)
- 포로시대 성경들

포로시대 성경들

역대상	(주석)사무엘상하
역대하	(주석)열왕기상하

역사서

대선지서
- 이사야
- 예레미야
- 예레미야 애가
- 에스겔
- 다니엘

소선지서
- 호세아
- 요엘
- 아모스
- 오바댜
- 요나
- 미가
- 나훔
- 하박국
- 스바냐
- 학개
- 스가랴
- 말라기

시편은 다윗의 역사인 사무엘상/하와 관련이 있고, 잠언, 전도서, 아가서는 솔로몬의 역사인 열왕기상과 관련이 있고, 에스겔, 다니엘, 학개, 스가랴, 말라기는 포로시대 역사인 에스라, 느헤미야, 에스더와 관련이 있고, 나머지 12권의 선지서는 열왕기하에 나오는 남 유다와 북 이스라엘의 왕들의 역사와 관련이 있습니다.

2. 성벽을 건축하듯 성경목록 배열을 잘 맞추어야 합니다.

성경을 제대로 읽기 위해선 먼저 성경의 구조를 잘 알고 배열하여 건물을 건축하듯 설계도부터 순서대로 봐야합니다. 구약 성경은 창세기부터 에스더까지 총 17권의 역사서가 주춧돌의 역할을 합니다. 역사서는 거의 시간 순서에 따라서 배열되고 역사서 17권 안에 모세가 기록한 성경 5권을 "모세 오경"(창세기, 출애굽기, 레위기, 민수기, 신명기)이라고 부릅니다.

	창세기	출애굽기	레위기	민수기	신명기
●목록 줄임말	창	출	레	민	신

모세오경은 하나님께서 모세를 통하여 이스라엘 백성에게 주신 약속의 말씀입니다. 그중 "창세기"는 세상을 창조하신 하나님과 인류역사의 시작을 소개합니다.

▣ 창세기

1장부터 11장까지는 창조 역사와 인류의 기원이 기록되어 있습니다. 우주 창조, 인간 탄생, 가정의 기원, 죄의 시작, 문명의 탄생과 각 나라와 민족의 시작이 나옵니다. 노아시대 때 인간의 타락과 죄로 인하여 하나님께서 홍수로 심판하시고 그 후에 노아의 가정을 통하여 다시 시작된 인류는 다시한번 하나님 앞에서 악을 행하여 바벨탑을 쌓게 됩니다. 그때 하나님은 인간이 서로 소통하지 못하게 단일 언어를 여러 종류의 언어로 혼잡하게 만듭니다. 결국 모든 민족이 흩어지게 되는 인류역사의 기원이 창세기 1장부터 11장까지 기록되어 있습니다. 창세기 12장부터 아브라함이 등장합니다. 여기서부터 히브리(이스라엘)역사가 시작됩니다. 아브라함은 히브리(이스라엘)의 조상입니다. 아브라함과 이삭과 야곱을 지나면서 70여명으로 커진 대가족이 총리가 된 요셉 때문에 애굽으로 내려가 정착하는 내용까지 소개합니다.

▣ 출애굽기

출애굽기는 요셉 이후에 430년이 지나 이스라엘 백성이 애굽을 탈출하는 내용입니다. 그 당시 이스라엘은 장정(20세 이상 남자)만 60만이 넘고 전체 인구는 약 200만이 넘는 큰 민족이 되었습니다. 그러나 요셉을 모르는 왕의 등장으로 애굽에서 노예 생활을 하던 이스라엘 민족이 하나님의 섭리와 역사를 통해 모세의 인도함을 받아 애굽을 탈출하게 됩니다. 홍해를 갈라서 길을 만드신 하나님의 놀라운 기적으로 애굽을 탈출하게 된 이스라엘 백성은 시내산(호렙산)에서 하나님과 언약(약속)을 맺습니다. 이 언약의 내용이 담긴 성경이 "레위기"입니다.

▣ 레위기

레위기는 이스라엘 백성에게 주신 하나님의 약속과 계명입니다. 간략하게 설명하면 레위 지파와 제사장들의 직무(임무/사명)와 역할에 관하여 기록하였고, 이스라엘 백성이 약속의 땅 가나안에 들어가 어떻게 살아야 하는지에 대해 하나님께서 정한 생활법이 기록되었습니다.

▣ 민수기

하나님과 언약을 맺은 이스라엘 백성은 약속의 땅 가나안으로 들어갑니다. 이 과정은 민수기에 기록되어 있습니다. 민수기는 백성의 수를 계수하였다 해서 붙여진 이름입니다. 왜 백성의 수를 계수하였을까? 그것은 병력이 얼마나 되는지 파악하기 위해서입니다. 이스라엘 백성이 출애굽한 목적은 가나안 땅에 들어가는 것입니다. 그곳은 하나님께서 이스라엘 백성에게 주리라 약속한 땅이지만 이미 그곳에 살고 있는 민족들이 있었습니다. 먼저 거주하고 있는 가나안 사람들에게 '하나님께서 우리에게 이 땅을 주셨으니 나가십시오'라고 말하면 그들이 그냥 땅을 놓고 순순히 갈리 없습니다. 그래서 전쟁을 할 수밖에 없기 때문에 남자 중 군사로 뽑을 수 있는 장정(20세 이상)의 수를 파악하기 위해 숫자를 계수한 것입니다.

▣ 신명기

신명기는 다시 하나님과 언약을 맺는 내용입니다. 출애굽 1세대(시내산에서 하나님과 언약을 맺은 20세 이상 남자)가 광야에서 모두 죽고 모세가 가나안 입성을 앞두고 이스라엘 백성 2세대에게 다시 하나님의 언약을 설교하며 말씀을 낭독하여 준 것입니다. 그래서 신명기의 신은 '다시' 혹은 '거듭하다'는 의미의 한자어 '申'(신)을 씁니다. 왜 다시 명령하셨을까? 민수기에 소개된 역사처럼 그것은 하나님과 언약을 맺은 1세대 이스라엘 백성이 시내산에서 맺은 언약(약속)을 버리고 '가데스바네아'에서 불순종하여 1세대 백성은 모두 광야에서 40년 동안 살다가 죽습니다. 그러나 여호수아와 갈렙을 비롯하여 2세대 이스라엘 백성은 약속을 믿고 순종했기 때문에 가나안에 들어갔습니다. 약속의 땅 가나안에 들어가는 것은 이스라엘 백성의 능력이 아닙니다. 하나님의 약속을 믿고 순종해야 들어가게 됩니다. 하나님과 언약을 맺지 않은 백성은 약속의 땅에 들어갈 수 없습니다. 그래서 하나님께서 이스라엘 다음 세대인 2세대와 요단강 동편 모압 평지에서 모세를 통해 다시 언약을 맺습니다. 이것이 신명기입니다.

▣ 여호수아

여호수아부터 사사기, 룻기, 사무엘상, 사무엘하는 이스라엘 백성이 가나안 땅에 정착하는 역사입니다. 가나안 족속과 전쟁을 하며 약속의 땅을 정복하는 이야기가 여호수아서입니다. 정복의 과정에서 각 지파마다 땅 분배가 이루어집니다. 이스라엘 백성은 요단강을 건너 가나안 땅에 들어가서 여리고 성을 점령하고 여호수아를 중심으로 중부지역과 남부지역 북부지역을 차례로 점령합니다. 또 각 지파별로 그들의 분깃이요, 유산으로 분배 받은 땅을 정복하기 위해 흩어져서 나머지 전쟁을 치릅니다.

▣ 사사기

이런 은혜와 복을 받은 이스라엘 백성은 얼마 지나지 않아 가나안 땅에 살면서 점점 하나님의 말씀을 버리고 각자 자기의 생각과 마음을 따라 살게 됩니다. 이스라엘 백성이 하나님의 말씀을 떠나자 하나님은 이방인을 회초리로 사용하여 전쟁이라는 고난을 주고 죄를 심판하여 이스라엘 백성이 회개하도록 만듭니다. 이스라엘 백성이 회개하면 하나님은 사사(=재판관)를 통해 하나님의 구원과 은혜를 베풀어 주시고 고난에서 건져 줍니다. 그런데 또 잊어버리고 다시금 이방신을 섬기며 자기 생각과 마음을 따라 사는 죄를 또 짓게 됩니다. 이런 패턴은 12명의 사사가 출현하는 사사기 내내 반복해서 나타납니다.

▣ 룻기

그 다음 룻기는 사사시대 중 유다 지파의 한 가정과 룻이라는 이방 여인의 스토리입니다. 극히 개인적인 가정사를 소개하고 있어 일반적으로 역사라고 말하는 것이 무리가 있지만 역사서 안에서 매우 중요한 역할을 하고 있습니다. 왜냐하면 사사시대가 끝나고 다음은 왕정시대로 넘어가는데 이 두 시대를 이어주는 다리의 역할을 하는 것이 룻기입니다. 룻기는 왕정시대를 대표하는 다윗 가문이 어떤 과정을 통하여 믿음의 가문이 되었는지, 하나님의 섭리를 통해 이방 여자인 룻이 어떻게 다윗의 조상이 되었는지 보여줍니다. 그래서 혈통이 아니라 믿음이 중요합니다.

▣ 사무엘상/하

사사시대의 마지막과 왕정시대의 시작을 연결해 주는 인물은 사무엘입니다. 그는 사사기를 벗어나 마지막으로 성경에 언급된 '사사'이며 동시에 '선지자'입니다. 그리고 사무엘은 이스라엘 백성의 요구를 수용하고 하나님께 허락을 받아 이스라엘 가운데 처음으로 왕을 세웁니다. 사무엘을 통해서 두 왕이 세워지는데 하나는 이스라엘 초대왕인 사울이고 두번째 왕은 다윗입니다. 사무엘상/하는 대부분 다윗의 역사가 담겨있습니다. 그래서 어떤 학자들은 사무엘상/하를 다윗상/하라고 부르기도 합니다.

▣ 열왕기상/하

다윗의 뒤를 이어 이스라엘 왕이 된 솔로몬의 이야기는 열왕기상에 나옵니다. 솔로몬은 초기엔 다윗처럼 하나님을 온전히 의지하고 따랐지만 나중에 자신의 지혜를 의지하고 이방 여자를 너무 좋아해서 이방민족과 정략적인 결혼을 많이 합니다. 결국 하나님의 말씀을 버리고 그 뜻에서 벗어난 솔로몬은 말년에 고난을 겪으며 후회하게 됩니다. 그래서 인생 후반부에 깊은 반성과 깨달음을 쓴 지혜서가 전도서입니다.

다윗은 하나님의 은혜가 있었던 사람입니다. 그리고 솔로몬은 하나님의 지혜가 있었던 사람입니다. 세상을 사는 일에 지혜가 필요합니다. 그러나 더 중요한 것은 하나님의 은혜입니다. 인생을 살면서 다윗처럼 절망과 수렁에 빠질 수 있습니다. 그러나 하나님의 은혜를 구하는 사람은 하나님께서 건져 주시고 원수의 목전에서 상을 베풀어 주십니다. 우리가 구할 지혜는 하나님을 경외하고 날마다 주님을 의지하는 것입니다. 그것이 참 지혜입니다.

열왕기하부터 이스라엘은 남유다와 북이스라엘 두 나라로 갈라집니다. 솔로몬의 죄를 책망하신 하나님께서 솔로몬의 아들인 르호보암이 왕이 될 때, 나라를 둘로 나누십니다. 결국 남유다는 르호보암이 왕이 되었고 북이스라엘은 여로보암이 왕이 됩니다. 여로보암은 솔로몬 시대에 성전 건축을 관장하던 감독자입니다. 노역의 현장에서 백성에게 자비를 많이 베풀었던 여로보암은 백성의 마음을 얻게 됩니다. 그리고 솔로몬이 죽은 뒤에 아들 르호보암이 왕이 된 후에도 백성의 노역을 여전히 줄여주지 않자 유다와 베냐민 지파를 제외한 나머지 10지파는 여로보암을 왕으로 세우고 가나안 중부와 북부인 사마리아와 갈릴리 지역을 중심으로 "이스라엘"이라는 이름으로 독립하게 됩니다.

그 후로 남유다는 아달랴(이세벨의 딸)를 제외한 다윗의 후손으로 20명의 왕이 약 345년 동안 다스리게 됩니다. 그리고 북이스라엘은 19명의 왕이 여러 번 왕조가 바뀌면서 약 209년 동안 다스리게 됩니다. 대체로 남유다의 왕들은 하나님의 뜻을 따라 행하며 하나님과 동행한 왕들이 많았던 반면, 북이스라엘 왕들은 하나님 앞에 선한 왕이 하나도 없습니다. 그래서 하나님께서 회개하고 돌이키라고 수많은 선지자들을 계속해서 보내고 심지어 남유다 출신의 선지자까지 보냅니다. "열왕기하" 시대에 활동한 선지자들이 쓴 선지서는 모두 12권입니다.

12권의 선지서:
이사야, 예레미야, 예레미야애가, 호세아, 요엘, 아모스, 오바댜, 요나, 미가, 나훔, 하박국, 스바냐

▣ 역대상/하

이제 남은 역사서는 역대상/하와 에스라, 느헤미야, 에스더입니다. 쓰여진 시기는 바벨론 포로 시대입니다. 북이스라엘은 B.C. 722년 앗수르에게 멸망당했고, 남유다는 B.C. 586년 바벨론 때

문에 망하게 됩니다. 그러나 70년이 지난 뒤에 예레미야 선지자의 예언대로 예루살렘으로 돌아오게 될 때, 북이스라엘의 역사는 빼고 남유다의 역사만을 전하기 위해 다시 기록한 것이 역대상/하입니다. 역대상/하에는 북이스라엘 역사기록이 없습니다. 하나님 나라의 정통성을 유지한 남유다의 역사만을 기록하고 있습니다.

●목록 줄임말

역대상의 내용은 사무엘상/하를 보충해주는 주석처럼 쓰였습니다. 그래서 사무엘상/하의 역사적인 내용과 역대상의 내용은 대단히 겹치는 부분이 많고 역대하도 열왕기상/하의 역사적인 내용을 보충해주는 주석처럼 쓰였습니다. (주석: 추가적인 설명과 해석을 달았다는 것) 이렇게 역사적으로 추가 내용을 단 이유는 포로시대를 사는 이스라엘 백성들에게 하나님의 나라는 지금도 계속되고 있다는 믿음을 심어 주는 동시에 하나님께서 변함없이 이스라엘의 역사를 주관하고 계시다는 믿음을 주어 새로운 비전을 갖도록 역사적인 기록을 통해 믿음의 근거를 제시한 것입니다.

▣ 에스라

에스라와 느헤미야는 포로귀환의 역사를 기록하고 있습니다. 예루살렘 성전의 회복과 성벽을 재건하는 것과 언약 백성의 신앙 회복을 기록하여 이스라엘 백성으로 하여금 제2의 출애굽 사건을 이루신 하나님의 놀라운 역사를 기록하고 있습니다. 그래서 이스라엘 사람들은 에스라를 제2의 모세로 생각합니다.

에스라는 학사(성경교사) 겸 제사장(레위지파)이었기 때문에 성경 연구를 많이 했습니다. 그는 특별히 모세오경을 집중적으로 연구하여 왜 하나님께서 이스라엘 백성을 심판하게 되었는지 알게 되었고, 어떻게 해야 하나님께서 회복해 주시는지 그 방법도 알게 되었습니다. 그래서 에스라는 이스라엘 백성에게 철저한 회개와 하나님과 맺은 언약의 회복을 강조합니다.

에스라, 느헤미야, 에스더의 시대적인 상황은 바사왕(페르시아왕) 고레스 원년(B.C. 537년)에 이스라엘의 귀환을 알리는 칙령이 발표되고 스룹바벨과 여호수아(예수아)가 1차로 이스라엘 백성을 이끌고 예루살렘으로 귀환하게 됩니다. 그리고 그들은 예루살렘 성전 재건을 시작하지만 내외적인 문제로 어려움을 겪습니다. 얼마 지나지 않아 생계의 문제로 초기정착에 어려움을 당하고 사마리아 사람들의 빈번한 약탈과 방해로 B.C. 536년에 성전 재건을 중단하게 됩니다. 중단된 성전 재건을 다시 시작하라는 하나님의 계시가 16년 뒤인 선지자 학개와 스가랴를 통해 이스라엘 백성에게 전달이 되고 결국 B.C. 516년에 성전을 완성하게 됩니다. (선지자 학개와 스가랴는 포로시대 활동한 선지자이다.)

▣ 에스더

성전 재건이 완성되던 시기에 페르시아에서는 아하수에로 왕이 직위합니다. 그때 페르시아의 수산궁에서 있었던 사건이 에스더의 이야기입니다. 하만의 계략으로 이스라엘 백성이 멸절 될 번 한 상황을 하나님께서 왕후인 에스더를 통해 막으시고 구원하신 내용이 '에스더서'입니다. 에스라는 예루살렘에서 벌어진 이스라엘 백성의 이야기를 기록하고 있다면 '에스더서'는 비슷한 시기에 아직 예루살렘으로 귀환하지 못한 이스라엘 백성들이 겪었던 고난과 위기의 내용을 기록하고 있습니다.

▣ 느헤미야

느헤미야는 유대인이면서 동시에 바사(페르시아)의 고위 관리입니다. 예루살렘으로 돌아가 정착한 백성들은 예루살렘 성벽이 아직 재건되지 않아 외부의 침략이 빈번하고 치안이 불안한 생활을 하게 되면서 예루살렘을 떠나 안전한 지역으로 이동하게 됩니다. 재건된 성전을 잘 돌볼 수 없는 상황이 반복되면서 점점 폐허가 되고 있는 예루살렘 성을 회복하기 위해 느헤미야는 하나님께 금식하고 기도하며 당시 왕이었던 아닥사스다에게 간청하여 예루살렘 지방관으로 임명 받아 예루살렘 성벽을 재건하게 됩니다.

여기까지 다룬 성경 17권이 역사서입니다. 구약에서 역사서 17권이 성경의 맥을 잡아주는 핵심적인 역할을 하고 있습니다. 역사서는 구속사의 주춧돌 역할을 하고 있습니다. 그래서 역사서 17권이 어떻게 연결되는지 아는 것이 중요합니다. 창세기부터 느헤미야까지 쭉 연결해서 시간흐름을 따라 쌓아서 묶어야 이해가 쉽습니다. 그리고 룻기와 에스더는 각각 여인이 주인공인 역사로 보시면 됩니다. 이렇게 역사서를 시간순서대로 나열하여 기초를 세우고 연결해주면 어려워 보였던 성경 구조가 쉬워집니다. 복잡해 보였던 구약성경을 역사서 17권을 중심으로 뼈대를 잡아서 정리해 보면 이해가 빨라지고 구약성경 전체의 맥이 잡히게 됩니다.

구약 역사서를 시간 순서대로 목록 쌓기

(구약목록 연상기억법)

창을 **출**중하게 노**래**하는 명창 **민 신 수**가 **삿**갓을 아내 **룻**이 건네주니 **삼**베옷을 챙겨입고 **왕** 앞에서 한곡조 부르는데 **대 라 느!** 부르자 왕후 **에스더**가 칭찬을 하더라

연상해서 기억해야 머리에 오래 남습니다. 한 번도 들어보지 못한 이름을 외우고 기억한다는 것은 쉬운 일이 아닙니다. 그래서 우리가 이미 알고 있는 것과 이름을 연결하여 기억하면 좀더 오랜 시간 기억하기 때문에 교육적인 차원에서 활용하는 것입니다. 그래야 성경을 읽을 때 단어들이 쉬워지고 친근감이 생기면 오래 기억에 남습니다. 위에 소개된 방법은 구약목록을 기억하기 위한 '연상기억법'입니다. 한번 읽어 보시기 바랍니다 . 다음은 머리에 그림을 그리면서 다시한번 읽어 보시기 바랍니다. 마지막으로 머리 속으로 그림을 생각하면서 읽었던 내용을 기억해 보시기 바랍니다. 이렇게 몇 번 반복하다 보면 자연스럽게 머리 속에 역사서 17권이 기억될 것입니다.

3. 역사서의 기초위에 시가서와 선지서를 올려서 쌓아야 합니다.

역사서를 기초로 하여 그 위에 시가서를 올려 놓을 위치와 선지서를 올려 놓을 위치를 알아 두시기 바랍니다. 왜냐하면 성경은 시간 순서대로 배열이 된 것이 아니라 비슷한 문학장르로 묶여 있기 때문입니다. 이것을 재배치해서 시간 순서로 다시 정리하는 작업이 필요합니다. 우리가 성경을 읽으며 난해하고 복잡하다고 생각했던 것은 시간적인 맥을 잡지 못했기 때문입니다. 마치 길

눈이 어두운 사람이 도시 한복판에 지도도 없이 서 있을 때 내가 어디에 있는지 몰라서 당황하는 것과 똑같이 성경만 보면 헷갈렸던 것입니다 그래서 역사서의 기초위에 시가서와 선지서를 마지막으로 쌓아 올려야 뼈대가 완전히 세워집니다. 이후로는 읽으면서 확인하고, 확인하면서 읽으면 성경 내용에 살이 붙고 자연스럽게 맥이 잡히기 시작합니다.

시가서의 위치를 알려면 먼저 창세기 12장에 나오는 아브라함과 비슷한 시기 인물인 욥을 알아야 합니다. 욥기는 작자 미상입니다. 그런데 욥의 이야기는 아브라함과 비슷한 족장 시대의 이야기입니다. 그래서 욥기를 읽을 때는 창세기의 아브라함을 염두 해 두고 읽는 것이 좋습니다. 욥처럼 동방의 의인이 있는데 왜 하나님은 아브라함을 택하셨을까? 질문도 해봐야 합니다.

시편은 전체 150편중 73편을 다윗이 기록했습니다. 그래서 사무엘상/하를 읽을 때 다윗의 시편을 읽고 나머지 시편들은 각 시대별로 분배해서 함께 읽으면 시대적인 배경과 인물의 심리적 상태를 이해할 수 있기 때문에 시편의 내용을 더 깊이 공감하게 됩니다. 그리고 솔로몬이 쓴 아가서와 잠언, 전도서는 열왕기상과 함께 읽으면 됩니다. 이렇게 역사서를 통해 시대적인 배경을 알고 시가서를 읽으면 그 당시 상황이 이해가 되기 때문에 시와 지혜와 사랑의 노래와 인생의 고백이 더 깊이 공감되고 은혜를 받습니다. 그렇기 때문에 시가서도 선지서도 역사적 배경을 꼭 알아야 합니다.

마지막으로 선지서는 총 17권 중에 포로전기에 쓰여진 다니엘, 에스겔과 포로후기에 쓰여진 학개, 스가랴, 말라기만 빼고 나머지 12권이 열왕기하 시대에 쓰여진 선지서라고 알면 됩니다. 특히 다니엘과 에스겔은 포로로 잡혀간 초기의 선지서입니다. 포로로 잡혀갔던 자들의 눈물과 고난과 소망이 담겨 있습니다. 이런 절망적인 상황에 놓인 이스라엘 백성에게 하나님께서 주시는 희망이며 계시의 말씀입니다.

그리고 학개 스가랴는 성전 건축과 관련이 있습니다. 성전건축이 16년동안 중단이 되자 하나님께서 선지자 학개와 스가랴를 보내어 다시 재건하도록 격려하고 명령하십니다. 그리고 말라기는 성전이 완성되고 이스라엘 백성이 포로귀환 이후 예루살렘에 정착하던 시기에 쓰였습니다. 그래서 학개, 스가랴, 말라기는 포로기 후기에 쓰여진 선지서입니다.

구약성경 목록표

<table>
<tr><td colspan="2">선지서</td><td></td><td></td><td></td><td></td><td></td><td></td><td></td><td>12권</td><td colspan="3">단/겔/학/슥/말</td></tr>
<tr><td>시가서</td><td>욥</td><td></td><td></td><td></td><td></td><td></td><td></td><td>시편</td><td>아/잠/전</td><td colspan="3">바벨론 포로시기</td></tr>
<tr><td rowspan="2">역사서</td><td rowspan="2">창</td><td rowspan="2">출</td><td rowspan="2">레</td><td rowspan="2">민</td><td rowspan="2">신</td><td rowspan="2">수</td><td>룻</td><td rowspan="2">삼</td><td rowspan="2">왕</td><td rowspan="2">대</td><td colspan="2">더</td></tr>
<tr><td>삿</td><td>라</td><td>느</td></tr>
</table>

역사서	시가서	선지서
창세기	욥기	
출애굽기		
레위기		
민수기		
신명기		
여호수아		
사사기		
룻기		
사무엘상/하	시편	
열왕기상	아가/잠언/전도서	
열왕기하		선지서 12권
(포로기 시작)		다니엘 / 에스겔
역대상/하		
에스라		학개
느헤미야		스가랴
에스더		말라기

3과 창세기가 열려야 성경이 보입니다.

1. 창세기를 통해 배우는 성경적인 가치관과 세계관

창세기는 우리에게 성경적 가치관과 세계관을 알려줍니다. 우리들이 흔히 이야기하는 창조론과 진화론의 갈림길이 여기서 시작됩니다. 어떤 세계관을 갖고 사느냐 하는 문제는 인생의 길을 나누는 매우 중요한 일입니다. 하나님의 존재성을 인정하는 관점을 갖고 세상을 사는 사람과 하나님의 존재성을 부정하는 관점을 갖고 세상을 사는 사람은 전혀 다른 인생을 살게 됩니다.

저는 중학교 2학년 때까지 예수님을 인격적으로 만나지 못했기 때문에 교회는 다니면서도 예배를 드리지 않으려고 도망치고, 어머니가 주신 헌금은 오락실과 만화방에 가서 다 써버리면서도 어머니께 약간의 죄책감과 미안함을 느낄 뿐 그런 생활이 크게 잘못 되었다고 여기지 않았습니다. 하나님께서 살아 계시다는 생각을 전혀 하지 않았기 때문에 청소년시절에 자연스럽게 욕도 하고, 거짓말도 하고, 싸우기도 하며 내 마음대로 생각하고 결정하고 판단하며 살았습니다.

그런데 중학교 2학년 여름 수련회에 참석하였다가 마지막 날 집회를 통해 예수님을 인격적으로 만났고 난생처음 밤새도록 기도를 하게 되었습니다. 나의 죄를 깨닫게 되면서부터 주체할 수 없는 눈물과 회개가 쏟아지고 다음날 새벽까지 기도를 드렸습니다. 하나님이 살아 계시다는 생각과 느낌이 전혀 없을 때는 단 1분도 기도할 수 없었던 사람이 밤새도록 기도할 수 있었던 것은 내 기도를 들으시는 하나님이 지금 내 앞에 계시다는 하나님의 존재성이 확인되었기 때문입니다.

그 이후에 무엇보다 행동과 말과 태도에서 변화가 나타나기 시작했는데 일단 입에서 더 이상 욕이 나오질 않았습니다. 어떤 상황에서도 하나님께서 나를 보고 계시고, 내 말을 듣고 계시다는 생각으로 바뀌니까 완전히 변화된 삶이 시작되었습니다. 마치 요셉이 보디발의 아내가 유혹할 때 아무도 보는 사람이 없으나 도리어 그 여인에게 "내가 어찌 이 큰 악을 행하여 하나님께 죄를 지으리이까" (창세기 39:9)한 것처럼 아무도 보지 않지만 하나님은 살아 계시고 지금도 모든 것을 다 보고 계시다는 생각을 하니까 나의 생각과 판단과 행동이 완전히 변화 될 수밖에 없었습니다.

창세기 1장 1절은 하나님의 존재성을 선포합니다. "태초에 하나님이 천지를 창조하시니라" 이것은 하나님께서 세상을 창조하신 주인이시고 세상은 하나님이 만드신 피조물이라는 말씀입니다. 그렇기 때문에 성경은 세상이 자연발생적으로 존재한 것이 아니라 세상을 창조하신 분이 계시다는 것을 선포하고 있습니다. 그래서 창세기 1장 1절은 우리의 가치 기준과 판단의 기준이 어디에서 출발하는지 가르쳐 주는 말씀이고 동시에 믿는 자들의 '신앙고백'이기도 합니다.

2. 창세기는 신화인가? 역사인가?

저처럼 하나님의 존재성을 체험으로 알게 되는 경우도 있고 이성적인 판단과 질문의 과정을 통해 혹은 과학적 접근과 합리적인 사고와 증명 자료를 근거로 하나님의 존재성을 발견하고 인정하는 경우도 있습니다. "예수는 역사다"라는 책을 쓴 '리 스트로벨' 목사님은 원래 시카고 트리뷴이라는 저명한 신문사에 근무했던 언론인입니다. 예일대를 졸업한 수재였으나 기독교에 대해서는 매우 냉소적이고 적대감까지 있었던 사람이었습니다. 그러던 그가 자신의 아내가 교회에 다니기 시작하자, 기독교는 거짓된 교리와 역사를 가르치는 종교이며 예수 그리스도는 허구적인 인물이고 또한 평범한 인간에 불과하다는 것을 밝히기 위해 기독교에 대한 연구를 시작했습니다. 무려 2년동안 기자의 관점에서 진실을 밝히겠다는 불타는 의지를 갖고 미국 전역을 다니며 자료를 모으고 이성적인 판단과 의심의 눈으로 계속 자문하고 내린 결론은 "예수는 역사다!"는 사실입니다.

최근 들어 창조과학회와 같은 여러 기독교 단체들은 현대인들에게 성경적인 내용을 과학적인 방법으로 입증하고 설득하기 위한 많은 노력을 기울이고 있습니다. 과학적인 접근을 통해 성경속에 나타났던 현상들이 허구와 신화가 아니라 과학적인 근거에 부합되는 사건이고 누군가 지어낸 이야기로만 취급할 문제가 아니라는 것을 매우 설득력이 있는 자료들을 제시하며 증명하려고 노력했습니다. 이런 노력은 이성적인 판단과 합리적인 사고를 무시한 접근 방법보다는 매우 바람직한 방법이라고 생각합니다. 그러나 한계성도 있습니다. 왜냐하면 성경을 과학으로 증명할 때 혹시 과학으로 증명할 수 없는 내용에 맞닥뜨린다면 성경이 진리가 아니라는 결론에 이를 수 있기 때문입니다. 또한 과학적으로 증명할 수 없는 문제들이 성경안에는 너무 많은데 자칫 과학이 성경을 증명하는 내용이 되어버린다면 성경자체의 권위보다는 과학으로 증명이 되어야 진리로 인정받는 오류를 범하게 됩니다. 그래서 성경은 다른 것에 의존하여 성경의 권위를 인정받지 않습니다. 성경은 성경자체로 인정받아야 하는데 만약 과학과 같은 다른 것에 의해 인정된다면 성경보다 과학이 더 권위가 있다는 증거가 되기 때문에 성경은 더이상 절대 진리라 말할 수 있는 힘을 잃게 됩니다.

과학적인 접근방법과 함께 철학적인 접근도 마찬가지라고 생각합니다. 우리가 잘 알고 있는 데카르트는 이성주의와 합리주의를 대표하는 철학자입니다. 그가 남긴 유명한 말은 "나는 생각한다, 고로 나는 존재한다" 입니다. 데카르트와 이성주의자들의 논리대로 말한다면 내가 이성적으로 인식할 수 있는 것만이 진리이고 내가 인식할 수 없는 것은 존재하지 않는 것이고 그것은 비진리인 것입니다. 그래서 이성주의 입장과 합리론자들은 근본적으로 참된 이성적인 원칙이 논리, 수학, 윤리학, 형이상학에 존재하며, 이를 부정하는 자는 모순에 빠지게 된다고 주장합니다. 그렇다면 이성적으로 납득이 되지 않는 것은 존재하지 않는 것인가? 이런 질문은 이성주의자들에게 비합리적이고, 비이성적인 질문일 수밖에 없습니다.

우리가 잘 알고 있는 아인슈타인이 상대성이론을 발표할 때 그것을 이해하고 인정했던 사람은 극소수에 불과했습니다. 만약 그 이론을 이해하는 사람이 아무도 없었다면 실제로 존재하는 과학적인 원리가 매장될 수 있었습니다. 당시 사람들이 진리라고 믿었던 것이 시간이 지난 뒤에 뒤바뀌는 경우가 많습니다. 사람들이 그 당시에 진리라고 믿었던 것들은 증명된 과학적인 근거와 이성적인 판단에 기초합니다. 그렇지만 새로운 이론과 지식의 등장으로 지금까지 알았던 판단의 근거가 틀렸다고 인정되는 순간 지금까지 알았던 진리는 더이상 진리가 될 수 없습니다. 이러한 관점에서 볼 때 지금 우리가 판단을 내리고 있는 결론과 생각들이 얼마나 상대적이고 가변적인 진리요 지식인지 모릅니다.

결국 사람은 자신이 지금 알고 있는 지식의 범위 안에서 판단하고 있는 것입니다. 그렇다면 내가 알고 있는 것은 얼마나 되는가? 또한 얼마나 진실한 것인가? 지금 이 시대가 알고 있는 지식의 양은 얼마만큼 알고 있는 것인가? 그 지식을 통해 태양계를 알고 은하계를 알고 우주를 알며 하나님의 존재를 알 수 있는가? 과연 하나님을 증명할 만큼의 지식을 지금 이 시대는 소유하고 있는가? 그리고 앞으로 소유할 수 있는가? 만약 그러한 지식을 소유하지 못한다면 지금 내리고 있는 판단과 생각은 정말 이성적이고 합리적인 진실인가? 이런 신앙적인 질문과 고민 속에서 이제 선택은 여러분에게 달려 있습니다. 창조론도 믿음이고 진화론도 믿음인 것입니다. 왜냐하면 진화론도 현재 가지고 있는 과학적 지식 안에서 믿는 것입니다. 그렇다면 성경을 읽는 우리들은 최소한 창세기 1장 1절의 내용을 읽고 하나님의 존재성을 믿고(혹은 믿으려고 노력하고) 말씀을 읽는다는 것이 중요합니다. 그럴 때 성경을 신화라는 관점에서 읽는 것이 아니라 역사적인 사실로 보게 되며 그렇게 성경을 읽어 갈 때 하나님께서 이루신 역사들이 보이고 우리 안에 더 명확하고 견고한 믿음이 세워지게 됩니다.

3. 성경 각 권을 하나의 주제로 꿰어야 합니다.

창세기 1장 1절 말씀을 믿고(혹은 최소 믿는 마음으로) 성경을 읽기 시작했다면 이제 출발은 된 것입니다. 성경은 66권으로 되어 있는 책입니다. 이것을 하나로 묶는 것이 중요합니다. 그래서 옛말에도 "구슬이 서 말이라도 꿰어야 보배다"라는 말이 있습니다. 성경도 마찬가지입니다. 성경의 각 권은 진주입니다. 한 권, 한 권 다 귀합니다. 그런데 이것을 하나로 꿰어 만들면 하나의 놀라운 보배가 됩니다. 이렇게 하나로 묶는 작업을 통해 신약과 구약이 연결되기 시작하면 나무와 숲 전체를 보는 눈이 열리게 됩니다. 성경전체를 이렇게 하나로 묶어서 보는 시각을 '관점'이라고 말합니다. 그리고 기존에 가장 많이 소개된 관점이 '구속사적인 관점'입니다. 신구약성경 전체를 구속사의 관점에서 읽으면 너무 좋습니다. 구속사적인 관점은 죄로 인하여 타락한 인간을 구원하기 위해서 예수 그리스도의 오심과 십자가에서 죽으심, 부활의 사건 그리고 다시 오실 메시아의 재림으로 구원이 완성된다는 시각에서 성경 전체를 해석하는 것입니다.

그 다음 많이 소개된 것이 '하나님 나라'라는 관점입니다. 이것은 신학자 "조지래드(George Eldon Ladd)"의 영향이 크다 하겠습니다. 그는 '하나님 나라'라는 관점을 통해 하나님이 당신의 백성을 다스리고 통치하신다는 개념에서 신구약 성경을 연결했습니다. 하나님 나라의 관점에서 구약을 보면 하나님은 이스라엘 백성을 당신의 백성 삼으신 뒤에 친히 왕이 되어 그들을 인도했고 결국 하나님 나라의 영토인 가나안 땅을 정복하게 하셨습니다. 또한 신약에서도 동일하게 예수 그리스도께서 모든 교회와 성도들의 왕으로 오셔서 우리를 다스리고 통치하십니다. 결국 하나님과 예수 그리스도를 왕으로 모시고 믿는 자들은 하나님 나라 즉 천국에 들어가게 된다는 관점에서 성경전체를 연결해서 본 것입니다.

그러나 저는 이 책을 통해 여러분에게 새로운 관점을 제시하고 그런 관점에서 성경 전체를 연결해 보기를 원합니다. 그것은 '하나님의 영광'이라는 관점입니다. 그렇다면 "영광이란 무엇인가?"

를 한번 생각해 보겠습니다. 하나님께 영광을 올려드린다는 말은 우리가 너무나 잘 알고 있고 자주 쓰고 있습니다. 그런데 어떻게 하는 것이 하나님께 영광을 올려드리는 것인지 너무나 막연하게 생각하는 분이 많습니다. 어떤 신비로운 빛이 비춰져서 우리 마음 가운데 나타나는 현상이나 영적인 사건으로 생각하는 경우가 많습니다. 이 모든 것이 영광이라는 개념이 분명하지 않기 때문에 생기는 일입니다. 그렇다면 '하나님께 영광을 올려드린다'는 말은 무엇입니까? 그것은 '하나님을 하나님으로 인정해 드린다'는 뜻입니다.

4. 개념이 명확하게 정리되야 성경이 열립니다.

'하나님의 영광'이라는 개념을 분명히 이해하기 위해 '죄'라는 개념을 먼저 알 필요가 있습니다. 성경은 죄가 세상에 어떻게 들어왔는지, 그 죄로 인하여 인간은 어떤 상태가 되었는지, 죄를 해결하기 위해 하나님께서 하신 일이 무엇인지에 대해 기록하고 있으며, 예수님께서 십자가에서 죽고 부활하심으로 우리를 죄에서 구원하시고 이것을 믿는 자들은 구원을 얻어 천국에 간다는 약속이 기록되어 있습니다. 그래서 성경은 죄라는 주제를 빼고 생각할 수 없습니다. 성경은 세상의 창조와 죄의 시작을 말합니다. 또한 인류 역사는 죄의 역사입니다. 결국 성경은 세상의 종말이 죄의 종말인 것을 말합니다.

세상 창조 ------------------------	인류역사 ------------------------	세상 종말
(죄의 시작)	(죄의 역사)	(죄의 종말)

그렇다면 '죄'란 무엇인가? 일반적으로 죄의 개념이 대단히 윤리와 도덕적인 수준에 머물러 있기 때문에 사람들은 죄를 지은 적이 없다고 여기고 따라서 회개할 것도 없다 생각합니다. 착하게 살아온 사람에게 '회개하라'는 말은 매우 받아들이기 힘든 말입니다. 자신의 기준에서 판단할 때 회개할 것이 없는 것입니다. 또한 평생 부모의 말씀을 한 번도 어겨 본적 없고, 다른 사람과 싸워 본 적이 없고, 그런 일 자체를 싫어해서 만들지 않고 살아온 사람에게 '회개하라'고 말하면 당황합니다. 불쾌하게 생각합니다. 나와 상관없는 말처럼 듣습니다. 솔직히 무엇을 회개해야 할지 모릅니다. 왜냐하면 자신의 기준으로 생각할 때 죄를 지은 적이 없기 때문입니다.

그런데 로마서 3장 23절은 이렇게 말씀합니다. "모든 사람이 죄를 범하였으매 하나님의 영광에 이르지 못하더니" 누구도 예외가 없다는 것입니다. 그렇다면 선하게 살아온 농부도 죄를 범했고, 한 번도 다른 사람에게 나쁜 짓 하지 않고, 싸우지 않은 착한 사람도 죄를 범했다는 것입니다. 그래서 모든 사람이 하나님의 영광에 이르지 못한다는 것입니다. 다른 말로 하나님께 영광을 올려드릴 수도 없고 하나님의 영광을 받을 수도 없다는 것입니다. 그렇다면 무슨 근거로 그렇게 말하는 것일까요?

저는 과거에 성경에서 정한 법이 너무 불합리한 결정이라고 생각했습니다. 살인자이고 강도이고 폭력적인 죄인인데 예수만 믿으면 구원받고. 반대로 선하게 살고 남을 돕고 베풀며 산 사람임에도 불구하고 예수를 믿지 않으면 구원 받지 못한다는 사실 때문에 하나님을 인정하고 믿기 힘들었습니다. 그런데 죄에 대한 개념이 바뀌면서 나의 판단과 기준이 달라져서 하나님을 깊이 신뢰하게 되었습니다.

요한일서 3장 4절에 보면 "죄를 짓는 자마다 불법을 행하나니 죄는 불법이라"고 말씀합니다. 성경은 죄가 불법이라고 분명히 말씀하고 있습니다. 여기서 말하는 불법은 '아노미아'(anomia)라는 헬라어입니다. 아노미아는 'a+nomia' 입니다. 그리고 'a'는 부정 접두어입니다. 'nomia'는 법이라는 단어 'nomos'에서 나온 말인데 이것이 바로 율법을 뜻하는 말입니다. 그렇다면 '아노미아'는 법이 있는데 그것을 무시하고 법을 어기는 무법(無法)과 불법(不法)을 말합니다.

과거에 극장 또는 주말의 영화에서 '황야의 무법자'라는 영화를 보신 분들이 계실 것입니다. 그런데 무법자들 가운데도 법이 존재합니다. 공동으로 지켜야할 사회법은 없지만 각자가 법이 되어 자기 마음대로 사람을 죽이기도하고 살리기도 합니다. 자기 마음대로 결정합니다. 무법자의 시대는 법이 없는 시대처럼 보이지만 사실은 힘있는 사람이 법이고 총 든 사람이 법인, 자기 자신의 법으로 사는 시대가 바로 무법(無法)시대입니다.

성경에 대표적으로 이런 시대가 있었습니다. 사사기 21장 25절에 보면 "그 때에 이스라엘에 왕이 없으므로 사람이 각기 자기의 소견에 옳은 대로 행하였더라" 말씀합니다. 왕이나 법이 없기 때문에 각자가 법이 되어 살았다는 의미입니다. 그러나 사실은 하나님께서 모세를 통하여 법을 주셨습니다. 인간 왕은 없지만 엄연히 하나님의 법은 존재했습니다. 그럼에도 불구하고 각자 자기의 소견에 옳은 대로 행하며 산 것입니다. 그렇다면 사사시대 사람은 각자가 법이 되고, 기준이 되어 살았다는 것입니다. 이것이 불법과 무법의 모습입니다.

여기까지의 내용으로 우리가 생각해 볼 때, '죄'란 무엇이라고 말할 수 있습니까? 죄란 하나님의 법이 있음에도 자기의 법대로 사는 것을 말합니다. 그러나 자기는 그렇지 않다고 말하는 분들이 있습니다. 그런데 성경은 모든 사람이 죄를 범했다고 말씀하고 있습니다. 그리고 요한일서 1장 8절에 보면 "만일 우리가 죄가 없다고 말하면 스스로 속이고 또 진리가 우리 속에 있지 아니할 것이요"라고 말씀합니다. 다시 말해 만약 우리가 자기의 법이 없고 자기의 기준이 없고 자기의 생각이 없다고 말하면 그것은 스스로 속이는 것이고 또한 진리 즉 하나님의 법과 기준이 그 사람 속에 없다는 것입니다.

우리 속에 진리인 하나님의 법과 기준이 있어야 죄가 보입니다. 내 기준으로는 절대 보이지 않습니다. 하나님의 기준과 법이 내 기준이 될 때 비로소 죄를 인정합니다. 그래서 성경은 죄에 대하여 요한복음 16장 9절에서 이렇게 말씀합니다. "죄에 대하여라 함은 그들이 나를 믿지 아니함이요" 주님께서 직접 "죄"란 예수님을 믿지 않는 것이라고 말씀하셨습니다.

그렇다면 믿는 다는 것은 무엇입니까?

요한복음 1장 12절에 보면 "영접하는 자 곧 그 이름을 믿는 자들에게는" 이라고 쓰여 있습니다. 여기서 영접과 믿는다는 말이 동격으로 쓰이고 있습니다. 다시 말해 예수님을 믿는다는 말은 예수님을 영접하여 모셔 들인다는 뜻입니다. 예수님을 '나의 주 나의 하나님'으로 인정하고 그리스도로 영접한다는 말과 같은 것입니다. 결국 성경은 '죄'란 예수님을 주인으로, 하나님으로, 그리스도로 나의 기준과 법으로 모셔 들이지 않는 것임을 분명히 말씀합니다.

5. 그렇다면 죄는 언제부터 시작이 된 것일까?

창세기는 죄의 뿌리와 속성이 무엇인지 말씀해 주고 있습니다. 창세기 3장 5절에 보면 "너희가 그것을 먹는 날에는 너희 눈이 밝아져 하나님과 같이 되어 선악을 알 줄 하나님이 아심이니라"고 말씀합니다. 뱀은 하와에게 이 사실을 전해줍니다. 선악과 나무 실과를 먹으면 하나님처럼 된다는 것을 말해 줍니다. 지금도 사탄은 네 인생은 너의 것이고 네가 주인이라고 말합니다. 선악과 나무 실과를 먹고 난 뒤에 나타나게 된 현상이 무엇입니까? 그것은 하나님으로부터 기준과 관계와 생명이 분리된 것입니다. 나의 기준이 세워지고 하나님과 분리된 기준을 하나님처럼 갖게 된 것입니다.

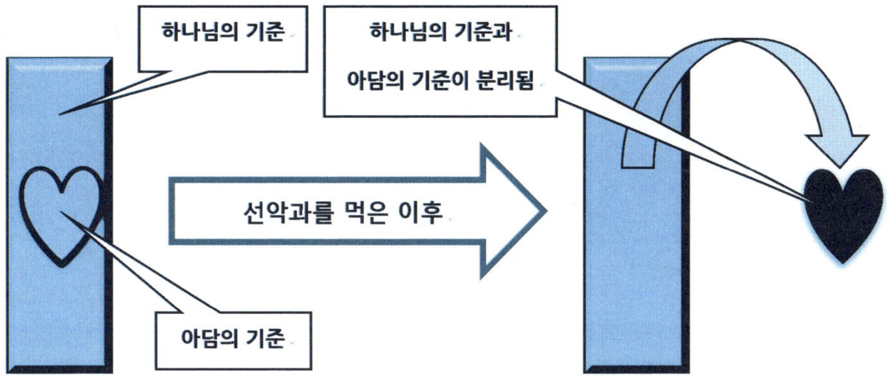

죄 짓기 전 상태 (기준의 일치) **죄 지은 이후 상태 (기준의 분리)**

선악을 알게 하는 나무의 실과를 먹은 뒤에 하나님은 아담을 찾아와 묻습니다. 아담아! 아담아! 네가 어디있느냐? 그랬더니 아담은 내가 벗었으므로 두려워 숨었다고 말합니다. 그래서 하나님께서 누가 너 보고 벗었다 하느냐? 묻습니다. 하나님은 이때까지 아담에게 벗었다고 말한 적이 없습니다. 아담의 대답을 보면 이미 벗었다는 기준이 아담의 생각과 기준 안에 있다는 것을 알 수 있습니다. 계속해서 묻습니다. 내가 너에게 먹지 말라 했던 실과를 먹었느냐? 아담이 선악을 알게 하는 나무의 실과를 먹고 난 뒤에 나타난 현상은 아담의 기준이 하나님의 기준에서 분리되고 옮겨진 것입니다. 죄는 하나님과 우리의 마음을 분리하고 하나님과 우리의 생각을 분리합니다. 또한 하나님의 기준과 우리의 기준이 달라지게 만듭니다. 이것을 이사야 59장 2절에서 "오직 너희 죄악이 너희와 너희 하나님 사이를 갈라 놓았고"라고 말씀합니다.

그래서 아담의 후손인 인간은 세상의 모든 것을 자신의 생각과 기준으로 판단하는 존재가 된 것입니다. 심지어 하나님까지도 자신의 기준과 생각으로 판단합니다. 삼위일체 하나님께서 이런 인간의 상태를 아시고 에덴동산에서 쫓아낼 때 창세기 3장 22절에서 이렇게 말씀하십니다. "여호와 하나님이 이르시되 보라 이 사람이 선악을 아는 일에 우리 중 하나 같이 되었으니"

하나님같이 되었다는 것은 자기가 하나님처럼 기준이 되고 법이 되어 하나님 노릇하는 존재가 되었다는 것을 의미합니다. 그래서 누구도 예외 없이 '하나님을 하나님으로 인정하지 않고 자기가 하나님이 되어 살아가는 존재'로 바뀌게 된 것입니다. 왕을 왕으로 인정하지 않을 때 우리는 그것을 반역이라고 말합니다. 그렇기 때문에 하나님 앞에서 하나님의 자리를 빼앗아 내가 하나님 노릇 하려는 마음은 하나님께 반역하는 죄를 짓는 것입니다. 이런 상태를 성경은 우리와 하나님 사이가 원수가 되었다고 말합니다. "육신의 생각은 하나님과 원수가 되나니 이는 하나님의 법에 굴복하지 아니할 뿐 아니라 할 수도 없음이라" (로마서 8장 7절)

결론적으로 말해 '하나님의 영광'이란 무엇입니까?

그것은 '하나님의 하나님 되심을 인정하고 그분을 높여드리는 것, 그것이 하나님께 올려드리는 영광'입니다. 그래서 영광은 하나님의 하나님 되심을 인정하는 태도와 마음에서 출발합니다. 또한 하나님의 영광이 이스라엘 백성 가운데 임하실 때 나타나는 하나님 영광은 하나님께서 이스라엘 백성을 애굽에서 이끌어 내신 하나님이심을 나타내 보여주신 역사입니다. 이것 또한 하나님의 하나님 되심을 이스라엘 백성 중에 보여주신 영광입니다. 그렇다면 올려드리는 영광이 되었든 아니면 백성에게 보여주시는 영광이 되었든 둘 다 "하나님의 하나님 되심"을 인정할 때 비로소 영광이라는 표현을 쓸 수 있습니다. 로마서 3장 23절의 말씀처럼 인생을 살면서 자신이 하나님 노릇을 하게 되면 하나님께 영광을 올려 드릴 수도 없고 하나님의 영광을 볼 수도 없습니다.

이렇게 하나님의 영광을 가리는 자가 되면 그 사람은 절대로 하나님의 영광에 이르지 못하는 것입니다. 그러나 우리 모든 죄를 십자가의 피로 사해주신 예수님을 나의 주, 나의 하나님으로 믿고 인정하면 하나님의 영광을 회복하고 구원을 얻게 됩니다. 그렇기 때문에 성경은 창세기부터 요한계시록까지 계속해서 '하나님의 영광'을 말씀하고 있습니다.

웨스트민스터 신앙고백서를 보면 인간 존재의 목적을 다음과 같이 설명하고 있습니다. '인간의 첫째 되는 목적은 하나님을 영화롭게 하는 것과 영원히 그를 즐거워하는 것이다.' 하나님의 하나님 되심을 인정하는 영광을 올려드리는 것이 '인간이 존재하는 목적'입니다. 그럴 때 하나님은 당신이 우리의 하나님 되심을 알려주고자 기적과 영광을 보여주십니다. 이것을 즐거워하고 누리는 것이 바로 믿는 자의 삶이고, 목적이며 행복입니다. 이 복을 우리는 '하나님과 동행하는 복' 다시 말해 '임마누엘'의 복이라고 말합니다. 그것이 예수님의 이름입니다. 예수님은 하나님의 영광을 회복하기 위해 이 땅에 오셨습니다. 인간은 예수님을 '나의 주, 나의 하나님'으로 모시지 않으면 절대로 자기가 하나님 되려는 마음을 내려 놓을 수 없습니다. 그래서 하나님 노릇하고 있는 나를 대신하여 주님께서 십자가에 달려 죽으시고 부활하셨습니다. 이것을 믿는 자마다 영생을 얻는 것입니다.

앞으로 성경전체를 읽을 때, '하나님 영광'이라는 관점에서 읽어 보시기 바랍니다. 하나님의 영광을 가리고 우리가 하나님 노릇하며 살면 우리는 죽을 수밖에 없다는 것을 이제는 분명히 알아야 합니다. 신구약 성경은 '하나님의 영광'을 회복하는 과정을 말씀하고 있습니다. 이런 관점에서 성경을 읽을 때 구슬이 꿰어지듯 전체가 하나로 연결되는 놀라운 은혜를 분명히 경험하게 될 것입니다.

4과 창세기와 욥기로 보는 성경적 세계관과 인생관

창세기가 성경적인 세계관을 보여준다면 욥기는 성경적인 인생관을 보여줍니다. 창세기의 아브라함과 이삭, 야곱과 요셉의 인생을 읽을 때, 욥의 인생을 함께 읽어야 비로소 성경적인 세계관과 함께 성경적인 인생관이 연결되어 성경적인 가치관이 형성됩니다. 그렇기 때문에 창세기와 욥기를 함께 살펴보는 것은 중요합니다. 욥은 아브라함과 비슷한 시기인 족장시대의 사람이기 때문에 서로 비교하며 살펴보는 것은 기독교 인생관을 이해하는데 큰 도움이 됩니다.

욥은 당대의 의인이라고 성경에 기록되어 있습니다. 그렇다면 하나님은 욥처럼 의로운 사람을 두고 왜 아무것도 모르는 아브람을 택하셔서 가나안 땅으로 인도하셨을까요? 가나안에 도착한 뒤에 기근이 들자 불신하고 금방 애굽으로 도망간 아브람을 위기에서 건져내시고 다시 가나안에 돌아오도록 인도하시는 하나님을 보면서 이러한 질문이 생깁니다. 왜 하나님께서는 이미 준비되고 검증된 욥을 두고 아브람이라는 믿음의 기초가 전혀 없던 사람을 택하여 실망스러운 모습을 보시면서도 한결 같은 사랑으로 인도해 주시는가? 왜 하나님께서는 편히 갈 수 있는 길을 돌아서 가실까? 정말 생각해 보고 또 생각해 보아도 인간의 생각으로는 이해할 수 없습니다. 그래서 '은혜'라는 말 밖에는 설명할 표현을 찾을 수 없습니다. 나같이 부족한 사람을 왜 부르셨는가? 나보다 더 유능하고 잘 할 수 있는 사람들이 많은데 고집과 자존심에 꽉 사로잡혀 살고 있는 나를 하나님께서 왜 부르셔서 구원해 주시고 사명까지 주셨는가? 그것이 질문입니다. 그리고 대답은 '오직 은혜'입니다. 그래서 믿는 자는 '은혜' 아니면 살 수가 없는 것입니다.

결국 창세기와 욥기를 함께 읽으면 우리를 십자가의 사랑으로 구원하신 하나님의 은혜가 무엇인지 알게 됩니다. 한량없는 은혜, 갚을 길 없는 은혜, 오직 하나님의 은혜임을 발견하게 됩니다. 우리의 삶이 지금 이 자리까지 올 수 있었던 것도 하나님의 은혜입니다. 창세기와 욥기를 함께 읽으며 우리가 깨달아야 될 가장 중요한 신앙의 주제는 하늘을 두루마리 삼고 바다를 먹물 삼아도

다 기록할 수 없는 '하나님의 은혜'입니다.

1. 창세기에 나오는 사건들

창세기는 크게 두 파트로 나눌 수 있습니다. 하나는 1장부터 11장까지입니다. 모두 4가지 사건이 소개됩니다. 창조 사건, 타락 사건, 홍수 사건, 바벨탑 사건입니다. 그리고 12장부터 50장에는 조상 4명이 나옵니다. 아브라함, 이삭, 야곱, 요셉입니다. 이렇게 4가지 사건과 4명의 조상이 창세기 전체 스토리에 나오는 핵심 내용입니다. 아래 도표를 참고하시기 바랍니다.

4가지 사건과 4명의 조상 도표

<table>
<tr><td rowspan="8">창세기</td><td rowspan="4">1–11장
인류의 역사</td><td rowspan="4">4대
사건</td><td>창조 사건</td><td>인류의 탄생과 기원</td></tr>
<tr><td>타락 사건</td><td>죄의 시작과 인간의 타락</td></tr>
<tr><td>홍수 사건</td><td>죄의 결과로 임한 홍수 심판</td></tr>
<tr><td>바벨탑 사건</td><td>인류가 온 세계로 흩어짐</td></tr>
<tr><td rowspan="4">12–50장
이스라엘 역사</td><td rowspan="4">4대
조상</td><td>아브라함</td><td>믿음의 조상으로 택함</td></tr>
<tr><td>이삭</td><td>약속의 아들로 하나님께서 주심</td></tr>
<tr><td>야곱</td><td>이스라엘 12지파의 조상이 됨</td></tr>
<tr><td>요셉</td><td>하나님의 꿈을 이룬 애굽의 총리</td></tr>
</table>

먼저 4가지 사건을 함께 보겠습니다. 첫째는 창조 사건입니다. 창세기 1장 1절의 말씀은 성경전체를 이끄는 가장 중요한 '선포'이며 '신앙고백'입니다. '태초에 하나님이 천지를 창조하셨다'는 이 말씀이 사람의 가치관과 세계관과 인생관을 나누는 분기점입니다. 또한 하나님께서 천지를 창조하셨다는 것을 믿을 수 있어야 모든 성경이 열리게 됩니다. 그래서 창세기 1장 1절이 믿어질 때 홍해를 가른 사건, 죽은 자를 살리는 사건, 해가 멈추는 사건, 성령으로 잉태되신 예수님, 그리고 십자가에서 죽으시고 부활하신 예수님을 믿을 수 있습니다. 물 위를 걷는 것은 문제가 되지 않습니다. 왜냐하면 말씀 하나로 천지를 창조하신 하나님이 믿어지면 모든 성경의 기적과 역사적인 내용 전부가 믿어집니다. 결국 창조 사건을 통하여 성경은 하나님께서 역사와 생명의 주관자이심을 보

여주고 있고 하나님께서 세상을 창조하신 참 하나님이심을 분명히 밝히고 있습니다.

둘째는 타락 사건입니다. 아담과 하와가 선악을 알게 하는 나무의 실과를 따먹었기 때문에 하나님과 단절되고 인간은 타락하게 됩니다. 하나님과 단절되었다는 것은 하나님의 생명으로부터 단절을 말하며 또한 하나님의 기준에서 벗어났다는 뜻입니다. "죄"란 하마르티아(헬)입니다. 표적(타겟)에서 벗어났다는 뜻입니다. 다른 말로 '하나님의 법에서 벗어난 것' 자체가 죄입니다. 자기가 하나님이 되어 자기 자신의 법으로 사는 것입니다. 자기 생각이 법이 된 것입니다. 이것이 죄의 상태이며 타락입니다.

셋째는 홍수 사건입니다. 하나님으로부터 단절되고 타락한 인간은 자신이 '주인'되고 '하나님'이 된 인생을 살기 시작합니다. 그래서 하나님이 말씀하는 삶이 아닌 자신이 원하는 삶을 살기 시작합니다. 결국 노아 시대에 하나님의 아들들도 자기가 원하는 대로 사람의 딸들과 결혼을 합니다. 이런 사람의 생각을 성경은 "여호와께서 사람의 죄악이 세상에 가득함과 그의 마음으로 생각하는 모든 계획이 항상 악할 뿐임을 보시고 (창세기 6장 5절)"라고 말씀합니다. 결국 하나님은 타락한 인간을 심판하지만 당대에 의인인 노아와 그 가족은 구원하시고 그들을 통해 새로운 역사를 이루어 가십니다. 그래서 홍수 사건은 심판 사건인 동시에 새창조를 이룬 사건입니다.

넷째는 바벨탑 사건입니다. 하나님께서 노아의 가정을 통해서 새로운 인류 역사를 시작합니다. 그러나 여전히 인간은 하나님을 떠나 자신을 위한 탑을 쌓게 됩니다. 자신이 하나님이 되어 살아가는 전형적인 모습은 하나님 없이 스스로 구원과 안전을 도모하는 모든 인간의 노력입니다. 하나님의 간섭과 통제를 벗어나 자기가 하나님 되어 행동합니다. 하나님의 다스림과 통치를 거부합니다. 하나님의 뜻에서 완전히 벗어나 자신의 탑을 하늘에 닿도록 높이 세웁니다. 죄로 인하여 타락한 인간 안에 어떤 마음이 있는지 분명히 보여준 것이 바벨탑 사건입니다.

그러나 하나님께서 인간을 온 세상에 흩어지게 만드십니다. 이것이 '바벨(뜻: 흩으다)'이라는 말입니다. 하나님을 떠난 사람은 자신의 바벨탑인 성공, 물질, 권세 등을 얻기 위해 큰 노력을 기울입니다. 이것을 하루 아침에 하나님이 흩어 버립니다. 그때 비로소 하나님의 하나님 되심을 인정하게 됩니다. 인간은 비로소 하나님의 통치 아래에 순종하고 자신이 단지 피조물이라는 사실을 알게 됩니다. 그럼에도 불구하고 사람 안에 있는 죄성으로 말미암아 인간은 포기하지 않고 또 다른 바벨탑을 계속해서 세우려고 노력합니다. 하나님 없이 자신이 구원을 만들고 이루려 합니다.

2. 창세기 1장부터 11장까지 살펴봅시다.

창세기 1장부터 11장까지는 인류의 역사를 다루고 있습니다. 하나님께서 세상을 창조하실 때 인간을 창조하시고 "보시기에 심히 좋았다"고 말씀하십니다. 그것은 세상을 창조하신 이유가 인간을 위해서 그렇게 하셨다는 것을 의미합니다. 시편 8편의 노래처럼 "사람이 무엇이기에 주께서 그를 생각하시며…," 사람이 무엇이라고 하나님은 그렇게 애정과 사랑을 쏟으시는지, 정말 하나님은 사람을 창조하시고 자식처럼 사랑했다는 것을 여러 성경의 증거들을 통해 알 수 있습니다.

1) 창세기 1장부터 3장까지 내용은 무엇입니까?

이미 하나님의 영광이라는 관점에서 성경을 보자고 말씀드렸습니다. 그렇다면 하나님께서 세상을 창조하시고 받으실 영광은 "하나님이 하나님 맞으십니다. 하나님만이 이런 놀라운 일을 하실 수 있는 유일한 분이십니다."라는 피조물의 고백입니다. 그러나 인간은 뱀의 꼬임에 빠져 선악을 알게 하는 나무의 실과를 먹고 자신이 하나님처럼 되어 스스로가 기준이 되고 법이 되었습니다. 그래서 하나님을 하나님으로 인정하지 않고 하나님께서 받으실 영광을 인정하지 않는 존재가 되었으며 스스로 하나님 되어 하나님 노릇을 하는 존재로 타락하게 되었습니다. 결국 자신의 기준대로 자신의 법대로 자신의 판단대로 모든 일들이 이루어지지 않으면 사람은 견디지 못하고 받아들이지 못합니다. 왜냐하면 자기가 하나님처럼 되어 하나님 노릇하며 마음이 높아졌기 때문입니다.

2) 창세기 4장부터 하나님 노릇 하려는 인간의 구체적인 죄의 내용이 나옵니다.

이제 4장부터는 스스로 하나님 되어 하나님 노릇하며 사는 타락한 인간이 어떻게 살게 되는지, 죄 가운데 빠져 어떤 상처를 주고 어떤 고통을 겪게 되는지 말씀합니다. 인간은 자신이 하나님 노릇하며 살기 위해서 반드시 힘을 갈망하고 추구합니다. 그것이 권력이 되었든, 군사력이 되었든, 재력이 되었든, 사람의 마음속 뿌리에는 개인의 능력을 크게 키워 자신이 다른 것에 의존하지 않고 자기 마음대로 살기 원하는 마음이 있습니다. 더 구체적으로 말하면 하나님을 의지하지 않고 집단과 개인의 힘을 키워서 스스로 하나님이 되어 마음껏 자기 뜻대로 살기를 원합니다.

여담이지만, 그리스도인이 노래방에 가면 부르지 말아야 할 노래가 있습니다. 물론 우스갯 소리이지만 "내 인생은 나의 것!"이란 가요나 팝송 중에 "My Way!" 같은 노래는 부르면 안 됩니다.

인간은 본능적으로 하나님을 인정하지 않기 위해서 하나님과 같은 힘을 소유하기 원합니다. 힘이 있으면 하나님처럼 모든 것을 자기 마음대로 할 수 있기 때문입니다. 그래서 지식을 쌓는 것도, 돈을 많이 벌려고 하는 것도, 또한 권력을 잡으려고 하는 것도 그 마음의 뿌리는 동일한 곳에서 출발합니다. 예로부터 사람들이 거대한 제국을 건설하려는 마음의 출발도 그 뿌리는 같습니다. 하나님처럼 되기 위해서 그렇게 한 것입니다. 그래서 애굽의 바로, 바벨론의 느부갓네살, 로마의 시저 등등 제국을 이룬 왕들마다 제국을 이룬 뒤에는 당연하게 스스로 하나님처럼 백성들 앞에서 신이 되려고 했던 것입니다.

4장은 가인과 아벨의 이야기로 시작됩니다. 가인은 스스로 하나님 되려는 사람의 대표적 인물이고 조상입니다. 그러나 반대로 아벨은 하나님을 하나님으로 인정하려는 사람의 대표적 인물이고 조상입니다. 그래서 가인의 계열은 스스로 하나님이 되려는 사람의 계보를 말하고 아벨의 계열은 하나님을 하나님으로 인정하는 사람의 계보를 말합니다.

3) 왜 하나님은 가인의 제사는 안 받고 아벨의 제사만 받으셨을까?

여기서 우리가 늘상 하는 질문이 있습니다. '왜 하나님은 아벨의 제사만 받으셨는가?' '제사하나 안 받았다고 가인은 왜 아벨을 죽였는가?' 그래서 혹자는 피로 드린 제사가 아니기 때문이라고 말합니다. 또 다른 사람은 영적인 제사가 아니기 때문이라고도 말합니다. 사람들마다 그 해석을 내놓고 있지만 결국 하나님의 말씀은 반드시 말씀이 이야기하는 것까지만 받아들이고 성경이 말씀하신 곳에서 멈추는 것이 필요합니다. 그래서 성경이 말하지 않는 것을 말하는 것은 위험합니다. 성경이 설명하지 않는 것을 억지로 설명하려는 노력들은 정말 조심해야만 합니다. 오직 우리에게 특별히 계시해 주신 하나님의 말씀을 통해 하나님의 뜻을 분별해야 안전합니다.

히브리서 11장에 보면 하나님께서 가인의 제사는 받지 않고 아벨의 제사를 받은 이유를 설명합니다. 아벨이 가인보다 나은 제사를 드린 것은 아벨이 "믿음"으로 드렸기 때문이라고 설명합니다. 이것은 가인이 드린 제사는 믿음의 제사가 아니었다는 의미로 해석할 수도 있습니다. 믿음의 반대되는 개념으로 성경에 자주 등장하는 것은 행위입니다. 아벨은 하나님이 중심이고 하나님을 초점에 두고 믿음으로 제사를 드린 반면 가인은 자신에게 초점을 두고 행위로 제사를 드린 것입니다. 행위라는 자기의 기준으로 보면 아벨의 제사와 제물보다 자신의 제사와 제물이 훨씬 좋다고 생각할 수 있습니다. 전적인 자기 기준입니다. 그러나 제사는 그 제사를 받으시는 하나님이 중심이 되어야 합니다. 하나님이 기준이십니다. 그래서 아벨의 마음에 하나님을 하나님으로 인정하는 기준과 믿음이 있었기 때문에 하나님은 가인의 제사와 달리 아벨의 제사는 받으신 것입니다. 하나님의 뜻과 기준을 인정하는 마음이 믿음입니다.

하나님이 중심이고 하나님이 기준인 모세는 하나님께서 가나안 땅에 들어가지 못한다고 할 때 하나님의 뜻을 인정하고 받아들입니다. 또한 다윗도 하나님께서 네 손에 피가 많아서 성전을 지을 수 없다고 말씀하실 때 하나님의 뜻을 인정하고 받아들입니다. 그렇다면 아벨도 분명히 믿음으로 제사를 드린 사람이기 때문에 만약 하나님께서 가인의 제사는 받고 자신의 제사를 받지 않았다 해도 그것을 인정했을 것입니다. 결국 하나님이 중심이고 하나님이 기준인 사람들은 아벨과 모세와 다윗처럼 하나님의 뜻을 인정하고 하나님의 주권을 인정하여 하나님께 영광을 올려드립니다.

4) 5장에 나오는 족보를 보면서 질문이 생깁니다. 어떻게 900년이나 살았을까?

5장에는 아담의 자손들 이름이 쭉 나옵니다. 그러나 이름들 보다 더 눈에 들어오는 것은 그들이 살았던 나이입니다. 대부분 900세를 넘는 나이까지 삽니다. 그래서 어떻게 그리 오랜 세월동안 살 수 있었을까? 의문이 생기고 결국 성경은 거짓말 혹은 신화라는 생각을 자연스럽게 하게 됩니다. 합리적인 생각을 해보아도 납득이 되지 않는 생존기간을 보면서 어떻게 의문이 생기지 않을 수 있습니까! 의심이 생기고 질문이 생기는 것은 당연합니다. 성경이 거짓이 아니라면 어떻게 오랜기간 동안 살수 있었는지 그 해답을 연구해 볼 필요가 있습니다.

먼저 이 질문의 실마리를 푸는 첫번째 단서는 창세기 1장 6절에 나옵니다. 하나님께서 세상을 창조하실 때 둘째 날에 물을 만드십니다. 그리고 물과 물 사이에 공간을 만드시는데 이것을 궁창이라고 부릅니다. 다시말해 하늘을 중심으로 하늘 위의 물과 하늘 아래의 물로 나눕니다. 그리고 셋째 날 하늘 아래의 물을 뭍, 즉 땅(10절)으로 나누어 바다와 육지를 만드십니다.

성경은 궁창 즉 하늘 위에 물이 있었다는 것을 말씀하고 있습니다. 그래서 이것을 토대로 창조과학자들은 창세기 6장 이후에 나오는 노아 홍수 사건을 통하여 지구상에 대 격변의 사건이 벌어졌다고 설명합니다. 창조시대 지구 대기층은 '물층'이었는데 하늘에서 창이 열리고 물이 땅으로 떨어지면서 대 홍수뿐만 아니라 지층이 뒤집혀 지층의 상부와 하부가 바뀌는 지질구조의 변화가 발생하게 되었고 하나의 판으로 되어 있던 대륙이 깨져 지금의 오대양 육대주로 나누어지게 되었다고 설명합니다. 그렇다면 홍수 이전의 지구는 어떤 모습이었을까?

홍수이전에는 물층이 대기권을 감싸고 있었기 때문에 태양으로부터 날아오는 자외선과 전자파와 신체에 유해한 고주파 방사선 등을 차단해 주었습니다.

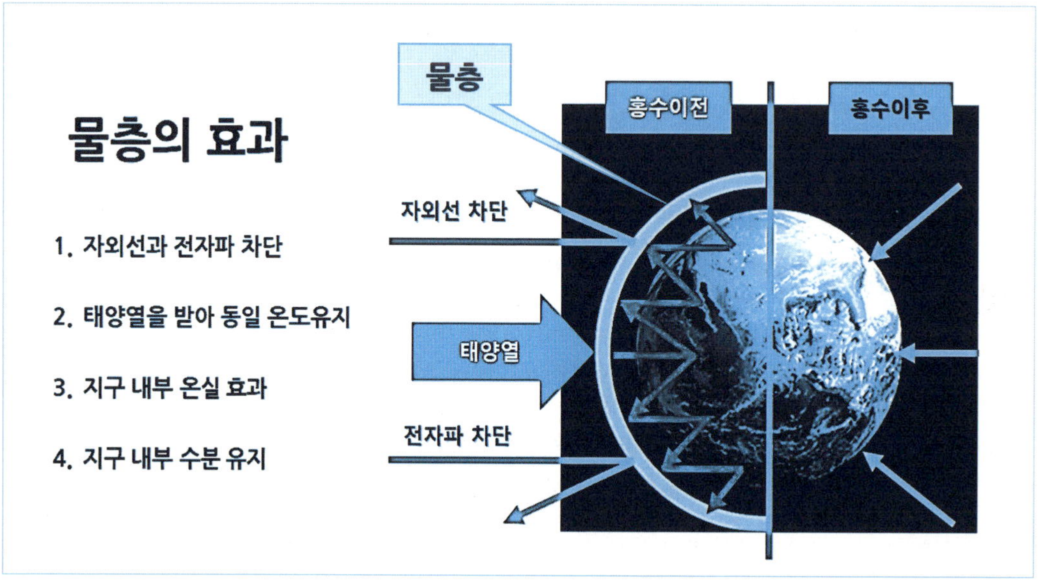

그리고 물층은 태양열을 흡수하여 온실 효과를 나타내고 동일한 온도를 지구 전체에 전달해주며 수분이 외부로 나가는 것을 차단해 주었기 때문에 인간의 노화 방지를 위한 최적의 환경을 만들어 주었다는 것입니다. 우리가 잘 알고 있는 김치 냉장고의 원리가 바로 물층의 효과와 동일한 원리에서 나온 것입니다. 원래 일반 냉장고는 냉기(찬 공기)로 온도를 조절하고 유지하도록 제작되었습니다. 그래서 가정에서 쓰는 것이나 식당 같은 업소용 냉장고 문을 열고 닫게 되면 공기 변화를 감지하고 찬공기를 순간적으로 주입하여 온도를 조절해 줍니다.

그러나 공기로 온도조절을 하는 방식보다 온도 유지를 더 효과적으로 할 수 있는 방법이 냉판(김치냉장고 안에 바닥과 사면에 있는 판)을 이용하는 방법입니다. 그래서 김치 냉장고는 찬공기를 내보내는 곳이 없이 문을 제외한 모든 면이 냉판으로 되어 있습니다. 그래서 온도변화를 최소화하여 김치가 오래도록 신선도를 유지할 수 있는 것입니다. 이런 원리가 바로 물층이 지구와 인간에게 어떤 영향을 주었는지 추측할 수 있는 정보를 제공해 줍니다. 결국 인간의 수명은 물층이 있을 때와 물층이 파괴 되었을 때 차이가 크게 나타나게 된 것입니다. 그래서 홍수 이전 사람들은 평균 900세 이상을 살았습니다. 아담은 930세를 살았고 셋은 912세, 노아는 600세 때 홍수 사건을 겪고 이후로 350년을 더 살아서 950세까지 살았습니다. 그리고 홍수 이후에 사람의 수명이 급격하게 떨어지면서 결국 아브라함은 175세를 살았습니다. 또 야곱은 147세, 모세는 120세를 살았고 다윗은 겨우 70세를 살고 죽었습니다. 이렇게 홍수사건 이후 물층의 파괴로 수명이 급격하게 감소하게 되었습니다.

홍수전후 수명 변동표

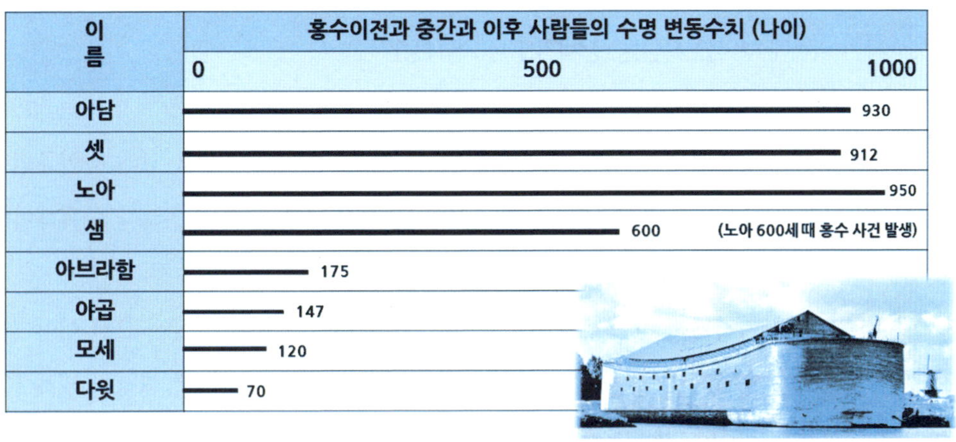

사진: 실물 크기로 제작된 '노아의 방주'. ©Ceinturion

이제 창세기 10장으로 넘어가기 전에 잠깐 "네피림"에 관하여 살펴봅시다. 홍수사건이 일어날 때 하나님의 아들들과 사람의 딸들이 결혼하여 낳은 자녀가 "네피림"입니다. 여기서 말하는 하나님의 아들들과 사람의 딸들은 누구를 가리킵니까? 그것은 학자들마다 해석이 여러가지로 나누어집니다. 그러나 한가지 분명한 것은 하나님의 아들들은 하나님을 인정하는 아벨의 계열이며, 아벨을 대신한 셋의 계열입니다. 그리고 사람의 딸들은 하나님을 인정하지 않는 가인의 계열에 속한 자들입니다.

이렇게 하나님의 영광을 인정하는 셋 계열의 사람이 가인의 계열과 섞이는 것을 하나님께서 기뻐하지 않으십니다. 하나님께서 가나안 땅에 들어가는 이스라엘 백성에게 그 백성과 섞이지 말라고 경고하신 말씀을 생각해야 합니다. 하나님께서는 가나안 사람들의 기준과 문화가 아닌 하나님의 기준과 문화로 살아야 될 이스라엘 백성에게 가나안과 섞이지 말라고 분명히 말씀하셨습니다.

왜냐하면 이스라엘은 하나님의 하나님 되심을 인정하고 하나님께 영광을 올려드리며 하나님과 함께 동행하는 거룩하고 구별된 민족이요, 나라이기 때문입니다.

그런데 가나안의 문화와 신앙이 이스라엘과 섞이게 되면 하나님을 하나님으로 인정하지 않는 백성으로 변질될 것이며, 하나님께 영광을 올려드리는 것도 없고 하나님의 영광이 이스라엘 가운데 비추는 것도 없어지게 됩니다. **"너희는 거룩하라 이는 나 여호와 너희 하나님이 거룩함이니라" (레 19:2)** 우리는 세상과 섞여 세상과 동행하는 사람이 아니라 하나님과 동행하며 하나님께 영광을 올려드려야 할 아벨의 계열이고, 셋 계열이라는 것을 잊지 말아야 합니다.

5) 홍수사건 이후에 나타난 사람들 (창세기 10장과 11장)

홍수이후 남은 인류는 노아 부부와 아들 셈의 부부, 함의 부부, 아벨의 부부 밖에는 없었습니다. 그런데 하나님께서 이들에게 생육하고 번성하도록 복을 내려 주십니다. 그래서 인류의 회복이 일어나기 시작했습니다. 이렇게 성경 안에 족보들이 많이 나오는 것을 우리가 주목해야 합니다.

제가 어렸을 때, 아버지께서 자신이 직접 경주 본가에 찾아가서 족보를 살려 오신 이야기를 해주신 적이 있습니다. 일제시대 때 어려운 환경속에서 잃었던 가문의 뿌리를 되찾기 위해 족보를 살려 오셨을 당시 아버지의 나이가 겨우 16살이셨다고 합니다. 어린 나이에도 가문의 뿌리를 찾기 위해 족보를 살리려는 마음이 대단히 강하셨음이 느껴졌습니다. 하루는 아버지께서 족보를 보여주시며 "이것이 우리 집안의 역사이고 뿌리이다!" 라고 자랑스럽게 말씀하셨습니다. 족보는 한 나라의 역사책은 아니지만 조상들이 살아온 발자취이며 뿌리며 한 가문의 역사입니다.

이런 관점에서 성경에 나오는 족보를 볼 때 이것도 역사적인 사실이라는 생각을 가져야 합니다. 다시 말해 성경에 나오는 족보는 무의미한 이름의 나열이 아니라 성경이 조작하여 지어낸 이야기가 아닌 역사적인 사실임을 증명하는 근거입니다. 그렇다면 아담의 자손들은 어떻게 생육하고 번성했을까요. 아래의 도표를 확인해 봅시다.

노아 후손의 도표

<table>
<tr><th>1대</th><th>2대</th><th colspan="2">3대</th></tr>
<tr><td rowspan="8">셈</td><td>엘람 (페르시아만과 카스피해)</td><td colspan="2">에벨의 후손 욕단의 후예 (녹색부분)</td></tr>
<tr><td>아르박삿 (앗수르 북쪽)</td><td>1. 알모닷 (예멘,헤젯)</td><td>7. 아비마엘</td></tr>
<tr><td>앗수르 (티그리스강 동편 상류)</td><td>2. 셀렙 (살리프족)</td><td>8. 스바 (아라비아)</td></tr>
<tr><td>룻 (소아시아)</td><td>3. 하살마웻 (아라비아)</td><td>9. 오빌 (아라비아)</td></tr>
<tr><td>아람 (수리아와 메소포타미아)</td><td>4. 예라 (카울란)</td><td>10. 하윌라 (카울란)</td></tr>
<tr><td>우스 (팔레스틴 동쪽과 에돔북쪽)</td><td>5. 하도람 (다칼라)</td><td>11. 요밥</td></tr>
<tr><td>훌 (아람지역)</td><td>6. 오발 (예멘)</td><td></td></tr>
<tr><td>에벨 (아라비아인과 히브리인의 조상)</td><td colspan="2">에벨후손: 벨렉 (아브라함의 조상) / 메사와 스발 (아라비아)</td></tr>
<tr><td rowspan="4">함</td><td>구스 (에디오피아, 아시아 남쪽, 아라비아지역)</td><td colspan="2">스바/하윌라/삽다/라아마/삽드가/스바와 드단</td></tr>
<tr><td>미스라임 (애굽)</td><td colspan="2">루딤/아나밈/르하빔/납두힘/바드루심/가슬루힘/갑도림</td></tr>
<tr><td>붓 (아프리카 동쪽, 아라비아 남쪽 지역)</td><td colspan="2"></td></tr>
<tr><td>가나안 (팔레스틴)</td><td colspan="2">시돈/헷/여부스/아모리/기르가스/히위/알가/신/아르왓/스말/하맛</td></tr>
<tr><td rowspan="7">야벳</td><td>고멜 (독일, 터어키, 우크라이나 동쪽)</td><td colspan="2">아스그나스(게르만족속)/리밧(켈트)/도갈마(아르메니안)</td></tr>
<tr><td>마곡 (흑해 동남쪽 스구디아 족속)</td><td colspan="2"></td></tr>
<tr><td>마대 (카스피해 서쪽 메데 족속)</td><td colspan="2"></td></tr>
<tr><td>야완 (헬라)</td><td colspan="2">엘리사(이태리, 시실리)/달시스(스페인)깃딤(구브로) 도다님(헬라)</td></tr>
<tr><td>두발 (소아시아 동쪽)</td><td colspan="2"></td></tr>
<tr><td>메섹 (흑해 주변)</td><td colspan="2"></td></tr>
<tr><td>디라스 (에게해 주변 펠라스기안 족속)</td><td colspan="2"></td></tr>
</table>

이와 같이 하나님께서는 다시금 인간을 생육하고 번성케하심으로써 하나님의 하나님 되심을 보여주셨습니다. 그러나 인간은 하나님을 끝까지 인정하지 않았습니다. 하나님 없이 스스로 자신들을 구원하기 위해서 바벨탑을 세우게 됩니다. 철저하게 하나님께 드려야 될 영광을 드리지 않았습니다. 오히려 넓은 땅에 물이 풍성하여 농사를 지을 수 있는 시날 평지인데 그곳에 거대한 도시를 세우게 됩니다. 그리고 그곳에 탑을 세우는데 이것이 바로 바벨탑입니다. 바벨탑은 인간이 하나님 없이 살겠다는 인본주의의 상징입니다. 다시 말해 왜 하나님께 영광을 돌려야 하는가? 우리가 노력해서 하나님이 아닌 우리의 이름을 내고 우리가 영광을 받아야 마땅하다고 생각하는 것입니다. 이렇게 자기가 하나님 되려는 생각의 뿌리가 죄이고 그 열매가 바로 바벨탑입니다.

노아 후손과 온 세상으로 흩어진 민족들

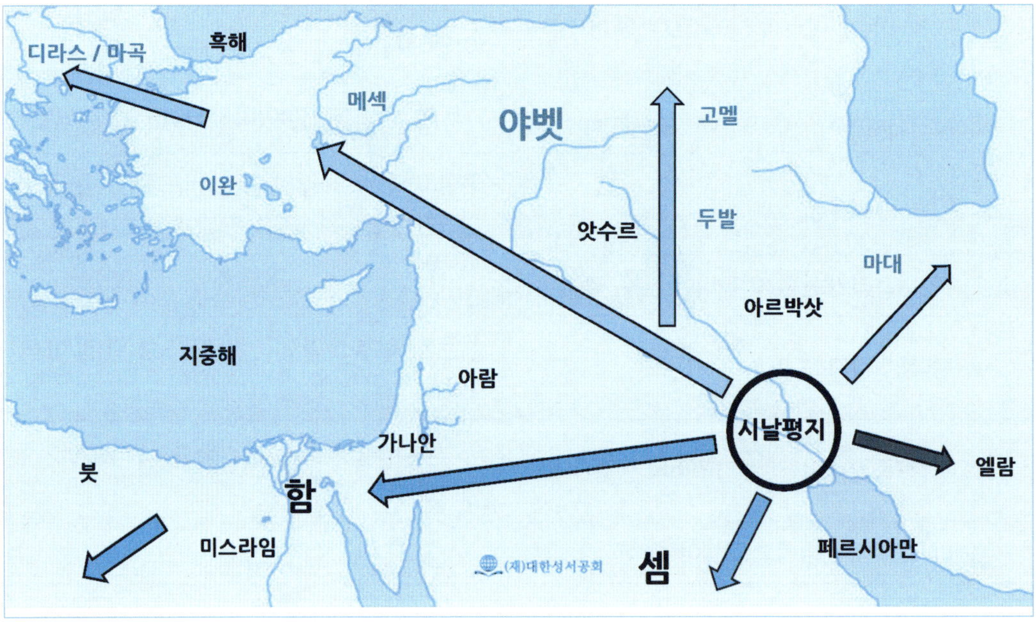

바벨탑 사건과 함께 등장하는 인물에 대해 주목해야 합니다. 그들은 가인과 네피림과 같은 계열의 사람으로써 '다스리는 사람'이라 불리는 '니므롯'(창10:8-14)입니다. 니므롯은 제국들의 황제와 비슷한 위치의 인물입니다. 그래서 이들은 힘을 모았고 자신들이 하나님이 되기 위해 더이상 하나님으로부터 간섭과 영향을 받지 않을 만큼의 힘을 키우게 됩니다. 결국 하나님께서 홍수로 다시 심판한다 해도 결코 굴복하지 않겠다는 생각을 가졌습니다. 그래서 자기가 하나님이 되려는 생각을 품고 쌓아 올린 탑이 바벨탑입니다. 이들은 신과 같은 존재가 되어 백성들에게 영광을 받았습니다. 결국 하나님께 드려야 될 영광을 가로채고 말았습니다. 니므롯이 만든 국가는 결국 하나님의 나라와 반대가 되는 세상의 나라를 대표합니다.

바벨탑 사건은 언어를 혼잡케 함으로써 하나님 나라를 대적하고 하나님의 영광을 빼앗으며 하나님을 하나님으로 인정하지 않으려는 죄를 심판하고 하나님의 영광을 보여주신 사건입니다. 노아 홍수 사건과 바벨탑 사건의 뿌리는 같습니다. 하나님을 하나님으로 인정하지 않는 생각과 마음에서 출발하여 각자 자기 소견에 옳은 대로 살았다는 것입니다. 하나님의 다스림과 통치를 거부할 뿐만 아니라 하나님께 당연히 드려야 할 영광까지 돌리지 않는 것입니다. 아담과 하와가 선악을 알게 하는 나무를 먹고 난 뒤 하나님처럼 되려고 했던 생각의 뿌리는 죄가 되어 인간을 고통 가운데 빠지게 하는 근본적 원인이 되었습니다.

- **창세기 1장부터 11장까지 →** 네 가지 사건 (창조사건, 타락사건, 홍수사건, 바벨탑사건)
- **창세기 12장부터 50장까지 →** 네 사람 등장 (아브라함, 이삭, 야곱, 요셉)

3. 창세기 12장부터 등장하는 아브라함

구약성경을 공부하는 것은 이스라엘 역사 속에서 구원을 이루신 하나님과 그분의 일하심을 공부하는 것입니다. 그래서 믿지 않는 사람들은 내 나라 역사도 다 모르면서 왜 남의 나라 역사를 배우고 알아야 하느냐고 말을 합니다. 그러나 그것은 이스라엘 역사가 한 나라의 역사가 아니라 구원의 역사라는 것을 모르기 때문입니다. 아브라함은 갈대아 지방의 우르라는 도시에 살았습니다. 이것을 묶어서 "갈대아 우르"로 부릅니다. '갈대아(도) 우르(시)'라는 말은 충청남도 천안시를 표현하는 것과 같은 방식입니다.

아브라함이 살았던 족장시대는 BC 2000년 경으로 추정합니다. 본토 친척 아비집을 떠나 내가 지시할 땅으로 가라는 명령에 순종한 것은 하나님의 하나님 되심을 인정하는 출발이었습니다. 그래서 택함 받은 셋 계열의 사람들은 아브라함처럼 믿음의 길을 가는 것입니다. 아브라함은 하나님의 말씀 앞에 순종하고 하나님의 하나님 되심을 인정하며 믿음으로 인생을 하나님께 맡기게 됩니다. 이것은 나중에 이삭의 순종과 연결이 되고 이것은 예수님이 십자가에서 하나님 아버지의 뜻을 따라 피 흘려 죽으심으로 하나님께 영광을 올려드린 것과 연결이 됩니다.

죄의 문제는 절대로 인간의 능력으로 해결할 수 없는 문제입니다. 오직 하나님께서 내 안에 들어와서 하나님 되심이 이루어질 때 비로소 내가 하나님 되려는 죄를 내려놓고 하나님 노릇을 중단하게 됩니다. 성경은 우리가 죄의 문제와 구원의 문제를 해결하는 길이 하나님의 은혜 밖에 없다는 것을 아브라함과 믿음의 조상들을 통해서 증거하며 확인시켜주고 있습니다. 히브리서를 비롯하여 신약 성경에 여러 번 아브라함의 믿음을 언급합니다. 그런데 믿음을 이야기 할 때 꼭 함께 알아야 할 내용이 있다면 그것은 "하나님의 은혜"입니다. 그래서 구원의 사건은 우리가 만들어내고 우리의 노력으로 이루는 것이 아니라 하나님께서 우리 안에 찾아오시고 예수 그리스도를 믿을 때 우리 안에 완성되는 것입니다. 성자 예수님께서 도마의 고백처럼 믿는 자의 심령 가운데 나의 주, 나의 하나님이 될 때 비로소 구원의 역사가 이루어집니다. 그래서 구원은 전적인 하나님의 은혜요. 하나님께서 구원을 위해 우리 안에 들어와 역사하신 기적의 순간입니다.

4. 창세기 21장부터 등장하는 이삭

아브라함에게는 이삭 이전에 이스마엘이라는 아들이 있습니다. 그러나 그가 후사가 될 수 없었던 것은 믿음의 어머니가 낳은 아들이 아니기 때문입니다. 다시 말해서 아들을 낳는 것이 중요한 것이 아니라 하나님께서 택하신 사라를 통해 태어난 아들이어야만 한다는 것입니다. 이삭은 예수님의 예표이며 하나님께서 낳아 주신 믿음의 후사입니다. 영은 영을 낳을 수밖에 없고 육은 육을 낳을 수밖에 없습니다. 이것은 중요한 영적인 원리입니다. **영으로 낳아야 영이 됩니다. 육으로 영을 낳을 수 없습니다.** 이삭이 믿음의 후사가 된 것은 하나님이 택한 믿음의 어머니 사라가 낳았기 때문입니다.

이삭의 이야기를 통하여 성경은 **'구원'**이란 영이 영을 낳는 사건입니다. 사라가 이삭을 낳고 성령님이 예수님을 낳은 것처럼 **'하나님께서 영으로 우리를 직접 낳아 주셔야 되는 사건'**이 구원의 사건입니다. 하나님의 자녀가 되려면 반드시 영이신 하나님께서 우리를 낳아 주어야만 가능합니다. 영이신 하나님께서 우리를 낳아야만 영이 되고 하나님의 자녀가 되는 권세를 얻습니다. 나중에 거듭남이라는 개념을 설명할 때 다시한번 더 다루도록 하겠습니다.

만약 하갈이 아들을 열명을 낳아도 후사는 한 사람도 될 수 없습니다. 그 이유는 하나님의 뜻을 따라 사라를 통해 낳지 않았기 때문입니다. 결국 구원의 역사는 하나님의 주권 아래에 있으며 오직 하나님께서 시작해야 이룰 수 있는 사건입니다. 이렇게 믿음의 어머니 사라를 통해 태어난 믿음의 후사 이삭은 평생 하나님을 하나님으로 인정하며 섬깁니다. 블레셋 사람들과 우물 문제로 갈등할 때도 절대 싸우지 않고 하나님께서 자신의 삶을 책임질 것을 믿고 의지합니다. 우물 사건은 이삭이 범사에 하나님을 하나님으로 인정하는 사람이라는 것을 분명히 보여주고 있습니다. 그 우물이 유일한 생존의 길이고 꼭 붙잡아야 할 내용이라면 세상 사람처럼 싸워서 지켜야 합니다. 그러나 하나님이 내 삶의 생명이 되시고 도우실 것을 믿으면 우물 때문에 싸우지 않습니다. 하나님을 붙잡지 우물을 붙잡지 않습니다. 그것이 믿음이고 범사에 하나님을 하나님으로 인정하는 것입니다. 이런 태도와 믿음으로 살아야 하나님께 영광을 올려드릴 수 있습니다.

5. 창세기 27장부터 등장하는 야곱

이삭과 리브가 사이에 쌍둥이 형제가 태어납니다. 에서가 형이고 야곱은 동생입니다. 그래서 야곱은 장자의 직분을 갖고 있지 않았습니다. 야곱은 하나님의 도움 없이 절대로 세상에서 승리할 수 없는 사람입니다. 반면에 장자인 형 에서는 유능한 사람이었습니다. 하나님 없이도 세상에서 잘 살수 있는 능력을 가진 사람입니다. 사냥도 잘하고, 음식도 잘하고, 야성미(가슴에 털이 많고 붉었다)가 넘치는 사람입니다. 그래서 여인들에게 인기도 많았고 세상적으로 전혀 부족함이 없는 사람입니다. 그렇기 때문에 그는 장자의 직분을 팥죽 한 그릇에 팔아버릴 만큼 하나님이 절실하게 필요한 사람이 아니었습니다. 장자의 직분을 하찮게 여기고 하나님으로부터 오는 은혜와 복을 귀하게 생각하지 않았습니다. 그것이 없어도 자신의 능력으로 세상에서 잘 살수 있다 생각했기 때문입니다.

많은 사람들이 두 가지 문제로 하나님을 오해합니다. 첫 번째는 "왜 에서는 미워하시고 야곱은 사랑하시는가?" 입니다. 그것은 서두에서 말씀드린 것처럼 에서는 하나님을 하나님으로 인정하지 않는 사람이었고 야곱은 범사에 하나님을 하나님으로 인정하는 사람이었습니다. 그렇기 때문에 하나님은 하나님 당신을 하찮게 여기는 에서보다 하나님 없으면 죽는다고 생각하고 의지하고 붙잡는 야곱을 더 사랑했습니다. 하나님은 능력있는 사람을 사랑하는 것이 아니라 하나님을 인정하고 믿고 의지하는 사람을 사랑하십니다. 에서는 가인의 계열이고 야곱은 셋의 계열입니다.

두 번째 사람들의 오해는 "형과 아버지를 속이면서까지 장자의 축복을 빼앗은 야곱을 하나님께서 어떻게 복 주실 수 있는가?"입니다. 이미 팥죽 한 그릇에 야곱이 장자의 직분을 샀다는 것을 기억해야 합니다. 팥죽 한 그릇일지라도 약속은 약속입니다. 장자의 직분을 에서가 배가 고파서 어쩔 수 없을 때 팥죽 한 그릇에 사버린 야곱을 비열한 인간으로 보지만 하나님 편에서는 팥죽 한 그릇에 장자의 직분을 팔정도로 하찮게 여긴 에서보다 그것을 귀하게 여긴 야곱을 옳게 보인 것입니다. 그렇기 때문에 야곱이 장자의 축복을 받도록 도와준 리브가의 행동은 속임수가 아니라 가인의 계열인 에서가 장자의 복을 받는 것보다 셋의 계열인 야곱이 장자의 복을 받아야 한다는 생각에서 나온 믿음의 행동입니다. 인간적인 생각에서 나온 행동이 아닙니다. 리브가는 자신이 하나님의 뜻을 따라서 아버지의 집을 떠나 오직 하나님만 바라보며 온 것처럼 오직 하나님만 바라보고 하나님을 하나님으로 인정하며 영광 돌리는 야곱이 하나님의 복을 받고 누릴 자격이 있다는 것을 알았기 때문에 그렇게 한 것입니다.

6. 창세기 37장부터 등장하는 요셉

하나님은 아브라함의 하나님, 이삭의 하나님, 야곱의 하나님입니다. 이들은 가나안에 정착하여 하나님을 하나님으로 섬긴 사람들입니다. 그러나 요셉은 야곱의 12 아들 중에 특별한 하나님의 섭리와 계획이 있던 사람입니다. 그래서 일찍부터 애굽(이집트)으로 내려가 훈련받고 준비하게 만드십니다. 결국 하나님께서 야곱과 그 자손 70여명을 애굽에서 큰 민족으로 성장시키십니다. 이스라엘이 민족을 이룬다는 것은 아브라함과 맺은 언약의 성취이며 동시에 아브라함을 통해 시작한 구원의 역사를 완성하는 하나님의 '영광 회복 프로젝트'입니다.

그런데 그 프로젝트를 가나안 땅에서 하지 않으시고 왜 애굽으로 인도하셨을까요? 그것은 여러 관점에서 생각할 수 있지만 인구 증가의 측면에서 생각하자면 가나안 땅은 인구가 급속히 증가할 만큼 좋은 환경이 아닙니다. 400년이라는 기간 동안에 성인 70여명이 장정만 60만명이 되고 전체적으로 약 200만 이상이 되는 큰 민족으로 증가하기 위해서는 첫째로 전쟁없이 안전해야 하고, 둘째로 양식이 그만큼 풍족해야 합니다. 그런 조건을 생각할 때 하나님은 가나안 땅이 아닌 애굽에서 이스라엘 백성을 준비하시는 것이 더 좋다고 판단하시고 애굽으로 모든 식구를 이끌고 가서 그 곳에서 민족의 기틀을 마련합니다. 가나안 땅에선 계속해서 유목생활을 해야만 합니다. 그리고 언제든 아브라함의 조카 롯처럼 여러 민족으로부터 위협을 받을 수 있는 지리적 환경입니다. 위협을 피해 여기저기 돌아다니며 어느 세월에 큰 민족을 이룰 수 있겠습니까?

그런데 이집트는 환경이 달랐습니다. 그곳은 나일강 삼각주를 끼고 있기 때문에 농사가 잘 되고 언제나 곡식이 풍성했습니다. 그리고 애굽의 군대는 막강해서 이스라엘 백성을 지켜주는 파수꾼 역할을 해주었습니다. 나중에는 백성의 숫자가 많아져서 핍박을 받기는 했지만 그전까지는 애굽의 보호를 받으며 이스라엘은 한 곳에 정착하여 400년 동안 큰 민족으로 성장합니다.

이스라엘 백성이 애굽에서 민족형성의 기틀을 마련하게 된 계기는 야곱이 가장 사랑했던 아들 요셉 때문입니다 요셉은 파란만장한 인생을 살았지만 매순간 오직 하나님을 하나님으로 인정하는 믿음으로 승리합니다. 연단을 받을 때마다 요셉은 늘 하나님을 중심에 두었습니다. 보디발의 아내가 철저한 세상의 논리로 요셉을 유혹했을 때, 요셉은 "(사람들은 보지 않지만) 하나님 앞에서 내가 죄를 지을 수 없습니다"라는 신앙고백으로 보디발의 아내가 유혹하는 것을 단호하게 거절합니다. 보디발의 아내가 세상의 가치관이고 세상의 관점의 사람이라면 요셉은 하나님의 가치관이고 하나님의 관점의 사람입니다. 요셉은 세상과 타협하지 않고 믿음으로 승리합니다. 이것이 거룩이고, 이것이 하나님을 범사에 인정하는 믿음이고, 이것이 하나님을 하나님으로 인정하며 영광을 올려드리는 모습입니다.

기근이 들어 양식을 구하기 위해 애굽으로 내려온 형제들을 처음 만났을 때도 요셉은 어떠했습니까? 아마도 처음에는 어린 시절 형들이 자신을 버렸을 때가 생각이 나서 형들을 죽이고 싶었을 것입니다. 그래서 처음에는 형들을 스파이라는 죄명을 씌워 감옥에 삼일 동안 가둡니다. 그 순간 요셉의 마음은 복잡했을 것입니다. 얼마나 화가 나고 크게 분노 했겠습니까? 정말 죽이고 싶었겠지요. 그러나 요셉은 형들을 가두어 둔 삼일동안 하나님의 뜻을 알았기 때문에 깊은 고민도 했을 것입니다. 인간적인 감정에 끌려가지 않고 오직 하나님의 하나님 되심을 인정하는 마음과 육신의 마음이 바울처럼 싸우는 시간이었을 것입니다. 그러나 마침내 형들을 풀어주며 고백합니다. **"나는 하나님을 두려워하는 자라."** 이것 뿐만 아니라 아버지 야곱이 죽은 뒤에 요셉의 보복을 두려워하는 형들에게 **"내가 하나님을 대신하리요!"**라고 말하며 형들을 진심으로 용서해 줍니다. 요셉을 향한 하나님의 꿈과 비전이 성취될 수 있었던 것은 요셉이 탁월한 능력을 지닌 사람이기 때문에 이룬 것보다는 육신의 생각과 인간적인 분노에 사로잡히지 않고 그 순간도 오직 하나님을 하나님으로 인정하는 마음과 믿음을 선택했기 때문입니다.

5과 창세기의 남은 질문과 출애굽기 읽기

이제 창세기를 넘어 출애굽기를 향해 가야 하지만 아직 다루지 못한 부분들이 있어 창세기의 남은 질문들을 먼저 살펴보고 출애굽기로 넘어가겠습니다. 창세기는 정말 질문할 것이 너무나 많은 성경입니다. 그래서 창세기를 충분히 이해하고 믿게 되면 그 다음 홍해를 가르신 하나님과 불기둥과 구름기둥으로 인도하신 하나님 그리고 하늘에서 만나를 내려 40년 동안 먹이신 하나님의 놀라운 섭리와 은혜를 조금도 의심없이 믿게 됩니다.

1. 창세기의 남은 질문

1) 왜 선악과 나무를 만드셨을까?

선악과를 생각할 때마다 '왜 하나님께서 이렇게 위험한 것을 만드셔서 아담과 하와가 죄를 짓게 하셨을까?'하는 질문이 생길 수밖에 없습니다. 그러나 원래 하나님의 계획과 목적은 따로 있는데 약속을 어기고 죄를 범하게 되어 모든 계획을 망치게 된 것입니다. 이것을 우리는 아담과 하와가 최초로 지은 죄라고 하여 "원죄"라고 말합니다. 이렇게 인간으로 하여금 죄를 짓게 방치하신 하나님은 선하신 분이 정말 맞을까요? 이렇게 질문하는 분들도 있습니다. 선악과 나무를 만들지 않았거나 나무에 가까이 가지 못하도록 울타리라도 만들었으면 이런 일이 발생하지 않았을 텐데 그러지 않으신 하나님의 잘못도 있다고 말합니다. 그러나 한번 생각해 봅시다. 만약 우리가 요셉의 상황이 되어 보디발의 아내의 유혹 앞에 있다고 가정해 본다면, 보디발의 아내가 유혹을 한다고 해서 그 유혹에 넘어가는 것이 정당한가요? 아무도 없었으니까! 그녀가 먼저 유혹하니까! 그래서 어쩔 수 없었다고 말할 수 있을까요? 결국 유혹에 '넘어가느냐, 안 넘어가느냐'의 문제는 전적으로 나 자신의 선택임을 알아야 합니다. 요셉은 자신을 믿어준 보디발과 한 약속을 지키고, 하나님의 살아계심을 인정하고, 죄를 범하지 않고 유혹을 물리칩니다. 이것이 요셉이 하나님께 올려드린 '하나님의 영광'입니다. 가장 육신적인 모습이 나올 수밖에 없는 상황에서도 '하나님을 하나님으로 인정'하는 모습이 예수님께서 겟세마네 동산에서 보여주신 모습이고, 골고다 언덕위에서 보여주신 모습입니다. 이것이 우리가 닮아야 될 모습입니다.

사람을 가리켜 "자기 합리화의 천재"라고 말합니다. 우리는 우리 자신을 스스로 잘 설득하기도 하고 속이기도 합니다. 우리 자신을 합리화시키는 일에 얼마나 탁월하고 능숙한 지 모릅니다. 우리 스스로 선택한 길인데도 그 결과가 좋지 않을 때는 하나님 탓으로 돌리거나 원망하려는 죄된 마음이 우리 안에 도사리고 있다는 것을 인정해야 합니다. 그렇다면 우리가 선악과 나무를 어떻게 이해하는 것이 좋을까요?

미국에 살면서 가장 경제적으로 어렵고 힘들었을 때가 있었습니다. 그런데 우리 형편을 모르는 딸들은 강아지를 너무 좋아해서 키우고 싶다고 했습니다. 강아지를 키우려면 보험도 들어야 하고, 사료도 사야 하고, 정기적으로 털 손질도 해줘야 하는 등 유지비용이 많이 듭니다. 그래서 우리 형편에 강아지를 키우기는 어렵다고 딸들에게 설명하고 대신 작은 물고기를 키우기로 했습니다. 먼저 어항을 사고, 모래를 채우고, 가짜 풀과 돌도 넣어 예쁘게 꾸몄습니다. 이렇게 준비된 것을 보니 하나님께서 인간을 창조하기 전에 5일 동안 다른 모든 환경부터 먼저 만들어 주신 것이 생각났습니다. 사람이 생활하기에 부족함이 없도록 말입니다.

드디어 어항에 물을 채우고 그 안에 물고기를 넣었습니다. 물고기는 어항 속에서 너무나 자유롭게 헤엄을 치며 다녔습니다. 우리 가족의 사랑을 한 몸에 받으면서 말이죠. 그러던 어느 날, 먹이를 주려고 다가간 어항 속에 물고기가 없는 것이 아닙니까! 어찌된 일인지 주변을 돌아보니까 그 물고기가 그만 어항 밖 거실 바닥에 떨어져 있는 것이었습니다. 물론 이미 죽은 상태였죠. 왜 이런 일이 일어났는지 곰곰이 생각해 보다가 물고기에게는 위로 튀어 오르는 습성이 있다는 것이 생각났습니다. 위로 튀어 올랐다가 그만 밖으로 떨어져 버린 것입니다. 물고기의 튀어 오르고자 하는 그 본능 때문에 물고기가 죽을 수도 있다는 것을 알게 되었습니다.

자신의 존재가 물에서만 살아야 하는 물고기라는 것을 알지 못하고 물 밖으로 나오면 죽는 것은 당연합니다. 이처럼 우리 인간은 인간이지 하나님이 아닙니다. 그런데 하나님처럼 되기 위해 선악을 알게 하는 나무의 실과를 먹습니다. 절대로 그 열매를 먹으면 안 된다는 하나님의 말씀을 무시하고 사탄의 유혹에 넘어가 선악을 알게 하는 나무의 실과를 따먹습니다. 얼마나 미련한 짓입니까?

하나님께서 선악과 나무를 만드신 이유는 피조물인 우리가 넘지 말아야 할 선이 있음을 깨닫게 하시고, 그 선 밖으로 나오는 순간 죽게 된다는 것을 우리에게 알려 주시려는 경고인 동시에 보호장치입니다. 그런데 아담과 하와는 하나님의 경고를 무시하고 넘어서는 안 될 선을 넘어버립니다. 이렇게 하나님의 경고를 무시한 인간의 죄는 아무런 문제를 삼지 않고 선악과 나무라는 경고판을 만들어 인간을 보호하려 하신 하나님께 문제가 있다고 주장하는 것은 정말 억지가 아닐 수 없습니다. 이것이 우리 인간 안에 있는 죄성입니다. 자기 중심적인 생각입니다. 자기 기준으로 판단하여 오히려 하나님이 틀렸다고 주장하는 억측입니다.

2) 네피림과 니므롯은 어떤 존재들인가?

창세기에 나오는 네피림은 노아시대에 하나님의 아들과 사람의 딸 사이에서 태어난 자이언트, 즉 용사입니다. 그리고 니므롯은 함의 장자 구스의 아들로 시날의 4성읍과 앗수르 4성읍을 건축했습니다 (창 10: 9-12). 니므롯이라는 이름은 "반역하다"를 의미하는 히브리어 동사 '마라드'에서 유래했는데, 니므롯은 메소포타미아 지역에 나라를 건설한 최초의 왕이기도 합니다. 네피림은 하나님의 주권을 인정하지 않는 사람의 대표이고, 인간의 힘을 연합하여 나라를 이루고 그 힘을 이용하여 하나님을 대적한 대표적인 인물입니다. 그래서 네피림과 니므롯 모두 그 시대 가운데 가인 계열의 사람을 상징합니다. 앞으로 하나님의 주권과 하나님의 영광에 도전하는 사람들의 출현은 멈추지 않고 시대마다 계속해서 나타난다는 것을 분명히 알아야 합니다. 이런 가인 계열의 지도자들이 추구하는 목적은 하나입니다. 하나님 없이 스스로 구원을 이루는 것입니다. 하나님의 영광을 가리고 하나님의 주권을 인정하지 않는 것입니다. 각자 소견에 옳은 대로 살도록 만드는 것입니다. 하나님을 두려워하지 않고 자기가 하나님 되어 인생의 주인이 되고 자기 뜻대로 살도록 만드는 것입니다.

3) 어떻게 조카 롯은 소돔과 고모라 사람들에게 결혼도 하지 않은 딸들을 내어 줄 수 있는가?

창세기에 나오는 여러 사건 중에 소돔과 고모라에서 벌어진 사건은 정말 이해하기 어렵고 우리 상식으로 도저히 받아들이기 힘든 내용입니다. 그런데 우리는 이 내용을 통해 "문화"가 얼마나 무서운 것인지 알아야 합니다. 문화란 "사회 구성원이 함께 누리는 삶의 양식이고 표현체계"입니다. 그래서 문화는 사람이 행동하는 범위와 내용을 좌우합니다. 아브라함과 조카 롯이 도착했던 가나안 땅은 소돔과 고모라처럼 타락한 땅이었습니다. 노아시대에도 자기가 하나님 되어 원하는 대로 살았는데, 소돔과 고모라에서도 자기 마음대로, 하고 싶은 대로, 문화라는 이름으로 포장하여 음란을 즐기는 그런 상황이었습니다. 소돔이라는 단어에서 유래가 된 영어의 'Sodomy'는 '남색'이라는 뜻이고 '호모섹스'를 상징하는 표현이기도 합니다. 그래서 소돔은 원래 '남색하는 사람들의 도시'라는 의미를 내포하고 있습니다. 소돔과 고모라에서는 남색하는 것이 문화가 되어서 전혀 부끄러운 것이 아니고 그냥 삶을 즐기는 하나의 방식이었습니다.

과거 알래스카 지역에 사는 에스키모인들은 귀한 손님이 방문했을 때, 밤에 자기 아내를 손님에게 내어주는 것이 손님을 대접하는 문화라고 합니다. 이 일을 누구도 부끄러운 일이라고 생각하지 않았습니다. 만약 아내를 내어주지 않으면 손님 대접을 잘하지 않은 것으로 간주하고 그 집주인은 마을 사람들에게 소외를 당했다고 합니다. 우리는 전혀 이해할 수 없는 문화이지만 현지인들에게는 매우 중요한 문화이고 전통입니다. 이렇듯 소돔과 고모라에는 외부인이 찾아오면 청년부터 노인까지 그 남자와 성적관계를 맺기를 원했던 문화였습니다. 그래서 아브라함의 조차 롯은 오늘날 우리의 생각과 기준으로 도저히 이해할 수 없는 짓을 하게 됩니다. 결혼도 하지 않는 딸들을 마음대로 하라고 내어주고, 손님은 건드리지 말라고 도리어 소돔과 고모라 사람들에게 간절히 부탁하는 모습을 보입니다. 이런 내용을 통해 소돔과 고모라에서 살려면 남색하는 문화를 인정하고 받아들여야 했음을 알 수 있습니다. 그래서 롯도 그곳에서 살아야 하니까, 그곳을 떠나서 살 수 없으니까 타락한 음란의 문화를 받아들이고 수용하였는데, 결국 그것이 화근이 되어 모든 것을 잃고 가정까지 파괴가 됩니다.

이렇듯 거룩의 문화와 세속의 문화가 우리가 사는 세상 가운데서 소리 없는 영적인 전쟁을 벌이고 있습니다. 특히 오늘날 청소년들에게 문화는 대화와 표현의 코드입니다. 문화는 사회와 사람을 움직이는 열쇠와 같습니다. 롯이 아무리 거룩의 문화를 세워가려고 해도 세상의 문화 가운데 잠식이 되어 버리는 것을 보면서, 하나님이 말씀하신 의인 열명이 없어서 소돔과 고모라 성이 심판 받았다는 사실을 우리는 꼭 기억해야 합니다. 죄가 득세하는 것보다 더 중요한 문제는 음란과 타락의 문화인 세상의 문화를 거룩의 문화로 바꿀 능력이 믿는 자들 가운데 "있느냐?, 없느냐?"입니다. 오늘날 기독교인들은 현실속에서 살아 남기 위해 얼마나 많이 갈등하는지 모릅니다. 자식을 위하고 가족을 위해서 매일 전쟁 같은 삶을 삽니다. 그러나 세상의 문화를 수용하지 않고는 절대로 직장에서 경쟁할 수 없고 생존의 현장에서 살아남을 수 없는 상황입니다. 술 접대 같은 타락의 문화를 수용하지 않으면 성공을 빼앗길 수밖에 없기 때문에 조카 롯처럼 소돔과 고모라의 문화와 타협하며 점점 거룩을 잃고 하나님의 뜻과 다른 길로 갈 수밖에 없는 것이 현실이며 부정할 수 없는 아픔입니다.

소돔과 고모라 사건을 통해 세상의 문화가 얼마나 무서운지 이제 알았습니다. 그렇다면 다음 단계는 무엇일까요? 우리는 구원의 희망을 찾아야 하고 그 주체가 '하나님'이시라는 것을 발견해야 합니다. 소돔과 고모라에서 겨우 빠져나온 롯은 아내와 모든 재산을 잃게 됩니다. 심지어 그 딸들까지 타락의 문화로 인하여 정신과 신앙이 모두 파괴 되었습니다. 결국 롯은 하나님과 동행하는 은혜도 누리지 못하고 끝이 납니다. 아브라함과 똑같이 갈대아 우르를 떠나서 약속의 땅에 들어와 살았던 조카 롯의 마지막은 아브라함의 마지막과 너무나 큰 차이가 있습니다.

오늘날 많은 그리스도인들이 '어쩔 수 없다'는 핑계를 대며 육신의 생각과 욕심에 묶여서 세상과 분리되지 못한 채 살아갑니다. 세속화된 사람들의 생각과 문화를 인정하고 적당히 타협하고 있습니다. 그러나 이런 선택은 롯과 같은 결론으로 갈 수밖에 없습니다. 우리 믿는 자들은 아브라함이 선택한 길로 가야합니다. 믿음으로 순간 순간 하나님을 바라보며 살 때, 승리할 수 있습니다. 그래서 출애굽기는 죄에 묶인 인간들에게 참된 소망을 주는 복음입니다. 왜냐하면 세상의 가장 막강한 힘을 가진 애굽의 손에서 우리를 건져낼 수 있는 능력이 오직 하나님께 있음을 보여주는 말씀이기 때문입니다. 출애굽기를 통해 우리는 지금도 나와 함께 하시는 하나님을 만나야 합니다.

2. 출애굽기 읽기

'출애굽기'라는 명칭은 구약성경의 최초 번역본인 '70인역'에서 유래 되었습니다. 'EXODOUS' 라는 단어는 떠남이라는 'EXIT' 또는 출발이라는 'DEPARTURE'를 뜻하는 말입니다. 학자들은 출애굽기를 모세가 기록한 모세오경 중 두 번째 성경으로 보고 있습니다. 왜냐하면 모세는 이스라엘 백성을 이끌고 애굽을 탈출하여 가나안 입성 전까지 창세기/ 출애굽기/ 레위기/ 민수기/ 신명기, 이렇게 다섯권의 성경을 기록했기 때문입니다. 이것을 '모세오경'이라고 부릅니다.

출애굽기는 하나님께서 당신의 백성 이스라엘 가운데 구원을 이루신 구속사의 모형입니다. 특별히 출애굽기를 공부하면서 기억해야 할 네 가지의 큰 이야기 줄기가 있습니다.

첫 번째, 하나님께서는 모세의 출생 가운데 전적인 은혜를 베푸시고, 그를 바로의 궁에서 자라게 하시고, 지도자로 준비케 하십니다. 모세는 미디안 광야로 도망가서 시내산에서 떨기나무 불꽃 가운데 하나님으로부터 소명을 받습니다.

두 번째, 모세는 40년 만에 애굽으로 다시 돌아와 바로에게 가서 하나님의 말씀대로 이스라엘 백성을 보내달라고 말하였으나 이를 듣지 않은 바로와 애굽을 심판하시며 그 땅에 10가지 재앙을 내리십니다. 마지막 열 번째 재앙은 장자가 죽는 사건인데 이것을 통해 유월절과 무교절이라는 두 절기가 이스라엘 역사 가운데 어떻게 시작되었는지 그 유래를 알 수 있습니다.

세 번째, 출애굽의 과정에서 하나님께서는 이스라엘 백성을 구름기둥과 불기둥을 통해 인도하시고 쫓아오는 애굽의 군대를 막아 주셨습니다. 또한 길이 될 수 없는 홍해를 갈라서 길을 만드시고 광야에서 여러 번 이스라엘 백성을 구원하시고 보호해 주셨습니다.

마지막 네 번째는 출애굽기의 여정은 이스라엘 백성이 애굽에서 나와서 시내산까지 이동하는 것입니다. 특히 시내산에서 하나님께서 모세를 통하여 이스라엘 백성과 언약을 맺는 내용은 우리가 유심히 봐야 할 매우 중요한 사건입니다. 그래서 출애굽기 후반부에도 핵심적인 내용을 설명하고 있습니다. 또한 하나님은 이 언약의 내용을 구체적으로 레위기에 따로 기록하게 하셨습니다.

위에 설명된 내용들을 기억하면서 지도를 펴고 읽어 보시고, 이스라엘 백성이 출애굽하여 시내산까지 걸어간 여정을 꼭 눈여겨보시기 바랍니다. 이렇게 말씀드리는 이유는 성경을 읽기 위해 꼭 필요한 두가지 개념이 있는데, 하나는 '장소 개념'이고 다른 하나는 '시간 개념'입니다. 이것을 염두에 두고 성경을 읽어야 기억에 남고 이해가 됩니다. 이 책은 성경공부를 위해서 쓰여진 책이 아니라, 독자 스스로 성경을 읽어갈 수 있는 자생능력을 키워주기 위해 쓰여진 책이기 때문에 혼자서 성경을 읽을 때 알아야 할 핵심을 짚어 주는 것입니다.

이제 지도를 보면서 장소개념을 위해 이동 경로를 살펴봅시다. 먼저 라암셋을 출발합니다(출12:37절). 라암셋은 고센 땅에 위치한 도시입니다. 그리고 숙곳으로 이동합니다 (출12:37). 숙곳에서 다시 비돔으로 이동합니다 (출13:20-22). 이곳에서 하나님께서는 이스라엘 백성들이 처음부터 블레셋과 전쟁을 하면 다시 애굽으로 돌아갈까 염려하여 비돔에서 바알 스본으로 이끄십니다 (출14:1-20). 그런 다음에 마라로 인도하십니다 (출14:21-15:26). 마라하면 생각나는 사건은 쓴 물을 먹을 수 있는 물로 바꾸신 기적입니다. 그리고 마라에서 엘림으로 이동합니다 (출15:27). 엘림에서 신광야를 거쳐서 마침내 하나님과 언약을 맺는 시내산에 도착하게 됩니다 (출16:1-36).

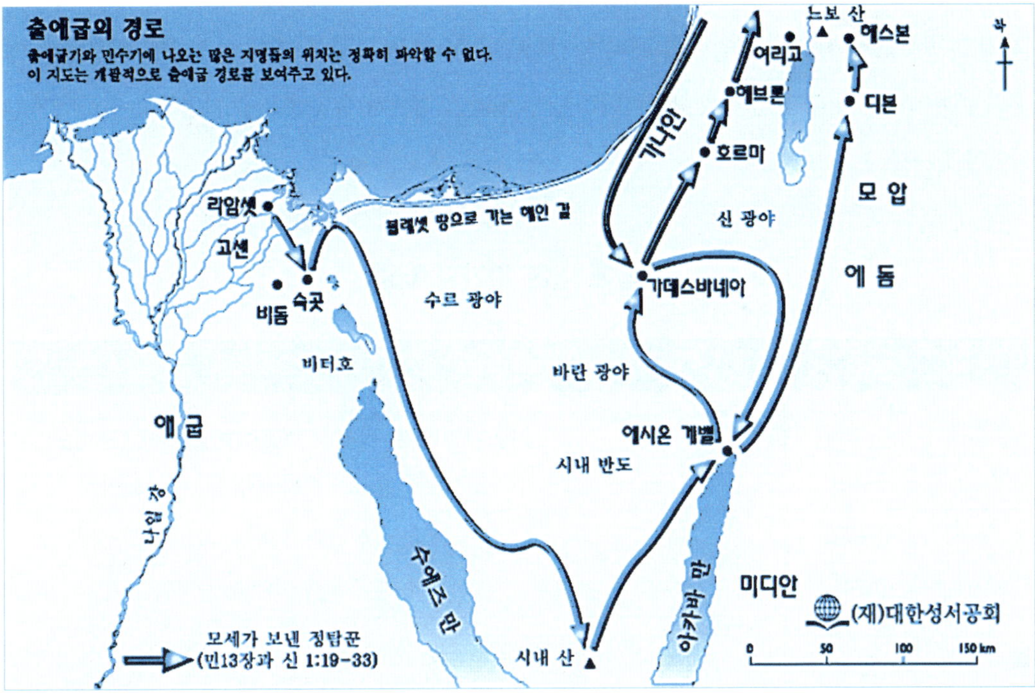

아쉽게도 홍해를 건넌 지역이 정확히 어디인지 고고학적인 발견이 아직도 이루어지지 않았습니다. 바알 스본과 홍해 그리고 마라로 이어지는 구간은 아직도 미지로 남아 있습니다. 그러나 한 가지 꼭 생각해야 할 것은 출애굽의 목적입니다. 이스라엘 백성은 그냥 광야에 소풍을 나온 것이 아닙니다. 가나안 입성을 위해 나왔습니다. 하나님의 하나님 되심을 인정하는 믿음의 백성이 되어 시내산에서 하나님과 언약을 맺고, 가나안에 입성해서 하나님 나라를 이루어 하나님을 왕으로 인정해 드리고 영광을 올려 드리기 위해 출애굽한 것입니다. 이러한 출애굽의 목적을 기억하며 읽기 바랍니다.

1) 출애굽의 여정 (출애굽기 1장-18장까지)

애굽에서 약 400년 동안 노예생활을 한 이스라엘 백성은 이미 이집트 문화와 규범에 익숙해질 대로 익숙해져 있는 상황이었습니다. 그들이 인정하든 하지 않든 간에 애굽의 종교와 문화의 영향을 많이 받아 완전히 세상적인 풍속에 젖어 있었습니다. 또한 이스라엘 백성은 오랜 세월 아브라함과 이삭과 야곱과 요셉에게 나타나셔서 역사하신 하나님을 부모로부터 이야기로만 전해 듣고 믿었을 뿐입니다. 그러니 구전으로만 전해온 신앙이 무슨 힘이 있고 능력이 있겠습니까! 목숨 걸고 믿음으로 살겠다는 결단이 어디에 있겠습니까! 결국 출애굽 당시 이스라엘 백성들은 애굽의 문화에서 벗어나지 못한 채, 매우 연약한 믿음의 상태에서 출발했음을 기억하고 출애굽기를 읽어야 합니다.

애굽에 내린 10가지 재앙

순서	재앙 내용	성구	애굽의 신들(심판)
1	나일강이 피로 변함	7:14–25	나일강의 수호신(크눔) / 나일강의 정령(호피) 나일강은 애굽 사람의 자랑이고 교만의 상징이다.
2	개구리	8:1–15	개구리 형상의 부활을 주장하는 신(헤크트)
3	이(모기)	8:20–32	토지의 신 (게브)과 사막의 신(셉)
4	파리	9:1–7	파리의 신(우아티트/케페라)
5	가축을 죽임	9:8–12	암소의 모습을 한 어머니 신(하토르) / 풍요를 상징하는 황소 신, 창조의 신 프타의 살아 있는 화신(아피스)
6	종기	9:13–35	의술의 신(임호텝)
7	우박	10:1–20	하늘의 신(누트) / 생명의 신(이시스) / 농작물 신(세트)
8	메뚜기	10:21–29	이시스 / 세트
9	흑암	11:1–12:36	각 종 태양신들 (레, 아툼, 호루스, 아텐)
10	장자의 죽음	11:1–12:36	신격화된 왕(바로) / 생명의 신(오시리스)

하나님편에서 볼 때, 이런 연약한 믿음으로 출애굽한 이스라엘 백성들은 이후에 매 순간마다 하나님을 의심할 것이 뻔했습니다. 눈에 보이는 것에 좌우될 것이 뻔했습니다. 그래서 이스라엘 백성들이 하나님의 살아계심을 믿고 전적으로 신뢰할 수 있도록 그들의 눈 앞에 똑똑히 하나님의 역사하심을 보여준 사건이 '10가지 재앙'입니다. 애굽에 내렸던 10가지 재앙은 바로의 마음을 움직이기 위한 방법이면서 동시에 이스라엘 백성에게 살아계신 하나님을 믿도록 역사하신 은혜이기도 합니다.

그렇다면 하나님께서 10가지 재앙을 어떻게 내리셨나요? 그리고 그렇게 하신 뜻은 무엇인가요? 그 내용을 함께 살펴봅시다. 특별히 10가지 재앙을 내리신 목적은 애굽이라는 거대 국가의 신들

보다 하나님께서 더 크고 위대하시다는 것을 보여주기 위함입니다. 한마디로 '하나님의 하나님 되심'을 보여주신 영광의 사건입니다. 그래서 이런 일들을 행하실 때마다 반드시 그 뒤에 "나 여호와가 하나님임을 알게 될 것이라"는 표현을 쓰셨습니다(출6:7, 7:5, 17, 8:22, 10:2, 14:4, 18). 그리고 출애굽 하면서 주신 만나와 후에 주신 메추라기 또한 하나님께서 당신이 여호와 이심을 이스라엘 백성에게 보여주신 사건이라는 것을 말씀하고 있습니다(16:6, 12).

동방의 의인이었던 욥도 귀로만 들었던 하나님과 눈으로 직접보고 경험한 하나님의 차이를 고난이후에 완전히 다르게 표현합니다. 출애굽 이전에 이스라엘 백성은 하나님께서 얼마나 크신 분이며 얼마나 능력이 있으신 분인지를 조상으로부터 '귀로만' 전해 들었습니다. 그러다가 애굽의 거의 모든 신을 다 무력화시키고 심지어 살아있는 신이라 불리는 바로와 그의 장자까지 쳐서 참 하나님이 누구인지 똑똑히 보여주신 10가지 재앙을 '눈으로' 확인하면서 이스라엘 백성은 '하나님을 하나님으로 인정하는 믿음'이 열리기 시작합니다. 그래서 신앙생활을 처음 시작할 때 많은 분들이 이런 기적같은 은혜를 체험하기도 합니다.

하나님의 역사하심은 결국 마지막 재앙을 통하여 출애굽의 정점을 찍게 됩니다. 유월절 어린양의 피를 문인방과 좌우 문설주에 바른 사건은 구원의 모형입니다. 다시 말해 죄에서 자유를 얻고자 하는 자는 반드시 유월절 어린양이신 예수님의 피를 그 마음에 발라야 한다는 것을 가르쳐 주고 있습니다. 마지막 재앙이 내리기 전에 어린양의 피를 바른 사람들은 하나님의 말씀대로 죽음이 그들을 넘어갔습니다. 그래서 "넘어갔다"는 뜻에서 '유월(逾越)'이라는 말이 나왔습니다. 이렇게 매순간 '하나님의 하나님 되심'을 체험하면서 이스라엘 백성은 믿음이 자라게 됩니다. 하나님께서 바로도 이기시고, 애굽의 신들도 이기시고, 심지어 사망의 권세도 이기신다는 믿음을 갖습니다. 내가 싸우는 것이 아니라는 것을 알게 됩니다. 내 능력이 얼마나 되느냐가 중요하지 않다는 것도 알게 됩니다. 오직 하나님께서 이 모든 일을 이루신다는 것을 믿고 경험하게 됩니다. 이런 체험과 하나님을 아는 지식이 없이는 세상의 힘과 권력을 상징하는 애굽에서 나올 수 없습니다. 이렇게 위대하신 하나님을 경험해야만 세상의 문화와 과거의 안락한 생활에 묶이지 않고 과감히 세상의 힘으로부터 출애굽하는 것입니다.

죄는 우리를 넘어뜨리기 위해 끝까지 강력히 역사합니다. 이처럼 애굽을 탈출한 이스라엘 백성을 애굽의 군사들이 마지막까지 쫓아옵니다. 그들이 뒤쫓아올 때 하나님께서 이스라엘 백성들 앞에 가던 구름기둥과 불기둥을 뒤로 움직여서 막아 주시고 백성들 앞에 놓여 있는 홍해를 갈라서 길을 열어 주십니다. 이를 통해 '하나님의 영광' 즉 '하나님의 하나님 되심'을 본 이스라엘 백성 전체는 홍해에서 '세례'를 (고전 10:2) 받고 다시 한번 하나님을 크게 경험합니다.

유월절에 애굽을 출발한 이스라엘 백성은 그 후 약 2개월 동안 걸어서 시내산에 도착합니다. 애굽의 군대를 홍해에서 수장시키고, "마라"의 쓴 물을 지나, 아말렉과의 전쟁을 치른 뒤에, 장인 이드로를 만나 함께 도착한 곳이 바로 시내산(호렙산)입니다 (19장). 시내산은 모세가 애굽으로 들어가기 전에 떨기나무 불꽃 가운데서 하나님께 부름 받은 산이고 하나님을 만나서 사명을 받은 산입니다. 시내산은 하나님과 이스라엘 백성이 모세를 통해 언약을 세운 산입니다. 나중에 엘리야가 아합왕과 이세벨을 피하여 내려와 세미한 음성을 듣고 다시 회복된 산이기도 합니다. 하나님께서 엘리야를 굳이 시내산까지 이르게 하셔서 세미한 음성을 들려주신 이유는 아마도 낙심해 있는 엘리야로 하여금 하나님께서 이스라엘 백성과 맺은 언약이 변함이 없다는 것을 다시 확인시켜 주심으로 흔들렸던 엘리야의 마음을 붙잡아주신 것입니다. 하나님은 모세에게 약속한 대로 이스라엘 백성을 출애굽 시키시고 시내산까지 인도하심으로써 '하나님의 하나님 되심'과 그 '영광'을 보여주셨습니다.

2) 시내산에서 맺은 언약 (출애굽기 19장-40장까지)

이제 시내산에 도착한 모세와 이스라엘 백성들은 약 1년정도를 그 곳에 머물면서 하나님과 언약을 맺고 하나님께서 명령하신 성막을 만들어서 가나안 땅으로 갈 준비를 합니다. 특히 하나님께서 이스라엘 백성들과 맺은 시내산 언약은 너무나 중요합니다. 하나님은 약속(언약)의 하나님입니다. 아브라함에게 두 아내가 있었지만 오직 언약을 받은 사라의 몸에서 난 아들만이 믿음의 후사가 되었습니다. 이렇듯 하나님의 약속이 없는 자는 들어갈 수 없는 땅이 가나안 땅입니다. 신명기를 보면 '왜 하나님께서는 모압평지에서 2세대들과 다시 언약을 맺습니까?' 궁금하지 않을 수 없습니다. 1세대와 맺은 언약이 이미 있는데 왜 2세대와 또 언약을 맺어야 하느냐는 것입니다. 그것은 약속이 없으면 절대로 들어갈 수 없는 곳이 가나안 땅이기 때문입니다. 하나님의 뜻을 이루는 것은 나의 힘과 능력으로 되는 것이 아니라, 하나님의 약속이 있을 때 그 약속을 믿고 따르는 순종을 통하여 이루어 집니다. 하나님의 전적인 은혜와 역사하심으로 가능한 것입니다.

모세는 시내산에 도착한 뒤에 약 1년 동안 하나님을 만나기 위해 시내산에 3번 정도 오르게 됩니다. 1차 등반에서는 십계명과 몇 가지 율법을 받아서 내려옵니다. 종에 관한 법과 살인에 관한 법, 그리고 손해배상 법과 인간의 계약과 정의 실현, 복지와 명절에 관한 법 등을 받고 내려옵니다 (출20장-23장). 모세가 하나님께 받은 율법을 낭독하고 백성들이 그것에 믿음으로 화답함으로써 언약이 맺어졌습니다(출24장).

2차 등반에서는 제사를 드리는 법과 성막을 만드는 법에 대해 받습니다 (출25-31장). 이때 모세는 하나님께서 직접 쓰신 돌판(증거판)을 받습니다. 그런데 속히 내려가 보라는 하나님의 말씀을 듣고 모세가 내려와 보니 이스라엘 백성이 금송아지를 만들어 절하며 하나님 앞에서 패역한 죄를 범하고 있었습니다. 그 순간 분노를 참지 못한 모세는 하나님의 손으로 직접 쓰신 십계명 돌판을 던져 깨뜨려 버립니다 (출32장, 33장). 이스라엘 백성은 시내산 아래에서 (금송아지를 만들어)우상숭배를 하고 있는데 자신의 손에는 하나님께서 직접 써 주신 언약의 돌판이 있고! 그 순간 모세의 마음 속에는 만감이 교차했을 것입니다. 하나님께 직접 받은 돌판을 던져 버리기까지 한 모세의 행동은 아마도 이스라엘 백성들에 대한 분노일 뿐만 아니라, 이렇게 패역한 백성들을 믿고 사랑하셔서 자기 백성 삼으시고, 이들을 통해 하나님의 나라를 이루시려는 탕부 하나님의 마음을 알았기 때문에 화가났던 것입니다.

팀 켈러가 말한 "탕부 하나님"은 탕자와 같은 우리를 지금도 기다려 주시고 사랑해 주시고 여전히 그 자리에서 돌아오기를 기다리는 아버지의 모습입니다. 지금도 우리 하나님은 누구도 알아주지 않지만, 누가 인정해 주지 않지만, 지지리 말도 안 듣는 자식 같은 이스라엘 백성을 끔찍이 사랑하셔서 여전히 기다리고 계십니다. 그런데 탕부 하나님의 사랑은 여기서 멈추지 않습니다.

시내산에서 내려온 모세가 레위 지파를 앞세워서 우상숭배를 주도한 자들의 영적인 쿠데타를 진압하여 다 죽이고 난 뒤에, 땅에는 피가 낭자해 있고 우상을 갈아서 먹인 흔적과 파괴된 우상의 잔해가 흩어져 있는 그 자리에, 새벽 미명이 되니 하늘로부터 하얀 씨가 내려옵니다. 그 날에도 변함없이 당신의 백성을 먹이시겠다고, 백성들과 맺은 언약을 지키시겠다고, 이스라엘 백성이 아무리 배반해도 당신은 끝까지 그 약속을 이루시고 성취하시겠다고, 하늘에서 어김없이 만나를 내려 주시는 탕부 하나님이 바로 우리 아버지 하나님이십니다.

그리고 난 뒤에 모세는 다시 시내산에 3차 등반을 합니다. 이번에는 하나님께서 모세에게 돌판을 만들어서 올라오라고 명령하십니다. 하나님께서 약간 화가 나신 듯합니다. 아무리 분노가 치밀어도 돌판은 내려 놓고 옆에 있는 다른 돌(?)을 집어서 던져야지 그 귀하디 귀한 하나님의 친필 증거판을 던져버린 것은 모세의 큰 실수입니다. 이 일 때문에 하나님께서 직접 쓰신 필체를 보지 못하게 된 것은 정말 안타까운 일입니다. 들고 올라간 두 번째 돌 판에 말씀을 받고 내려온 모세의 얼굴에 빛이 났고 모세는 백성들을 모아서 그들이 순종해야 할 하나님의 말씀을 가르칩니다. 또 성막을 만드는 작업을 시작합니다. 기술자들을 뽑고 하나님께서 알려주신 방법과 순서와 규칙대로 만들기 시작합니다. 그리고 백성들은 자발적으로 하나님의 성막에서 쓸 기명들을 위해 헌물(獻物/OFFERING)합니다 (출34-39장). 이렇게 완성된 성막을 온 백성이 기쁜 마음으로 봉헌합니다 (출40장). 이때부터 민수기로 이어지는 과정입니다. 출애굽기와 함께 민수기는 성막의 봉헌이후 이스라엘 백성이 가데스바네아까지 이동하는 과정을 기록하고 있습니다. 출애굽기를 마무리하기 전에 한가지 정리하고 지나가겠습니다. 출애굽과 가나안 입성까지 우리가 기억해야 될 장소 3곳이 있습니다. 바로 '시내산', '가데스바네아' 그리고 '모압 평지'입니다. 이 세 곳에서 매우 중요한 사건들이 일어났기 때문에 꼭 기억하고 출애굽 여정을 살피는 것이 필요합니다.

마지막으로 '시간개념'과 '장소개념'을 함께 생각하며 출애굽기와 앞으로 배우게 될 민수기, 신명기를 정리합시다. 유월절에 출애굽한 이스라엘 백성이 홍해를 지나 시내산까지 가는데 약 2개월이 걸립니다. 그리고 시내산에서 약 1년을 머물며 하나님께 언약의 말씀을 받습니다. 여기까지가 출애굽기입니다. 그 후에 이스라엘 백성은 가나안 남쪽 입구에 위치한 가데스바네아로 이동하여 가나안 땅을 미리 탐지하도록 정탐꾼 12명을 보냈는데 그 중 10명이 부정적인 보고를 합니다. 이 일로 인하여 이스라엘 백성은 '하나님의 하나님 되심'을 믿지 못하고 불신하여 약속을 저버리게 됩니다. 그래서 하나님께서는 불신하고 불순종한 1세대 이스라엘 백성을 40년동안 광야에서 떠돌게 하시고 그들은 모두 광야에서 죽습니다. 여기까지가 민수기입니다. 그리고 난 뒤에 이스라엘 백성 2세대는 가나안(요단강) 동쪽에 위치한 모압 평지에서 모세가 하나님의 말씀을 낭독함으로써 다시금 하나님과 언약을 맺습니다. 이것이 신명기입니다. 이 모든 역사적인 사실이 출애굽기, 민수기, 신명기에 기록되어 있습니다. 가급적이면 지도를 보면서 꼭 확인해 보시기 바랍니다. 그래야 기억에 남습니다.

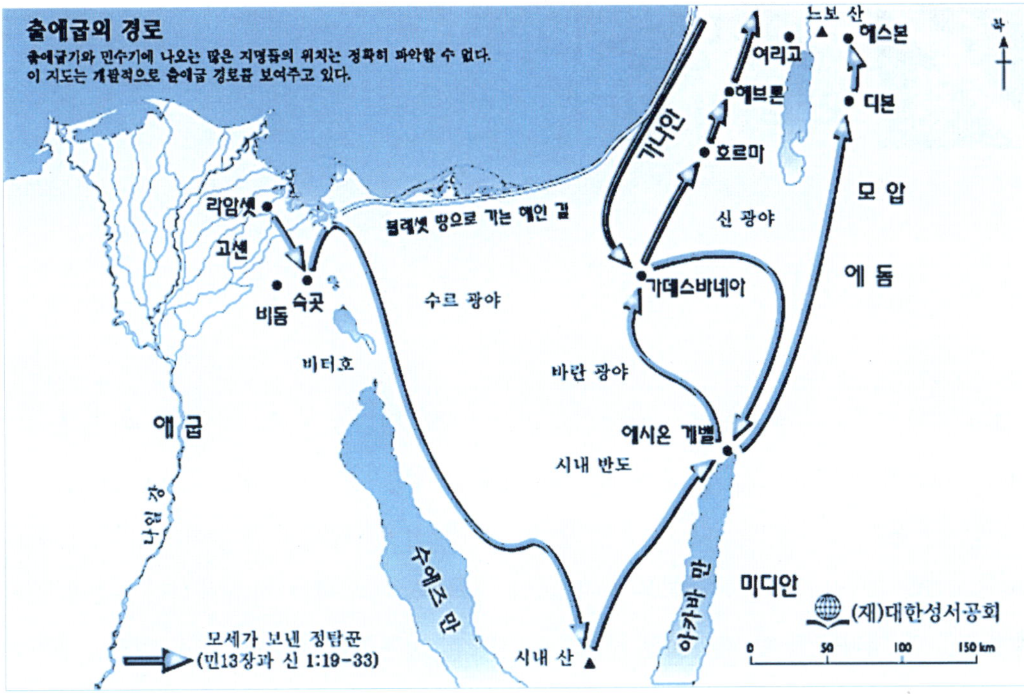
출애굽의 경로
출애굽기와 민수기에 나오는 많은 지명들의 위치는 정확히 파악할 수 없다.
이 지도는 개괄적으로 출애굽 경로를 보여주고 있다.
라암셋
고센
숙곳
비돔
비터호
애 굽
나일 강
블레셋 땅으로 가는 해안 길
수르 광야
바란 광야
시내 반도
시내 산
수에즈 만
아카바 만
미디안
에시온 게벨
가데스바네아
신 광야
가나안
호르마
헤브론
여리고
느보 산
헤스본
디본
모 압
에 돔
북
모세가 보낸 정탐꾼
(민13장과 신 1:19-33)
(재)대한성서공회
0 50 100 150 km

6과 성막 만들기와 레위기 읽기

출애굽기는 크게 네 부분으로 나눌 수 있다고 앞 장에서 말한 바 있습니다. 첫 번째, 출애굽을 위해 하나님께서 지도자 모세를 준비하는 이야기입니다. 두 번째, 이스라엘 백성이 출애굽해서 시내산까지 움직이는 과정입니다. 세 번째, 하나님과 시내산에서 언약을 맺는 이야기입니다. 히브리어로 '계약' 또는 '약속'을 가리키는 말이 '베리트'입니다. 그 의미는 '서로 묶는다'는 뜻입니다. 마치 2인 3각 경기를 할 때, 가운데 발을 묶고 두 사람이 한 몸처럼 협력해야 이길 수 있는 것처럼 이제 우리는 하나님과 동행하는 운명 공동체가 되었습니다. 마지막 네 번째, 시내산에 오른 모세가 하나님으로부터 성막 짓는 방법을 듣고 모든 내용을 받아서 내려와 성막을 만들기 시작합니다. 특히 35장부터 마지막 40장까지는 성막에 관한 자세한 설명이 나와 있습니다.

1. 성막 만들기 (출애굽기 35장부터 40장까지)

이스라엘 백성은 성막을 지을 때 기뻐하고 즐거워하는 마음으로 헌물(獻物/OFFERING)을 드렸습니다. 이스라엘 백성들이 스스로 낸 것을 받아서 모세와 지도자들은 '회막', 또는 '증거막', '장막'이라고 부르는 하나님의 성막을 만들었습니다. 솔로몬의 성전이 건축되기 전까지 사용된 이 성막은 항상 이스라엘 백성의 중심이었고 하나님과 만나는 장소였습니다. 이것을 통해 하나님은 이스라엘 백성과 함께 동행하셨고 하나님의 영광을 항상 이스라엘 백성 가운데 보여주셨습니다. 이것에 화답하여 이스라엘 백성도 절기 때마다 하나님 앞에 나와 얼굴을 보이며 하나님께서 살피시고 인도해 주시며 보호해 주심을 감사하고 성막에서 하나님께 영광의 제사를 드렸습니다.

1) 성막의 크기는 어떻게 되는가?

성막의 실제 높이는 약 4.6m 정도로 나즈막한 이층집 높이의 그리 크지 않은 모습입니다. 그러나 광야에서는 이스라엘 백성들의 다른 텐트들과 비교할 때 가장 크고 웅장한 모습이었을 것입니다. 그래서 사방 어디에서나 하나님의 장막이 눈에 보였을 것입니다. 아침에 눈을 뜨면 성막과 그 위에 솟아오른 구름기둥 불기둥의 모습을 이스라엘 백성이 보면서 함께 동행하시는 하나님, 삶의 중심이 되시는 하나님을 늘 생각하며 살았을 것입니다. 하나님과 이스라엘 백성 사이를 연결해주는 영적 다리인 성막은 제사(예배)를 통하여 이스라엘 백성의 죄를 씻어주는 중요한 역할을 했습니다. '성막'은 하나님이 백성중에 거하신다는 의미로 부를 때 사용된 표현이고, '회막'은 하나님께서 백성과 만나신다는 의미로 사용된 표현이고, '증거막'은 법궤를 보관하는 장소로 설명할 때 사용된 표현입니다.

성막의 구조 (성막과 성막 뜰)

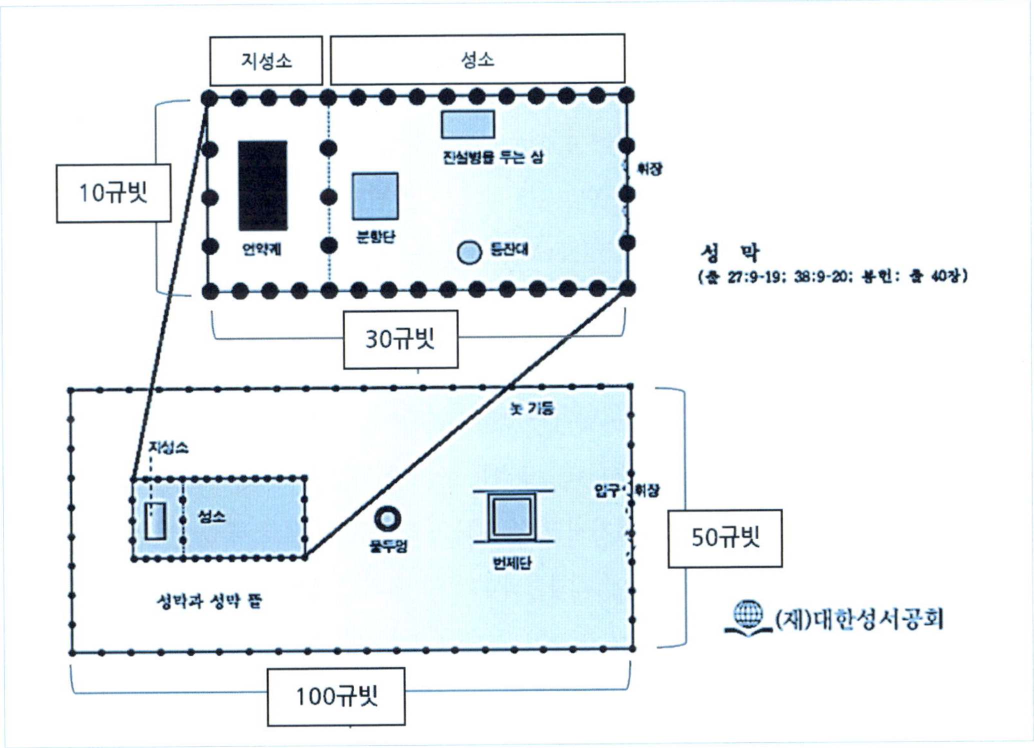

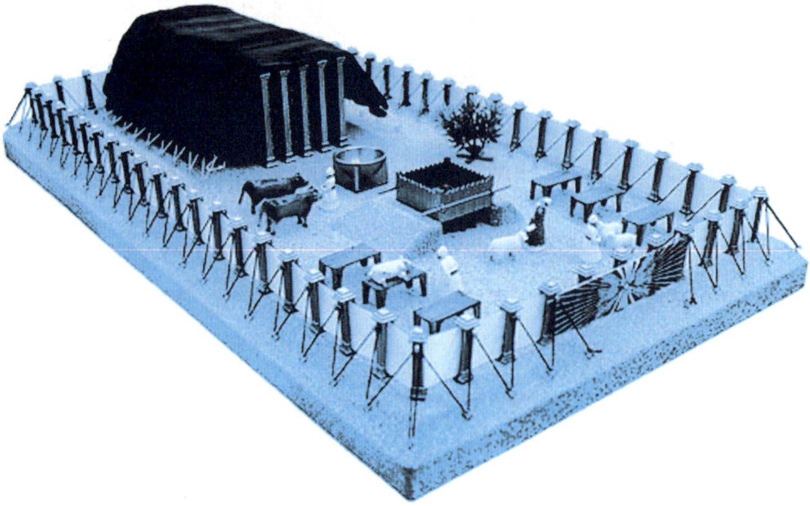

아마존(Amazon)에서 판매하는 성막 모형 (제품: Tabernacle Model Kit / 회사:Vision Video)

성막의 전체 구조는 지성소와 성소가 있는 '본체'와 함께 번제단과 물두멍이 있는 '안뜰'의 구조로 되어 있습니다. 전체 성막의 길이는 45.6m(100규빗)이고 폭이 22.8m(50규빗)이니까 우리가 알고 있는 축구장(91m×49m)의 절반 정도라고 보면 됩니다. 그리고 동쪽 문 반대편에 있는 성소와 지성소를 합친 길이는 13.95m(30규빗)이고 폭은 4.65m(10규빗)인데 성소의 길이가 9.3m(20규빗)이고 지성소의 길이가 4.65m(10규빗)입니다. 성막 전체를 두르고 있는 휘장은 벽의 역할을 했는데 그 사이 사이에 은으로 만든 갈고리가 달린 청동 기둥을 세워서 사용했습니다.(그림 참조) 그리고 동쪽의 출입구는 넓이가 9.3m(20규빗)로 푸른색과 주홍색의 계열의 다양한 색을 입힌 휘장으로 장식이 되었습니다. 출입문을 지나 제일 먼저 보이는 것은 청동으로 만든 '번제단'입니다. 이 곳에서 백성들이 가지고 온 제물의 각을 뜨고 불로 태웠습니다. 번제단 내부에는 격자 모양의 석쇠가 있어 그 곳에 번제물과 나무를 올려서 태웠습니다. 제단의 불은 늘 탈 수 있도록 주야로 관리를 했습니다 (레 6:9). 번제단의 영적인 의미는 하나님 앞에 나올 때, 우리의 죄와 허물과 육신의 생각이 좌우에 날 선 검과 같은 주님의 말씀에 각이 떠지듯 죄를 자백하고 성령의 불로 태우는 것을 의미합니다. 그래야 하나님 앞에 더 가까이 나아갈 수 있습니다.

번제단을 지나 성소로 가기 전에 보이는 것이 놋대야 즉 물두멍입니다. 아론을 비롯하여 모든 제사장들은 제물을 잡고(죽이고) 각을 뜨는 일을 하기 전에 반드시 놋대야에 있는 물로 손과 발을 씻었습니다. 이것은 영적의 의미로 '세례'를 뜻하기도 하고 날마다 발을 씻는 '회개'를 의미하기도 합니다. 하나님께 부름 받은 예배자는 거룩한 보좌 앞에 나아갈 때 죄를 먼저 씻듯이 회개해야 합니다.

2) 성막의 구조 – 성막

성막 본체 안에는 성소와 지성소가 있습니다. 첫 번째 방인 성소는 폭과 높이가 각각 4.65m이고 길이가 9.3m입니다. 두 번째 방인 지성소의 길이는 성소의 절반입니다. 성소의 지붕은 덮개로 덮여 있습니다. 큰 텐트였다고 생각하면 더 이해가 빠릅니다. 성소 위에는 3개의 천을 순서대로 덮었는데, 첫 번째 천은 염소의 털로 짠 천이었고, 두 번째 천은 양의 붉은 가죽으로 만든 것이었고, 마지막 세 번째 천은 오소리 가죽 또는 바다 표범이나 돌고래 가죽으로 만든 것으로 이것들을 그 위에 덮어서 지붕을 만들었습니다. 성막 안에 들어갈 수 있는 사람들은 오직 제사장들 뿐이었습니다. 일반 백성들은 안뜰까지만 들어갈 수 있었으며 그곳에서 희생제물을 드렸습니다.

3) 성막의 구조 – 성소

성소는 막힌 공간이고 그 곳에 향단이 있었기 때문에 매우 진한 향이 그 안을 감싸고 있었습니다. 분향단은 성소의 중앙 앞쪽에 위치해 있었고, 금으로 만들었기 때문에 금향단으로 부르기도 합니다. 높이는 91cm이고 넓이는 약 116cm로 아담한 모양이었으며 제단에는 항상 향을 피워 놓아야 했습니다. 그리고 성소에 들어가면 오른쪽에 진설병(이스트가 없는 빵)이 놓여 있는 떡상이 있습니다. "떡"이라고 말하는 것은 한국어 성경이 번역되었던 때가 '빵'이라는 것을 모르던 시대였기 때문에 '떡'으로 번역을 하여 오늘까지 이어진 것인데, 사실은 넙적한 모양에 이스트(누룩)를 넣지 않은 빵을 놓았으며 상의 높이는 69cm, 넓이는 46cm, 길이는 91cm였습니다. 떡상 위에는 12지파를 상징하는 12개의 진설병(빵)이 올려져 있었으며 안식일마다 새로운 것으로 교체해서 하나님께 올려드렸습니다. 진설병(빵)은 원래 제사장들만 먹게 되어 있는데, 다윗이 위급한 상황에서 이 빵을 먹고 힘을 얻어 사울을 피해 도망하게 됩니다(삼상21:1-9). 또한 진설병은 하나님의 은혜와 인도하심에 대한 감사의 표현이기도 합니다.

마지막으로 왼쪽에 등잔대, 즉 금촛대가 있습니다. 성막에는 창문이 없기 때문에 금촛대에 불이 꺼져 있으면 어두워서 아무 일도 할 수 없습니다. 그래서 모든 일을 원활하게 하려면 반드시

금촛대에 불이 커져 있어야 합니다. 우리도 성령님의 조명 없이는 하나님의 뜻을 알 수도 없고 하나님의 일을 이루어 갈 수도 없습니다. 금촛대는 순금으로 만들었고 모양은 가운데 부분을 중심으로 좌우로 3개씩 촛대가 있습니다. 그래서 모두 일곱개의 촛대가 세워진 모양입니다. 또한 불은 성경에서 여러가지 다양한 상징으로 쓰이는데, 하나님께서 말씀을 통해 이스라엘 백성을 인도하실 때 약속의 말씀을 가리켜 '발의 등불'이라고 표현하기도 했습니다(시편 119:105).

4) 성막의 구조 - 지성소

지성소는 하나님의 임재가 있는 장소입니다. 특별히 하나님께서 임재하신 가장 거룩한 장소가 지성소입니다. 지성소는 일년에 한 번 대속죄일에 대제사장이 들어가 백성을 위해 제사를 드린 곳입니다. 거룩하신 하나님을 직접 만나야 하는 대제사장은 부담이 클 수밖에 없습니다. 왜냐하면 대제사장이 자칫 자신의 죄를 씻지 않고 들어가게 되면 그 자리에서 죽었습니다. 그래서 대제사장은 지성소에 들어가기 전에 다리에 방울을 매달고 들어갔으며 밖에 있는 사람들은 대제사장이 움직일 때마다 들리는 방울 소리를 통해 그가 살아 있다는 것을 확인했습니다. 하나님은 대제사장이라 할지라도 지성소 안에 들어온 자가 죄가 있으면 절대 용서하지 않았습니다.

지성소 안에는 언약궤만 있습니다. 언약궤는 아카시아나무로 만들어 그 위에 순금을 입혀서 감싼 상자입니다. (개역한글 성경에는 "조각목"으로 나와서 오해를 많이 했습니다). 언약궤의 길이는 114cm이고 폭이 69cm이고 높이가 69cm인데 뚜껑은 쟁반같이 테두리가 있어서 대제사장이 피를 부을 때, 옆으로 새지 않도록 만들었으며 두 그룹(천사)이 좌우에 세워진 모양을 하고 있습니다. 언약궤 안에는 세 가지 물건이 들어 있습니다. 첫째는 모세가 하나님께 받은 십계명이 적힌 두 돌판, 둘째는 만나가 담긴 항아리, 셋째는 아론의 싹이 난 지팡이입니다. 이것을 영적인 의미로 보면 돌판 두개는 하나님께서 주시는 약속을 의미합니다. 약속을 주시고 그것을 이루실 하나님을 믿으라는 것입니다. 만나가 담긴 항아리는 일용할 양식을 주시고 더 나아가 하나님께서 우리의 필요를 채우시고 살아갈 힘을 주신다는 것입니다. 그리고 아론의 싹이 난 지팡이는 여호와께서 우리의 목자가 되어서 인도해 주신다는 것을 의미합니다. 성막은 성소와 지성소로 나누어져 있는데 그 중간에 휘장이라는 막이 있습니다. 예수님께서 십자가 위에 달려 죽으실 때 이 휘장이 찢어짐으로써 하나님과 인간 사이의 막힌 담이 허물어졌습니다. 그래서 이제 우리는 예수님의 피를 의지하여 지성소에 들어갈 담력과 특권을 얻게 되었습니다. 학자들의 연구에 의하면 안타깝게도 이 언약궤(법궤)는 바벨론 포로기 때 유실된 것으로 추정합니다.

출애굽기를 마무리하기 전에 율법과 제사의 관계성을 한번 생각해 봅시다. 율법은 죄를 짓지 않고 거룩의 상태를 유지할 수 있는 가장 완벽한 울타리입니다. 그런데 사람은 연약해서 아무리 지키려고 노력해도 실수를 범하고 죄를 지을 수밖에 없습니다. 이렇게 죄로 인하여 거룩을 상실하게 되면 인간은 더 이상 하나님과 동행할 수 없는 상태에 빠지게 됩니다. 이런 인간의 연약함을 하나님께서 아시고 율법과 함께 죄를 씻을 수 있는 제사(거룩을 회복하는 방법)를 허락해 주셨습니다. 만약 율법만 주셨다면 하나님 앞에서 거룩의 은혜를 누릴 수 있는 사람은 아무도 없을 것입니다. 그러나 하나님은 거룩을 지키고 유지할 수 있는 '율법'과 함께 죄를 씻고 회복할 수 있는 '제사'도 주셨습니다. 그렇기 때문에 구약은 율법이고 신약은 복음이라는 방식으로 성경을 보면 안 됩니다. 구약에도 하나님의 은혜와 복음이 담겨 있습니다. 구약시대의 제사를 신약시대에 예수님께서 십자가 위에서 단번에 완성하셨기 때문에 우리가 죄를 지을 때마다 더 이상 동물로 제사를 드리지 않을 뿐입니다. 구약에서 율법과 제사가 하나를 이루듯이 신약도 말씀과 십자가가 하나를 이루어 우리 안에 복음이 복음되는 역사로 나타나는 것입니다.

2. 레위기 읽기

초신자 뿐만 아니라 신앙생활을 오래 하신 분들도 여러 번 성경을 읽기 위해 시도해 보았지만 참 읽기 힘들고 이해하기도 힘든 성경이 "레위기"입니다. 이런 어려움을 느끼는 것도 당연합니다. 우리와 전혀 상관이 없는 제사법을 배우고 알아야 한다니 어려울 수밖에 없습니다. 레위기는 솔직히 역사서로 분류하기에 난해한 측면이 있습니다. 왜냐하면 레위기는 하나님과 이스라엘 백성 사이에 맺은 언약이고 제사법과 생활법에 관한 것이기 때문입니다. 그러나 레위기는 시내산이라는 중요한 역사적 현장에서 하나님과 맺은 언약과 받은 율법을 기록하고 있기 때문에 역사와 연결해서 보아야 한다는 것이 일반적인 견해입니다. 레위기는 '장소개념'으로 보면 이스라엘 백성이 시내산에 머물고 있는 상황이고, '시간개념'으로 보면 모세가 두 번째 등반과 세 번째 등반을 하는 때입니다. 레위기를 공부하기 전에 먼저 질문부터 해야 합니다. "왜 하나님께서 이스라엘 백성에게 레위기를 주셨는가?" "주신 목적이 무엇인가?" "왜 제사법을 주셨는가?" 이런 질문을 먼저 해야 레위기를 이해하고, 레위기의 가치를 발견하게 됩니다. 그래야 깊은 의미와 함께 레위기의 소중함을 알고 읽게 됩니다.

레위기는 이스라엘 백성이 앞으로 들어가 살게 될 가나안 땅에 이미 거주하고 있는 백성들과 구별된 거룩한 삶을 살도록 삶의 방식을 가르쳐 주신 말씀입니다. 이스라엘 백성이 가나안 정복을 앞두고 있던 그 당시 가나안 사람들은 소돔과 고모라처럼 음란과 타락의 문화 가운데 있었습니다. 이것은 가나안 지역에 폭 넓게 퍼져 있던 바알과 아세라 종교의 영향이 크게 작용했기 때문입니다. 그렇다면 왜 바알과 아세라 종교가 가나안 지역에 폭 넓게 퍼져 있었고, 크게 영향을 미치게 되었을까요? 그것은 바알과 아세라가 비를 주관하는 신이기 때문입니다. 바알은 태양을 주관하는 남신이며 아세라는 달을 주관하는 여신입니다. 가나안 사람들은 이 두 신이 성적인 관계를 맺으면 비가 오고 맺지 않으면 비가 내리지 않는다고 믿었습니다. 가뭄이 계속되어 농사가 안 되면 바알과 아세라가 관계를 맺지 않았기 때문이라고 여겼습니다. 그래서 땅에 있는 바알과 아세라 신전 사제들이 집단적인 혼음을 통해 바알과 아세라를 성적으로 자극을 하여 이들의 결합을 유도하였습니다. 그들이 다시 결합을 하면 그 결과로 "비"가 온다는 것입니다. 이런 신화를 믿었다는 것이 신기하지요? 그러니 가나안의 문화가 음란하고 성적으로 타락할 수밖에 없었습니다.

가나안 땅은 비가 없으면 살 수 없는 땅이고 농사를 지을 수 없는 땅입니다 (신11:10-12). 반면에 애굽은 나일강이 있어 항상 물이 풍족했고 그래서 그들에겐 나일강이 '신'이었습니다. 결국 하나님께서는 나일강을 통해 애굽을 심판하셨습니다. 나일강도 하나님의 주권 아래 있음을 보여준 것입니다. 아합 왕 시대에 바알과 아세라 선지자(사제)와 엘리야가 갈멜산에서 850대 1로 영적인 싸움을 싸울 때, 가뭄 중에 어떤 신이 참 신인지 증명하는 방법으로 비를 내리게 하는 제사를 드립니다. 왜 그 싸움이 중요합니까? 가나안 사람들은 (이스라엘 백성들도 마찬가지로) 비를 주관하는 바알과 아세라를 섬기지 않고 산다는 것은 불가능하다는 믿음(?)에 사로 잡혀 있었기 때문에 항상 우상을 섬겼습니다. 오늘날에는 '돈'이 신입니다. 돈 없이 살 수 없다는 생각이 우리 가운데 강하게 역사합니다. 그래서 물질의 문제는 우리의 삶에 직접적인 영향을 미치고, 우리의 마음을 움직이고, 우리의 생각과 결정을 좌우하는 가장 큰 요소입니다. 돈 때문에 살고 죽습니다. 그래서 예수님께서는 **"너희가 하나님과 재물을 겸하여 섬기지 못하느니라"** 말씀하셨습니다(마6:24). 가나안에 사는 이스라엘 백성에게는 바알과 아세라 신이 오늘날의 '돈'과 같은 것이었습니다.

레위기는 구약성경의 기준점입니다. 레위기는 하나님과 맺은 언약이며 이스라엘 백성의 순종과 불순종을 판단하는 기준이고 하나님의 법입니다. 학자들은 레위기가 신구약 성경 중에 가장 먼저 기록된 성경이라고 말합니다. 모세는 40일간 시내산에 올라가 십계명을 받았고 더불어 레위기 전체의 내용을 받아서 하나님이 주신 율법을 완성하게 됩니다. 모세가 젊은 시절 애굽에서 배운 모든 학문은 시내산에서 말씀을 받을 때 귀한 능력이 되어 사용됩니다. 하나님께서 말씀해 주시는 율법을 하나하나 받아서 기록했을 것입니다. 그래서 하나님께서는 어머니 요게벳이 갓난 아기 모세를 갈대상자에 담아 나일강에 띄워 보냈을 때 바로의 공주가 이를 발견하게 하시고, 모세로 하여금 바로의 궁에서 성장하며 애굽의 학문을 배우도록 섭리하셨습니다. 하나님은 앞으로 진행될 일을 위하여 모세를 준비하게 하시고 시내산에서 율법을 받아 기록하고 이스라엘 백성에게 전달할 수 있게 사람으로 준비하셨습니다.

레위기의 핵심 키워드는 **"내가 거룩하니 너희도 거룩하라"**는 말씀입니다(레 19:2). 우리는 일반적으로 생각할 때 '거룩'이라는 단어에 부담부터 느낍니다. 왜냐하면 거룩은 평범한 사람들이 함부로 도달할 수 없는 어떤 특별한 단계와 수준이라고 생각하기 때문입니다. 또한 나와 성경의 인물들을 비교해 보면 거룩이라는 상태가 얼마나 어려운지가 느껴져 더욱 부담이 됩니다. 거룩 하려면 많은 것을 포기해야 한다고 생각합니다. 결국 '거룩'이란 나와 상관이 없거나 내가 추구할 수 없는 내용이라 생각하고 적당한 나의 기준과 타협하려 합니다. 그러나 하나님의 백성인 믿는 자들에게 '거룩'은 선택이 아닙니다. 하나님의 명령입니다. 내가 '할 수 있다' '없다'를 결정할 수 없습니다. 그래서 우리가 분명히 알아야 할 것은 "왜 하나님께서 우리들에게 거룩하라고 말씀하셨는가?"입니다.

거룩이란 '수준'에 관한 것이 아닙니다. 이것을 먼저 분명히 알고 레위기를 공부해야 합니다. 하나님께서 수많은 법을 주시고 제사를 통해 죄사함을 받도록 해주시는 이유를 알아야 합니다. 그래야 나중에 신약을 공부할 때 히브리서를 이해할 수 있는 키를 얻게 됩니다. **하나님께서 말씀하신 거룩은 '수준'이 아니라 하나님과 동행할 수 있는 '조건'입니다.** 다시 말해 우리가 '거룩'이라는 상태를 유지할 때 하나님과 동행하는 연합이 가능해집니다. 블레셋 사람들이 이삭에게 한 말과 보디발이 요셉을 보면서 한 말이 "하나님이 너와 함께 하심으로"입니다. 그러므로 우리가 거룩을 유지할 때 이러한 하나님은 우리와 동행해 주십니다. 우리가 율법을 지키나, 안지키나 확인하고 감시하기 위해서 준 것이 아니라, 우리로 하여금 하나님과 동행할 수 있는 조건, 즉 거룩한 상태를 유지하라고 주신 것이 율법입니다. 하나님은 타락할 수 없는 분입니다. 하나님은 죄 가운데 계실 수 없는 분입니다. 그렇기 때문에 하나님과 동행하기 위해 우리가 지키고 유지해야 될 상태가 바로

'거룩'입니다. 예수님의 이름이 '임마누엘(하나님 우리와 함께 하신다)'이신 것은 우연이 아닙니다. 하나님께서 우리와 함께 하고 싶은 마음을 보여주신 것입니다.

우리가 알고 있는 거룩은 또한 '구별됨'이란 뜻을 갖고 있습니다. 구별이란 세상으로부터의 구별입니다. 가나안 입성을 앞두고 음란의 문화와 타락한 생활 방식으로 치우칠 수 있는 가능성에서 구별하기 위해서 하나님은 이미 시내산에서부터 이 내용을 철저하게 모세를 통해 강조했습니다. 심지어 모압 평지에서 2세대 백성에게 또 설교했습니다. 절대로 그들을 남겨두지 말고 다 몰아내라고 했습니다. 절대로 그들과 섞이지 말라고 경고했습니다 (민33:50-56). 이스라엘 백성이 가나안을 정복하고 하나님께서 약속하신 복을 누리며 살수 있는 방법은 '하나님과의 연합'이지 이방인과의 연합이 아닙니다. 하나님과 연합하기 위해 세상과는 구별되는 것이 거룩입니다. 그래서 레위기는 제사법만을 강조하는 말씀이 아니라 거룩을 회복하고 유지하는 방법을 말씀하고 있습니다. 마치 예수님께서 팔복과 산상수훈을 선포하시며 사람들에게 천국 백성다운 구별된 삶을 강조하신 것처럼 레위기는 앞으로 세상에 속한 가나안 땅으로 들어가 살게 될 이스라엘 백성이 어떻게 살아야 거룩을 유지하며 하나님과 동행하는 삶을 살 수 있는지 가르쳐 주신 말씀입니다.

이제 본격적으로 레위기 안으로 들어가 봅시다. 두려워하지 마시고 즐기시기 바랍니다. 하나님의 깊은 은혜와 사랑이 레위기 속에 어떻게 녹아 있는지 함께 찾아봅시다.

- 1장부터 7장은 제물의 종류와 제사의 방법에 관하여 소개하고 있습니다.

- 8장과 9장에서는 아론과 그의 자손을 특별히 제사장 가문으로 부르시고 복을 주십니다. 대제사장 직분은 장자에게 계승이 되었습니다. 그리고 제사장들은 백성들이 낸 십일조와 제사에 사용된 제물 중 일부로 생계를 유지했습니다. 대제사장이 입는 조끼 같은 에봇이라는 옷은 12지파를 상징하는 12보석이 가슴에 박혀있고 좌우 쪽에 주머니가 있어 우림과 둠림을 넣어서 하나님의 뜻을 구하여 묻고 결정할 때 사용했습니다. 사무엘상에 보면 다윗이 블레셋 땅에 거주할 때, 잠시 시글락 성을 비운 사이에 아말렉 사람들이 성을 치고 물건과 백성을 끌고 갑니다. 그때 그들을 구하기 위해 '지금 출발하면 따라잡을 수 있습니까, 없습니까?'라고 다윗이 에봇을 입고 하나님께 뜻을 물어봅니다(삼상30:7-8)

이스라엘의 제사

제사 방법	성경구절	제물 종류	드리는 목적
번제 완전히 태워서 드림	레위기 1장/6장/8장/16장	황소, 숫양, 수컷 새(가난한 자용) 산비둘기 집비둘기 둘 다 허용	죄 지은 모든 것을 회개하고 대속하신 하나님께 감사드림 / 하나님의 뜻에 절대 복종하겠다는 의미
소제 번제와 화목제와 함께 드려짐	2장/6장	곡물, 고운가루, 올리브 유, 구운 빵, 구운 과자, 소금, 누룩이나 꿀은 넣지 않음.	하나님의 선하심과 은혜를 감사드림 / 자신이 부서지고 없어지는 고백 / 하나님 손에서 다시 태어나 헌신을 다짐하는 의미
화목제 각을 떠서 드림	3장/7장	소와 양떼 중에 흠이 없는 것을 골라서 드림 (다양한 종류의 빵도 포함)	감사와 친교 의미
속죄제	4장/6장/8장/16장	1. 새끼 황소 / 대제사장과 회중이 드리는 제물 2. 숫 염소 / 지도자들이 드림 3. 암 염소와 양 / 일반이 드림 4. 산 비둘기나 집 비둘기 / 가난한 사람들이 드림 5. 고운 가루 십분지 일 에바 / 가장 가난한 사람들이 드림	알고 지은 죄와 모르고 지은 모든 죄를 회개함 / 대속의 은혜에 감사함
속건제 피해를 입은 자에게 배상을 꼭 한다.	5장/7장	숫양이나 어린양	타인에게 가해를 입혔을 때, 배상과 함께 하나님께 죄를 회개함 / 피해를 입힌 물건과 사람 등등 그것의 20%를 벌금으로 드림

- 10장은 나답과 아비후의 사건입니다. 그들은 하나님께서 율법으로 정하지 않은 불을 사용함으로 죽게 됩니다.

- 11장은 정결한 동물과 부정한 동물을 구별합니다. '부정한 것과 정결한 것은 왜 구별하셨는가?' '왜 하나님은 당신께서 다 창조해 놓으시고 어떤 것은 부정하다 하시고 어떤 것은 정결하다 하시며 자꾸만 구분하시는가?' 적외선이 깔려 있는 곳에 들어갈 때, 적외선 렌즈로 된 안경을 쓴 사람은 볼 수 있으니까 조심합니다. 그러나 적외선 안경을 쓰지 않은 사람은 보지 않아서 그냥 막

들어갑니다. 이처럼 하나님은 우리가 모르는 것과 보지 못하는 것을 알고 계시고 보시기 때문에 우리에게 먹지도 말고 만지지도 말라고 말씀하십니다. 하나님의 선하심과 신실하심을 믿기 바랍니다. 하나님은 우리에게 좋은 것이 무엇인지 보고 계시고, 알고 계십니다. 그래서 우리에게 가장 좋은 것, 가장 안전한 것을 주길 원하십니다.

- 12장은 여인들의 출산 이후 정결 예식에 관한 말씀입니다. 13장과 14장은 피부병 즉 나병에 관한 검사와 기준을 말씀합니다. 15장은 어떤 경우에 부정하게 되는지 각 경우를 말씀합니다.

- 16장은 매년 속죄일에 드리게 될 제사에 대해 말씀합니다. 염소를 번제물로 드리는 제사를 마친 뒤에 제사장은 그 손을 속죄 양의 머리에 올리고 백성의 모든 죄를 그 양에게 전가하여 광야로 보냅니다. 이것을 기억한 사도 요한은 "세상 죄를 지고 가는 하나님의 어린양을 보라"고 말씀했습니다.

- 17장은 제사의 관습에 관하여 말씀합니다. 제사는 드리되 피는 먹지 말라고 하셨습니다. 18장은 가나안 사람들의 음란한 문화와 풍습을 따르지 말라는 경고입니다.

- 19장과 20장은 그 밖의 내용들을 소개하고 있습니다. 하나님께서는 인간과 하나님 사이의 관계는 물론이고 인간과 인간 사이의 관계도 중요하게 생각합니다. 그래서 예수님은 율법의 완성이 '사랑'이라고 하셨고, 십계명을 '하나님 사랑'과 '이웃 사랑'으로 말씀하셨습니다.(마22:37-40)

- 21장과 22장은 제사장과 제물에 관한 말씀이고 23장과 24장은 절기에 관한 말씀입니다. 특히 성막에 관한 규례와 하나님을 모독하는 죄에 대해 경고합니다. ('7대 절기 도표'를 참고하시기 바랍니다.)

- 25장은 안식년과 희년에 관한 규례를 말씀하고, 26장은 순종할 때 받는 복과 불순종할 때 받는 벌에 관한 말씀입니다. 마지막 27장은 서원하는 일과 십일조를 하나님께 드리는 규례에 대해 말씀합니다.

레위기의 율법은 전적으로 어떻게 하면 하나님의 자녀들이 하나님 안에서 복을 누리며 살 수 있는지를 말씀해 주고 있습니다. 위생을 위해 변을 치우는 문제까지 하나님은 하나하나 말씀하셨습니다. 마치 사랑하는 자녀를 위해 이것저것 설명하며 조심하라고 잔소리하시는 어머님 같습니다. 그래서 먹지 말아야 될 것과 먹어야 될 것을 구분하여 말씀하신 것은 간섭이 아니라 자녀를 지켜 주고 싶은 부모의 사랑입니다. 하나님은 **"내가 바로 하나님이다"**라고 이스라엘 백성에게 알리고 싶어 하십니다. 하나님과 동행하는 복을 이스라엘 백성이 누리기를 원하십니다. 그런 아버지의 깊은 사랑이 담긴 성경이 "레위기"입니다.

레위기 23장에 나오는 7대 절기

절기 이름	유대 종교력	절기 유래	성경구절
유월절 (5절)	1월 14일(저녁)	어린양의 피를 문에 발라 장자의 죽음을 피하고 애굽의 종살이에서 해방됨	출애굽기 12장 5-14절 29-33절
무교절 (6-8절)	1월 15일	출애굽이 시작되면서부터 홍해를 건너기까지 당한 고난	출애굽기 14장 5-14절
초실절 (9-14절)	무교절 이후 첫번째 안식일 다음날	홍해를 건너 새로운 삶이 시작됨	출애굽기 14장 26-29절
칠칠절 (15-22절)	초실절로부터 일곱번 지난 안식일 다음날	홍해를 건넌 뒤에 50일째 되는 날에 시내산에서 모세가 십계명을 받음	출애굽기 24장 12-18절
나팔절 (23-25절)	7월 1일	우상 숭배로 십계명이 깨지자 죄를 용서받기 위해 이스라엘 백성이 회개 기도함	출애굽기 32장 1-6절/15-19절 33장 4-6절
대속죄일 (26-32절)	7월 10일	하나님께서 죄를 용서해 주시고 두번째 십계명을 받아 내려옴	출애굽기 34장 1-4절/28,29절
초막절 (33-43절)	7월 15일	십계명을 보관할 성막(초막)을 짓기 위해 백성들이 자발적으로 헌물을 드림	출애굽기 35장 4-9절 20-22절

7과 약속의 땅으로 출발! – 민수기와 신명기

출애굽기와 레위기를 거치면서 민수기, 신명기로 넘어갈 때 반드시 생각해야 되는 것은 지도입니다. '이스라엘 백성들은 지금 어디쯤 와 있나요?' 출애굽기에서는 애굽을 출발하여 2달 정도 시간이 지나 '시내산(=호렙산)'에 도착했습니다. 그 곳에서 거의 1년 동안 머물면서 3번에 걸쳐 산에 올랐던 모세를 통하여 하나님은 성막에 관한 설계도와 제작 방법을 알려 주시고 이스라엘 백성과 언약을 맺습니다. 그리고 이제 민수기에서는 시내산을 출발하는 여정이 시작됩니다. 약속의 땅 가나안을 정복하기 위해서 길을 떠나는 시내산 출발이 민수기 10장부터 나옵니다. 출애굽부터 가나안 입성까지의 여정을 이해하려면 장소개념을 갖고 성경을 읽어야 맥을 잡을 수 있습니다.

1. 왜 민수기인가?

민수기에는 이스라엘 백성이 광야에서 40년 동안 생활한 내용이 기록되어 있습니다. 민수기는 '백성의 수를 계수했다'는 뜻입니다. "왜 백성을 수를 계수했을까요?" 그것은 앞으로 펼쳐질 가나안 정복을 위한 전쟁에 참여할 군사의 수를 알아보고 조직을 만들기 위한 것입니다. 그러나 이스라엘 백성이 바란 광야의 가데스바네아에서 하나님을 온전히 믿지 못하고 약속을 버리고 가나안 입성을 포기하자, 하나님께서 40일 동안 정탐한 것을 하루를 1년으로 계산하여 40년을 광야에 머물게 하십니다. 그리고 하나님과 맺은 약속을 저버린 1세대가 다 광야에서 죽은 뒤에 살아남은 2세대가 모압 평지에서 가나안 입성을 준비하며 다시 한번 군사의 수를 계수합니다.

1장부터 4장까지는 성막을 완성한 이스라엘 백성이 가나안 땅으로 출발하기 전에 첫 번째 인구조사를 통해 군사의 수를 계수하는 장면입니다. 20세 이상 된 자들로 전쟁에 참여할 수 있는 남자를 계수하여 군대를 조직하기 위해 각 지파별로 그 숫자를 계수합니다 (민1:8). 이들을 세 지파씩 묶어서 동서남북에 각각 세웠는데, 동쪽에는 유다와 잇사갈, 스불론 지파가 섰습니다. 그 중

그룹을 이끄는 지파는 유다 지파입니다. 그리고 서쪽에는 에브라임, 므낫세, 베냐민 지파가 섰습니다. 그룹을 이끄는 지파는 에브라임 지파입니다. 또 남쪽에는 르우벤, 시므온, 갓 지파가 섰고 그룹을 이끄는 지파는 르우벤 지파입니다. 마지막 북쪽에는 단, 아셀, 납달리 지파가 섰고 그룹을 이끄는 지파는 단 지파입니다. 이렇게 성막을 중심으로 이스라엘 열 두 지파는 구름 기둥과 불기둥을 따라서 진을 쳐서 머물렀고 진영을 맞추어 이동을 했습니다.

민수기 5장부터 8장까지는 레위기의 분위기와 비슷한 상황이 재현됩니다. 이제 이스라엘 백성이 시내산을 출발하여 가나안으로 향하는 순간이기 때문에 다시 한번 거룩을 강조하며 각각 지켜야 할 율법의 내용을 상기시켜줍니다. 이스라엘 진영 안에는 어떤 환자도 놔두지 말고 진영 밖으로 보내어 하나님께서 이스라엘 백성과 함께 동행할 수 있는 최상의 상태를 유지할 것을 지시합니다. 9장에는 광야에서 지내는 첫번째 유월절을 온전히 지켰을 때, 성막 안에 하나님의 성운인 '쉐키나'의 영광이 나타납니다. 이것은 하나님의 임재를 상징하고 동시에 하나님께서 이스라엘 백성 가운데 계시고 동행하시는 임마누엘의 하나님을 보여준 것입니다. 민수기는 크게 두 부분으로 나눌 수 있습니다. 1~9장은 이스라엘 백성들이 시내산에 머물면서 하나님께 율법을 받고, 성막을 만들고, 백성의 수를 계수하여 군대를 조직해서 약속의 땅 가나안에 들어갈 모든 준비를 마치는 과정에 대한 것입니다. 그리고 10장부터는 시내산을 출발하여 가나안 정복을 위해 길을 떠나는 여정을 소개하고 있습니다.

2. 만감이 교차하는 모세의 마음

하나님께서는 미디안 광야에서 은둔하며 생활하던 모세를 호렙산 떨기 나무 불꽃 가운데로 이끌어 이스라엘 백성을 구원할 계획과 약속을 주셨습니다. 그리고 말씀하신 그대로 애굽에서 이스라엘 백성을 이끌어 내시고 시내산까지 인도하셨습니다. 말씀대로 이루시는 것을 보면서 약속을 반드시 성취하시는 하나님을 모세는 온전히 믿게 되었습니다. 그리고 앞으로 가나안 땅에 들어갈 이스라엘 백성이 하나님의 말씀을 철저히 지키고 하나님과 동행하기만 하면 반드시 그 약속을 이루어 주실 것이라는 믿음이 있었습니다. 모세는 이제 가나안 땅으로 들어가려고 출발하는 이스라엘 백성을 보면서 지난 40년 간의 출애굽 여정이 떠올라 만감이 교차했을 것입니다. 이스라엘 백성들이 하나님의 말씀을 잘 지키며 살기를 바라는 간절한 마음과 함께 광야생활 동안 수 없이 되풀이 되었던 그들의 불순종의 기억이 떠오르며 모세의 마음은 복잡했을 것입니다. 우리는 출애굽기와 레위기에 나오는 율법의 조항들이 읽기도 힘들고 지루하지만 그 법이 하나님의 간절한 바램이 담긴 말씀이라는 것을 압니다. 하나님의 바램은 이스라엘 백성이 언약의 말씀을 통해 하나님과 동행하는 것입니다. 그래서 하나님은 이스라엘 백성의 하나님이 되시고 이스라엘 백성은 하나님의 백성이 되어 영적인 가족으로 연합되기를 원하셨습니다. 그 마음이 율법의 조항과 말씀 가운데 하나하나 기록되어 있습니다.(레위기 11장 44-45절)

이스라엘 백성에게 율법과 성막(제사)은 복음이며 하나님께서 베푸신 사랑의 표현입니다. 십자가 만이 사랑이고 율법은 사랑이 아니라고 생각하면 큰 오산입니다. '임마누엘'은 하나님이 우리와 함께 하시다는 뜻이며 예수님의 본명이기도 합니다. 그래서 복음은 '예수가 그리스도'라는 소식입니다. 예수님 안에 구원이 있고, 그 은혜 때문에 우리가 하나님의 자녀가 되는 권세를 누리게 되었다는 소식입니다. 그런데 율법은 하나님과 동행하기 위한 최소한의 조건입니다. 인간이 연약함으로 죄 가운데 빠져 있을 때, 다시 하나님과 동행할 수 있는 기회를 얻도록 거룩을 회복할 수 있는 방법을 말씀해주신 것이 "제사법"입니다. 율법만 주셨다면 하나님께서는 선하신 분이 아닙니다. 율법만 주고 그것을 못 지키면 죽이는 심판의 하나님이셨다면 그 하나님은 결코 선하신 분이 아닙니다. 하나님께서 이스라엘 백성에게 감당할 믿음으로 '율법'을 주시고 피할 길로 '제사'를 주신 것은 우리로 하여금 하나님과 동행할 수 있는 길을 열어 주신 은혜입니다. 율법을 주신 하나님의 원래 뜻은 심판이 아니라 우리와 연합하여 함께 동행하는 것입니다.

3. '시내산'을 떠나 '가데스바네아'로 출발하기

민수기 10장과 11장은 가나안 땅으로 출발하는 이스라엘 백성의 모습을 보여줍니다. 12장부터는 '가데스바네아'로 향하는 길입니다. 그런데 시작부터 미리암과 아론이 모세를 거역합니다. 늙은 모세가 구스 여자를 아내로 삼은 것 때문에 그렇습니다. 그런데 모세는 아무런 대응을 하지 않습니다. 하나님은 이런 모세를 가리켜 "온유함이 지면의 모든 사람보다 더하더라(민 12:3)"라고 인정해 주십니다. 모세는 약 80세가 넘은 시점이고 12살 많은 누나인 미리암은 92세쯤 되었을 때입니다.

13장과 14장에서는 12명의 정탐꾼을 가나안에 보냅니다. 가나안에 들어가려면 미리 정탐꾼들이 가서 봐야 하지 않겠습니까? 그래서 '가데스바네아'에 머물러 있던 이스라엘 백성들은 각 지파별로 한 명씩 총 12명을 선택하여 40일 동안 가나안 땅을 정탐하게 합니다. 그러나 다녀온 뒤에 그들 중 10명이 보고한 내용은 부정적이고 하나님을 불신하는 내용이었습니다. 정탐꾼들의 보고를 들은 이스라엘 백성은 '밤새 통곡하고 애굽으로 돌아가자'고 울부짖습니다. 그때 하나님께서 진노하시고 이스라엘 백성을 치려고 할 때, 모세가 하나님께 간절히 애원합니다. 그러자 하나님은 정탐한 40일에 대하여 하루를 1년으로 계산하여 이스라엘 1세대가 40년 동안 광야에서 살다가 그 곳에서 모두 죽게 될 것을 예고합니다. 결국 가나안에 들어갈 수 있다고 믿음의 보고를 한 여호수아와 갈렙만 들어가고, 들어갈 수 없다고 말한 10명의 정탐꾼과 1세대 모두 광야에서 죽습니다. 참으로 두려운 사실은 그들이 하나님 앞에서 말한 그대로 하나님께서 역사하셨다는 것입니다.

가데스바네아 사건은 단순히 불순종으로 결론 지을 사건이 아닙니다. 이스라엘 백성의 미래가 걸린 중요한 사건입니다. 여전히 내가 하나님 되어서 내 힘과 능력을 의지하고 그것을 기준으로 '된다 혹은 안된다'를 판단하고 살 것인가 아니면 하나님을 하나님으로 인정하고 완전히 믿고 맡기고 하나님 기준으로 살 것인가를 결정하는 순간입니다. 만약 가데스바네아에서 순종하는 믿음으로 결단하고 하나님의 하나님 되심을 인정하고 언약의 말씀을 믿고 들어 갔다면 40년을 얻을 수 있었고 1세대의 인생은 광야를 떠돌다가 죽는 허무한 인생이 아니라 가나안 정복이라는 사명을 이루는 인생이 되었을 것입니다. 그러나 안타깝게도 가데스바네아에서 1세대 이스라엘 백성은 하나님을 불신하는 쪽을 선택합니다. 그래서 가나안 정복의 사명도 이루지 못하고 광야에서 인생을 마감합니다.

15장부터 19장까지는 고라 자손의 사건입니다. 고라 자손이 모세의 리더십에 대항하며 왜 아론의 자손만 제사장이 되어야 하냐고 하나님의 결정을 거부하는 행동을 합니다. 그러나 모세와 아론은 이 문제를 자신들의 권력을 사용하여 해결하지 않고 하나님의 손에 맡깁니다. 하나님을 하나님으로 인정할 때, 하나님은 당신의 손을 통해 문제를 풀어주고 해결하여 하나님의 살아계심을 보여주십니다.

20장부터는 광야의 여정이 소개됩니다. 성경의 장수로는 한 장 차이이지만 시간적으로는 무려 38년이 지나가는 상황입니다. 21장에서는 가데스에서 출발하여 모압으로 향하던 이스라엘 백성이 아낙 자손이 너무나 막강했기 때문에 헤브론 쪽으로 오르지 못하고 동쪽으로 방향을 바꾸고 에돔으로 향합니다. 처음에는 지나갈 생각이었습니다. 그러나 에돔이 길을 열어주지 않자 사해에서 더 남쪽으로 내려가 홍해 방향인 아라바 계곡을 따라서 내려갑니다. 이렇게 돌아간 이유는 하

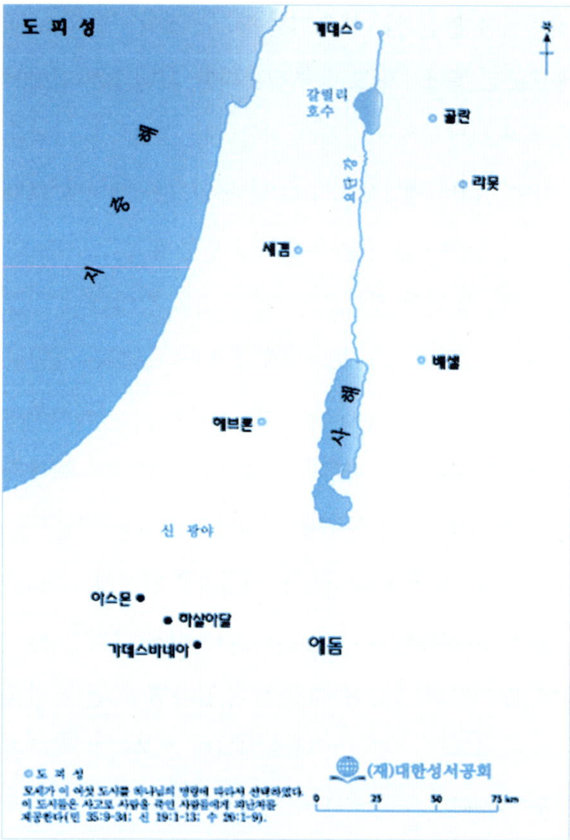

나님께서 "에돔은 너희의 형제니 싸우지 말라"고 말씀하십니다. 그 길은 우회하는 길이며 먼 길이고 험한 길이었습니다. 그래서 그들은 원망하고 불평합니다. 여전히 하나님을 하나님으로 인정하지 않고 자신의 생각과 다를 때는 여지없이 불순종의 마음이 올라옵니다. 결국 하나님께서는 이스라엘 백성에게 불뱀을 보내어 심판하십니다. 그리고 모세에게 놋뱀을 만들어 높이 매달라고 하시고 그것을 보는 자는 살려주십니다. 여전히 자신이 하나님 되어 살려고 할 때 우리 앞에 나타나는 일은 무엇입니까? 불뱀과 같은 세상의 독이 우리를 고통 가운데 빠지게 만듭니다. 점점 고통 중에 죽어가도록 만듭니다. 그런데 예수님은 그런 우리를 구원하시고 살리기 위해서 십자가 위에 달리셨습니다. 우리는 그렇게 달리신 예수님을 봐야 합니다. 구주로 모셔드려야 합니다. 내가 하나님 되려 했던 것을 회개하고 예수님을 나의 주 나의 하나님으로 인정해야 합니다. 그것이 진짜 예수님을 보는 참 뜻이고 의미입니다. 그러나 무서운 것은 끝까지 놋뱀을 보지 않고 죽은 사람도 있었다는 것입니다. 민수기 22장부터 25장까지는 발람의 예언에 대해 말씀합니다. 하나님께서 발람에게 이스라엘을 저주하지 말라고 말씀하십니다. 그러나 발람은 돈을 사랑했고 그것 때문에 꾀를 내어 발락에게 이스라엘이 하나님으로부터 저주를 받는 길을 가르쳐줍니다. 그래서 모압과 미디안의 여인들과 이스라엘 남성들이 음행하도록 만듭니다. 이 죄로 인해 이스라엘 백성은 2만 4천명이나 죽게 되고 이 꾀를 낸 발람도 죽습니다. 발람이 낸 이 꾀로 인하여 하나님의 백성이 심판의 길을 가게 되었기 때문에 신약과 계시록에서 '거짓교사와 거짓선지자의 상징'으로 발람의 이름이 자주 등장합니다.

26장은 두 번째 인구조사 내용입니다. 약속의 땅 가나안은 군사력으로 들어가 정복하는 땅이 아니라 하나님의 약속이 있어야만 들어가는 땅입니다. 하나님은 두 번째 인구조사를 통하여 1세대 군사력과 2세대 군사력에 별로 차이가 없다는 것을 확인시켜 줍니다. 40년이 지나는 동안 군사가 더 많아지거나 무기가 더 강력해진 것이 없습니다. 이렇게 보여주시는 하나님의 뜻은 무엇입니까? 이스라엘 백성에게 필요한 것은 뛰어난 능력이나 병력이 아니라는 것입니다. 가나안을 '정복하느냐 못하느냐'의 문제는 하나님의 약속을 '믿느냐 안 믿느냐'에 달려 있습니다. 하나님을 하나님으로 인정하고 내가 하나님 되어 사는 것을 '내려 놓느냐, 안 내려 놓느냐'의 문제입니다.

마지막으로 27장부터 36장까지는 나머지 율법 조항을 말씀합니다. 또한 요단 동편에 머물고자 한 지파들에 대해 언급하고 레위 지파가 차지하게 될 성읍을 말해주고 있습니다. 레위 지파는 분배 받은 땅이 없이 가나안 전역에 퍼져 48개 성에 흩어져서 살았습니다. 나중에 이것에 관한 이야기를 다시 하겠지만 하나님께서는 레위지파에게 하나님의 말씀을 잘 연구하여 각 지파별로 각 지역에 사는 모든 이스라엘 백성들에게 언약의 말씀을 가르치고 그렇게 살도록 지도하라는 뜻에서 그들에게는 땅을 분깃으로 주시지 않았습니다. 대신에 하나님께서 직접 레위 지파의 분깃이 되어 주셨습니다 (참고: 수 13:33). 여호수아서 21장에 보면 레위인들의 성읍 48개와 그 중 도피성으로 지정된 6개의 성읍이 나옵니다. 요단 동편에 골란, 라못, 베셀이 있었고 가나안 땅에는 북쪽부터 게데스와 세겜, 헤브론이 있었습니다.

4. 애굽부터 모압평지까지 정리하기

마지막으로 애굽에서부터 모압평지까지 어떻게 왔는지 지도를 생각하며 한번 정리해봅시다. 애굽의 고센에 있는 '라암셋'이라는 도시에서 시작된 출애굽의 여정은 동남쪽 방향으로 내려와 시나이반도를 만나게 됩니다. 그 중간에 거쳤던 지명들을 보면, 라암셋에서 숙곳으로 이동하고 그쪽 방향 어디선가(지도의 물음표 지역) 홍해를 건너 마라와 엘림과 신광야를 거쳐서 시내산에 도착하게 됩니다. 여기까지 대략 2개월정도 시간이 걸렸습니다. 그리고 시내산에 도착하여 거의 1년을 시내산에서 머물다가 다시 출발하여 가데스바네아로 향하는 길 중간 지점인 하세롯을 거쳐 브엘세바 남쪽이며 바란 광야에 위치한 가데스바네아에 도착합니다. 여기까지 도착하는데 약 18개월이라는 이동 시간이 걸렸습니다.

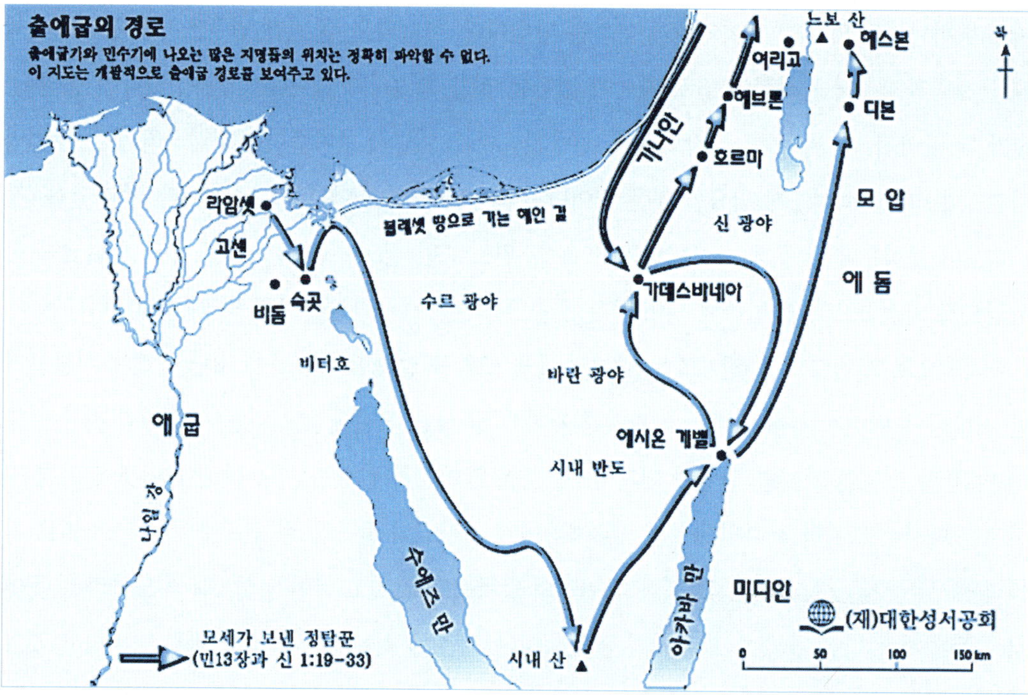

▣ 라암셋 → 숙곳 → 홍해(?) → 마라 → 엘림/신광야 → ▣ 시내산 → 하세롯 → ▣ 가데스바네아 → ▣ 37년 6개월 광야생활 → 에돔과 모압을 돌아 → ▣ 모압 평지 도착

가나안 입성을 위한 준비를 모두 마친 이스라엘 백성은 가나안의 관문인 가데스바네아로 출발합니다. 이제는 자신들이 원한다고 확확 움직이는 것이 아닙니다. 시내산에서 만든 하나님의 성막을 중심으로 구름기둥과 불기둥이 인도하는 길을 따라가는 것입니다. 기둥들이 움직이면 움직이고 멈추면 멈추는 것입니다. 그래서 약속을 받고 마음에 성령의 전이 세워진 사람은 자기 마음대로 움직이는 것이 아닙니다. 말씀이 있으면 가고 말씀이 없으면 안가는 것입니다. 말씀이 멈추라 하면 멈추고 말씀이 가라하면 가는 것입니다. 하나님의 백성은 말씀이 멈추면 멈추고 말씀이 인도하면 그대로 따르는 삶을 사는 것입니다. 결국 가데스바네아에서 하나님의 약속을 버린 이스라엘 백성은 바란 광야와 그 주변지역을 무려 37년 6개월 동안 돌아다니며 광야생활을 하게 됩니다. 기나긴 광야 40년의 여정이 에돔 땅을 지나 모압 평지에 도착하면서 끝이 납니다.

5. 신명기란?

신명기란 '하나님의 말씀을 다시 낭독하고 설교했다'는 뜻입니다. 그래서 신명기의 '신'은 한자어 '다시할 신(申)'을 사용합니다. 명(命)은 명령할 '명'입니다. 원래 신명기라는 뜻은 70인경에서 유래가 된 것인데 "두 번째 율법" 혹은 "율법의 반복"이라는 표현에서 나온 말입니다. 하나님께서 가나안 땅으로 인도하실 때 1세대 이스라엘 백성에게 시내산에서 율법을 주셨습니다. 시내산에서 맺은 언약이 가나안에 들어갈 수 있는 표이고 허가증입니다. 가나안 땅은 군사력으로 들어가는 땅이 아니라 약속으로 들어가는 땅입니다. 약속이 있어야 하나님께서 함께 동행하시고 하나님 되심을 분명히 보여주십니다. 그래서 시내산에서 율법을 받을 당시에 18세 이하여서 언약 현장에서 제외되었던 광야 2세대는 가나안 입성을 앞두고 모압평지에서 모세를 통하여 하나님과 새롭게 두 번째 약속을 맺는 것입니다.

6. 신명기에 나타난 중요한 이슈들

신명기는 하나님의 율법을 다시 낭독하며 설교하는 내용으로 되어 있습니다. 모세를 통하여 말씀을 듣던 이스라엘 백성은 과거 1세대 조상들이 받은 말씀을 이제는 자신들의 말씀으로 받으며 레위 사람들이 말씀을 낭독할 때 자신들의 약속으로 받으며"아멘!"으로 화답합니다. 1세대에게 주신 말씀을 2세대에게 낭독하는 순간 2세대가 그것을 자신에게 주신 말씀으로 받고 '아멘'하는 순간 그것은 1세대와 약속한 말씀을 넘어 이제는 2세대와 약속한 말씀이 된 것입니다. 오늘날에도 마찬가지입니다. 이스라엘의 역사이고 이스라엘 백성에게 주신 말씀이 왜 나의 구원을 이루는 역사가 되고 나에게 주신 하나님의 언약이 됩니까? 그것은 말씀을 들을 때, 나에게 주시는 말씀으로 받고 믿음으로 '아멘'하는 순간 이제 그 말씀은 이스라엘 백성에게 주신 약속을 넘어 나에게 주신 약속이 되며 하나님과 나 사이에 맺어진 언약이 되는 것입니다.

신명기는 크게 세 부분으로 나눌 수 있습니다. 첫번째는 1장부터 11장까지입니다. 여기서 모세는 가나안 땅에 들어갈 2세대들에게 율법을 다시한번 낭독하여 하나님의 하나님 되심을 교육합니다. 그리고 다시한번 재계약을 맺습니다. 재교육도 중요한 주제이지만 더 중요한 것은 재계약입니다. 명심해야 합니다. 가나안 땅은 약속의 땅입니다. 약속이 있어야 들어가는 땅입니다. 그리고 그 계약대로 실행하며 살라고 준 것이 시내산 율법이고 언약의 계약서입니다. 그것을 교육하는 것은 계약을 맺은 뒤에 나올 이야기입니다. 그래서 먼저 계약에 초점을 두고 봐야 합니다. 그래야 신명기의 말씀이 얼마나 중요한지를 발견하게 됩니다.

그리고 두 번째는 12장부터 23장까지입니다. 하나님께서 율법을 주신 것은 거룩하게 구별하기 위해서입니다. 왜 이스라엘 백성에게 거룩하라 말씀하셨는지 기억하십니까? 그렇습니다. 하나님과 동행하기 위한 최소한의 조건이 거룩이라고 설명했습니다. 그렇다면 그런 관점에서 12장부터 23장을 읽어가면 됩니다. 거룩의 관점에서 보면 하나님께서 이스라엘 백성과 함께 동행하기 위해서 계속해서 구별된 삶을 강조하시고 요구하시는 것을 알 수 있습니다. 이스라엘 백성이 하나님의 말씀을 따라 살지 않으면 분명히 가나안의 풍습과 문화와 종교를 따라서 우상을 숭배하고 세상의 풍속에 빠져 살 것이 뻔합니다. 그래서 하나님은 잔소리하시듯 말씀의 법을 지키라고 강조하고 또 강조하십니다. 이렇게 하는 것이 세상과 구별된 삶을 사는 길이요, 하나님과 동행하는 길이기 때문입니다. 특별히 16장에서는 잊지 말아야 할 절기를 강조하여 말씀합니다. 이스라엘 백성에게 절기를 잊지 말고 지키라고 강조 하신 것은 하나님의 말씀을 정기적인 절기를 통해 기억하며 하나님의 뜻에 순종하는 습관을 들이기 위해 그것을 해마다 반복적으로 시행하게 하신 것입니다. (참고: 구약 성경의 절기와 기념일 도표)

세 번째는 24장부터 34장까지입니다. 이제 모세는 언약의 중요성을 강조하며 마지막으로 설교합니다. 그런후, 모세는 반석에서 물을 낼 때 명령만 하라고 하신 하나님의 말씀에 불순종했던 결과로(민20:12) 가나안 땅에 들어가지 못하고 요단 동편에 위치한 느보산에서 가나안을 바라보며 죽게 됩니다(34장). 모세도 이스라엘 백성들과 함께 가나안에 들어가는 해피엔딩으로 신명기가 끝나면 얼마나 좋을까요! 하나님께서 모세를 가나안에 들어가지 못하게 하신 것이 못내 아쉽고 마음이 편치 못합니다. 그러나 이런 결정안에도 하나님의 뜻이 숨어 있습니다. 신명기의 마지막 메시지가 들어 있습니다.

하나는 모세가 마지막 시간까지 하나님의 뜻에 순종합니다. 마지막까지 자신이 원하는 대로 하고 싶은 생각이 왜 없겠습니까! 그러나 하나님을 하나님으로 인정하고 영광 올려드리는 것은 마지막까지 내가 하고 싶은 것을 내려 놓을 때 가능합니다. 하나님의 뜻이 이루어져야 합니다. 그래서 내려 놓는 것입니다. 모세는 마지막 순종을 통하여 자신의 인생 중에 가장 큰 영광을 하나님께 올려드립니다. 우리가 하나님께 영광을 올려드리는 순간은 일을 완성하고 과업을 성취하는 순간이 아니라, 마지막까지 하나님의 말씀 앞에 순종하는 것입니다. 그럴 때, 인생을 마감하고 사명을 마감하는 마지막 순간에 하나님은 우리에게 "착하다 충성된 종아!" 그렇게 칭찬하실 것이라

믿습니다.

다른 하나는 모세가 출애굽부터 이스라엘을 광야 40년동안 잘 인도했던 리더지만 앞으로 가나안 정복 때 이스라엘 백성을 군인으로 만들어 전쟁을 이끌고 나갈 리더는 아니라는 것입니다. 모세는 아버지 같은 리더입니다. 마치 칭얼대는 자식을 어르고 달래서 공부시키고 운동시키는 부모처럼 때로는 화도 나고 때로는 밉기도 하지만 여전히 목숨 다해 섬기고 이끌어서 결국 성공시키는, 자식에게 끝없는 사랑을 부어주는 자상한 아버지의 리더십입니다. 그러나 이런 리더십으로 군대를 이끌지는 못합니다. 전쟁을 치러야 하는 군대안에서 각자의 의견이나 자기 주장이 나온다면 그 순간부터 연합과 일치는 깨지고 오합지졸이 됩니다. 그래서 하나님은 냉정하지만 흔들림 없이 하나님의 뜻에 순종하여 이스라엘 백성을 이끌어갈 새로운 지도자를 세우시기로 하고 모세를 물러나게 하십니다. 이와 같이 모세는 출애굽이라는 자신의 사명을 다 마치고 은혜롭게 그 자리에서 내려왔습니다.

마지막은 이스라엘 백성이 하나님을 하나님으로 인정하며 하나님만 의지하고 따라가는 것이 아니라, 모세를 의지하고 모세를 바라보는 백성이 되지 않도록 역사해 주신 것입니다. 사울왕은 철저하게 사무엘 선지자를 의지했습니다. 결국 사무엘이 죽었어도 사울 왕은 하나님을 의지할 생각을 하지 않고 무당을 통하여 죽은 사무엘의 영까지 불러내어 도움을 구했습니다. 이스라엘 백성들도 이러한 잘못된 신앙과 믿음으로 치우칠 수 있는 가능성이 있었습니다. 이것을 조심해야 합니다. 그래서 하나님께서는 모세가 아닌 이스라엘 백성의 새로운 지도자, 여호수아를 통해 새로운 역사를 이루신 것입니다.

구약 성경의 절기와 기념일

절기 이름	유대 종교력	태양력 시간	내용	목적	구약 관련성구
안식일	제7일	제7일	안식함 (일 안함)	육체의 생명 회복	출20장/31장 레23장 / 신5장
안식년	제7년	제7년	안식함 (땅을 쉬게 함)	토지의 생명 회복	출23장 레25장
희년	7년X7번=49 다음해 50년	7년X7번=49 다음해 50년	빚을 탕감, 노예 해방, 땅을 돌려줌	시대의 회복 새로운 출발	레25장/27장 민36장
유월절	1월 14일 (아빕 월)	3–4월	양을 잡아 쓴나물과 함께 누룩 없는 빵을 먹으 며 기념	출애굽을 기념함 구원을 감사함	출12장 레23장 민9장/28장 신16장
무교절	1월 15–21일 (아빕 월)	3–4월	누룩 없는 빵 먹음	긴박한 출발을 기억하며 생활 늘 떠날 준비함	출12장/13장 23장/34장 레23장 민28장 신16장
초실절	1월 16일 (아빕 월)	3–4월	보리단을 흔들어 요 제로 드림	가나안 땅에서 첫 수확을 기억 하고 감사함	레23장
칠칠절 (맥추절) (오순절)	3월 6일 (시완 월)	5–6월	추수한 첫 열매로 감사함	추수의 감사와 기 쁨을 주님께 드림	출23장/34장 레23장 민28장 /신16장
나팔절	7월 1일 (티슈리 월)	9–10월	신년행사 휴일에 모여 나팔을 분다.	새해를 주신 하나님께 감사 드림	레23장 민29장
속죄일	7월 10일 (티슈리 월)	9–10월	백성은 금식하고 쉼 대제사장은 속죄제사 드림	제사장들과 백성의 죄를 속죄한다.	레16장/23장 민29장
장막절	7월 5–21일 (티슈리 월)	9–10월	추수감사 주간 장막에 거함	광야생활 기념 가나안 정착에 대 한 감사	출23장/34장 레23장/30장
성회	7월 22일 (티슈리 월)	9–10월	집회/휴식 제사드림	절기 마지막 기념	레23장 민29장
수전절	9월 25일 (치슬류 월)	12월 25일	하누카(히) 빛의 절기 촛불을 밝힘	성전 정화사건 (마카비 운동)	요10장
부림절	12월 14–15일 (아달 월)	2–3월	구원의 감사 기념일	에스더 시대 이스라엘 구원	에스더9장

8과 가나안 정복기 여호수아서

모세가 느보산에서 죽고 난 뒤에 하나님께서 눈(Nun)의 아들 여호수아를 차기 지도자로 직접 세웁니다. 모세는 광야에서 살아야 했던 이스라엘 백성을 인도하는데 필요한 자상한 아버지 같은 리더십의 지도자입니다. 그래서 하나님께서는 가나안정복 시대는 여호수아를 사용해서 하나님의 계획을 성취하십니다. 하나님은 시대마다 쓸 사람을 찾으십니다. 하나님의 마음에 합한 사람, 하나님을 하나님으로 인정하는 사람을 찾습니다. 만약 모세가 가나안정복 시대를 이끌었다면 전쟁 중에 내내 불평하는 이스라엘 백성을 달래고 설득하고 참고 가르치고 하느라 가나안 백성과의 싸움이 어려웠을 것입니다. 그럴 시간이 없습니다. 이기면 살고 지면 죽는 전쟁의 현장에서 무엇을 가르치겠습니까? 군사 훈련이 끝났으면 이제는 목숨 걸고 싸워서 이겨야 합니다. 가나안은 전쟁을 통해 정복해야 할 땅이지 훈련하고 가르치는 장소가 아닙니다. 훈련은 이미 광야에서 끝났습니다. 그래서 인생의 광야에서 훈련이 끝난 사람은 사명을 이루기 위해 하나님께서 가나안 정복의 길로 인도하시지만 아직도 훈련과 연단이 끝나지 않은 사람은 내내 광야 생활처럼 동일한 훈련만 반복하게 됩니다.

사람은 누구나 한계가 있고 연약한 부분이 있습니다. 만약 여호수아가 광야시대의 지도자였다면 이스라엘 백성은 절대로 광야 40년의 여정을 잘 이기지 못했을 것입니다. 여호수아는 자상한 아버지 같은 너그러움과 따듯함 보다는 아주 냉철하고 판단이 정확한 지도자입니다. 우유부단한 스타일이 아니라 군대 장교 같은 스타일입니다. 민수기 11장 24절이하에 보면 모세가 70명의 장로를 불러서 하나님의 장막 안에 모이게 합니다. 그리고 여호와께서 구름 가운데 강림하셔서 모세가 받았던 성령을 장로들도 받는 장면이 나옵니다. 그 때 호명되었던 장로들 중 엘닷과 메닷이라는 두 사람은 장막으로 나오지 않고 자기 처소에 머물러 있었는데도 성령을 받았습니다. 이 소식을 들은 눈의 아들 여호수아는 모세에게 사람을 보내어 그들이 성령 받는 것과 예언하는 일을 못하게 막아야 한다고 말합니다. 그때 모세는 이렇게 대답합니다. **"모세가 그에게 이르되 네가 나를 두고 시기하느냐 여호와께서 그의 영을 그의 모든 백성에게 주사 다 선지자가 되게 하시기를 원하노라"(민수기 11:29).** 여호수아는 해를 멈추게 할 만큼 믿음이 강하고 견고한 사람이지만 성품과 리더십의 스타일에 있어서는 모세처럼 온유하고 포용성이 큰 사람이 아닙니다. 이렇듯 그 시대마다 하나님께서 쓰시는 사람이 있고 쓰임 받는 리더십이 다를 수 있습니다. 그러나 두 사람의 리더십 스타일이 다른 것과 별개로 한가지 분명한 것은 두 사람 모두 하나님을 하나님으로 인정하는 사람이었다는 것입니다.

1. 가나안 정복을 이해하기 위한 두 가지 내용

가나안 정복에 관한 내용을 살펴보기 전에 우리가 꼭 이해하고 넘어가야 될 두 가지 내용이 있습니다. 하나는 "왜 하나님께서는 가나안 땅에 이미 살고 있던 모든 민족을 죽이라고 말씀하셨는가?"입니다. 군사로 싸우는 남자들은 이해가 가지만 왜 여자들과 아이들, 심지어 기르는 짐승들까지 모두 죽이라는 명령을 하신 것인지 정말 이해가 되지 않습니다. 하나님은 사랑이시라는데 왜 이렇게 비극적인 일을 만드신 것인지 도무지 이해가 되지 않습니다. 노아 홍수시대에도 어떻게 그렇게 많은 사람들을 물로 심판하실 수 있는가? 그리고 가나안 사람들을 어떻게 그리 무지막지하게 죽이라고 명령하실 수 있는가? 하나님은 정말 선하신 분이 맞는가? 하나님은 의로우신 분이 맞는가? 성경을 읽다 보면 이런 의문이 생길 때가 한 두 번이 아닙니다.

그러나 한가지 질문을 더 해보면 좋겠습니다. 가나안 백성들을 모두 죽이라고 말씀하신 하나님의 뜻이 선한 것인지 아니면 악한 것인지를 판단하는 기준이 누구의 기준이냐는 것입니다. 적어도 내 기준이 틀리지 않아야 바른 기준이 될 수 있고, 그 기준에서 이루어진 판단이라야만 올바른 판단이 될 수 있습니다. 일반적으로 인간의 기준은 자기가 살고 있는 나라의 풍습과 관념과 법을 바탕에서 이루어진 교육에 의해 영향을 받고 형성됩니다. 그래서 우리의 기준은 교육과 문화를 통해서 습득된 보편적 가치 기준인데 그 기준으로 평가하고, 판단하는 것입니다. 따라서 하나님의 명령이 틀리지 않다는 것을 이해하기 위해 반드시 먼저 알아야 할 내용이 '가나안의 문화와 종교'입니다. 이것을 알고 이해하게 되면 하나님께서 그렇게 하신 결정이 틀리지 않다는 것을 이해할 수 있습니다.

2. 세상의 문화와 음란 문화를 대표하는 가나안 문화

성경을 읽다 보면 하나님께서 남의 땅을 강제로 빼앗아 이스라엘 민족에게 주는 그런 분처럼 나타나는 부분들이 있습니다. 믿음이 없을 때는 이것이 얼마나 은혜가 안되고 마음에 갈등을 주었는지 모릅니다. 그런데 주님을 인격적으로 만나고 선하신 하나님의 성품을 깨닫고 나서는 하나님께서 그렇게 하신 이유가 반드시 있을 것이라는 생각을 하게 되었습니다. 그후에 성경을 연구하다가 마침내 하나님께서 가나안을 완전히 정복하라고 명령하신 이유를 이해하게 된 중요한 단서를 찾게 되었는데 그것이 바로 '가나안의 문화'입니다.

몰렉숭배의식(출처:위키피디아)

가나안의 문화가 어떤 문화인지에 대해서는 사사기 읽기에서 더 구체적으로 이야기하겠지만 지금 잠깐 언급하자면 한마디로 '음란의 문화'입니다. 가나안은 음란의 문화가 지배하는 땅입니다. 문화는 사람들의 생활 양식을 좌우하고 대중의 의식을 지배하기 때문에 문화를 통해 형성된 대중의 의식은 사람들에게 큰 영향을 미칠 수밖에 없습니다. 예를 들어 가나안의 대표적인 우상인 '몰렉(=그모스)'에 대해 살펴보자면, 암몬 사람들이 '몰렉'이라고 부른 이 신은 얼굴은 황소 모양이고 나머지 몸은 사람모양을 한 신입니다. 몰렉에게 드리는 제사는 유아를 바치는 인신공양이었습니다 (사진참조). 그런데 이런 행위가 문화와 생활 양식이 되고 대중의 의식이 되니까 나중에는 솔로몬왕까지도 몰렉에게 제사를 드렸다는 내용이 성경에 나옵니다(왕상 11:7). 이런 문화와 대중의식의 위험성은 그 당시 뿐만 아니라 세계2차 대전 당시 유대인을 학살한 독일 사람들의 의식에도 동일하게 적용됩니다. 그들은 수많은 유대인을 무참히 죽이고 학살하면서도 그것이 전혀 잘못되었다고 생각하지 않았습니다. 미국 워싱턴 DC 안에는 유대인 대학살을 기억하기 위한 "홀로코스트 박물관"이 있습니다. 그 곳에 가면 홀로코스트가 얼마나 끔찍한 일이었는지 느끼게 됩니다. 그런데 더 무서운 것은 유대인을 학살했던 당시 독일 사람들은 당연히 유대인을 죽여도 된다고 생각했다는 사실입니다. 왜 그렇습니까? 당시 독일인의 의식과 생활문화를 지배했던 나치즘이라는 사상이 유대인 학살에 대한 정당성을 부여해 주었고 이 사상이 그들의 생각을 지배하여 아무런 죄의식 없이 사람을 죽여 불태우는 대학살을 자행했던 것입니다.

이스라엘 백성들이 정복하여 차지해야 했던 가나안 땅은 바알과 아세라를 섬기는 종교로 인하여 음란의 문화가 지배하는 타락한 땅이었습니다. 이렇게 소돔과 고모라를 비롯하여 가나안 지역 전역에 음란문화가 가득할 때 하나님께서는 이스라엘 백성을 심판의 도구로 쓰셔서 가나안을 심판하시고 동시에 그 땅에 하나님의 백성을 이주시켜서 하나님의 나라와 거룩의 문화가 세워지게 하시려는 계획이 있었습니다. 그래서 가나안 사람들과 섞이지 말고 그들의 문화를 본받지 말라고 그토록 강조하여 말씀하셨습니다. 하나님은 음란 문화의 영향을 받아서 이스라엘 백성이 타락하게 될 것을 염려하셨기 때문에 율법을 통하여 구별된 삶을 살 것을 명령하셨습니다. 그러나 이스라엘 백성들은 하나님의 약속과 사명과 말씀을 버리고 음란과 타락의 문화에 잠식되어 하나님과 동행하는 길을 버리고 각자의 소견에 옳은 대로 살며 스스로 하나님 되는 길을 선택합니다. 결국 아담과 하와가 뱀의 속임수에 빠져서 먹지 말아야 했던 선악과의 실과를 먹고 타락한 것처럼, 이스라엘 백성도 하나님께서 그토록 경계하신 우상숭배와 음란과 타락의 문화를 수용함으로써 하나님과 동행하는 복을 상실하고 하나님과 분리되어 심판의 길을 걷습니다. 사사기 내내 나오는 이야기가 이와 비슷합니다. 가나안의 문화는 사사기를 읽으면서 더 구체적으로 나누기로 하고 여호수아서를 읽을 때는 가나안 종교에 관하여 집중하여 다루도록 하겠습니다.

3. 가나안 문화의 뿌리인 가나안 종교

문화의 뿌리는 종교입니다. 그래서 어떤 문화를 연구하기 위해서는 반드시 종교에 대한 연구가 선행되어야 합니다. 가나안에 이미 정착된 문화는 음란과 타락의 문화인데 이 또한 종교라는 뿌리에서 나온 것입니다. 가나안 사람들은 목축업이 주업이 아니라 한 곳에 정착하여 농업을 주업으로 하는 사람들이었습니다. 그렇기 때문에 농사에 절대적으로 영향을 미치는 비에 민감할 수밖에 없습니다. 애굽은 나일강이라는 거대한 물줄기를 갖고 있기 때문에 비가 오고 안 오고가 그렇게 큰 영향을 주지 않습니다. 항상 물이 풍성하니까요. 그러나 가나안 땅은 주로 산지로 이루어져 있습니다. 비가 오면 지면에 떨어지자 마자 골짜기를 따라 산 사이로 물이 흘러 내려가버리는 지리적 구조를 갖고 있기 때문에 반드시 꾸준히 비가 와야만 농사를 지을 수 있는 지형입니다(신

11:10-12). 그래서 농사를 위해 비에 의존하는 의존도가 다른 지역에 비해 매우 높습니다. 이러한 지리적 특성을 먼저 알고 가나안의 종교를 살펴봅시다.

그리스 신화를 보면 남신과 여신이 존재하고 그들이 결혼을 하여 자식을 낳아서 다른 신들이 존재하듯이 가나안 지역에도 그리스 신화와 같은 신화가 있었습니다. 그 중 바알은 남신이고 비를 주관하는 신입니다. 대표적인 여신은 아세라와 아스다롯입니다. 아세라는 정확하게 말하면 엘(El)의 부인이며 남신인 바알의 어머니입니다. 아스다롯은 엘과 아세라 사이에서 태어난 딸이면서 동시에 바알의 동생이고 아내입니다. 족보가 복잡하지요! 창세기에서 아브라함이 사라를 가리켜 자기 이복 누이라고 하였듯이 고대사회에는 가족혼이 있었다는 것을 생각하면서 이해하시면 좋습니다. 그런데 바알이 동생인 아스다롯의 미모에 반하여 결혼을 하게 됩니다. 그러나 가뭄과 죽음을 관장하는 신 '못(모트=Mot)'의 계략에 빠진 바알은 죽음 깊은 곳에 갇히게 되고 땅에는 가뭄이 계속 됩니다. 이때, 아스다롯이 바알을 구출하여 둘이 성적인 관계를 맺었더니 땅에 다시 비가 내렸다는 신화입니다. 이처럼 '바알'은 비를 주관하는 신인데 이 신을 섬기는 사제들이 주로 여자들이었습니다. 이스라엘 백성이 모압 평지에서 발람의 꾀로 인하여 바알을 섬기는 여사제들과 성적인 관계를 맺고 타락하여 하나님께서 심판하신 내용을 기억해 보면 그들의 제사방법 자체가 집단 혼음이었음을 알 수 있습니다. 이렇게 집단적으로 성행위를 하는 이유는 바알 신이 신전에서 일어나는 일들을 보면서 성적인 자극을 받아 여신과 관계를 맺게 만들어서 비가 오도록 만들기 위해서입니다. 어리석은 신앙이며 믿음입니다.

1928년에 시리아 북부 "라스 샴라"에서는 어느 농부에 의해 고대 토판들이 발견되었습니다. 그런데 놀랍게도 이 토판에는 라스 샴라 지역이 고대 '우가릿'이라는 도시였다는 것과 가나안 종교들, 특히 바알 신에 대한 기록이 있습니다. 이 토판의 이름이 '우가릿 문서'입니다. 우가릿 문서의 발견은 사해 문서 발견과 더불어 20세기 위대한 고고학적 발견이라고 말합니다. 우가릿 문서에 의하면 가나안의 신들은 모두 농업 문화와 연결이 되어 있는 신들입니다. 가나안 사람들이 농업을 중심으로 살았기 때문에 비는 절대적일 수밖에 없었고 그 비를 주관하는 바알 신을 가나안 사람들은 최고의 신으로 모시게 된 것입니다. 특히 가나안 신들 중에 최초의 신은 엘(El) 입니다. 그 아내가 아세라입니다. 그리고 바알을 비롯하여 아스다롯 등등 약 70여명의 신들은 모두 엘과 아세라의 아들 딸들입니다. 그래서 가나안 사람들이 아세라를 다산과 풍요를 상징하는 여신으로 섬기는 이유가 여기 있습니다.

가나안 지역의 대표적 신들

신 이름	신의 내용 설명
엘 (El)	가나안 신(우상) "엘"은 성경에 나오지 않습니다. 그러나 가나안에서 최고 신의 지위를 갖고 있고 창조의 신으로 불리며 근본적으로 인간에게 자비를 베푸는 신으로 묘사되고 있습니다.
아세라 (Asherah)	엘의 아내이며 가나안 신들의 어머니입니다. 아세라는 항상 바알과 함께 같은 신전에서 숭배되었습니다. 아세라가 바알의 어머니인데도 바알을 유혹하여 성관계를 맺었다고 가나안 사람들이 믿었기 때문에 두 신의 성관계로 인하여 비가 내리는 것을 믿은 가나안 족속들은 바알과 아세라를 동시에 섬기게 된 것입니다. 최근에 라스 샤므라 토판의 발견으로 인하여 아세라와 아스다롯이 서로 다른 신이라는 것이 밝혀졌습니다. 그리고 이스라엘 백성들은 바알과 아스다롯과 함께 아세라를 자주 숭배했습니다. (왕상14:15 / 왕하13:6)
바알 (Baal)	바알은 주인이란 뜻입니다. 비를 관장하는 신이고 엘과 아세라 사이에 태어난 아들로 가나안 설화에 전해집니다. 바다의 신 얌의 폭력에 대항하여 싸워 이긴 것으로 왕으로 인정받게 됩니다. 바알 신은 농토와 그 소산물을 주관하는 신이며 이스라엘 백성이 가장 많이 섬긴 우상입니다. (삿10: 6 / 삼상7:4) 모압 족속은 시작의 주라는 의미로 바알브올이라고 부르며 섬겼습니다. 그리고 블레셋 족속은 파리의 주라는 뜻으로 바알세붑이라고 불렀고 신약에서는 바알세불(귀신의 왕)으로 불리기도 했습니다.
아스다롯 (Ashtaroth)	풍요의 여신이며 동시에 전쟁의 여신이기도 합니다. 아스다롯은 복수형의 여신입니다. 그리고 가나안 신화에 보면 바알이 사나운 바다와 강의 신과 싸울 때 아스다롯이 바알을 도와주어 이겼다고 합니다. 아스다롯은 특별히 솔로몬이 이방여인 때문에 섬긴 우상이기도 합니다. (왕상11:5)
몰렉 (Molech)	몰렉, 밀곰, 말감 등으로 불리던 암몬의 신입니다. 몰렉은 머리는 황소 모양을 하고 몸은 사람과 같습니다. 어린 아이를 희생 제물로 바치기 때문에 하나님은 몰렉에게 자식을 바친 사람은 반드시 죽이라고 명령했습니다. (신13:31)
그모스 (Chemosh)	모압 사람들이 섬긴 신이며 암몬 족속의 몰렉과 같은 신입니다. 이 신을 숭배할 때에 어린 아이를 희생 제물로 드렸습니다. 그모스는 불의 신 또는 전쟁의 신으로 알려져 있고 솔로몬도 이방인 아내를 위해 이 신을 섬기는 산당을 지은 적이 있습니다. (왕하11: 7,8)
다곤 (Dagon)	사람의 머리와 물고기의 몸통으로 만들어진 신입니다. 원래 해양 민족이던 블레셋 사람들이 섬기던 신입니다. 블레셋 족속이 가나안 땅에 정착한 이후 풍요를 상징하고 곡물의 수확을 주관하는 우상으로 숭배되었습니다.
못 (Mot)	직접적인 이름이 성경에 언급되지는 않습니다. 그러나 여름 가뭄을 주관하고 죽음을 관장하는 신으로 "사망의 장자, 두려움의 왕"으로 불립니다. 우가릿 문헌에 따르면 못은 바알의 대적자로 바알 신이 왕이 못되게 하기 위해 바알 과 싸운 신으로 알려져 있습니다. 그러나 바알의 부인 아스다롯에 의해서 패배하게 된다는 가나안 신화에 등장하는 우상입니다.
얌 (Yam)	못과 함께 성경에 직접적인 언급은 없습니다. 그러나 바다와 강을 주관하는 신이며 땅의 주인 바알과 왕의 자리를 놓고 싸우는 신입니다. 바알과 얌의 싸움은 바다와 땅의 싸움이며 바알이 승리하는 내용이 가나안 신화에 나옵니다.

4. 여호수아서 읽기

여호수아서는 "땅 정복과정을 설명해 주고 있는 1~22장"과 "여호수아의 마지막 고별 설교인 23~24장"의 두 부분으로 나눌 수 있습니다. 가나안 땅 정복과 관련해서는 3가지를 기억할 필요가 있습니다. 첫 번째, 이스라엘 백성이 가나안 땅에 들어가는 과정으로 가나안 입성에 초점이 있습니다. 그들은 요단강을 기적처럼 건너고 길갈에서 진을 치고 할례를 행합니다. 여기서 말하는 할례는 이스라엘 백성이 아브라함의 후손임을 증명하는 표입니다 (1-5장). 두 번째, 이스라엘 백성이 중앙지역을 정복하고 남쪽과 북쪽을 차례로 정복하는 과정입니다 (6-12장). 세 번째, 정복한 땅을 지파별로 분배하는 내용입니다 (13-22장).

여호수아는 에브라임 지파입니다. 그는 모세 옆에서 40년 동안 하나님의 약속을 버린 이스라엘 백성의 모습을 지켜본 사람입니다. 하나님께 끊임없이 불평하며 원망하는 모습을 보았고 자상한 아버지처럼 이끄는 모세에게도 대적하는 것을 보았습니다 그래서 여호수아는 솔직히 두려웠습니다. 그리고 절대로 자신의 능력으로는 이스라엘 백성을 인도할 수 없다고 정확하게 판단했습니다. 하나님께서는 그런 여호수아를 택하셔서 이스라엘 백성을 가나안으로 인도하십니다. 이것이 하나님의 선택방법이고 일하시는 방법입니다. 자격 없는데 시키시고 할 수 없는데 하게 만드십니다. 그래서 오직 하나님만 의지하며 사역을 이루게 하십니다.

1) 하나님의 약속 (1장)

모세의 뒤를 이어 이스라엘 백성을 가나안 땅으로 인도할 사람으로 하나님은 여호수아를 지목하십니다. 두려워하는 여호수아에게 하나님께서는 약속의 말씀을 주십니다. "좌로나 우로나 치우치지 말고 모세에게 명한 모든 말씀을 지켜 행하면 어디로 가든지 형통하리라"는 말씀입니다(수 1:7).

이것이 **"가나안을 정복할 비결"**입니다. 이렇게 하면 하나님께서 모세와 함께 해준 것처럼 여호수아와 함께 하실 것을 약속합니다. 또한 "어디로 가든지 너와 함께 하겠다"고 약속해 주십니다. 이런 약속을 받은 여호수아는 하나님의 말씀대로 좌로나 우로나 치우치지 않고 오직 하나님의 뜻을 따라서 이스라엘 백성을 인도합니다. 결국 하나님은 여호수아에게 약속하신 말씀 그대로 모든 일들을 이루십니다.

2) 두 정탐꾼과 기생 라합의 만남 (2장)

여리고 사람인 라합은 하나님께서 이스라엘 민족과 함께 하시며 주변 민족들에게 행하신 일들에 관한 소식을 듣고 이스라엘의 하나님을 믿었습니다. 이와 같이 믿음은 들음에서 납니다. 믿음은 하나님의 소식과 하나님의 역사하심과 말씀이 들릴 때, 그것을 마음으로 믿는 것입니다. 믿을 때 역사가 시작됩니다. 이스라엘의 두 정탐꾼을 숨겨준 라합은 그들로부터 약속을 받습니다. 이스라엘이 여리고성을 함락하려 할 때, 정탐꾼 두 사람이 성을 빠져나갈 수 있도록 내려준 그 붉은 줄을 집 창문에 달면 여리고성의 모든 사람은 죽이지만 오직 창문에 붉은 줄이 달린 집은 살려줄 것이라 약속합니다. 라합은 이 약속을 온전히 믿고 그 집 안의 모든 가족을 불러 모으고 창문에 붉은 줄을 달아 놓습니다. 믿음은 오직 약속을 믿고 행하는 것입니다. 라합이 구원받기 위해 어떤 노력을 한 것이 아닙니다. 기생이라는 직업을 바꾼 것도 아닙니다. 오직 붉은 줄을 달면 살려준다는 약속을 믿고 순종한 것밖에 없습니다. 그 약속을 믿은 것이 라합에게 구원의 은혜요 복이요 의가 된 것입니다. 이것은 오직 예수 그리스도를 믿고 영접하면 구원을 얻는 것과 같습니다.

3) 요단강을 건너다 (3장)

출애굽 1세대가 홍해를 건너며 세례를 받았다면 출애굽 2세대는 요단강을 건너며 세례를 받습니다. 모세가 이스라엘 백성을 이끌고 홍해를 건너 본격적인 출애굽 여정이 시작된 것처럼 여호수아가 요단강을 건넌 후 본격적인 가나안 정복이 시작 됩니다. 요단강을 건널 때 물이 갈라진 뒤에 건넌 것이 아니라 먼저 말씀에 순종하여 레위 지파가 믿음으로 흐르는 요단강을 발로 디딜 때 물이 갈라졌습니다. 믿음이 없이는 요단강을 건너지 못합니다. 우리 앞에 놓인 요단강을 건너기 위해 우리에게 필요한 것은 오직 '믿음'입니다.

4) 기념하는 돌무더기가 있는 길갈 (4장)

요단강을 건너 처음 약속의 땅에서 진을 친 곳이 바로 길갈입니다. 이곳은 가나안 정복을 위해 이스라엘 군대가 사용한 베이스 캠프입니다. 이곳에 단을 쌓고 길갈을 중심으로 중앙지역을 정복합니다. 나중에 살펴보겠지만 이스라엘 민족의 신앙에 있어 매우 중요한 장소 중 하나가 길갈입니다. 사울이 왕으로 세워질 때 바로 이 길갈에서 기름부음을 받았습니다. 그러나 여호수아 시대 이후에는 에브라임 지파의 분깃 안에 있었던 '실로'가 종교와 정치의 중심지가 됩니다. 그곳에 성막이 있었습니다. 이후에 다윗이 예루살렘으로 성전을 이전하고 솔로몬의 성전이 세워지면서 '예루살렘'이 종교와 정치의 중심이 되었습니다.

5) 약속의 땅에서 지낸 첫 번째 유월절 (5장)

출애굽 당시에 유월절이 시작이 되었는데 가나안 입성을 한 뒤 4일째 되는 날에 이스라엘 백성은 처음으로 약속의 땅에서 첫 번째 유월절을 맞이하였습니다. 이제는 광야생활과는 다른 삶이 시작되었습니다. 광야에서 매일 내렸던 만나가 그치고 이제는 스스로 땅을 정복하고 기경하는 것만큼 누리게 되는 삶의 방식으로 바뀌었습니다. 신앙생활을 처음 시작할 때는 하나님께서 만나같은 은혜를 내려주십니다. 그러나 가나안 정복시대처럼 신앙과 믿음의 싸움을 싸우는 영적인 단계가 되면 믿고 기도하는 것만큼, 말씀을 믿고 행하는 것만큼 역사가 나타납니다.

6) 여리고성을 함락하다. (6장)

여리고성을 함락할 때 이스라엘 백성이 한 것이 무엇입니까? 이스라엘 백성은 오직 하나님께서 명령하신 대로만 했습니다. 절대 순종이지요. 그래서 말도 안되는 방법으로 난공불락의 여리고성을 무너뜨리고 승리합니다. 그것은 앞으로 이들이 맞이하게 될 수많은 정복전쟁을 어떤 전술로 싸워야 하는지 분명히 보여주신 하나님의 메시지가 담겨 있는 사건입니다.

7) 아이성 사건과 벧엘의 함락 (7-8장)

아간의 죄로 인하여 이스라엘 백성이 두 번째 공격 목표인 아이성 전투에서 실패하게 됩니다. 그러자 여호수아는 즉시 하나님께 물었고 그 답을 얻었습니다. 그리고 아간의 죄를 찾아서 율법에 따라 처리합니다. 이후에 이스라엘 백성 전체를 모아 놓고 다시 한번 하나님의 말씀을 낭독합니다. 말씀으로 돌아가 가나안 정복은 자신들의 능력이 아니고 하나님의 약속과 그 말씀에 순종할 때 이루어진다는 사실을 다시 상기시켜줍니다. 그후 하나님께서 주신 지혜와 방법으로 두번째 싸움에서 크게 승리합니다. 하나님을 하나님으로 인정한다는 것은 여호수아처럼 잘못과 실수를 저질렀어도 다시금 하나님의 말씀으로 돌아가 하나님의 뜻을 구하는 것입니다.

8) 태양이 멈춘 전투 (9-10장)

가나안 중앙에 위치한 기브온은 큰 성읍 중 하나였습니다. 여호수아가 여리고성과 아이성을 함락했다는 소식에 놀란 기브온 사람들은 여호수아를 속이고 계약을 맺어 스스로 종이 될 것을 선택합니다. 이것에 분개한 예루살렘, 헤브론, 야르뭇, 라기스, 에글론의 왕들이 연합하여 기브온을 치러 위로 옵니다. 이에 기브온 사람들이 여호수아에게 도움을 청하자 여호수아는 비록 속아서 맺은 언약이지만 그것을 끝까지 지키기 위해 기브온을 도와줍니다. 이스라엘 군대가 길갈에서 밤새도록 기브온 골짜기로 올라가 싸울 때 태양이 멈추는 기적이 나타나며 결국 승리하게 됩니다. 이 일을 통하여 이스라엘은 가나안 남쪽 지역을 단번에 손쉽게 얻게 됩니다.

9) 북쪽 왕들을 물리치다. (11장)

여호수아는 중앙지역을 먼저 점령함으로 남쪽과 북쪽을 각각 고립되게 만들었습니다. 가나안의 중앙과 남쪽 나라들이 이스라엘 군대에게 패배했다는 소식에 북쪽에 있는 나라들은 위기감을 크게 느끼고 서로 연합하게 됩니다. 그렇게 조성된 북쪽 연합군은 이스라엘 군대와 싸우기 위해서 갈릴리 북쪽에 위치한 메롬 물가에 모입니다. 이제 마지막으로 이스라엘 군대는 북쪽 연합군과 싸우게 됩니다.

10) 멸망한 31명의 왕들 (12장)

이스라엘 백성은 메롬 물가 전투에서 승리하여 이제 가나안 전역을 점령하게 되었습니다. 12장에는 그 동안의 정복전쟁에서 이스라엘에게 패배한 총 31명의 왕의 이름이 소개됩니다. 그러나 이스라엘 백성이 하나님이 명령하신 대로 온전히 가나안을 정복한 것은 아니었습니다. 블레셋이 거주한 지역과 시돈을 비롯하여 갈릴리 북쪽 지역과 동쪽 그술 지역과 갈릴리 산지에 거하는 아낙 자손들의 땅은 아직 다 정복하지 못했습니다. 그래서 여호수아가 죽은 이후에 남아 있던 민족들은 이스라엘 백성에게 가시와 같은 역할을 했습니다. 나중에 하나님을 하나님으로 인정하는 다윗이 왕이 되어 말씀대로 완전히 가나안 땅을 정복합니다.

11) 가나안 땅의 분할 (13-22장)

므낫세는 반(Half)지파씩 요단 동편과 서편으로 나뉘었습니다. 그래서 어떤 지도에는 '므낫세 반지파'라고 표기가 되어 있고 어떤 지도에는 '동므낫세, 서므낫세'로 표기가 되어 있기도 합니다. 예루살렘은 베냐민과 유다의 접경지점에 위치해 있기 때문에 베냐민의 땅이기도 하고 유다의 땅이기도 하다고 생각하시면 좋습니다. 나중에 북왕국 이스라엘과 나누어진 남유다에 남게 되는 베냐민 지파의 문제가 풀리는 열쇠이기 때문에 미리 알아 두시면 좋습니다. 단 지파는 원래 블레셋 지역의 땅을 분배 받았지만 사사기를 보면 그들은 계속해서 유목민처럼 가나안 땅을 돌아다닙니다. 그러다가 갈릴리 북쪽지역으로 마음대로 옮겨서 그 지역을 정복하고 살다가 나중에는 결국 흐지부지 역사속으로 사라지게 됩니다. 단지파처럼 사명을 잃게 되면 하나님께서 주신 분깃도 잃게 되고 믿음도 잃게 되어 결국 방황하다 끝이 나버립니다. 사명은 우리에게 믿음을 주시기 위한 하나님의 은혜입니다. 마지막 21장은 레위 지파의 땅 분배에 관한 이야기입니다. 하나님께서 레위 지파에게는 특별히 전국에 있는 성읍을 나누어 주셨습니다. 6개의 도피성(20장)과 제사장들을 위해 배정된 13개의 성읍을 포함하여 총 48개의 성을 허락하셨습니다. 이것은 레위지파를 이스라엘 전 지역에 흩어 놓아 가나안에 정착한 이스라엘 백성에게 하나님의 말씀을 가르치고 하나님의 백성 답게 살게 하기 위한 하나님의 조치입니다.

12) 여호수아의 고별설교 (23-24장)

모세의 고별설교처럼 여호수아도 율법을 인용하여 이스라엘 백성에게 당부합니다. 그러나 여호수아는 요청하거나 권면하는 것이 아니라 **"나와 내 집은 여호와를 섬길 것이다. 그러니 너희도 선택하라"**고 강력한 어조로 선포합니다. 선택은 여러가지 중에 하나를 고르는 것이 아닙니다. 하나를 골랐기 때문에 나머지 전부를 포기하는 것입니다. 여호수아는 "너희가 좋은 것을 선택하라" 고 말합니다. 그러나 하나님 같은 분이 없으시다는 것을 강조하며 이스라엘 백성에게 결코 하나님을 떠나지 말 것을 역설적인 방법으로 강조합니다. 여호수아는 1장 8, 9절의 말씀대로 율법에서 벗어나지 않고 오직 하나님의 명령을 따르고 순종한 하나님의 위대한 종입니다. 그리고 하나님은 이런 여호수아에게 하나님 되심을 신실하게 보여주시고 약속을 분명히 지키십니다.

9과 혼탁한 사사시대와 한줄기 빛, 룻

이제 이스라엘 백성이 약속의 땅 가나안에서 사는 이야기를 살펴봅시다. 가나안은 하나님께서 어떻게 인도해 주시고 어떤 기적과 역사를 통해 허락해 주신 땅입니까! 이것을 분명히 알고 있는 이스라엘 백성이라면 이제는 그 곳에서 하나님을 하나님으로 인정하고 하나님만을 위해서 살아야 하는 것이 맞지 않습니까? 그러나 이스라엘 백성은 그렇지 않았습니다. 이것이 이스라엘 백성과 우리의 문제입니다. 이것이 모든 인간에게 지금도 끈질기게 역사하는 죄의 속성(죄성)입니다.

사사기를 읽기 전에 먼저 한가지 내용부터 기억합시다! 여호수아서를 공부할 때 이스라엘 12지파별로 땅 분배를 했던 것을 기억하시죠? 그 때 레위 지파는 땅을 분배 받지 않고 어떻게 했나요? 그렇습니다. 가나안 전역에서 12지파로부터 48개의 성읍을 받아서 그 곳에서 살게 되었습니다. 그렇다면 왜 하나님께서 레위 지파에게는 땅을 주지 않으시고 48개의 성을 주셨을까요? 레위 지파에게는 하나님께서 주신 사명이 있습니다. 광야시대와 정복시대에는 주로 성막을 치고 거두는 일과 제사 드리는 업무를 수행하는 것이 레위지파의 주된 일이었습니다. 그런데 가나안에 정착하기 시작하면서 하나님께서는 레위지파를 48개의 성에 나누어 살도록 하시고 이스라엘 백성들에게 하나님의 말씀을 가르치는 일을 사명으로 주셨습니다.(레 10:11) 그리고 이스라엘 백성에게 하나님의 말씀을 가르치는 일에 집중할 수 있도록 하나님이 직접 레위 지파의 분깃이 되어 주시겠다는 약속을 해주시고 십일조를 받아서 살도록 허락해 주셨습니다.(민 18:24)

그렇다면 하나님께서 특별히 레위 지파를 사랑해서 그렇게 하셨나요? 그렇지 않습니다. 하나님께서 레위지파의 생활에 어려움이 없도록 해주신 것은 이스라엘 백성의 신앙을 위하여 레위지파로 하여금 하나님의 말씀 연구와 가르침에 집중할 수 있도록 하시기 위함입니다. 그렇다면 레위지파는 자신들이 특별한 계층이라 생각하는 것이 아니라 이러한 배려를 해주시는 하나님의 뜻을 알고 더욱 열심히 하나님의 말씀을 연구하고 부지런히 가르쳐 하나님의 백성을 하나님의 말씀과 동행하도록 세워주는 역할을 잘 감당하는 것이 마땅한 일입니다. 그러므로 레위 지파는 이스라엘 전체의 신앙을 책임진 자들이라는 사명을 잃어버리면 안 되는 위치에 있는 사람입니다. 그런데 만약 레위 지파가 타락하거나 그 사명을 잊고 세상과 타협하여 산다면 이스라엘 백성의 신앙은 누가 지키고 이스라엘 백성은 무엇을 중심으로 살게 되겠습니까? 바로 이것이 사사기를 통해서 우리가 알아야 될 내용입니다.

1. '사사기'는 왜 '사사'기(記)인가?

성경을 가르치다가 어느 날 성도님 한 분이 질문을 하셨습니다. "목사님, 사사기는 왜 사사기이지요?" '사사기'라는 명칭에 대해 한번도 의문을 가져본 적이 없었던 터라 뜻밖의 질문에 당황하지 않을 수 없었습니다. 모태신앙이거나 혹은 어려서부터 교회를 다닌 사람들은 성경에 관한 것은 의심없이 당연한 것으로 듣고 배웠기 때문에 초신자들에 비해서 성경을 읽을 때 질문하는 능력이 매우 약합니다. 성경을 더 깊이 알아가고 하나님의 뜻을 더 깊이 깨닫기 위해서는 늘 질문을 해야 합니다. 질문은 의심과 다릅니다. 질문이 없으면 답을 얻을 수 없습니다. 그래서 좋은 질문은 좋은 답을 얻게 합니다. 하나님의 마음과 뜻을 알기 위해서 반드시 하나님께 질문을 하시기 바랍니다. 성경을 읽으면서 '왜 하나님께서 이렇게 말씀하셨을까?', '왜 하나님께서 이렇게 역사하셨을까?', '왜 하나님께서 이런 상황에서 침묵하십니까?'. 이렇게 늘 주님께 묻는 가운데 그것에 대한 응답으로 말씀이나 기도, 혹은 묵상 중에 내면에서부터 들려오는 하나님의 답을 듣고 살아가는 것이 믿는 자의 모습입니다.

여러분은 성경의 '사사기'가 왜 '사사기'인지 생각해 보신 적이 있나요? 사사기는 공동번역 성경에는 "판관기"로 되어 있고 영어 성경에는 "Judges"로 나옵니다. 사사기의 '사사(**士師, 선비 사, 스승 사**)'는 이스라엘의 재판관을 의미합니다. 그런데 왜 '사사'라는 이름으로 불렀을까요? 질문을 받고 '대한성서공회' 자료를 통해 연구하다 보니 한글 개역판 성경의 뿌리가 되는 성경 자료들이 대부분 중국어 성경을 번역한 것임을 알게 되었습니다. 그리고 '사사(**士師**)'라는 표기도 중국어 성경의 표기를 그대로 가지고 와서 사용한 것입니다. 중국 사람들이 말하는 '사사'란 우리가 잘 아는 '(암행)어사 박문수'처럼 중국의 재판관 직위 중에 하나입니다. 그래서 사사라는 이름을 그대로 사용한 것입니다.

2. 그렇다면 왜 '사사'가 필요했는가?

이미 하나님께서 모세를 통하여 주신 하나님의 법이 있는데 왜 사사가 필요했을까요? 이런 질문이 생깁니다. 질문이 좋으면 답이 좋다는 말씀을 드렸습니다. 자꾸 질문을 하면서 성경을 읽어 보시기 바랍니다. 하나님의 처음 계획은 사사가 이스라엘 백성을 다스리거나 재판하는 것이 아니었습니다. 하나님께서는 이스라엘 전역 48개 성읍에 레위 지파를 흩어 살도록 하심으로써 백성들 한 사람 한 사람이 하나님 말씀을 배우고 그 말씀을 따라서 사는 하나님 나라의 모습이 되기를 원하셨습니다. 그런데 하나님의 율법이 무용지물처럼 되었습니다. 하나님의 백성임에도 불구하고 이스라엘 백성이 하나님을 하나님으로 인정하지 않고 각자 소견에 옳은 대로 살았습니다. 이렇게 된 것은 사사시대에 이스라엘 백성 가운데 하나님의 말씀과 기준이 없었기 때문입니다.

레위 지파를 통해 하나님은 모든 이스라엘 백성이 하나님의 말씀대로 살기를 원하셨지만 백성들은 물론이고 레위 지파까지도 타락하여 각자 소견에 옳은 대로 행하며 살았습니다. 그러니 하나님의 뜻에 합당하게 판단하고 결정해 줄 사람이 사사시대에는 전혀 없었던 것입니다. 결국 하나님께서는 그 시대를 구원하고 하나님의 뜻을 보여줄 사람들로써 레위 지파 대신 12명의 사사를 세우셨습니다.

사사기에 나오는 총 12명의 사사가 다스리는 동안 "은혜 → 타락 → 심판 → 회개"라는 사이클이 반복해서 나타나는 이유는 무엇입니까? 첫 번째는 하나님께서 레위 지파를 통한 순기능이 작동하도록 계속해서 기회를 준 것이고, 두 번째는 말씀이 회복되지 않고 신앙의 기초가 말씀 위에 서지 않으면 언제든 다시 타락하게 되어 있다는 분명한 결과를 보여준 것입니다. 사사가 필요하게 된 것은 레위 지파의 사명이 소멸되면서 시작되었습니다. 하나님께서는 이스라엘 백성을 율법과 언약의 말씀으로 다스리기 원했는데 레위 지파의 역할이 무너졌기 때문에 차선책으로 사사를 쓰신 것입니다. 그럼에도 불구하고 레위 지파의 사명을 거두지 않으시고 하나님은 끝까지 레위 지파에게 기회를 주십니다. 그리고 사사를 통해서 경각심을 주시고 다시금 자신들의 역할이 무엇인지 사명을 자각하도록 만들어 주십니다. 또한 백성들은 하나님의 뜻을 모르기 때문에 방황하고 있고 각자 자기 소견에 옳은 대로 살며 심판과 고통을 겪는 상황이 계속되었습니다. 말씀이 없는 시대는 혼돈과 고통 뿐입니다.

과거 한국교회 가운데 선교단체들을 통해 '파라처치 운동(Parachurch)'이 일어난 적이 있습니다. 하나님께서 여러 선교단체들을 통해서 한국교회의 문제점과 약점들을 보안해 주셨습니다. 선교단체에서 전개하는 '제자훈련'과 '말씀묵상' 운동들이 교회 내부로 들어옴으로써 말씀으로 더 깊이 성도들이 세워질 수 있도록 역사해 주셨습니다. 교회는 '파라처치' 운동들을 통해 자극을 받았고 그것으로 인해 목사님들은 제자훈련과 말씀묵상 운동에 눈을 뜨게 되었습니다. 그런데 여기에 하나가 더해지면 좋겠다는 바램이 큽니다. '성경읽기' 운동이 성도들과 각 교회 가운데 새로운 성령의 바람처럼 일어나기를 간절히 소망합니다. 성경을 읽는 자생의 능력이 성도들에게 필요합니다. 왜냐하면 하나님께서는 사사시대부터 이미 하나님의 백성이 약속의 말씀을 알고 깨달아 자발적으로 순종하여 하나님의 백성 다운 삶을 살기 원하셨기 때문입니다.

3. 사사기는 사사들의 이야기인가, 아니면 레위 지파의 이야기인가?

사사기의 핵심이 '사사'들의 이야기라면 마지막 사사인 삼손의 이야기로 16장에서 막이 내려야 맞습니다. 그러나 거기서 끝나지 않고 부록처럼 매우 중요한 사건 두 가지를 소개하고 있습니다. 하나는 '미가의 신상' 사건으로 단지파의 배교와 타락에 관한 이야기입니다. 이 사건의 핵심은 가난한 레위 지파 청년이 미가라는 돈 많은 사람의 개인 제사장이 되었는데 단 지파가 미가의 신상을 훔쳐가면서 이 레위 지파 청년에게 단지파의 제사장이 될 것을 제안하자 자신을 아껴준 미가를 배신하고 단 지파를 따라간다는, 그 시대 레위 지파의 타락상에 관한 것입니다. 그리고 다른 하나는 '레위의 첩' 사건입니다. 이 사건 때문에 베냐민 지파가 거의 망할 뻔합니다. 레위 지파의 타락은 한 지파의 멸망을 초래하는 문제로 커질 수 있다는 것을 보여줍니다. 이 두 사건 모두 레위 지파의 타락과 연관성이 있습니다.

사사시대에 이스라엘 백성은 사사가 12번이나 바뀌도록 왜 그 악순환의 고리에서 벗어나지 못했을까요? 그것은 그들이 붙잡고 빠져나올 말씀이 없었기 때문입니다. 더 나아가 그 말씀을 가르칠 레위 지파마저 타락했기 때문에 백성들은 하나님의 뜻을 모르는 채 각자 소견에 옳은 대로 살았던 것입니다. 그래서 말씀을 맡은 사람들이 타락한다는 것은 공동체 전체의 위기이며 하나님의 백성들로 하여금 각자 자기 소견에 옳은대로 살면서 죄 가운데 빠지게 만드는 원인을 제공합니다. 사사기는 우리에게 너무 중요한 교훈을 주고 있습니다. 개인적으로 사사기를 연구하면서 목회자로써 많은 회개와 자신을 돌아보는 시간이 되었습니다. 그리고 정말 두려움과 떨림으로 말씀을 전하는 직분을 잘 감당해야겠다는 각오와 결심을 하게 되었습니다.

4. 사사기를 읽으며 꼭 알아야 할 내용

사사기는 가나안 정복 이후의 이야기를 우리에게 소개하고 있습니다. 두 가지 주목할 점이 있는데, 하나는 가나안 땅에 이미 거주하고 있던 민족들에 대한 완전한 정복이 이루어지지 않았다는 것입니다. 그래서 결국 이스라엘 백성은 주변에 아직 남아 있는 민족들로부터 내내 침략을 받으며 고생을 해야만 했습니다. 이처럼 하나님께서 말씀하신 것을 철저히 지키지 않을 때 불순종의 씨앗은 내내 우리의 올무가 되고 가시가 되는 경우가 많습니다. 다른 하나는, 이스라엘 백성이 자녀들에게 신앙교육을 철저히 가르치지 않은 결과로 가나안을 정복했던 자들이 다 죽고 나자, 하나님의 말씀을 버리고 이방신을 섬기고 각자 소견에 옳은 대로 살게 된 것입니다. 은혜 받을 때 그 은혜가 말씀으로 연결되어 계속해서 하나님의 말씀을 붙잡는 원동력이 되어야 합니다. 출애굽 세대가 체험을 통해 하나님을 만난 세대라면 가나안 세대는 말씀을 통해 하나님을 만나는 세대가 되어야 합니다. 말씀을 통해 하나님을 지속적으로 만날 수 있어야 흔들리지 않는 믿음으로 성장하게 됩니다. 은혜를 체험적으로 경험했다면 그 다음은 말씀을 체험적으로 경험해야 흔들리지 않는 믿음으로 견고하게 세워집니다.

12 사사를 정리한 표

번호	사사 이름(지파)	압제자	압제기간	평안기간
1	옷니엘(유다)	메소포타미아	8년	40년
2	에훗(베냐민)	모압/암몬/아말렉	18년	80년
3	삼갈	블레셋		
4	드보라(에브라임), 바락(납달리)	가나안	20년	40년
5	기드온(므낫세)	미디안/아말렉	7년	40년
	아비멜렉(므낫세) 사사냐? 아니냐? 논란이 있습니다.			3년
6	돌라(잇사갈)			23년
7	야일(므낫세/길르앗)			22년
8	입다(므낫세/길르앗)	암몬	18년	6년
9	입산(유다)			7년
10	엘론(스블론)			10년
11	압돈(에브라임)			8년
12	삼손(단)	블레셋	40년	20년

사사시대 약 110년 동안 12명의 사사가 나타나서 하나님의 뜻을 이루고 모든 이방 민족의 압제로부터 이스라엘을 구원해 줍니다. 하나님께 간구하면 하나님은 여지없이 사사를 보내어 그들을 고통에서 건져주셨습니다. 그런데 이스라엘 백성은 사사가 죽고 난 뒤에 다시 하나님을 떠나고 말씀을 떠나기를 반복했습니다. 말씀이 마음 중심에 있다는 것이 얼마나 중요한 일인지 모릅니다.

지나치게 목회자만 의존하는 신앙이 되지 않도록, 개개인이 하나님의 말씀을 직접 붙잡고 살아갈 수 있는 자생능력을 교회가 키워주어야 하는 시대입니다. 분별력을 상실하고 이단으로 빠지거나 아무런 비판 없이 무분별하게 나돌고 있는 영상에 심취하여 잘못된 신앙이 고착화된 나머지 교회와 소그룹 안에 들어가지 못하고 겉도는 신앙생활을 하는 성도가 점점 더 많아지고 있습니다. 성경말씀이 중심이 되어야 합니다. 그리스도의 몸을 함께 세우는 공동체 신앙이 되어야 합니다. 그리고 날마다 말씀과 기도를 통하여 하나님과 동행하는 삶을 살아야 합니다. 이것이 성경을 제대로 읽을 때 나타나는 건강한 신앙생활의 모습입니다.

1) 그 땅에 여전히 남아 있는 가나안 사람 (1장)

사사기는 이스라엘 백성이 다 몰아내지 않아서 아직도 그 땅에 남아있는 가나안 주민들 이야기로 시작됩니다. 이것은 하나님의 말씀에 온전하게 순종하지 않은 이스라엘 백성이 왜 이런 저런 침략으로 인하여 고난을 당하게 되는지를 알려줍니다. 하나님께서 주시는 말씀 앞에 온전히 순종할 때 하나님은 우리를 보호하시고 인도해 주십니다. 그러나 반대로 온전히 순종하지 않을 때 불순종의 씨앗은 반드시 우리에게 올무와 가시가 됩니다. 이 사실을 분명히 보여주는 것이 사사기입니다.

2) 하나님을 배반하는 이스라엘 백성 (2장)

여호수아가 죽은 뒤에 이스라엘 백성은 하나님을 떠나기 시작합니다. 가나안 땅을 주시고 평안을 누리며 살도록 역사해주신 하나님을 배반하고 가나안 족속의 종교와 삶의 방식을 따르며 그들의 타락한 음란문화에 빠져 살아갑니다.

3) 옷니엘, 에훗, 삼갈 (3장)

옷니엘은 갈렙의 사위입니다. 그는 메소포타미아 사람들을 쳐서 이스라엘 백성을 구원합니다. 또한 에훗은 모압과 암몬 그리고 아말렉으로부터 이스라엘 백성을 구원합니다. 특별히 왼손을 잘 쓰는 사람으로 성경에 나옵니다. 삼갈은 블레셋으로부터 이스라엘을 구원합니다.

4) 드보라와 바락 (4-5장)

가나안 사람들이 다시 강성해지면서 이스라엘 백성들은 철로 만든 무기 앞에 속수무책으로 당하게 됩니다. 그런데 하나님께서 여자 사사인 드보라를 통하여 하나님의 백성을 구원합니다. 그를 도왔던 파트너가 바락입니다. 바락은 드보라가 말한 대로 나가 싸워 승리합니다.

5) 기드온 (6-8장)

기드온은 미디안과 아말렉 사람들에게 고통받고 있던 이스라엘 백성을 구원한 사사입니다. 또한 겨우 300명의 군사로 메뚜기처럼 많은 미디안의 군사를 물리친 인물입니다. 기드온은 항아리에 횃불을 숨겨 무장한 군사들을 데리고 들어가 적은 수로 큰 승리를 얻었습니다. 사사 기드온의 이야기는 하나님의 말씀에 순종하기만 하면 대단한 무기로 무장한 수많은 군사도 거뜬히 이길 수 있음을 보여줍니다. 전쟁은 하나님께 속하였기에 우리가 의지할 대상은 병거와 마병이 아니라 오직 전능하신 하나님입니다(사 31:1).

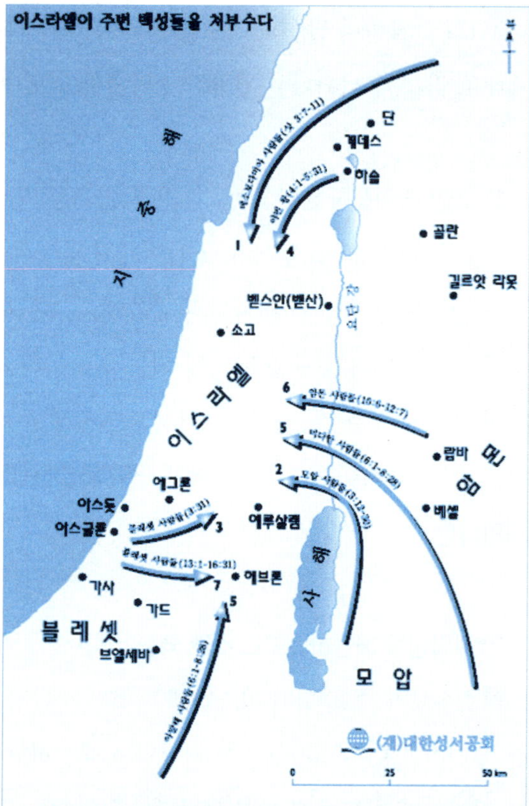

이스라엘은 그 땅에 남아 있는 민족들로부터 공격을 받는다. 그러나 사사들은 이 원수들을 멸망시키고 이스라엘은 자유롭게 한다(삿 3-16장).

6) 아비멜렉 (9장)

기드온은 하나님께 귀하게 쓰임 받은 사람이었던 반면에 그의 아들 아비멜렉은 잔인한 사람이었습니다. 그의 인생에는 권력을 노리는 암투가 많았고 형제와 주변 사람들을 무자비하게 죽였습니다.

7) 돌라, 야일, 입다, 입산, 엘론, 압돈 (10-12장)

돌라와 야일은 사사였다는 것 이외에 특별한 기록이 없습니다. 입다는 길르앗 미스바 사람이었습니다. 암몬 사람들이 강성해지면서 이스라엘 백성을 괴롭게 하자, 하나님은 입다를 통해 이스라엘 백성을 구원합니다. 입다의 이야기 중에는 함부로 서원이나 맹세를 하면 안된다는 특별한 교훈을 주는 사건이 있습니다. 입다는 하나님께서 암몬과의 전쟁에서 이기게 해주신다면 이기고 돌아올 때에 가장 먼저 자신을 맞이하여 나오는 사람을 주님께 바치겠다고 서원하였는데, 그만 입다의 딸이 제일 먼저 맞으러 나오는 바람에 딸을 제물로 드려야 했습니다. 나머지 사사인 입산과 엘론, 압돈에 관한 특별한 소개는 없습니다.

8) 사사기 마지막 사사인 삼손 (13-16장)

하나님께서는 단 지파 출신인 삼손을 세워서 블레셋 사람들의 손에서 이스라엘 백성을 구원합니다. 아마도 단 지파 사람들이 거의 다 북쪽으로 이주한 가운데 삼손의 아버지 마노아는 그 땅을 지키고 그 자리를 지키며 살았던 것 같습니다. 이것이 하나님께서 특별히 단 지파 중에 마노아의 아들을 쓰신 이유가 아닌가 생각합니다. 하나님은 삼손에게 특별한 힘을 주셨습니다. 그 힘을 통해 삼손은 블레셋 사람과 여러 번 싸워 이깁니다. 항상 삼손에게 패배한 블레셋 사람은 삼손에게 힘을 주신 하나님을 두려워하게 됩니다. 그러나 삼손도 약점이 있었습니다. 들릴라의 꼬임에 빠져서 머리가 깎이고 눈이 뽑히는 신세가 됩니다. 완전히 무너진 삼손은 마지막 순간에 다시 하나님을 찾습니다. 어떤 상황일지라도 하나님을 찾아야 힘을 얻고 다시 일어납니다. 마지막까지 하나님을 찾는 삼손도 귀하지만 마지막까지 그 기도를 들어주시고 응답해 주시는 하나님은 너무나 귀하십니다. 하나님의 자비와 사랑과 인자하심은 정말 한이 없으십니다.

9) 미가의 신상사건 (17-18장)

사사기는 12 사사들의 이야기로 끝나지 않습니다. 백성들이 이렇게 죄를 반복하며 살게 된 것은 사사들의 잘못이 아니라 이스라엘 백성의 신앙을 책임질 사명이 있는 레위 지파가 하나님의 말씀을 백성들에게 가르치지 않았기 때문입니다. 결국 레위 지파의 타락은 백성들이 자기 소견에 옳은 대로 살도록 원인을 제공했습니다. 그 결과로 앞에서 소개한 '미가의 신상사건'이 발생하게 된 것입니다.

10) 레위의 첩 사건 (19-21장)

레위 지파와 관련된 또 다른 사건은 '레위의 첩' 사건입니다. 당시 레위 지파가 말씀을 떠나서 얼마나 세속화되었는지를 분명히 보여줍니다. 에브라임 산지에 살던 한 레위사람이 첩을 얻었고, 그 여자가 음행을 저질렀는데도 율법대로 돌로 치지 않고, 오히려 친정 베들레헴으로 도망간 첩을 찾기 위해 자기가 살던 곳을 떠났습니다. 그는 베들레헴에서 지체하다가 결국 안식일에 맞추어 급히 돌아오게 됩니다. 돌아오는 도중에 만난 친절한 노인의 집에서 하루를 묵는데 베냐민 건달(비류)들이 레위 사람과 관계를 맺고자 몰려옵니다. 집 주인은 건달들에게 레위인은 자기의 첩을 내어 줍니다. 그 결과 첩은 윤간을 당하여 죽게 됩니다. 첩의 시신을 가지고 집으로 돌아온 레위 사람은 시신을 12토막으로 잘라 각 지파마다 보냅니다. 자기만 당하기는 억울하다는 것입니다. 결국 이 문제는 이스라엘 전체와 베냐민 지파의 전쟁으로 번지게 되어 베냐민 지파는 600명만 남고 모두 죽게 되어 완전히 멸망할 위기에 처합니다. 이 모든 일이 에브라임에 살았던 레위 사람의 타락으로 인해서 벌어진 것입니다.

5. 룻기 읽기

룻기는 사사기와 사무엘상/하를 이어주는 다리 역할을 합니다. 다윗이 B.C.1010년 경부터 이스라엘을 통치하였고 룻은 다윗의 증조할머니가 되니까 아마도 룻기의 시대적 배경은 사사시대 중 기드온이 사사로 있던 때 일 것으로 추측됩니다. 룻기는 유다 지파 사람인 나오미의 가정이 기근을 피하여 고향 유다 땅 베들레헴을 버리고 떠나 모압으로 이주했다가 다시 돌아오는 동안의 이야기입니다. '모압'은 요단 동편 땅으로 모세가 말씀을 낭독했던 곳이고 또 신명기의 무대가 되는 곳입니다. 기근이 왔을 때 베들레헴을 버리고 떠나는 사람은 나오미 만이 아닙니다. 일반적으로 대부분의 성도들이 고난이 찾아오면 가장 먼저 말씀에서 떠나고, 기도에서 떠나고, 예배의 자리에서 떠납니다. 정말 안타까운 일입니다. 그렇다면 나오미 가정이 고향을 버리고 이방 땅으로 가서 더 잘 살게 되었나요? 결코 아니었습니다. 나오미는 기근을 피해 보겠다고 모압으로 이주했지만 오히려 그 곳에서 재산과 남편과 자식까지 모두 잃고 말았습니다. 이런 나오미의 가정은 사사시대 이스라엘 백성의 신앙의 현주소를 보여주고 있습니다. 이스라엘 백성이 하나님을 떠나서 이방신을 섬기는 것이 좋은 줄 알았는데 이렇게 저렇게 살아보려고 노력했지만 결국 남는 것은 허무와 낙심과 실패 밖에는 없는 것입니다.

룻기는 이렇게 허무하게 무너진 나오미의 가정을 회복하시는 하나님의 메시지입니다. 하나님께 돌아오는 순간부터 하나님의 회복사역은 시작됩니다. 나오미는 고향 베들레헴으로 돌아가기로 결심하고 두 며느리와 함께 모압을 떠납니다. 도중에 그는 며느리 룻과 오르바에게 자기를 떠나 새로운 출발을 하라고 권합니다. 큰 며느리 오르바는 시어머니의 말대로 떠났지만 룻은 "어머니의 하나님이 나의 하나님입니다. 어머니가 어디로 가든지 함께 따라가겠습니다"라는 믿음의 고백을 합니다. 베들레헴으로 돌아온 나오미와 룻에게는 '보아스'와의 만남이 기다리고 있었습니다.

보아스는 나오미의 친족입니다. 그래서 당시 계대(繼代) 결혼이라는 풍습에 따라 보아스는 룻을 책임지는 자가 됩니다. 그러나 보아스가 첫 번째 책임자는 아니었습니다. 첫 번째 책임자가 책

임지기를 거절하자 보아스는 주저함 없이 룻을 선택하였습니다. 룻은 이방 여인이었고 가난한 형편이었으며 나오미라는 시어머니까지 딸린 상황이었는데도 불구하고 보아스는 룻을 책임집니다. 왜 이 모든 책임을 기꺼이 지려 했을까요? 궁금하지 않으십니까?

여러분! 보아스의 어머니가 누구인지 아십니까? 바로 여리고 사람인 기생 '라합'입니다. 라합은 기생(새번역/창녀)이면서 이방여인이었기 때문에 이스라엘 백성들 가운데 살면서 많은 외면과 차별을 겪었을 것입니다. 라합의 아들 보아스는 이런 어머니의 눈물을 보면서 자랐겠지요. 그래서 보아스에게는 남들에게 없는 눈이 있었습니다. 자신의 어머니 라합과 오버랩 되는 이방여인 룻의 눈물과 고통을 볼 수 있는 눈 말입니다. 그래서 첫 번째 책임자도 포기한 룻을 자신이 기꺼이 책임지려 한 것입니다.

하나님께서는 룻을 위해 이미 오래 전에 여리고 성에 살던 기생 라합을 구원하시고, 라합에게서 보아스가 태어나게 하시고, 마침내 보아스와 룻이 만나도록 섭리하셨습니다. 보아스와 룻 사이에서 오벳이 태어나고 오벳에게서 이새가, 이새에게서 위대한 이스라엘의 왕 '다윗'이 태어납니다. 룻기가 사사기와 사무엘 상/하를 연결하는 다리가 되는 이유가 이것입니다.

룻기를 통해 우리는 하나님께서 우리의 인생을 주관하고 계심을 알아야 합니다. 우리가 태어나기도 전부터 하나님께서는 모든 것을 섭리하여 인도하고 계심을 믿고 하나님께 모든 것을 맡기고 믿음으로 살아가야 합니다. 룻기는 단순한 사사시대의 한 여인의 이야기가 아닙니다. 하나님의 섭리가 다윗의 가문 가운데 어떻게 역사하고 나타났는지 보여주고 있습니다. 한 나라와 민족과 가정과 개인의 역사를 주관하시고 책임지시는 하나님의 놀라운 은혜를 보여줍니다. 결국 룻기는 사사기와 사무엘상/하를 이어주는 다리가 되어 우리에게 '하나님의 하나님 되심'을 보여줍니다.

10과 믿음의 거장, 사무엘과 다윗 – 사무엘상/하

사무엘상/하를 읽을 때 염두에 두어야 하는 두 가지 포인트가 있습니다. 먼저 사무엘상/하에 나오는 세 사람을 기억해야 합니다. 사사기 이후에 등장하는 마지막 사사이며 동시에 선지자인 '사무엘'입니다. 하나님은 사무엘을 통해서 왕정시대를 시작합니다. 그리고 사무엘은 충성된 종으로 그 일을 훌륭하게 수행하고 사라집니다. 그 다음은 '사울'입니다. 하나님께서 선택한 이스라엘 최초의 왕입니다. 그러나 불행하게도 나중에는 하나님으로부터 버림받고 비참한 최후를 맞이합니다. 마지막은 '다윗'입니다. 하나님께서 기뻐하셨던 왕이고 나중에 열왕기에 등장하는 모든 왕들의 잘잘못을 평가할 때 기준이 된 왕이 바로 다윗입니다.

또 다른 포인트는 지금까지 다루었던 구약의 성경들을 분류한다고 할 때, '모세오경'(창/출/레/민/신) 다섯 권을 하나로 묶고, 그 다음에 나오는 '여호수아부터 사사기, 룻기, 사무엘상/하'를 다른 하나로 묶어서 읽으면 성경의 맥을 잡는데도 큰 도움이 된다는 것입니다. 모세오경 다섯권은 하나님께서 이스라엘 백성을 택하셔서 약속의 땅 가나안까지 인도한 이야기이고 여호수아부터 사무엘상/하까지 다섯권은 가나안 정복과 정착에 관한 이야기로 구분하면 좋습니다.

1. 왕정시대의 시작

선지자 사무엘 바로 앞에 있었던 사사이며 대제사장이던 엘리는 하나님의 뜻을 분별하는 민감함이 부족했습니다. 그래서 하나님께서 후임자인 사무엘을 통해서 영적으로 어두운 그 시대를 열어 가십니다. 가나안 정착이후에 계속해서 이스라엘 백성을 괴롭게 한 대적이 있습니다. 바로 블레셋입니다. 그들은 일찍부터 철기문화를 갖게 된 해양 민족이며 가나안 서남쪽의 해안지역에 도시국가를 건설합니다. 블레셋 족속은 사무엘상/하에 지속적으로 출현하여 이스라엘과 늘 전쟁을 합니다. 그래서 학자들 중에는 블레셋 족속을 하나님의 백성과 대적하는 대표적인 가인계열의 상징으로 말하기도 합니다. 이스라엘이 전쟁에서 블레셋에게 패하자 장로들은 엘리 대제사장에게 법궤를 전쟁터로 가져오도록 요청합니다. 요청대로 엘리의 아들인 홉니와 비느하스가 법궤를 가지고 전쟁터에 도착합니다. 그러나 결국 하나님께서 원하지 않는 일이었기에 법궤를 블레셋에게 빼앗기고 맙니다.

이스라엘 백성 뿐만 아니라 오늘날의 성도들 중에도 이런 잘못된 신앙을 갖고 있는 사람이 있습니다. 법궤는 하나님께서 이스라엘과 동행하시고 임재하신다는 상징으로써 중요한 것이지, 법궤 자체에 능력이 있는 것이 아닙니다. 과거 여호수아와 이스라엘 백성이 요단강을 건널 때, 법궤를 멘 제사장들이 강물을 밟자 강물이 위로부터 마르고 끊어지게 되어 그들이 건널 수 있었던 것은, 하나님의 말씀에 그대로 순종했기 때문에 하나님께서 동행하심을 보여준 기적이지 법궤의 능력 때문이 아니었습니다. 법궤만 가지고 나가면 무조건 승리할 수 있다는 생각은 미신입니다. 이것부터 버려야 합니다. 하나님의 말씀과 명백히 어긋나는데도 오직 자신이 원하는 것을 얻기 위해 미신도 붙잡을 수 있다는 식의 잘못된 신앙을 경계해야 합니다. 법궤 사건을 통해서 이스라엘 백성의 신앙이 사사시대를 지나는 동안 얼마나 잘못된 방향으로 흘러왔는지 알 수 있습니다. 자기 소견에 옳은 대로 믿고 자기가 원하는 대로 믿는 것이 무엇인지를 대표적으로 보여준 사건입니다.

결국 엘리는 성전에 앉아 졸고 있다가 이스라엘이 블레셋과의 전쟁에서 패하여 아들 둘이 모두 죽고 하나님의 법궤마저 빼앗겼다는 소식을 듣고 넘어지면서 목이 부러져 죽습니다. 그후에 뒤를 이어 마지막 사사이며 제사장인 사무엘이 등장합니다.

2. 사무엘의 등장과 업적

에브라임 산지에서 살던 레위 사람 "엘가나"와 부인 "한나"는 아이가 없었습니다. 그러나 한나의 간절한 기도가 하나님께 상달되었고 결국 하나님은 기도하는 어머니 한나에게 아들 사무엘을 주셨습니다. 한나는 엘리 대제사장에게 어린 사무엘을 맡겼고 사무엘은 성전에서 성장하게 됩니다. 모든 사람들이 각자 소견에 옳은 대로 행하여 신앙적으로 혼탁하던 사사시대에 하나님은 사무엘을 준비하십니다. 사사기 17장에서 살펴보았던 에브라임 산지의 미가의 어머니와 사무엘의 어머니 한나는 비슷한 시기에 같은 지역에 살았던 사람들입니다. 그런데 한 사람은 하나님께 아들을 드리고, 다른 사람은 우상에게 아들을 드리는 너무나 대조적인 모습을 보입니다. 결국 하나님께 드려진 사무엘은 블레셋으로부터 위협받고 있는 이스라엘 백성을 구원하고 하나님의 말씀을 세우기 위해서 회개의 운동을 전개하며 신실하게 사명을 감당합니다.

사무엘은 최초로 이스라엘의 왕에게 기름을 부은 선지자입니다. 지금까지 이스라엘 백성의 왕은 누구였나요? 그렇습니다. 하나님이 그들의 왕이셨습니다! 하나님께서는 이미 출애굽 할 때부터 이스라엘의 왕이 되어 애굽의 바로로부터 당신의 백성들을 구원하셨고, 시내산에서 법을 만들어 주셨으며, 가나안 땅을 정복하여 영토로 주셨습니다. 이렇게 이스라엘 백성은 하나님의 법에 의해 다스림을 받았으며 하나님은 이스라엘의 왕이셨습니다. 그렇기 때문에 왕이신 하나님을 인정하고 그분의 법을 따라 살아야 하는데도 불구하고, 사사시대에는 각자 자기 소견에 옳은대로 살며 하나님을 왕으로 인정하지 않고, 하나님을 하나님으로 인정하지 않는 죄를 범한 것입니다. 그러다가 이스라엘 백성들이 인간 왕이 필요하다고 하나님께 호소합니다. 사무엘은 왕을 세울 수 없다고 백성들의 요구를 거부합니다. 그런데 하나님께서 백성들의 요구를 들어주라고 말씀하십니다. 그 순간 하나님의 마음이 어떠셨을까요? 하나님은 백성들이 원하는 대로 인간 왕을 세우면서 하나님께서 직접 선택한 왕으로 세웁니다. 그렇다면 이스라엘의 왕은 백성들이 세운 왕이 아니고 하나님이 세우신 왕입니다. 그렇기 때문에 인간 왕은 하나님의 대리자로 이스라엘 백성을 하나님의 뜻대로 통치하고 다스려야만 했습니다.

사무엘은 영적으로 매우 중요한 일을 합니다. 미스바에서 회개를 촉구하는 대각성 운동을 펼칩니다. 사무엘은 온 이스라엘 백성을 미스바에 모이게 한 뒤에 하나님 앞에서 회개하도록 말씀을 선포합니다. 사사시대 내내 이스라엘이 주변 국가들로부터 고난과 어려움을 당하게 된 이유가 무엇인지를 백성들에게 명확하게 전달합니다. 이스라엘 백성이 하나님의 말씀을 버리고 바알과 아세라를 따르고 섬겼기 때문이라는 사실도 말해 줍니다. 회개는 두리뭉실하게 하면 안 됩니다. 회개하고도 삶이 바뀌지 않는 것은 문제를 정확하게 인식하지 않았기 때문입니다. 그냥 "잘못했습니다! 눈물 흘리는 것"은 후회에 불과합니다. 회개는 구체적인 자각이 뒤따라야 합니다. 미스바에서 진정한 회개운동이 가능했던 것은 사무엘이 하나님의 뜻을 정확히 전달했고 이스라엘 백성은 자신들의 죄가 무엇인지를 분명히 발견했기 때문에 대각성의 회개 운동이 일어나게 된 것입니다.

사무엘은 마지막 사사로서 사사시대와 왕정시대를 연결하는 하나님의 선지자입니다. 한마디로 시대와 시대를 연결하는 다리역할을 담당한 인물입니다. 자기의 소견대로 살았던 이스라엘 백성을 하나님의 뜻 가운데로 인도한 하나님의 사람입니다. 사무엘은 이스라엘 백성들의 죄가 가장 팽배했던 사사시대의 사람이지만 자신은 하나님의 말씀에 바로 선 사람이었습니다. 캄캄한 어두움이 깔려 있는 세상에 한줄기 빛이 되어 이스라엘 백성을 하나님의 뜻으로 인도한 사람이며, 하나님의 말씀이 이스라엘 백성들 가운데 스며들도록 만들어준 사람입니다. 그래서 사무엘은 **"순종이 제사보다 낫다"** 또 "주 하나님은 중심을 보신다"라는 말을 했습니다. 각자 자기 생각에 옳은대로 살았던 시대에 하나님의 음성을 따라 살았던 사무엘은 마지막 사사이면서 동시에 선지자입니다. 또한 하나님과 이스라엘 백성을 연결해 준 "하늘 놓는 다리"였습니다.

3. 사무엘상/하를 읽을 때 알아야 할 내용

사무엘상/하는 다윗의 이야기가 대부분입니다. 그러나 먼저 사무엘의 등장을 기억하고 사무엘이 다윗을 왕으로 세우기 전에 먼저 세웠던 사울왕을 기억해야 합니다. 사무엘상에는 다윗이 왕이 되기 전까지 여러 훈련의 과정이 소개가 되고 사무엘하에 다윗이 왕이 되는 내용이 나옵니다. 다윗의 인생을 전체적으로 보면 전기, 중기, 후기로 나눌 수 있습니다. 이렇게 정리를 하고 사무엘상/하를 읽습니다.

1) 선지자 사무엘의 이야기 (사무엘상 1-8장)

어머니 한나의 간절한 기도로 사무엘이 태어납니다. 그리고 사무엘은 몰락해 가는 엘리 가문에서 자라납니다. 엘리의 후계자가 된 사무엘이 미스바에 이스라엘 백성과 함께 성회를 갖고 감동과 은혜를 받은 이스라엘 백성이 회개합니다. 그후 사무엘은 벧엘과 길갈, 미스바, 라마를 순회하며 하나님의 말씀을 전합니다. 그러나 백성들은 사무엘에게 이스라엘의 왕을 세워 달라고 요구합니다. 하나님께서 사무엘에게 백성의 요구를 들어주라고 명령하십니다. 사무엘은 하나님의 명령에 자신의 생각을 끼워 넣지 않고 그대로 순종합니다. 순종은 말씀 앞에 자신의 생각과 감정을 끼워 넣는 것이 아닙니다. "순종이 제사보다 낫다".이런 말씀을 통해 사무엘의 믿음과 신앙이 어떠했는지 알 수 있습니다.

2) 초대 왕이 된 사울의 이야기 (사무엘상 9-15장)

사울은 이스라엘의 초대왕으로 등극하여 이스라엘 백성을 암몬 자손의 손에서 구원합니다. 그리고 블레셋과 전쟁하여 여러 번 승리합니다. 블레셋은 이후로 계속해서 이스라엘을 공격하고 자주 전쟁을 일으킵니다. '팔레스타인' 민족이 바로 블레셋의 후손입니다. 블레셋은 원래 함 자손이고 애굽의 혈통을 지닌 해양 민족입니다. 일찍부터 철기문화를 가지고 있었기 때문에 싸움에 능하여 이스라엘 민족을 위협하는 큰 적이었습니다. 특히 가나안 해안지역에 성읍을 세우고 연합국가의 형태를 지닌 민족입니다. 사울은 키가 크고 기품이 있고 겸손 했던 왕이었지만 하나님 앞에서 3번에 걸쳐 결정적인 실수를 범합니다. 사실은 실수가 아니라 교만과 불신과 불순종입니다.

첫 번째는 13장에 나오는데, 사울 왕은 계속된 승리가 자신의 능력으로 된 줄 알고 자만합니다. 겸손했던 사울이 교만하게 된 것입니다. 그리고 블레셋과의 전쟁을 앞 둔 상황에서 사무엘이 정해진 시간에 오지 않고 백성들은 동요하여 흩어지기 시작하자 마음이 급해진 나머지 제사장이 드릴 수 있는 제사를 자신이 직접 드리는 큰 잘못을 범합니다. 이것으로 인하여 사무엘은 사울 왕을 크게 책망합니다. 하나님의 영역까지 월권하는 것이 바로 교만입니다. 하나님께서 정하신 것을 무시하고 넘어가는 것이 죄이고 그 뿌리가 교만입니다.

두 번째는 14장에 나옵니다. 사울의 어리석은 명령으로 인해 전쟁 중에 힘들어하는 군사들은 음식도 먹지 못하고 기진맥진하게 됩니다. 그러나 아들 요나단이 아버지의 명령이지만 어기고 군사들에게 음식을 먹도록 허락합니다. 사울의 어리석은 명령으로 인하여 아들 압살롬이 죽을 뻔합니다. 생각없이 자신의 감정에 치우친 결정이 얼마나 큰 실수를 초래할 수 있는지 알아야 합니다. 이것으로 인하여 백성들은 사울이 교만하게 변했을 뿐만 아니라 어리석다는 것을 알게 됩니다.

세번째는 15장에 나오는데, 사울왕은 아말렉을 치고 모든 것을 진멸하라는 하나님의 명령에 불순종하여 하찮은 것만 멸하고 좋은 것은 남깁니다. 사울은 계속해서 하나님의 말씀에 순종하지 않습니다. 결국 사무엘을 통하여 사울은 무서운 하나님의 음성을 듣습니다. **"왕이 여호와의 말씀을 버렸으므로…"** 우리는 불순종을 쉽게 생각하는 경향이 있습니다. 하나님께서 주시는 말씀, 성령께서 깨닫게 해주시는 말씀, 묵상과 설교를 통해서 주시는 말씀 등을 가볍게 생각하고 하나님께서 주신 마음을 무시해 버립니다. 그러나 그것이 불순종입니다. 하나님의 말씀을 가볍게 여기는 것은 하나님을 외면하고 버리는 것입니다. 결국 하나님의 말씀을 가볍게 여긴 사울을 하나님은 더 이상 왕으로 쓰지 않고 새로운 왕으로 바꾸어 다윗을 세웁니다.

3) 다윗의 등장과 여러가지 훈련 (사무엘상 16-31장)

16장에서 다윗은 사무엘을 통해 이스라엘의 새로운 왕으로 기름부음을 받습니다. 그리고 17장에서 다윗은 골리앗을 쓰러뜨립니다. 18장부터 20장까지는 다윗을 질투하는 사울의 모습이 소개가 되고 21장부터 27장에서 다윗은 사울을 피해 도망 다니며 여러 훈련을 받습니다. 그리고 28장부터 31장까지는 사울의 죽음에 관한 이야기가 나옵니다.

여기서 잠깐 골리앗에 대해 살펴보겠습니다. 골리앗은 '아낙 자손'입니다. 아낙 자손하면 떠오르는 이야기가 있지 않습니까? 이스라엘 백성이 가데스바네아에서 가나안 땅으로 정탐꾼을 보냈을 때 그들이 아낙 자손을 보고 '우리는 메뚜기 같다'고 했던 것을 기억하시죠! 그리고 아낙 자손이 거했던 헤브론 성읍을 공격하여 그 땅을 차지한 '갈렙'이 생각이 나야 합니다. 갈렙은 아낙 자손을 두려워하지 않았습니다. 하나님께서 함께하시면 어떤 적도 이길 수 있다는 믿음이 있었습니다. 그리고 다윗도 마찬가지입니다. 형들을 비롯하여 수많은 이스라엘 군사들이 골리앗을 두려워할 때 **"너는 단창과 검으로 싸우지만 나는 만군의 여호와의 이름으로 나가노라 …."** 골리앗은 자신의 힘과 능력으로 싸웠지만 다윗은 하나님의 힘과 능력으로 싸웁니다. 다윗이 그렇게 자신만만 했던 것은 '다윗과 골리앗'의 싸움이 아니라 '하나님과 골리앗'의 싸움임을 알았기 때문입니다. 우리가 하나님을 믿고 그분의 능력을 의지할 때 그 싸움은 하나님께서 개입하시고 역사하시는 하나님의 싸움이 됩니다. 그래서 다윗과 골리앗의 싸움이 아니라 하나님과 골리앗의 싸움이기 때문에 당연히 하나님께서 이기신 것입니다. 마찬가지로 하나님과 아낙 자손의 싸움이었기 때문에 갈렙과 유다 지파도 승리할 수 있었습니다. 오늘날 우리도 우리의 힘과 능력으로 싸워서는 세상을 이길 수 없습니다. 그러나 하나님께서 싸워 주시면 이길 수 있습니다. 우리는 우리의 육신의 소욕과 싸워서 이길 수 없습니다. 그러나 성령의 능력으로 싸우면 이길 수 있습니다. 우리가 싸우면 질 수밖에 없지만 하나님께서 싸우시면 반드시 이길 수 있습니다.

다윗은 왕으로 기름부음을 받고 오랜 시간 도망자의 삶을 삽니다. 가드왕 아기스 앞에서는 목숨을 지키기 위해 미친 척도 합니다(삼상 21장). 믿었던 동지들에게 죽임을 당할 뻔 하기도 합니다. 하나님의 꿈을 꾼 요셉은 그 꿈이 이루어지기까지 오랜 시간동안 연단과 훈련의 과정을 겪었습니다. 다윗도 왕으로 기름부음 받은 이후에 평탄의 길이 열린 것이 아닙니다. 다윗을 기다리고 있던 것은 죽음의 위협과 배신과 혹독한 연단이었습니다. 그러나 이런 연단과 훈련을 통해 다윗은 오직 하나님만을 의지하는 온전하고 강한 믿음을 갖게 됩니다. 하나님께서 인내력과 포용력을 훈련하여 왕으로서 리더십을 키우고 영성과 지혜와 성품을 갖도록 연단과 훈련의 과정을 주신 것입니다.

4) 이스라엘의 왕이 된 다윗 (사무엘하 1-7장)

다윗이 왕이 되어 통치한 기간은 B.C. 1010-970년 경입니다. 다윗은 왕이 되면서 동시에 사랑하는 친구 요나단과 사울왕을 잃게 됩니다. 다윗은 사울왕과 요나단의 죽음을 진심으로 애도하고 요나단의 친아들 므비보셋을 자신의 아들처럼 잘 대우해 줍니다. 사무엘하에는 하나님께서 다윗에게 한 약속 모두를 이루어 주시는 과정이 나옵니다. 하나님은 약속의 하나님이십니다. 그리고 약속을 믿고 의지하며 인내하는 자에게 꼭 그 약속을 이루어 주시는 분이십니다.

결국 이스라엘은 사울 왕 이후에 세력이 약화되었고, 다윗은 남쪽에서 유다 지파의 왕이 됩니다. 그러나 다윗은 자신의 군사력을 동원하여 무력통일을 이루지 않습니다. 하나님의 때를 기다리며 하나님의 방법과 순리를 따라 진행합니다. 그러던 중에 이스라엘 가운데 내란이 발생하게 되자 자연스럽게 다윗은 이스라엘 전체를 다스리는 왕이 됩니다. 그리고 이어서 예루살렘을 점령하고 블레셋을 격퇴합니다. 이렇게 외적인 안정을 이루면서 다윗은 신앙의 중심을 바로 세우기 위해 법궤를 다시 가져올 계획을 실행에 옮깁니다. 이 일을 기쁘게 여기신 하나님은 다윗에게 영원한 약속을 주십니다. 아브라함과 맺은 언약과 모세와 맺은 언약처럼 다윗이 하나님과 맺은 언약은 너무나 놀라운 것입니다.

다윗은 30세에 유다의 왕이 되어 헤브론에서 약 7년 6개월 동안 통치 하다가 나머지 11개 지파가 다윗을 찾아와서 왕이 되어 주기를 간청하여 통일왕국을 이루고 약 32년동안 이스라엘을 다스립니다. 자신의 군사력으로 얼마든지 빼앗고 이스라엘 전체를 다스릴 수 있었음에도 불구하고 백성들의 마음이 스스로 움직이기를 기다리고, 하나님께서 역사해 주시기를 기다렸을 때 하나님의 시간에 하나님의 방법으로 이루어 주시는 은혜를 경험합니다.

그러나 하나님의 마음에 합한 사람 다윗도 결정적인 실수가 있었습니다. 다윗의 장점은 항상 하나님의 책망과 질문 앞에서 자신의 실수를 숨기지 않고 항상 인정합니다. (사울과 너무나 대조가 됩니다.) 하나님이 말씀을 통해 지적해 주시면 항상 그 죄를 자백합니다. 그리고 인정하며 받아들이고 하나님의 뜻에 순종합니다. 그래서 하나님은 다윗에게 사사시대에 점령하지 못했던 나머지 모든 땅들을 다 정복하게 허락해 주십니다. 그동안 남아 있었던 여부스와 블레셋 땅(예루살렘, 시온성, 가나안 서쪽 해안지대)과 남동쪽의 에돔과 모압의 땅(사해를 아래로 끼고 도는 땅들) 그리고 위에 암몬과 갈릴리 호수 오른쪽 그술 땅과 북쪽 아람(시리아)까지 정복합니다.

5) 다윗의 통치기간 (사무엘하 8-24장)

8장부터는 다윗이 예루살렘을 함락하고 그 곳을 수도로 정한 이후에 블레셋과 모압과 아람과 에돔과 암몬과 아말렉 등등 많은 주변국가와 전쟁하여 승리를 거둡니다. 이 모든 것이 하나님이 다윗과 함께 하시기 때문에 나타나는 승리입니다. 앗수르는 대제국을 이룰 당시 정규군 15만명 이었고 다윗의 군사력이 최고일 때, 약 157만명(역대상 21:5)의 정규군을 갖춘 강력한 국가를 세웁니다. 그러나 일이 잘 되고 계속 승리할 때 우리는 더 겸손하고 또 겸손해야 합니다. 계속된 승리로 인하여 교만해진 탓이었을까요? 다윗은 11장과 12장에서 결정적인 실수를 범하고 맙니다. 충신 우리아의 아내 밧세바를 범하여 하나님 앞에서 죄를 짓게 된 다윗은 나중에 아들 압살롬을 통해 큰 고난을 당합니다(13장 이후). 또 한낱 불량배에 불과한 세바의 반역으로 인해 큰 곤욕도 치룹니다(20장). 내분과 반란의 기회를 틈타서 블레셋이 반기를 들었을 때, 다윗은 힘들게 반란을 진압합니다 (21장).

그러나 22장과 23장에서 다윗은 어려운 상황에서 더욱 하나님을 신뢰하고 찬양합니다. 비가 온 뒤에 땅이 굳는 것처럼 다윗은 여러 고난을 통해 하나님을 더욱 신뢰하고 의지합니다. 그래서 시편의 주옥 같은 감사 찬양들이 이 시기에 만들어집니다. 그러나 다윗도 인간인지라 또 실수를 하고 마는데 하나님께서 허락하지 않으신 인구조사를 행한 것입니다. 다윗은 하나님께서 기뻐하지 않는 일인데 왜 인구조사를 했을까요? 추측 건대 다윗은 인구조사를 통해 군사력을 측정하려고 한 것 같습니다. 이미 대규모 병력이 있었던 다윗이 인구조사를 통해 병력을 확인한 것은 다윗도 나름 하나님을 위해(?) 대제국을 이루고자 하는 야망이 있었다는 것을 반증하는 내용이라고 생각합니다. 그러나 하나님은 이것을 크게 책망하십니다. 하나님이 원하신 것은 대제국건설이 아닙니다. 하나님의 관심은 세상에서 얼마나 큰 나라를 건설하느냐가 아니라 '하나님의 나라'입니다. 단에서 브엘세바까지 하나님이정해 주신 그 땅에서, 하나님이 다스리시고, 하나님의 말씀이 백성들의 법이 되는 하나님 나라를 원하셨습니다.

우리는 하나님께 크게 해드리면 좋아하실 것이라고 생각합니다. 그러나 그렇지 않습니다. 하나님께서 '하라' 하시면 하고, '하지말라' 하시면 하지 않는 것을 기뻐하십니다. 그래서 다윗은 하나님을 위해 성전을 짓고자 했지만 하나님께서 허락하지 않으셨을 때 그 뜻에 순종합니다. 대제국은 하나님의 꿈이 아닙니다. '하나님 나라'를 세우는 것이 하나님의 계획이고 꿈입니다. 그래서 다윗은 성전을 지으려 했던 마음을 접고 하나님의 뜻에 순종하고 따르기로 결정합니다. 다윗이 성전을 짓는 것보다 하나님의 뜻대로 성전을 짓지 않고 순종한 것이 다윗의 인생 중에 가장 큰 영광을 하나님께 올려 드린 일이라고 확신합니다. 하나님을 하나님으로 인정할 때 하나님은 영광을 받으십니다. 우리가 하고 싶은 것으로 할 때는 누구나 쉽게 영광을 드릴 수 있습니다. 그러나 내 뜻을 내려 놓는 것이 하나님이 원하시는 일일 때, 그 때가 하나님께 가장 큰 영광을 올려 드릴 수 있는 순간임을 기억해야 합니다.

마지막으로 사무엘 선지자와 다윗왕의 신앙을 깊이 생각하며 사사시대의 사람들과 대조해 봄으로써 우리의 믿음을 말씀의 터 위에 온전히 잘 세워야 한다는 영적인 도전을 받아야 합니다. 사무엘의 신앙을 한마디로 표현하면 순종입니다. **"순종이 제사보다 낫다"**는 말을 다르게 표현하면 **"하나님을 하나님으로 인정한다"**입니다. 사무엘이 기름 부어 세운 두 왕은 너무나 다른 모습으로 결과도 너무나 큰 차이를 보입니다. 순종보다 제사를 택한 사울 왕은 심판을 받았고, 제사보다 순종을 택한 다윗은 복을 받았습니다. '순종'을 풀어서 말하면 **"모든 일에 하나님을 하나님으로 인정하려는 마음"**이라고 말할 수 있습니다. 하나님이 큰 영광을 받으실 때가 언제입니까? 그것은 우리가 순종할 때입니다, 하나님을 하나님으로 인정할 때입니다.

11과 다윗의 기도, 시편과 역대상

솔로몬이 나오는 열왕기상으로 넘어가기 전에 다윗과 연관된 나머지 성경을 살펴보는 것이 필요합니다. 그래서 사무엘상/하와 연결해서 꼭 읽어야 될 성경 두 권이 있는데, 하나는 시편이고 다른 하나는 역대상입니다. 학자들마다 견해는 조금씩 다르지만 전통적으로 시편 150편 중에 73편을 다윗이 쓴 것으로 생각합니다. 나머지 시편은 레위 지파 아삽이 12편, 고라 자손이 11편, 에단이 1편을 지었습니다. 또 우리가 잘 아는 솔로몬이 2편, 모세가 1편을 지었고 나머지 총 50편은 작자 미상(지은이를 모름)입니다. 이스라엘 왕조의 전체 역사가 사무엘상/하와 열왕기상/하에 기록되어 있습니다. 그러나 역대상/하는 포로기 때 북왕국 이스라엘의 역사는 제외하고 남유다의 역사만 에스라에 의해서 쓰여진 것이라고 추정합니다. 그래서 역대상은 사무엘상/하와 역사기록이 상당부분 겹치고, 역대하는 열왕기상/하와 유사한 역사기록이 많이 있습니다. 이런 유사성 때문에 몇몇 학자들은 역대상은 사무엘상/하의 주석이라고 말하고 역대하는 열왕기상/하의 주석이라고 말합니다.

사무엘상	사무엘하	열왕기상	열왕기하
역대상		역대하	

1. 시편 읽기

찰스 스펄전 목사님은 무려 20여년 동안 시편 강해를 저술하였습니다. 특별히 믿음에 관한 설교자로 유명한 스펄전 목사님께서 시편 강해를 위해 이러한 노력을 아끼지 않았다는 것은 시편 안에 믿음에 대한 내용이 많다는 것을 말해줍니다. 시편 안에는 다윗이 그의 일생을 믿음으로 어떻게 살아왔는지에 대한 고백이 많이 담겨 있습니다. 그래서 어려운 상황 중에 믿음으로 문제를 해결하고 하나님의 역사하심을 경험할 때 많은 사람들이 다윗과 같은 고백을 합니다. 특별히 시편의 말씀으로 가사를 만든 찬양을 부를 때, 우리의 마음 속에 깊은 감동과 은혜와 믿음이 피어나는 것은 시편이 믿음을 주는 성경이기 때문입니다. 우리가 신앙생활을 하면서 자주 언급하는 단어가 '믿음'입니다. 우리가 하나님을 믿는다고 말할 때 과연 우리는 하나님의 무엇을 믿는 것일까요? 그것을 질문해본 사람은 별로 없습니다. 믿으라니까 그냥 믿습니다. 그런데 믿는다고 하면서도 정작 '믿음'이 무엇인지 모르기 때문에 신앙생활이 뜬 구름 잡듯이 막막하고 마음이 답답한 것을 많은 분들이 경험했을 것입니다. 만약 내가 어떤 사람을 믿는다고 한다면 그 사람 자체를 믿는다고 말하기 보다는 '그 사람의 무엇'을 믿는다고 말하는 것이 더 정확한 표현입니다. 그 사람의 성품을 믿고, 그 사람의 마음을 믿고, 관계를 통해 알게 된 그 사람의 됨됨이를 믿는 것입니다.

이와 같이 우리가 하나님을 믿는다고 말할 때 그 믿음은 하나님과 동행하며 나의 삶 속에서 역사하신 하나님에 대한 체험에서 나온 고백이고 지식입니다. 우리가 믿는다고 말하는 믿음은 하나님과 동행하며 알게 된 하나님의 성품과 행하심과 역사하심을 믿는 것입니다. 결코 막연히 믿는 것이 아닙니다. 다윗은 자신의 일생동안 하나님과 동행하며 느끼고 체험한 내용을 시편으로 지어 하나님을 찬양했습니다. 이렇게 다윗이 하나님을 찬양하며 영광을 올려드린 내용이 시편에 담겨 있기 때문에 우리가 예수님을 인격적으로 만나서 믿음이 생기면 시편을 읽을 때마다 다윗의 마음에 공감이 되어 동일한 은혜를 받습니다. 스펄전 목사님께서 특별히 시편 강해를 많이 하신 것도 그런 이유 때문입니다.

1) 이스라엘 민족의 찬송가

시편을 알려면 먼저 찬양과 관련된 몇 단어들을 알아야 합니다. 가장 대표적으로 알고 있는 것은 **"할렐루야"**인데 이것은 히브리어 **"알렐루야"**에서 나온 말이고 그 뜻은 "찬양하다, 영광을 높여드리다, 부르다"입니다. 그리고 **"셀라"**는 문법적인 기능보다는 음악적 기호로 해석하는 것이 적당한데 이런 의미에서 학자들은 "셀라"는 '앞에 부른 찬양의 가사를 다시금 음미하고 마음에 둔다'는 뜻과 '멈추어서 들으라'는 뜻이 담겨 있다고 말합니다. 마지막으로 **"호산나"**입니다. 호산나는 신약에 나온다고 생각하지만 원래 구약의 시편에 먼저 나옵니다. 시편 118편 25절에 나오는 "호쉬아 나"를 헬라어로 음역하여 나온 것이 호산나입니다. "호쉬아"는 "여호수아 또는 호세아"와 어원이 같습니다. 그래서 "나"라는 음의 뜻이 "지금"(Now)인데 모든 단어를 합쳐보면 "지금 구원하소서"라는 말이 만들어집니다. 그래서 이스라엘 백성들이 예수님께서 예루살렘에 입성하실 때

'호산나'를 부른 것입니다.

2) 시편 구조와 의미

시편은 총 5권으로 되어 있습니다. 1권은 1편~41편까지(총41편)입니다. 2권은 42편~72편까지(총31편)이고 3권은 73편~89편까지(총17편)입니다. 그리고 4권은 90편~106편까지(총17편)이고 마지막 5권은 107편~150편까지(총44편)입니다. 그리고 각 권의 핵심 주제는 1권은 '예배'입니다. 2권과 3권은 '역사를 주관하시는 하나님'이고 4권과 5권은 '감사'입니다.

그리고 몇몇 학자들은 지금과 같은 시편의 배열이 정해진 것이 모세오경의 순서와 주제에 근거한 것으로 보기도 합니다. 1권은 '창세기'와 연관성이 있고 주제는 '인간 창조'이며 2권은 '출애굽기'와 연관성이 있고 주제는 '구원과 구속의 사건'이고 3권은 '레위기'와 연관성이 있고 주제는 '예배와 성소'이며, 4권은 '민수기'와 연관성이 있고 주제는 '광야 생활'이고, 마지막 5권은 '신명기'와 연관성이 있고 주제는 '말씀과 찬양'이라고 분류합니다. 시편의 각 권 별로 모든 시편의 주제를 알아봅시다.

시편 1권 (1–41편), 주제: 인간 창조

편(수)	(핵심) 주제
1편	하나님의 말씀을 주야로 묵상함이 복이다.
2편	장차 오실 메시아를 기다리며 찬양하라
3편	하나님을 신뢰하는 다윗
4편	편안한 잠을 주신 하나님께 드리는 기도
5편	새로운 아침을 주신 하나님께 드리는 기도
6편	병들었을 때 간곡히 부르짖는 기도(참회의 시)
7편	하나님의 보호하심을 간구하는 기도
8편	하나님의 창조 섭리와 인간 창조
9편	승리를 주신 하나님께 올려드리는 감사의 노래
10편	하나님께 도움을 구하는 다윗의 기도
11–13편	인간 속에 들어 있는 악과 퍼져가는 죄악
14편	죄악이 가득한 세상을 심판하실 하나님을 찬양함
15편	진정한 시온 백성의 노래
16편	메시아의 부활과 영광

17편	궁지에 몰린 다윗의 절박한 간구와 노래
18편	구원해 주신 하나님께 올리는 감사와 찬양
19편	만물을 창조하신 하나님의 영광과 완전하신 말씀
20편	하나님을 신뢰하는 노래
21편	승리에 대한 감사 찬양
22편	고난과 어려움 중에 부르는 노래 (십자가 수난의 시편)
23편	목자가 되어 주신 하나님을 찬양
24편	시온에 도착한 왕을 찬양 (언약궤 입성)
25편	죄에 시달리는 영혼을 위한 시
26편	자신의 온전함을 고백하는 시
27편	하나님의 집에 거하는 자가 누리는 은혜의 찬양
28편	기도 응답에 관한 감사
29편	폭풍 속에서 들리는 하나님의 음성
30편	성전 봉헌을 위한 다윗의 찬송
31편	하나님을 향한 변함없는 신뢰의 마음
32편	참회하고 용서받은 자의 기쁨
33편	회복된 자의 기쁨
34편	구원받은 다윗의 감사 (미친 척하여 살아난 뒤에 부른 찬양)
35편	원수를 물리쳐 달라고 하나님께 탄원하는 시
36-37편	언제나 신뢰할 수 있는 하나님을 찬양
38편	죄에 쓰러진 자의 고통과 눈물의 노래
39편	인생의 허무함을 노래한 시
40편	구원을 이루신 위대하신 하나님을 찬양
41편	구원을 간구하는 기도

시편 2권 (42-72편), 주제: 구원과 구속의 사건

편(수)	(핵심) 주제
42-43편	간절한 마음으로 하나님의 성전을 사모함
44편	참패를 당하고 울면서 부른 노래
45편	왕의 결혼식에서 부른 시
46편	내 주는 강한 성이심을 찬양하는 시
47-48편	하나님의 통치하심을 찬양
49-50편	땅과 하늘의 주인 되신 하나님을 찬양 (물질의 허무함)

51편	자비를 구하는 기도
52편	하나님을 항상 신뢰하는 다윗의 기도
53편	모든 인간은 죄인임을 고백하는 시
54편	하나님께 간구하는 다윗의 기도
55편	압살롬의 반역과 친구의 배신에 아파하는 노래
56편	구원을 위한 기도와 간구
57편	다윗의 간절한 기도
58편	악인을 심판하고 멸망하시는 하나님을 찬양
59편	가장 위험한 순간에도 하나님을 신뢰하는 다윗
60편	아람과 에돔의 전쟁에서 패하고 지은 시
61편	압살롬의 반역에도 하나님을 의지하는 다윗
62편	감격적인 헌신과 하나님을 향한 절대적인 신뢰
63편	압살롬을 피하여 광야로 피신할 때 부른 찬양
64편	대적의 음모에서 보호해 주실 것을 간절히 기도함
65편	풍성한 추수를 기뻐하며 부른 찬양
66편	국가적인 감사절에 부른 찬양
67편	복음의 소식이 민족과 나라 가운데 퍼져가는 것을 찬양
68편	하나님의 군대가 전쟁에서 승리할 것을 찬양
69편	고난의 시편
70편	간절한 도움을 구하는 기도
71편	인생을 회고하며 부른 노인의 노래
72편	메시아 통치의 영광과 위대함을 찬양

시편 3권 (73-89편), 주제: 예배와 성소

편(수)	(핵심) 주제
73편	악한 자의 번영은 끝이 있다. 부러워 말라
74편	민족의 재난을 슬퍼하여 부른 노래
75편	모든 것을 감찰하는 재판장
76편	앗수르의 군대를 치시고 구원하신 하나님
77-78편	하나님이 베푸신 기적을 회고하며 부른 찬양
79-80편	큰 재난의 시기를 회고하며 부른 찬양
81-82편	하나님의 뜻에 불순종한 이스라엘 백성
83편	하나님의 도우심을 구하는 기도

84편	하나님의 집에 헌신하는 자에게 주는 복
85-86편	하나님께 드리는 감사 찬양과 자비를 구하는 기도
87편	시온을 향한 하나님의 사랑
88편	큰 고난 중에 있는 자의 간절한 기도
89편	다윗과 맺은 하나님의 영원한 약속

시편 4권 (90–106편), 주제: 광야생활

편(수)	(핵심) 주제
90편	하나님의 영원하심과 인생의 허무함
91편	하나님을 신뢰하는 자가 누리는 안전
92-94편	안식일의 기쁨과 하나님의 위엄 그리고 악인의 멸망
95-97편	하나님의 주권과 통치
98편	기뻐하며 찬송하는 환호
99-100편	하나님의 통치하심을 찬양하며 예배하라
101편	다스리는 자들에게 주는 교훈
102편	억눌린 자의 참회기도
103편	하나님의 자비하심을 찬양
104편	창조의 역사를 찬양
105-106편	약속을 이루시고 역사를 주관하는 하나님

시편 5권 (107–150편), 주제: 말씀과 찬양

편(수)	(핵심) 주제
107-109편	하나님의 무한한 사랑과 공의
110편	제사장과 왕과 재판장으로 오시는 주님
111-112편	하나님의 자비와 인자하심
113-118편	할렐루야 시편
119편	하나님의 말씀을 찬양 (이합체의 시)
120-134편	성전에 오를 때 부르는 찬양
135-139편	감사의 노래
140-143편	하나님의 보호하심을 찬양
144-145편	찬양하라 여호와를 찬양하라
146-150편	할렐루야! 찬양

(참고) "이합체"란 시의 형식으로 시편 119편을 예를 들어 설명하면 22개의 연으로 이어진 구조이고 히브리어 알파벳의 순서에 따라서 배열이 되어 있으며 8행으로 구성이 되어 있는 구조입니다. 매 연마다 8번째 행은 그 연의 시작과 동일한 알파벳으로 시작되는 것이 특징입니다. 이런 구조의 시를 이합체(시)라고 합니다.

3) 제사(예배)에서 시편의 역할

다윗 이전까지는 제사만 있었습니다. 그러나 다윗은 음악이라는 장르를 예배의 한 분야로 발전시키고 예배를 더욱 풍성한 기쁨의 축제로 만들었습니다. 다윗은 평소 시를 좋아하고 찬양하기를 즐거워했습니다. 나중에 왕이 되어 찬양으로 섬기는 자들을 특별히 구별하여 세우고 그들의 역할에 힘을 실어 준 것은 자칫 무거울 수 있는 제사의 형식을 은혜롭게 바꾸는 기초가 됩니다. 원래 제사는 짐승을 잡아서 죽이고 각을 뜨고 피를 뿌려야 하는 매우 엄숙하고 잔인한 과정이기 때문에 자칫 분위기가 가라앉을 수 있습니다. 그러나 다윗은 제사를 축제로 만들고 마음을 다하여 높여드리는 예배로 만들었습니다. 성전으로 나오는 백성들로 하여금 찬양을 은혜를 받고, 제사를 드릴 때 마음과 뜻을 다해서 제사드릴 수 있도록 했습니다.

2. 역대상 읽기

'역대상/하'는 유대인들의 전승에 따르면 포로시대 말기에 에스라가 기록했다고 합니다. 특히 역대상은 사무엘상/하와 달리 남유다의 역사만을 중심으로 기록했다는 것을 기억해야 합니다. 그래서 역대상은 반드시 사무엘상/하와 대조하며 읽을 필요가 있습니다. '성경일독스쿨'에서 제시한 성경 읽기표의 사무엘상/하를 읽을 때 시편과 역대상을 함께 묶어 읽도록 만든 이유가 이것 때문입니다.

1) 아담부터 시작되는 이스라엘의 계보(역대상 1-9장)

역대상에 나오는 계보는 사무엘상/하에 나오는 계보와 다르게 '아담'까지 거슬러 올라갑니다. 그래서 창세기부터 시작된 이스라엘의 역사를 정리한 뒤에 이를 다윗 왕조와 연결함으로써 남유다의 정통성을 주장하려는 의도가 있습니다. 마치 고구려를 계승한 나라라는 의미로 '고려'라 이름했던 고려 왕조보다 더 정통성이 있다는 것을 주장하기 위해, 조선을 세운 이성계가 고조선을 계승했다는 의미에서 '조선'이라는 이름을 붙이고 그 역사도 고조선 때부터 연결하여 기록한 것과 비슷합니다.

2) 다윗이 왕이 됨 (역대상 10-12장)

역대상과 사무엘상/하는 모두 다윗을 중심에 두고 역사를 기록하고 있습니다. 그러나 역대상은 성전 예배를 더 많이 다루고 있습니다. 이렇게 기록한 것은 아마도 바벨론 포로에서 돌아온 이후에 성전재건에 관한 동기를 부여하고 성전예배의 회복을 중요한 신앙의 가치로 이스라엘 백성들 가운데 가르치고 세우기 위한 뜻이 담겨있다고 봅니다.

3) 예루살렘으로 언약궤를 옮김 (역대상 13-16장)

웃사의 사건은 우리가 선뜻 이해할 수 없는 내용입니다. 언약궤(=법궤)가 수레에서 떨어지려는 순간 웃사가 본능적으로 손으로 법궤를 잡았는데 하나님은 바로 그를 쳐서 죽입니다. 아니 이게 죽을 일입니까? 그럼 법궤가 땅바닥에 떨어지도록 그냥 두어야 합니까? 그래서 이 일로 인해 다윗이 하나님 앞에서 크게 화를 냅니다. 그러나 이후에 하나님께서 진노하신 이유를 깨달은 다윗은 레위 지파 사람들로 하여금 율법에서 정한 방법대로 법궤를 어깨에 메고 예루살렘에 입성하도록 합니다. 아무리 하나님을 위한 일이라고 해도 내가 원하는 방법대로 해서는 안됩니다. 항상 하나님이 원하시는 방법대로 해야 하나님이 기뻐하십니다.

이제 언약궤까지 예루살렘에 모신 다윗은 영토도 넓어지고, 군사력도 막강하고, 법궤까지 되찾고 나니까 목표를 상실합니다. 마음이 흐려지고 중심이 흔들립니다. 그래서인지 이스라엘 군사들이 블레셋과 싸우러 나갈 때 다윗은 아침부터 잠을 잡니다. 오후 늦게 눈이 초롱초롱 떠져 궁 위에서 도시를 내려다보니 목욕하고 있는 한 여인의 모습이 눈에 들어옵니다. 이미 마음이 흐려지고 중심이 흔들리기 때문에 그렇습니다. 헛된 것이 보이고 세상의 것이 보이고 하나님의 말씀에서 벗어나고 있는데 되돌릴 능력이 없는 것입니다. 결국 다윗은 우리아의 아내 밧세바를 범함으로써 그의 인생에 큰 오점을 남기고 이로 인해 이후에 아들 압살롬에게 큰 고난을 당하게 됩니다.

4) 성전 지을 계획을 세운 다윗 (역대상 17장)

성전을 건축하기 원했던 다윗이지만 하나님께서 건축을 허락하지 않습니다. 그러자 다윗은 하나님의 뜻에 순종하여 건축하는 일을 포기합니다. 자신이 해드리고 싶은 마음보다 하나님의 마음을 따릅니다. 이런 모습과 태도가 하나님을 하나님으로 인정하여 하나님께 영광을 올려드리는 것입니다. 하나님께 성전을 지어드리는 것보다 더 크게 하나님께 영광을 올려드립니다. 그래서 하나님께서 너무 기쁘시고 감격하셨나 봅니다. 이렇게 순종한 다윗에게 큰 선물을 주십니다. 하나님은 다윗과 영원한 언약을 맺습니다.

5) 전쟁에서 승리한 다윗 (역대상 18-20장)

다윗이 여러 전쟁에서 승리합니다. 그러나 승리는 하나님께서 주신 것이지 다윗의 군대 때문이 아닙니다. 다윗이 하나님을 의지할 때는 늘 승리하지만 자신을 의지하거나 마병과 군사를 의지할 때는 패배했습니다. 전쟁은 하나님께 속한 것임을 잊지 말아야 합니다.

6) 인구조사 (역대상 21장)

인구조사로 인하여 다윗은 큰 고난을 당합니다. 그러나 다윗은 이 일로 인하여 하나님께 순종하는 일이 더 중요하다는 큰 깨달음을 얻습니다. 그래서 다윗은 인구조사 이후에 당한 고난으로 인해 죽는 순간까지 흔들리지 않고 좌로나 우로나 치우침 없이 왕의 자리를 잘 지키다가 솔로몬에게 자리를 물려줍니다. 그런데 다윗은 왜 인구조사를 했을까요? 이것이 너무나 궁금한데 성경은 말해주고 있지 않습니다. 그러나 전후 사정과 내용을 종합하여 살펴볼 때, 다윗도 인간인지라 왕으로서 욕심이 생기지 않겠습니까? 다윗의 장수들 중에는 아낙 자손까지 쓰러뜨린 위대한 용사들이 많았습니다. 그리고 정규군 15만명으로 제국을 이룬 앗수르와 비교해도 다윗의 군대는 정규군 약 157만명(역대상 21장) 이상의 병력을 지닌 엄청난 군사력을 자랑했습니다. 그러니 다윗의 마음에 하나님의 나라인 이스라엘을 제국으로 키우고 싶은 마음이 왜 없었겠습니까? 당연히 사람이라면 하나님께서 이렇게 큰 힘을 주시고 능력도 주셨으니 이스라엘을 더 큰 나라로 확장시키는 것이 하나님께 영광이 될 것이라는 생각을 했을 것입니다. 그래서 인구조사를 통해 그 계획을 구체화시키려고 하였는데 하나님께서 막으신 것입니다. 우리는 이것을 통해 분명히 알아야 합니다. 하나님은 제국을 원하신 적이 없습니다. 그것은 내가 원하고 내가 바라는 것이지 하나님은 “단에서 브엘세바까지” 하나님이 다스리시고, 통치하시는 하나님 나라를 원하십니다. 결국 다윗은 하나님께 순종합니다. 하나님은 다윗이 좌로나 우로나 치우치지 않도록 적절한 고난의 막대기로 인도하십니다. 그래서 고난이 내게 유익이라는 말씀처럼 다윗에게 적절한 고난은 유익이었습니다.

7) 성전 건축을 준비하는 다윗 (역대상 22장)

하나님께서 성전 건축을 허락하지는 않으셨지만 다윗은 성전 건축을 위한 준비에 모든 힘을 다 기울입니다. 다윗이 어린아이처럼 하나님을 얼마나 사랑했고, 하나님의 집(성전)을 지어서 하나님을 기쁘게 해드리고 싶은 마음이 얼마나 간절했는지 알 수 있습니다. 하나님은 다윗의 손에 피가 많아서 안된다고 단호하게 성전 건축을 허락하지 않으셨지만 다윗은 성전 건축을 포기하는 대신 성전 건축준비에 최선을 다합니다. 이것이 온유이고 겸손입니다. 우리가 해드리고 싶은 것을 마음껏 해드리는 것도 중요합니다. 그러나 하나님께서 하지 말라고 했을 때, 거부당하고 거절당했음도 불구하고 하나님을 하나님으로 인정하여 그 뜻을 따르는 마음은 온유하고 겸손한 자만이 할 수 있습니다. 진정한 영광은 하나님께서 ‘NO’ 하실 때 그것을 인정하고 받아들이고 내가 할 수 있는 최선을 다하는 것입니다. 그런 마음에서 진정 하나님께 영광 올려 드리는 모습이 나오는 것입니다. 이렇듯 하나님의 뜻대로 성전 짓기를 포기한 다윗은 성전을 지어드린 것보다 더 큰 영광을 하나님께 올려드립니다.

8) 레위 지파의 임무와 조직 (역대상 23-26장)

이제 성전이 건축되어서 더이상 성막을 옮길 필요가 없게 되자 레위 지파의 임무는 자연스럽게 재조정이 되어 운반하는 사람들이 없어지고 새로운 직무를 맡게 됩니다. 사사시대에 48개의 성에 흩어져서 백성들에게 하나님의 말씀을 가르치는 일과 중앙에 위치한 성막에서 제사장을 돕는 일을 담당하던 레위 지파 가운데 다윗 시대부터는 찬양을 담당하는 직위가 세워집니다. 그 대표적인 사람들이 그핫의 자손들이며 아삽, 헤만, 여두둔과 그 자손을 통해 아름다운 시편이 만들어집니다. 찬양을 담당했던 레위 사람의 수가 4000명 정도나 될 만큼 다윗시대에 찬양 사역은 성전 안에서 제사를 드리는 일과 더불어 매우 중요한 위치를 차지하였습니다.

9) 각 분야의 지도자 임명과 다윗의 마지막 기도 (역대상 27-29장)

다윗왕은 말년에 군사, 행정을 담당하는 지도자들을 새롭게 세웁니다. 그리고 마지막 유언과 기도를 하나님께 올려드립니다. 다윗은 비록 성전 건축을 허락 받지는 못했지만 하나님의 말씀에 온전히 순종하여 아들인 솔로몬이 성전 건축을 할 수 있도록 모든 것을 준비합니다.

결론적으로, 역사적인 기록에 해당하는 사무엘상/하와 역대상을 읽으면서 그 시대의 주인공이라 할 수 있는 다윗이 쓴 시편을 함께 읽으면 고난 중에도 오직 하나님만을 바라보았던 다윗의 믿음이 우리에게 도전이 되며, 그런 다윗과 항상 함께 해주신 하나님의 사랑도 깨달을 수 있습니다. 이러한 방법으로 성경을 읽는 습관을 만들면 더 깊이 있게 말씀을 이해할 수 있습니다. 그래서 사무엘상/하를 읽을 때 꼭 다윗이 지은 시편과 에스라가 기록한 역대상을 함께 읽을 것을 권합니다.

12과 지혜의 왕 솔로몬의 열왕기상과 아가서, 잠언, 전도서

이제 솔로몬으로 넘어가서 열왕기상과 함께 아가서, 잠언, 전도서를 읽어보도록 하겠습니다. 창세기부터 역사적인 순서대로 성경을 읽는 것을 '연대기적 성경읽기'라고 설명 드렸습니다. 지금 우리가 하고 있는 것이 바로 시간 순서대로 성경을 읽는 '연대기적 성경읽기'입니다. 그런데 성경 사이사이에 그 시대의 상황과 연관이 있는 또 다른 성경을 끼워서 읽기 때문에 약간은 복잡해 보입니다. 그러나 이렇게 역사적인 흐름과 맥을 잡으면서 성경을 한번 읽고 나면 성경전체의 구조가 파악이 되면서 큰 그림이 그려지기 때문에 다음에 또 성경을 읽을 때 훨씬 쉽게 이해되는 것을 경험할 수 있습니다. "하자! 성경일독스쿨"은 성경 공부시간이 아닙니다. 성경을 공부하는 것보다 먼저 성경 읽는 습관을 훈련하는 시간이라는 것을 잊지 마시기 바랍니다. 성경공부 때 배운 지식은 점점 흐릿해져도 성경 읽는 습관만 살아 있다면 여러분은 평생 말씀과 동행하는 은혜를 누리게 될 것입니다. 콩나물에 물 주듯이 꾸준히 성경을 읽으면 그 성도는 반드시 신앙생활을 승리하게 될 것이라고 확신합니다.

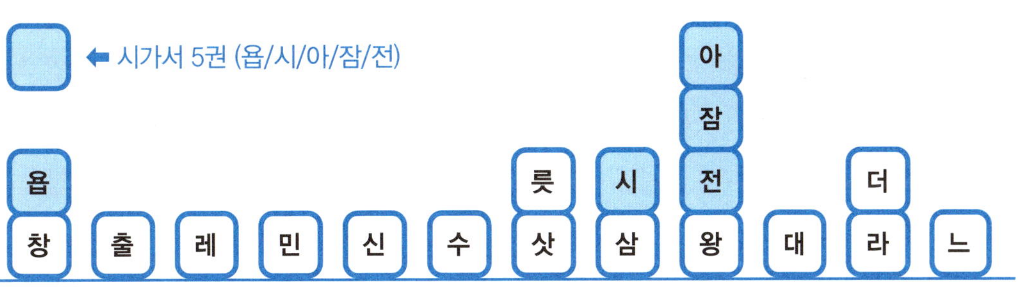

열왕기상과 관련된 시가서는 3권입니다. 하나는 솔로몬이 젊은 시절에 쓴 "아가서"입니다. 술람미 여인과 나눈 사랑의 노래입니다. 다른 하나는 솔로몬이 인생전반에 걸쳐서 서술한 지혜서, "잠언”입니다. 솔로몬은 하나님께서 주신 지혜를 후대에 남겼으며 주로 솔로몬이 기록했지만 다른 지혜자의 잠언도 포함되어 있습니다. 마지막은 “전도서”입니다. 솔로몬의 노년에 기록된 지혜서입니다. 인생의 고난과 어려움을 경험한 솔로몬이 인생의 허무함에 대해 진솔하게 쓴 성경이 전도서입니다. 이렇게 솔로몬 왕 시대의 역사적 배경을 알 수 있는 열왕기상과 그에 연관된 시가서 3권을 함께 읽으면 솔로몬을 더 깊이 이해할 뿐만 아니라 그 시대 안에서 역사하신 하나님의 귀한 메시지와 풍성한 교훈을 얻게 될 것입니다. 열왕기상에는 솔로몬 때문에 통일왕국이 끝나고 분열왕국의 내용이 시작됩니다. 그래서 열왕기상의 역사는 대부분 솔로몬의 역사입니다. 그리고 솔로몬의 아들인 르호보암과 북왕국 이스라엘의 초대왕인 여로보암, 그리고 가장 악한 왕이었던 아합의 역사가 부록처럼 기록되어 있습니다.

여기서 우리가 한가지 주목할 것은 성경속에 나타나는 선지자들입니다. 선지자 중에는 성경을 기록한 선지자가 있고 성경을 기록하지 않은 선지자가 있습니다. 우리가 열왕기하에서 보게 될 선지자들은 성경을 기록한 선지자들입니다. 그러나 열왕기상에 나오는 엘리야와 엘리사는 성경을 기록하지 않은 대표적인 선지자입니다. 성경을 기록하지 않은 선지자가 성경에 나온다는 것을 알고 있어야 헷갈리지 않습니다. 엘리야와 엘리사는 북왕국 이스라엘의 왕 중에 가장 악했던 아합왕과 관련이 깊습니다. 열왕기상은 아합의 죽음으로 끝이 나고, 엘리야와 엘리사의 이야기는 열왕기상을 이어 열왕기하 전반부에서 막을 내립니다. 열왕기상/하를 통틀어 출연한 선지자들 중에 기적을 가장 많이 보여준 선지자가 바로 엘리야와 엘리사입니다. 엘리야와 엘리사가 많은 기적을 통하여 하나님의 메시지를 전달했음에도 불구하고 북왕국의 아합 왕과 이스라엘 백성은 우상숭배와 죄악에서 결코 돌이키지 않습니다. 이런 내용을 보면 기적을 통해 사람이 바뀌지 않는다는 것을 알 수 있습니다. 그렇지만 하나님은 포기하지 않으시고 계속해서 기적과 놀라운 역사를 보여주면서 이스라엘 백성의 마음이 돌아서기를 간절히 바라십니다. 그런 하나님을 보면 속에서 이런 질문이 떠오릅니다. 하나님께서 이렇게까지 낮추셔야 했는가? 하나님께서 이렇게까지 구애를 하셔야 했는가? 그렇다면 하나님께서 이렇게 사랑하고 있는 것을 이스라엘 백성은 알고 있는가? 그 깊은 은혜를 알고 있는가?

하나님께서는 이스라엘이 회개하도록 얼마나 많은 선지자를 보냈는지 모릅니다. 그러나 끝내 돌이키지 않는 이스라엘 백성들에게 하나님은 결국 심판을 결정하십니다. 북왕국 이스라엘은 앗수르 제국에게 BC 722년 멸망을 당합니다. 그래서 열왕기하 18장부터 마지막까지는 유일하게 남겨진 남유다의 역사만을 기록하고 있습니다.

여기서 한번 정리를 해봅시다. 열왕기 전체를 이해할 때 3부분으로 나누면 이해하기 쉬운데, 첫 번째가 "통일왕국시대"입니다. 통일왕국을 이룬 사울과 다윗 그리고 솔로몬, 이 세 사람을 생각하면 됩니다. 그리고 솔로몬 다음에 나오는 르호보암(솔로몬의 아들)과 여로보암(솔로몬의 신하)부터 북이스라엘과 남유다로 나누어지게 됩니다. 이 때가 "분열왕국시대"입니다. 그리고 세 번째는, "잔류왕국시대"로서 북왕국 이스라엘이 망한 뒤에 잔류해 남아있는 남유다의 역사만을 기록한 것입니다.

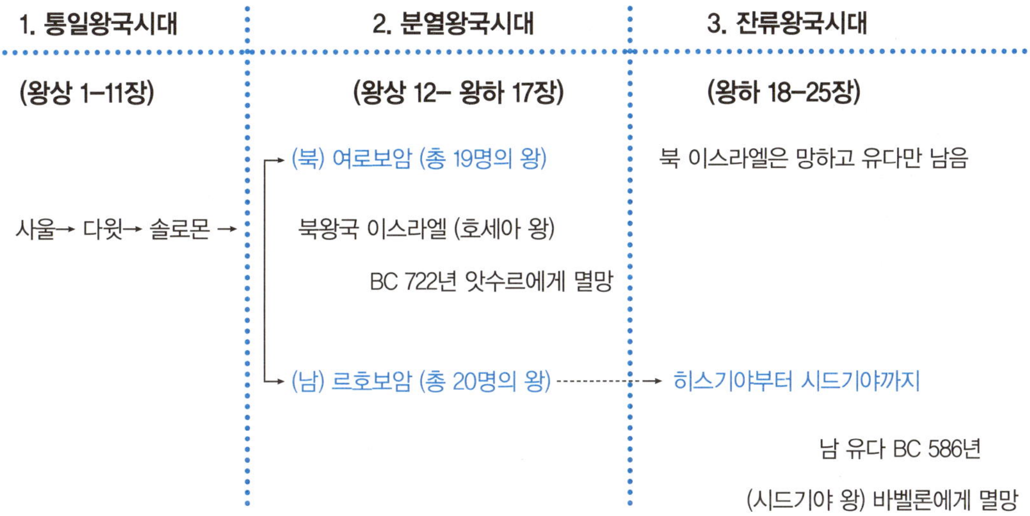

1. 통일왕국시대의 마지막 왕 솔로몬 (열왕기상 1–15장)

솔로몬은 다윗과 우리아의 아내 밧세바 사이에서 태어난 두 번째 아들입니다. 밧세바와의 불륜의 결과로 태어난 첫 번째 아들이 죽을 위기에 처하자 다윗은 금식하며 눈물로 기도했습니다. 그러나 하나님께서 결국 첫 번째 아들을 데려 가셨습니다. 그 후에 주신 아들이 바로 여디디야, "여호와께 사랑을 입은 자"라는 이름을 갖고 태어난 솔로몬입니다. 솔로몬은 하나님께서 다윗과 밧세바에게 은혜를 베풀어 주신 결과입니다. 정상적인 가정의 형태로 시작되지 않았지만 하나님께서 그들의 아픔과 눈물을 보셨습니다. 크게 실수한 다윗이 울면서 기도하는 것도 보았습니다. 예수님께서 간음하다 현장에서 잡혀온 여인을 죽이려고 돌을 들고 있는 유대인들에게 '죄 없는 자가 돌로 치라'고 하셨던 것처럼 하나님께서 다윗과 밧세바 사이에 태어난 두 번째 아들을 세상에

서 가장 지혜로운 왕으로 만들어 주심으로써 그들에게 은혜를 베풀어 주십니다. 우리는 누구도 예외없이 하나님의 은혜가 아니면 살수가 없는 존재입니다. 오직 하나님의 은혜를 붙잡고 사는 것이 우리입니다.

1) 솔로몬이 왕이 되어 다스림 (왕상 1-11장)

열왕기상은 솔로몬이 왕위에 오르는 것으로 시작됩니다. 다윗의 사후에 왕의 자리를 놓고 형제들과 다툼이 있었으며 솔로몬이 왕이 된 이후에 가장 먼저 하나님께 "일천번제"를 드린 것과 지혜를 구한 내용이 나옵니다. 여기서 한가지 알고 갑시다. 일천번제는 '일천번에 걸쳐 드린 제사인가요, 아니면 일천 마리 제물로 드린 번제인가요?'. "일천번제 헌금"이라고 해서 많은 분들이 매일같이 천일동안, 아니면 천 번에 걸쳐서 헌금을 하기도 합니다. 하나님께 크게 헌신하여 예물을 드린다는 의미에서 나쁘다고 볼 수는 없지만 엄밀히 말하면 이것은 원래 의미를 잘못 해석한 것으로, 일천 번제는 일천 마리 제물을 번제로 드린 것입니다. 솔로몬은 초기에 새로운 내각을 구성하고 바로 성전 건축에 돌입하여 봉헌하고 하나님께서 베푸신 큰 은혜를 누립니다. 그러나 자만에 빠져 쇠퇴하게 되는데 이 때의 마음이 고스란히 전도서에 나타납니다.

솔로몬과 다윗의 인생을 비교해 보면, 다윗은 시작부터 베들레헴의 목동으로 시작합니다. 그래서 자신의 부족함을 알고 늘 하나님을 온전히 의지하며 기도로 도움을 구합니다. 왕이 된 이후에도 여러 고난과 훈련을 통해 담대한 믿음으로 세워집니다. 그러나 솔로몬은 그렇지 않습니다. 고생을 모르는 왕자로 시작합니다. 고난과 어려움 없이 하나님의 은혜로 왕이 됩니다. 그래서 자신에게 주어진 부귀영화의 소중함을 절감하지 못하고 가볍게 생각합니다. 결국 이방 여자를 좋아한 솔로몬은 외교와 정치적인 목적을 앞세워 많은 이방여인과 정략적 결혼을 합니다. 이렇게 결혼한 이방 여인들은 자신이 섬기던 신을 여과없이 이스라엘 땅으로 들여오고 솔로몬도 아내들이

솔로몬 성전 상상도 ©ESV Bible

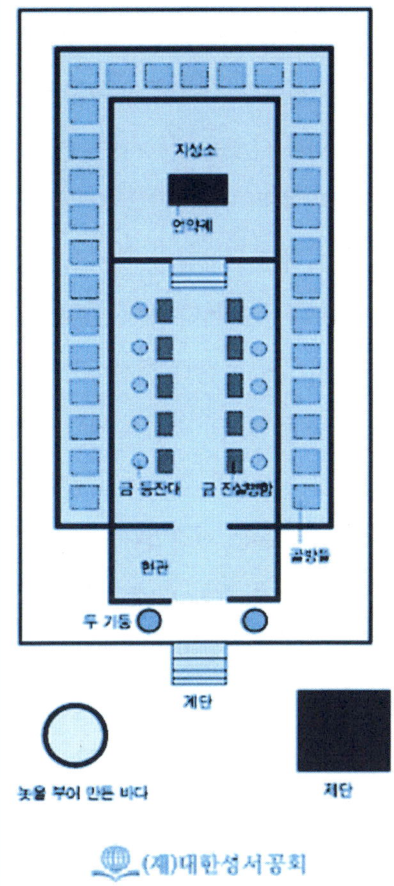

드리는 제사에 참여하며 하나님 앞에서 악을 행하고 맙니다.

솔로몬은 약 7년에 걸쳐서 하나님의 성전을 지었습니다. 그런데, 그 후 13년은 자신의 궁전을 짓는데 사용합니다. 이렇게 오랜 시간 힘겨운 노역을 해야만 했던 백성들은 성전을 짓는 것보다 솔로몬의 궁을 짓는데 시간이 2배로 들었기 때문에 불만이 극에 달했습니다. 솔로몬은 40년 통치기간 중에 약 20년동안 건축에 집중합니다. 어쩔 수 없는 선택이었지만 결국 나머지 기간동안 솔로몬이 하나님 앞에서 보여준 모습은 지혜가 넘치는 왕도 아니요, 하나님의 은혜를 아는 왕도 아니요, 이스라엘을 잘 다스린 왕도 아니었습니다. 그래서 노년에 고난을 경험하면서 철저히 자신의 허물과 죄를 깨닫고 전한 지혜가 바로 **"지혜와 지식의 근본은 하나님을 경외하는 것이다", "범사에 그를 인정하라 그리하면 네 길을 지도하시리라"**입니다.

2) 분열왕국 시대 (열왕기상 12-15장)

솔로몬에게 아들이 있었는데 이름은 르호보암입니다. 그리고 솔로몬에게 건축을 담당하는 신하가 있었는데 그의 이름은 여로보암입니다. 솔로몬은 재임 중 많은 이방 여인과 결혼하였기 때문에 그들을 통해 이방 신이 이스라엘 가운데 자연스럽게 유입되었고 많은 산당들이 지어지고 우상숭배가 팽배했습니다. 더 나아가 솔로몬은 아내들의 성을 짓는 일로 백성들의 마음을 몹시 힘들게 하였는데, 성전 건축과 솔로몬궁 건축을 위해 무려 20년 동안이나 부역을 했으니 백성들이 얼마나 힘들었겠습니까! 이런 것들이 원인이 되어 하나님은 이스라엘을 두 나라로 쪼개십니다. 그러나 다윗을 생각하여 솔로몬의 시대에는 둘로 나누지 않고, 솔로몬의 아들인 르호보암 시대에 남유다와 북이스라엘로 나눕니다. 솔로몬은 아버지 다윗 때문에 고난을 피했지만 자신의 불순종 때문에 그 고난의 멍에를 아들 르호보암이 지게 되는 것을 보면서 우리는 깊은 교훈을 얻어야 합니다. 여로보암은 원래 솔로몬의 신하입니다. 특별히 성전을 짓는 일과 궁을 짓는 일에 감독을 맡은 사람입니다. 또한 백성들의 원망과 어려움을 이해해주고 함께 아파했던 사람입니다. 그래서 백성들의 고충을 들어주는 상담자가 되었는데 그것이 화근입니다. 결국 백성들이 자신들의 입장을 이해하고 대변해주는 여로보암을 좋아하게 됩니다. 이 사실을 알게 된 솔로몬이 그를 죽이려고 하자, 애굽으로 피신합니다. 그리고 솔로몬이 죽고 아들 르호보암이 왕이 되었을 때, 북쪽에 위치한 지파들은 여로보암을 왕으로 세우고 북이스라엘을 건국합니다.

남북으로 분열되기 전에 북이스라엘 대표들은 르호보암 왕을 찾아가 노역이 너무 과중하니 낮추어줄 것을 요구합니다. 그런데 르호보암은 나이가 있는 지혜로운 충신의 말보다 젊은 신하의 말을 듣고 장로 10명의 요구를 들어주지 않습니다. 결국 베냐민과 유다 지파만 제외하고 북쪽 10개 지파는 여로보암을 왕으로 세웁니다. 이때부터 북쪽에 위치한 나라를 '이스라엘'이라고 부르고 남쪽에 위치한 나라를 '유다'라고 부르기 시작합니다. 그런데 여기서 질문이 생깁니다. "왜 베냐민 지파는 북쪽으로 가지 않았을까요?" "베냐민 지파가 유다 지파와 친분이 두터웠었나요?" 여러 이유가 있을 수 있겠지만 성경 안에서 그 이유를 찾아본다면, 하나님께서 '예루살렘은 영원히 다윗에게 준다'고 약속하셨기 때문에 예루살렘을 함께 끼고 있는 유다와 베냐민을 하나님께서 함께 묶으신 것이라 생각됩니다. 그래서 누구와 한 약속일지라도 반드시 지키시는 하나님의 신실하심을 분명히 보게 됩니다. 결국 이때부터 이스라엘이라는 칭호는 북쪽의 10개 지파가 사용하게 되었고 남쪽의 유다와 베냐민은 하나가 되어 유다로 불리우게 됩니다.

다음으로 넘어가기 전에, 여러분 혹시 "여로보암의 죄"를 아시나요? 북왕국 이스라엘에 20명의 왕이 세워지는 동안 단 한번도 하나님을 기쁘시게 한 왕이 나오지 않았던 이유 중 하나가 바로 "여로보암의 죄" 때문입니다. 북이스라엘의 왕들이 하나님을 섬기는 믿음에 있어 늘 온전하지 못했던 것도, 그들 모두 하나 같이 이방 신을 따라 갔던 것도 다 "여로보암의 죄" 때문입니다. 하나님께서는 여로보암이 왕이 될 때, 다윗에게 주신 약속처럼 하나님을 온전히 섬기면 다윗처럼 그 왕위가 영원할 것을 확실히 약속해 주셨습니다. 그러나 여로보암은 백성들이 절기 때마다 남쪽에 있는 성전으로 내려가는 것을 두려워했습니다. 백성들이 남쪽으로 내려갔다가 유다의 귀족들과 내통하여 자신을 배반할 수 있다는 불안감에 사로잡힌 여로보암은 결국 백성들이 내려가지 않아도 되게끔 우상을 만들어 그것을 섬기게 합니다.

북왕국 이스라엘의 영토 중에 북쪽에 위치한 '단'과 남쪽에 위치한 '벧엘'에 각각 성전을 짓고 그 곳에 송아지 우상(시내산 앞에서 만든 우상도 송아지 우상)을 만들어 백성들로 하여금 그곳에서 제사를 드리고 남유다의 예루살렘으로 내려가지 못하도록 거짓 종교를 만들었습니다. 또한 제사를 담당하는 사람들도 레위 지파가 아닌 자들로 마음대로 정해서 세웠으며 절기도 하나님이 정하신 절기가 아닌 다른 절기를 만들어서 그것을 지키게 했습니다. "느밧의 아들 여로보암의 죄"라고 성경이 그렇게 자주 언급하는 이유는, 거짓 종교를 만들어 백성들로 하여금 죄를 범하게 만들고 이스라엘 역사 내내 우상 숭배에 빠지게 만든 주범이 바로 "느밧의 아들 여로보암"이기 때문입니다. 순수한 백성들을 호도하여 여로보암이 만들어 놓은 종교가 하나님을 섬기는 종교인 줄 알고 잘못된 신앙을 따라가도록 만들었기 때문에 이것을 성경은 '여로보암의 죄'라고 계속해서 지적하는 것입니다.

오늘날 이단의 역사가 그렇습니다. 하나님을 온전히 섬기는 일은 오직 말씀 중심이 되어야 합니다. 그런데도 불구하고 잘못된 성경해석과 신앙의 교리를 가르쳐서 하나님의 뜻과 전혀 상관없는 믿음을 붙잡도록 만드는 경우가 많습니다. 그것이 오늘날 우리가 알지 못하는 중에 범할 수 있는 느밧의 아들 여로보암의 죄입니다. 그래서 다른 복음으로 가르치는 죄는 사도 바울의 말처럼 하나님으로부터 반드시 심판 받게 될 것입니다. 예수 그리스도 이외에 다른 것을 전하는 것은 복음이 아닙니다. 인간이 신이 되거나 메시아처럼 성령이라는 언급을 하는 것 모두가 이단입니다. 다시 말해 느밧의 아들 여로보암의 죄를 짓고 있는 것입니다. 그것을 전하는 자들 뿐 아니라 따르는 자들도 동일한 심판을 받게 될 것입니다. 그래서 성경을 제대로 알아야 합니다. 그리고 복음적인 관점에서 성경을 읽어야 합니다.

3) 엘리야와 엘리사, 그리고 아합 왕 (열왕기상 16-22장)

열왕기상 중간부터 열왕기하 중간까지는 엘리야와 엘리사, 그리고 아합왕과 그 아들들의 이야기입니다. 이 대목에서는 북왕국 이스라엘의 타락상을 생생하게 보여주고 있습니다. 하나님께서는 그 시대를 살리기 위해 선지자 두 사람을 북왕국 이스라엘 가운데 세우십니다. 더이상 타락하지 말고 다시 돌아오라는 하나님의 애타는 사랑의 메시지가 바로 엘리야와 엘리사입니다. 하나님께서는 북이스라엘의 가장 악한 왕인 아합왕 때에도 이스라엘 백성을 포기하지 않으시고 엘리야와 엘리사를 통해 다른 시대보다 더 많은 기적과 은혜를 베푸시며 그들이 멸망의 길로 달려가는 것을 막았습니다. 그러나 하나님의 위대한 두 선지자도 이스라엘을 변화시키지 못했습니다. 그들은 돌이키지 않았습니다. 아무리 위대한 리더가 출현하여 말씀을 선포해도 백성들 가운데 하나님의 말씀이 직접 역사하고 세워지지 않으면 안 되는 것입니다. 백성들이 직접 성경을 읽고 성경을 묵상하고 성경대로 행하며 변화의 은혜를 체험하는 것이 그래서 중요합니다.

2. 아가서, 잠언, 전도서 읽기

1) 아가서

아가서는 꽃피는 봄을 배경으로 부르는 사랑의 노래입니다. 자연과 더불어 솔로몬의 사랑을 은유적으로 묘사하고 있습니다. 아가서를 “Song of Songs”라고 부릅니다. 솔로몬이 지은 시중에 가장 아름다운 시이기 때문에 그렇습니다. 솔로몬은 후궁이 많았습니다. 60명의 아내와 80명의 첩이 있었습니다. 그 후에 후궁의 수가 약1000명 가까이 되는데 아내만 700명으로 늘어나고 첩은 300명이나 됩니다. 성경 학자들은 아가서에 나오는 술람미 여인이 당시 이스라엘 전역에서 가장 유명했던 수넴여자 아비삭이었을 것이라고 추측합니다. 그녀는 다윗에게 시중을 들던 여인이었는데 나중에 솔로몬의 아내가 됩니다. 결국 술람미 여인이 솔로몬의 아내가 된 것은 외교적인 상황과 왕권의 안위 때문에 이루어진 일이라고 해석합니다.

유대인들은 아가서를 성년이 되지 않은 아이들에게는 읽히지 않고 성년이 된 이후에 읽도록 허락하고 있습니다. 그 이유는 아가서를 읽어 보면 알겠지만 노골적인 애정 표현이 많기 때문입니다. 그러나 아가서는 표면적으로는 남녀 간의 사랑이야기이지만 신앙적인 관점에서 해석하여 보면 하나님과 이스라엘 백성의 관계, 그리고 주님과 교회의 관계를 사랑의 관계로 보고 표현하는 사랑의 노래입니다. 교회는 그리스도의 신부입니다. 이런 관점에서 교회와 성도는 다시 오실 주님을 사모하는 신부의 마음으로 재림의 시간을 기다려야 합니다. 주님은 분명히 다시 오실 신랑이시기 때문입니다. 그래서 아가서는 주님을 기다리며 재림의 소망을 품고 사랑하는 신랑을 만날 준비를 위해 변함없는 사랑을 지키도록 우리를 일깨워주는 말씀입니다.

2) 잠언

잠언은 삶의 지혜가 담겨 있습니다. 대부분 솔로몬이 지었고 나머지는 다른 지혜자들이 지었습니다. 시편처럼 잠언도 5파트로 구성되어 있습니다.

(1) 1장 ~ 9장까지는 첫번째 솔로몬의 잠언으로 인생의 지혜가 소개되어 있습니다.
(2) 10장 ~ 24장까지는 두번째 솔로몬의 잠언이 소개되고 있습니다.
(3) 25장 ~ 29장까지는 히스기야의 신하들이 필사해서 묶은 세번째 솔로몬의 잠언입니다.
(4) 30장은 솔로몬의 친구로 추측되는 아굴의 잠언입니다.
(5) 31장은 르무엘 어머니가 주는 조언(잠언)입니다. 르무엘은 아마도 솔로몬의 별명이었을 것으로 추측합니다.

이렇게 다섯부분으로 나누어진 잠언은 어떻게 인생을 사는 것이 지혜로운 것인지에 대한 하나님의 기준을 잘 가르쳐주고 있습니다. 지혜는 문제를 푸는 힘입니다. 지혜가 없는 자는 무지하여 길을 찾지 못해 방황하지만 지혜가 있는 사람은 문제를 해결하고 길을 열어갈 능력이 있습니다. 인생의 고난을 피하려면 앞으로 일어날 일을 미리 예상하여 문제가 되는 길로 가지 않으면 됩니다. 그러나 사람은 연약하고 어리석기 때문에 앞으로 일어날 일을 예상하지 못하며 때로는 고난의 길인 줄도 모르고 그 길을 선택할 때도 있습니다. 우리의 힘과 능력으로 해결할 수 없는 기막힌 수렁에 빠지게 될 때 그 곳을 빠져나올 수 있는 것은 우리를 구원하시는 하나님의 은혜밖에 없습니다. 그래서 지혜는 일상에서 빛이 나지만 은혜는 위기의 상황에서 빛이 납니다. 개인적으로 저는 솔로몬이 '지혜와 지식의 근본은 하나님을 경외하는 것'이라고 고백한 말씀을 자주 묵상해 봅니다. 그 때마다 인생의 현장에서 절감하는 것은 우리에게 지혜가 필요하지만 은혜는 더 필요하다는 것입니다.

잠언은 31장으로 되어 있기 때문에 매일 한 장씩 읽으면 한달에 한번 통독할 수 있습니다. 예를 들어 매월 1일에 1장을 읽고, 10일에 10장을 읽고, 31일에 31장을 읽으면 잠언을 한달에 한번 완독하게 됩니다. 2월이나 30일만 있는 달에는 마지막 날에 맞추어 2-3일 정도만 2장씩 읽으면 됩니다. 목회의 현장에서 젊은 부부들에게 아기를 낳은 이후에 책을 읽어줄 수 있을 나이가 되면 꼭 아이에게 잠언을 읽어 주어서 지혜로운 사람이 되도록 하라고 당부합니다. 여러분도 꼭 한 번 실천해 보시기 바랍니다.

3) 전도서

솔로몬은 하나님으로부터 다른 어떤 사람도 갖지 못한 지혜를 받았습니다. 그럼에도 불구하고 하나님께서 말씀하시는 길에서 벗어나 헛된 것(이방여인을 특별히 좋아한 것)을 따르고 우상을 숭배하는 악행을 저지릅니다. 그래서 하나님께서 솔로몬의 노년에 평탄한 길을 주시지 않고 대적을 일으켜 고난을 겪게 하십니다. 하나님의 은혜 안에서 평생 평탄한 인생을 살았던 솔로몬은 고난을 겪으면서 인생무상을 철저하게 경험합니다. 그리고 지혜와 지식의 근본은 오직 하나님밖에 없음을 분명히 깨닫게 됩니다. 평생 자신의 지혜와 지식을 의지하며 살았던 솔로몬이 인생의 후반기에는 지혜와 지식의 근본이 되시는 하나님을 알고 그 분을 경외하는 것만이 참 지혜요, 참 지식임을 깨달은 것입니다. 그래서 솔로몬은 "헛되고 헛되니 모든 것이 헛되다"고 말하면서 12장 마지막에 "곤고한 날이 이르기 전에 너의 창조자를 기억하라"는 중요한 메시지를 남깁니다. 아무 낙이 없다고 생각할 그 때가 오기전에, 후회하기 전에 하나님을 기억하라는 메시지입니다.

전도서는 크게 세부분으로 나눕니다. 하나는 1장부터 4장까지입니다. 중심 내용은 인생의 모든 것이 헛되다는 것입니다. 그래서 인생은 바람을 잡는 것과 같다고 말합니다. 또 하나는 5장부터 10장까지입니다. 중심 내용은 여러가지 지혜에 관한 잠언입니다. 특별히 7장에 보면 궁중에 있는 여인들이 상호 존중하며 조화를 이루게 하기 위해 무척 노력한 흔적이 보입니다. 그러나 아무리 노력해도 그것이 쉽지 않다는 것을 말합니다. 마지막은 11장과 12장입니다. 주제는 솔로몬이 깨달은 인생의 대답입니다. 모든 것이 헛되고 무익한 인생이지만 분명한 것이 있다고 말합니다. 마지막으로 깨달은 솔로몬의 깊은 지혜를 12장 13절과 14절에 이렇게 말씀합니다.

13 할 말은 다 하였다. 결론은 이것이다. "하나님을 두려워하여라. 그분이 주신 계명을 지켜라. 이것이 바로 사람이 해야 할 의무다. 14 하나님은 모든 행위를 심판하신다. 선한 것이든 악한 것이든 모든 은밀한 일을 다 심판하신다." (새번역)

하나님께서 주신 놀라운 지혜가 있었던 솔로몬도 이렇게 인생을 후회하는데 하물며 우리는 어떻겠습니까! 우리도 노년에 인생을 돌아보며 후회하지 않으려면 솔로몬을 통해 주신 지혜의 말씀을 교훈 삼아야 합니다. 더 나아가 다윗처럼 하나님의 말씀을 의지하고 기도하며 하나님의 은혜를 구하는 자로 산다면 지혜롭게 후회 없는 삶을 살게 될 것이라고 확신합니다.

13과 왕도 선지자도 많던 시대 – 열왕기하와 12권 선지서

열왕기하를 공부할 때 관심을 갖고 봐야 할 3가지 내용이 있습니다. 첫번째, 열왕기하는 아합왕의 죽음 이후에 시작이 됩니다. 그래서 첫 장부터 아합이 죽은 뒤라는 시간을 설명하고 있습니다. 그리고 아합왕 시대에 타락한 이스라엘 백성의 신앙을 지키기 위해 하나님이 보낸 선지자 엘리야가 하늘로 승천하는 모습이 나옵니다. 엘리야는 자신의 이름의 뜻처럼 "여호와는 나의 하나님"임을 증거하는 자신의 사명을 온전히 다하고 난 뒤에 아합 왕과 함께 역사의 무대에서 사라집니다.

두번째, 열왕기하는 12권의 소선지서를 함께 읽으며 가야하는데 왜냐하면 선지자들의 출현이 거의 이 시기에 이루어지기 때문입니다. 그리고 하나님께서 이 시기에 선지자들을 계속해서 보내신 이유가 무엇인지도 알아야 합니다. 하나님께서 선지자들을 통해서 이스라엘 백성들에게 전달하고 싶으셨던 메시지가 무엇인지를 알아야 열왕기하의 말씀이 이해가 되고 은혜가 됩니다. 그러니까 역사서에 해당하는 열왕기하의 말씀을 시간적 배경으로 깔고 시대순서에 맞추어 12권의 선지서를 끼워서 읽으면 그 당시 하나님께서 이스라엘 백성에게 주고자 했던 예언의 말씀들이 열리고 그 뜻도 명확히 알게 될 것입니다.

구약목록표

<table>
<tr><td>선지시</td><td></td><td></td><td></td><td></td><td></td><td></td><td></td><td></td><td>12권</td><td colspan="3">딘/겔/학/슥/말</td></tr>
<tr><td>시가서</td><td>욥</td><td></td><td></td><td></td><td></td><td></td><td></td><td>시편</td><td>아/잠/전</td><td colspan="3">바벨론 포로시기</td></tr>
<tr><td rowspan="2">역사서</td><td rowspan="2">창</td><td rowspan="2">출</td><td rowspan="2">레</td><td rowspan="2">민</td><td rowspan="2">신</td><td rowspan="2">수</td><td>룻</td><td rowspan="2">삼</td><td rowspan="2">왕</td><td rowspan="2">대</td><td colspan="2">더</td></tr>
<tr><td>삿</td><td>라</td><td>느</td></tr>
</table>

세번째, 선지자들을 통해 주신 하나님의 메시지를 받지 않고 거부했던 북이스라엘과 남유다 모두 앗수르와 바벨론에게 각각 멸망당하게 됩니다. 하나님은 계속해서 회개할 기회를 주고자 많은 선지자를 보냈습니다. 그럼에도 불구하고 이스라엘 백성이 그 말씀을 가볍게 생각하고 멸망의 길로 가는 것을 보면서 인간의 죄성이 얼마나 무서운지를 다시금 생각하게 됩니다. 동일하게 하나님께서는 오늘날의 우리에게도 일상생활에서 이런저런 상황과 환경과 사람을 통해 성령의 음성으로 말씀해 주시는데, 우리가 그것을 가볍게 여기고 외면하다가 결국 고난을 당하게 될 때가 있습니다. 인간의 죄성과 어리석음이 그 시대나 지금 우리들이나 동일하다는 생각이 듭니다. 남유다의 멸망을 눈으로 바라보며 탄식하는 선지자 예레미야는 유다 백성에게 **"어찌하여 북이스라엘의 멸망을 보고도 어리석게 그 길을 가느냐"**고 책망의 말씀을 전합니다. 죄란 하나님을 하나님으로 인정하지 않고 내가 하나님 되어 결국 사망의 길로 가는 것임을 분명히 알아야 합니다.

1. 열왕기하 읽기

먼저 아래의 도표를 통해 열왕기상/하 전체의 구조를 정리해 봅시다. 통일왕국은 원래 사울과 다윗의 시대를 포함해야 하지만 열왕기상/하에 나오는 왕들을 중심으로 보면 오직 솔로몬의 시대만 통일 왕국 시대였기 때문에 40년(솔로몬의 통치기간)으로 기록했습니다.

이스라엘 왕국시대 도표

시대	통일왕국	분열왕국	잔존왕국 (남유다)
성경	열왕기상 1-11장	열왕기상 12장 – 열왕기하 17장	열왕기하 18-25장
기간	40년(사울과 다윗 제외)	221년	155년

1) 어떻게 분열왕국 시대가 시작되었는가?

솔로몬의 시대까지 통일왕국이었던 이스라엘이 솔로몬의 아들인 르호보암이 왕으로 등극한 이후에 북왕국 이스라엘과 남왕국 유다로 나누어짐으로써 분열왕국시대가 시작됩니다. 르호보암은 솔로몬의 아들이었고 여로보암은 솔로몬의 신하였습니다. 분열이 시작된 시기는 르호보암 때였지만 엄밀히 말하면 솔로몬 때 이미 나누어질 조짐이 있었습니다. 솔로몬 시대에 과도한 노역으로 인하여 고생하던 백성들은 이미 불만이 가득했고, 그것이 르호보암 때 표출이 되어 10개 지파가 따로 독립한 것입니다.

솔로몬은 거의 20년 동안 건축하는 일에 집중했습니다. 건축을 위하여 백성들로부터 세금을 거두고 궁을 짓는 고된 노역을 시켰습니다. 그러니 솔로몬이 살아있는 동안에는 그의 권력 때문에 함부로 못하다가 아들인 르호보암 때에 비로소 백성들이 반기를 든 것입니다. 그런데 여로보암은 노역을 담당하는 관리로 있으면서 이러한 백성의 마음을 헤아려 줍니다. 이 사실을 알게 된 솔로몬이 여로보암을 죽이려고 하자 애굽으로 피신합니다. 솔로몬이 죽고 난 뒤에 다시 이스라엘로 돌아온 여로보암은 북왕국 독립의 당위성을 얻고자 10개 지파 장로들과 함께 르호보암 왕을 찾아가서 노역을 줄여 달라고 요청합니다. 르호보암이 이를 거절할 것을 이미 예상하고 취한 행동입니다.

2) 선지서를 읽을 때 주의해야 할 내용

여기서 **잠깐!** 여러분이 선지서를 읽을 때 주의해야 될 내용을 살펴보겠습니다. 선지서(=예언서)를 읽을 때는 먼저 역사서를 통해 시대적 배경을 바로 이해한 후에 그 시대에 주신 하나님의 메시지를 찾는 것이 필요합니다. 왜냐하면 역사적인 배경을 분명히 알고 선지서를 연구해야만 하나님께서 이런 말씀을 선지자들에게 왜 주었는지 그 이유를 깨닫기 때문입니다. 선지서의 말씀이 나오게 된 역사적 배경을 모르고 읽기 때문에 선지서의 내용이 어렵게 느껴지고 특별한 은사가 있는 분들만 이해할 수 있는 성경인 것처럼 생각하기도 합니다.

많은 경우 선지서는 수수께끼처럼 다양한 상징과 함축적인 표현으로 쓰였기 때문에 해석이 난해할 수밖에 없습니다. 그렇다고 해서 영적인 해석이나 영적인 비유로 모든 내용을 풀면 그것은 정말 위험한 방향으로 흐르고, 누구도 책임질 수 없는 엉뚱한 해석을 낳게 됩니다. 이단은 처음부터 이단이 아닙니다. 이렇게 시작되면 이단으로 빠질 수 있습니다. 그렇다면 어떻게 선지서를 읽고 해석해야 할까요? 어떤 관점에서 보아야 복음적으로 해석할 수 있고, 성경적인 기준에서 벗어나지 않을 수 있을까요?

그러기 위해서는 먼저 각 선지서가 그 시대의 역사적, 사회적, 문화적, 신앙적인 상황에서 그 당시 하나님의 백성들에게 주신 메시지라는 것을 알아야 합니다. 불특정 다수를 향해 하늘에서 뚝 떨어진 것이 아니라, 그 메시지를 들어야할 분명한 대상이 있었고 그 대상에게 전하기 위한 하나님의 음성이 바로 선지자를 통해 전달된 예언의 말씀입니다. 원래 선지서는 이스라엘 백성 모두가 하나님의 말씀을 따라 살았다면 전혀 필요가 없는 메시지입니다. 왜냐하면 하나님의 뜻대로 잘 살고 있는 사람들에게 하나님께서 굳이 선지자를 보내어 경고의 말씀을 하실 이유가 전혀 없기 때문입니다. 다른 말로 하면 선지서가 있다는 것은 그 시대가 하나님의 말씀에서 많이 벗어난 상태였고 하나님의 말씀을 멀리하고 있었음을 반증하는 것입니다.

선지서를 연구할 때 신학교에서는 '1차 독자'라는 것을 배웁니다. 그것은 선지자가 활동했던 시대의 상황과 백성들의 삶을 연구하는 것입니다. 정확히 말하면 선지자가 활동했던 당시에 그 메시지를 들어야 했던 백성들이 1차독자인데, 그 시대를 연구함으로써 선지자를 통해 메시지를 전달하신 하나님의 뜻과 의도를 더 정확히 알기 위해 필요한 연구입니다. 왜 하나님께서 그 시대의 백성들을 향하여 이런 메시지를 주셨는지를 명확하게 파악할 때 선지서의 상징적인 표현과 내용들이 무슨 뜻인지도 정확히 유추할 수 있습니다. 선지서에서 예언한 말씀들 중에는 그 시대에 이루어진 사건도 있고, 아니면 후대에 혹은 예수님 당시에 이루어진 예언도 있습니다. 이렇게 1차 독자에게 주신 메시지의 뜻을 정확히 알고 난 뒤에 그것을 오늘날 우리에게 적용하여 그 말씀의 의미와 뜻을 찾아 나온 메시지가 설교입니다. 그리고 선지서의 말씀을 오늘날 우리에게 주시는 예언의 말씀으로 듣는 사람들을 가리켜 '2차 독자'라고 말합니다.

1차 독자와 2차 독자의 단계를 무시하고 선지서의 말씀을 바로 나에게 적용하거나 혹은 이 시대 가운데 주시는 예언으로 바로 연결하는 것은 의미를 왜곡하고 자기 마음대로 해석하여 성경을 푸는 오류를 범하는 일이 될 수 있습니다. 많은 이단들이 영해(영적인 해석) 혹은 직통계시라고 하여 해석하는 내용들이 다 이렇게 단계를 무시하고 바로 우리에게 적용하기 때문에 생기는 오류입니다. 먼저 역사적인 배경과 그 당시 주신 메시지의 원래 뜻을 분명히 안 후에 오늘날 우리에게 어떻게 적용해야 될 말씀인지를 살피는 것이 선지서를 제대로 읽는 것입니다. 이렇게 하나하나 복음적인 관점에서 접근하고 읽어야 말씀의 뜻이 선명하게 보입니다.

3) 아합과 엘리야가 등장하는 분열왕국 시대

열왕기상 16장부터 열왕기하 15장까지는 분열왕국시대를 소개하고 있습니다. 엘리야와 엘리사가 주로 활동했던 시대입니다. 엘리야와 엘리사는 성경에 나오는 선지자들 중에 가장 큰 이적과 기사를 보여준 위대한 선지자들입니다. 하나님께서 엘리야와 엘리사를 특별히 보낸 이유는 무엇일까요? 그것은 북왕국 이스라엘에 가장 악했던 아합 왕과 이세벨 왕후가 있었기 때문입니다. 아합 왕이 속한 오므리 왕조는 정권을 새로 잡은 예후의 반역으로 끝이 납니다. 그리고 아합 왕이 죽은 뒤에 엘리야 선지자가 하늘로 승천하고 이어서 엘리사 선지자가 후계자가 됩니다. 엘리사와 비슷한 시기에 남유다에서 활약한 선지자는 오바댜 (B.C. 845년경)와 요엘 (B.C. 830년경)입니다. 그래서 남유다의 여호사밧 왕때부터 요아스왕까지의 시대적인 배경을 공부하면서 오바댜와 요엘서를 읽으면 많은 도움이 됩니다. 북왕국 이스라엘의 시작은 여로보암입니다. 그리고 아들인 나답이 뒤를 이어서 왕이 되어 여로보암 왕조가 시작됩니다. 나답 다음에 바아사입니다. 바아사는 여로보암의 왕조가 아니라 다른 사람입니다. 그리고 아들 엘라가 왕이 되어 바아사 왕조를 이루게 됩니다. 시므리가 반역하여 엘라를 죽이고 왕이 됩니다. 또 얼마 지나지 않아서 엘라의 다른 신하인 오므리가 시므리를 죽이고 왕이 됩니다. 반역을 통하여 왕이 된 오므리는 아들인 아합에게 왕을 물려줍니다 그래서 시작된 것이 오므리 왕조입니다.

열왕기의 중간쯤에 나오는 아합 왕의 이야기에 또 하나의 중요한 인물이 등장하는데, 바로 아합 왕의 아내인 이세벨입니다. 보통여자가 아닙니다. 엘리야도 이세벨의 입에서 나온 말 한마디 때문에 낙심이 되어 브엘세바까지 도망가서 로뎀나무 아래에 앉아 하나님께 죽여 달라고 기도할 정도입니다. 그녀는 시돈 왕의 딸인데 북왕국 이스라엘 가운데 바알과 아세라의 선지자들이 많았던 것은 바로 이세벨의 영향 때문이었습니다. 전통적으로 시돈 지방은 바알과 아세라 신을 절대적으로 섬기는 지역이었습니다. 여러분, 열왕기상 17장에 나오는 '시돈' 땅의 '사르밧 과부'를 기억하시지요? 하나님께서 그 과부에게 은혜를 베푸신 이유가 무엇인지 생각해 보신적 있으신가요? 극심한 기근에 이제 죽을 날을 기다리던 여인이었습니다. 오직 아들 하나만을 바라보는 여인이었습니다. 그런데 그 과부가 살았던 곳이 시돈 땅입니다. 우상이 드글드글 하는 시돈 땅에서 그는 하나님을 의지하며 신앙을 지키며 살았습니다. 그런 여인을 하나님께서 생각하시고 기억하셔서 그 여인을 살리기 위해서 엘리야를 시돈으로 보내셨습니다.

그런데 같은 시돈 땅에서 출생한 다른 한 여인은 하나님 앞에서 가장 악한 짓을 자행하는 여인으로 수많은 하나님의 선지자를 핍박하고 이스라엘 백성을 우상숭배의 길로 이끌었습니다. 바로 아합 왕의 부인인 이세벨입니다. 나봇의 포도원을 빼앗아 아합에게 줄 때 그녀가 계략을 꾸미는 모습을 보면 너무나 섬뜩하고 소름이 돋습니다. 하나님을 전혀 두려워하지 않습니다. 심지어 엘리야가 갈멜산에서 850대 1로 바알과 아세라 선지자들과 영적인 싸움에서 승리하여 비가 오도록 했음에도 불구하고, 분명히 살아계신 하나님을 전혀 두려워하지 않습니다. 시돈이라는 곳은 신약에도 나오는데 예수님께서 자기 딸을 고쳐주시기를 바라는 '수로보니게' 여인에게 매정하게 말씀하면서 개에게 떡을 주는 것이 마땅하지 않다고 하셨습니다(막7:24-30). 시돈이 있는 지역이 수리아, 즉 지금의 시리아입니다. '수로보니게'란 '수리아에 있는 베니게'를 북아프리카에 있는 베니게와 구별하기 위하여 '수로보니게'로 불렀다고 합니다.

여기서 우리는 북왕국 이스라엘이 왜 그렇게 하나님 앞에서 죄악된 길로 갈 수밖에 없었는지를 알아야 합니다. 먼저는 느밧의 아들 여로보암으로 말미암아 하나님이 아닌 유사종교가 만들어짐으로 송아지 우상을 하나님처럼 섬기게 된 것이 문제였습니다. 그래서 일반 백성들은 '단'과 '벧엘'에 위치한 송아지 우상을 섬기게 되었고 자연스럽게 배교의 길을 갔던 것입니다. 하나님의 말씀이 없었기에 말씀에서 벗어난 종교를 하나님처럼 섬기며 믿게 된 것입니다. 말씀이 없는 신앙은 우상숭배로 변질될 가능성이 너무나 높습니다. 그래서 말씀에 중심을 둔 믿음으로 세워져야 유사종교나 우상숭배로 빠지지 않습니다. 하나님의 말씀을 모르면서 예배의 형식만 갖춘다고 하나님을 아는 것이 아닙니다. 말씀을 알고 말씀대로 믿어야 합니다. **"태초에 말씀이 계시니라 이 말씀이 하나님과 함께 계셨으니 이 말씀은 곧 하나님이시니라 (요1:1)".** 또다른 이유는 바로 앞서 살펴본 대로 이세벨이라는 우상숭배자가 이스라엘 땅에 우상을 들여와 백성들을 우상숭배의 길로 이끌었기 때문입니다. 여로보암이나 아합, 이세벨 같은 지도자가 하나님 앞에 바로 서지 않고 우상숭배와 죄악에 빠질 때, 수많은 백성들마저 그릇된 길로 갈 수밖에 없는 것을 보면서 영적으로 바로 선 지도자가 얼마나 중요한지 우리는 깨달을 수 있습니다.

4) 아합과 이세벨의 딸 아달랴

이세벨의 딸 답게 아달랴 또한 하나님을 대적하고 바알과 아세라 신을 남유다에 전파하는 핵심 역할을 합니다. 남북의 외교적인 연합으로 인해 아달랴는 남유다 5대 왕인 여호람의 아내가 됩니다. 아합도 시돈의 공주인 이세벨과 정치적, 외교적인 목적 때문에 결혼했는데 여호람도 정치적인 이익때문에 하나님의 뜻과는 먼 결혼을 합니다. 인간적인 방법을 도모하고 하나님의 뜻을 외면하는 타협은 반드시 하나님을 떠나는 길로 가게 되어 있습니다. 아달랴로 인하여 남유다도 타락하기 시작합니다. 더 나아가 이세벨의 피가 흐르는 아달랴는 어머니에게 보고 배운 그대로 하나님 앞에서 악을 행하며 눈 하나 깜짝하지 않고 무서운 대학살을 저지릅니다.

여호람과 아달랴 사이에 태어난 아하시야가 북왕국의 왕이 된 예후 때문에 죽게 되자 아달랴는 복수를 위한 목적으로 왕위를 노립니다. 그래서 다윗의 혈통을 모두 죽이고 반란을 일으켜 여왕으로 등극합니다. 손자까지 죽이려 했던 아달랴의 잔인함은 어머니 이세벨을 그대로 닮았습니다. 권력과 성공을 얻기 위해서라면 인간이 얼마나 잔인해 질 수 있는지 모릅니다. 그러나 하나님은 다윗과 맺은 언약을 신실하게 지킵니다. 유일한 다윗의 혈통인 요아스는 고모인 여호세바의 도움으로 목숨을 건집니다. 무려 6년동안 성전에서 보호를 받으며 제사장 여호야다를 통해 신앙 교육도 잘 받습니다. 결국 하나님의 은혜 안에서 자란 요아스는 왕이 되고 아달랴를 제거한 뒤에 남유다를 회복합니다.

5) 엘리야 이후에 나타난 선지자 엘리사

엘리사와 관련되어 유명한 일화는 바로 '아람의 장군 나아만'의 이야기입니다. 나아만이 속한 아람이라는 나라는 수리아(시리아) 지역에 있는 나라입니다. 그래서 나아만은 시리아 사람이라고 생각하면 됩니다. 어떤 분들은 앗수르와 수리아를 같은 나라로 혼동하기도 하는데, 둘은 전혀 다른 나라입니다. 앗수르는 이라크 사람들과 연관이 있고 수리아는 시리아 사람들과 연관이 있다고 생각하시면 됩니다. 그 당시 아람이라는 나라는 막강한 군사력을 지닌 나라였습니다. 아합 왕이 열왕기상 마지막 장에서 아람과의 전투에서 전사하는 것을 볼 때 강한 나라임을 알 수 있습니다. 그리고 아합의 죽음 이후에 열왕기하로 이어지고 곧바로 엘리야의 승천이야기가 나옵니다. 엘리야의 뒤를 이어 북왕국 이스라엘의 영적인 지도자로 선지자 엘리사가 임명됩니다. 엘리야가 하늘로 승천하기 전 엘리야에게 갑절의 영감을 구했던 엘리사는 주로 북쪽에서 사역했고 그 당시 남유다에서는 선지자 요엘이 사역했습니다.

북왕국 이스라엘은 여러 번 왕조가 바뀝니다. 그 중에서 가장 두드러진 두 왕조가 '오므리 왕조'와 오므리 왕조를 무너뜨리고 그 다음 세워진 '예후 왕조'입니다. 북이스라엘의 다섯 번째 왕조를 이룬 예후는 엘리야의 예언대로 아합과 이세벨을 죽입니다. 그러나 예후도 악한 왕으로 남습니다. 하나님께서 여로보암에게 주신 것처럼 예후에게도 하나님을 온전히 섬기면 복을 주시겠다고 하였지만 말씀을 버리고 악한 길을 가게 됩니다. 우리가 열왕기를 통해 얻는 분명한 역사적인 교훈은, 역사의 주관자이신 하나님을 하나님으로 인정하는 왕은 하나님께서 도우시고 은혜를 베풀어 주셨지만 그렇지 않은 왕은 오래가지 못했고 그 끝이 좋지 못했다는 것입니다.

예후 왕조 가운데 여로보암 2세는 가장 부강한 북왕국 이스라엘을 건설합니다. 북쪽 국경을 솔로몬 당시의 영토까지 회복합니다. 그러나 영적으로는 가장 암흑기였습니다. 당시 북이스라엘에서는 아모스와 요나 선지자가 활동하였는데, 특히 아모스 선지자는 이스라엘 백성들 사이에 자행되는 불의와 사치 그리고 향락에 빠져 가난한 자를 학대하는 악행을 고발하고 하나님께서 분노하신다는 예언을 전합니다. 여로보암 2세의 아들 스가랴는 1년만 왕으로 등극하고 살룸의 반역으로 죽게 됩니다. 결국 아무리 찬란한 왕조를 이루어도 하나님께서 함께 하지 않으시면 언제든지 무너질 수 있다는 사실을 분명히 교훈해줍니다.

우리가 잘 아는 요나서는 앗수르의 수도 니느웨 성에 보내진 선지자 요나의 이야기입니다. 앗수르는 지금의 이라크입니다. 바벨론과 같은 혈통의 사람들이며 니느웨 성은 메소포타미아 지역 북쪽에 위치하고 있는 티그리스강 상류에 있습니다. 이스라엘을 가장 크게 위협하던 적국 앗수르를 살리기 위해 하나님은 요나에게 가서 메시지를 전하라고 말씀하십니다. 그러니 요나가 얼마나 가기 싫었겠습니까! 그렇다면 하나님께서 요나에게 이런 일을 시키신 목적은 무엇일까요?

앗수르는 이방 사람들입니다. 그럼에도 불구하고 요나의 무성의한 말씀 선포에도 그들은 통회하고 자복하며 하나님의 음성을 듣고 왕을 비롯하여 가축에 이르기까지 회개하고 금식하고 돌이킵니다. 그러나 하나님의 백성 이스라엘은 수많은 선지자들을 보내어 하나님의 뜻을 전하고 말씀을 선포했지만 전혀 듣지 않았습니다. 하나님의 백성도 아닌 이방 민족은 하나님의 경고의 메시지를 듣고 회개하는데 오히려 하나님의 택하신 백성인 이스라엘은 말씀을 듣지 않고 무시하였습니다. 그러니 나중에 그들에게 닥친 하나님의 심판이 얼마나 당연한 것인지 분명히 보여주신 것입니다. 요나는 앗수르 사람들에게 구원의 메시지를 전하고 싶지 않아서 다시스로 도망치기까지 하였지만 하나님은 끝내 그를 니느웨로 인도하셔서 말씀을 선포케 하심으로써 하나님은 이스라엘의 하나님 일 뿐만 아니라 모든 민족과 나라를 구원하시고 사랑하시는 열방의 하나님 이심을 보여주었습니다.

예후 왕조의 몰락이후에 북이스라엘의 마지막 시대를 활동했던 선지자는 호세아입니다. 하나님께서는 선지자 호세아를 음탕한 여자 고멜과 결혼하도록 하심으로써 당시 이스라엘 백성이 하나님을 버리고 우상숭배에 빠진 것을 영적인 음란행위로 규정하시고, 호세아를 통해 분노의 메시지를 전하셨습니다. 이스라엘의 영적인 음란으로 인해 하나님께서 느끼시는 고통을 호세아도 고멜을 통해 그대로 경험하게 됩니다. 메시지는 단순한 정보전달이나 말씀풀이가 아닙니다. 하나님의 마음과 생각을 전하는 것입니다. 여기서 잠깐! 이 비슷한 시기에 남쪽에서 사역한 선지자는 누구일까요? 요엘과 미가 그리고 이사야입니다.

6) 북왕국 이스라엘의 멸망

여로보암이 유다와 베냐민을 제외한 10개의 지파를 중심으로 북쪽에 세운 나라가 북왕국 이스라엘입니다. 그래서 B.C. 930-722년까지 무려 212년을 이어옵니다. 그러나 200년 동안 9번 왕조가 바뀌는 반란과 내분이 끝임없이 있었습니다. 총 19명의 왕이 세워지고 사라지는 동안 북왕국 이스라엘에는 단 한번도 하나님을 기쁘게 하는 왕이 없었습니다. 그것은 느밧의 아들 여로보암의 죄가 북왕국 이스라엘의 신앙을 처음부터 어긋나게 만들었기 때문입니다. 첫 단추가 중요합니다.

북왕국 이스라엘의 마지막 왕인 호세아는 애굽을 의지하고 신흥강국인 앗수르에게 대항합니다. 이것이 화근이 되어 앗수르 왕 산헤립의 공격에 속수무책으로 무너지고 맙니다. 애굽을 의지하는 것이 잘못이었구나 생각하고 앗수르에게 조공을 바치려 했지만 앗수르는 거절하고 곧 바로 사마리아성을 포위합니다. 2년간 항전했지만 결국 722년에 망하게 됩니다. 그 뒤에 사마리아 성에 총독이 파견이 되고 많은 이스라엘 백성이 강제로 다른 나라로 이주하게 됩니다. 앗수르 제국은 이스라엘 민족의 고유 문화를 말살하여 반란을 줄이고 자연스럽게 앗수르에 합류시키기 위해 혈통을 섞는 정책을 펼칩니다. 그래서 이스라엘 땅에 살던 사람들은 다른 곳으로 이주시키고 다른 민족을 이스라엘 가운데 이주시켜서 새로운 민족이 탄생하게 되는데 그 민족이 바로 "사마리아인"입니다.

7) 잔존왕국 시대

열왕기하 18장부터 시작이 되는 잔존왕국 남유다는 히스기야 왕 때 북왕국 이스라엘을 멸망시킨 산헤립이 기세를 몰고 내려와 항복할 것을 요구하자 큰 위기에 빠집니다. 그때 산헤립의 조서(왕의 편지)를 들고 예루살렘을 찾아와 조롱하며 항복을 종용하는 산헤립의 신하 랍사게의 말을 듣고 히스기야왕은 성전에 올라가 통곡하며 기도합니다. 히스기야의 간절한 기도를 들으신 하나님께서 천사를 동원하여 앗수르의 군대를 제거합니다. 이때 히스기야 왕에게 말씀을 전해준 선지자가 이사야입니다. 그래서 열왕기하를 읽을 때 이사야서를 함께 읽으면 당시 히스기야의 간절한 마음을 알 수 있습니다. 이어서 종교개혁을 단행하였던 요시야 왕이 소개 됩니다. 요시야 왕이 죽은 이후 남 유다는 급격하게 몰락합니다. 이 때 등장한 선지자들이 '예레미야'와 '하박국' 선지자입니다. 또한 전후에 걸쳐 나훔과 스바냐가 들어가게 됩니다. 열왕기하에서 남유다의 마지막 역사는 그렇게 비중있게 다루지 않습니다.

2. 12권의 소선지서 읽기

이제 소선지서 12권을 정리해 보겠습니다. 먼저 구약에 나오는 선지서가 총 17권인데 그 중에서 포로시대와 연관된 선지서가 5권이 있습니다. 포로전기에 쓰여진 다니엘과 에스겔 그리고 포로후기에 쓰여진 학개, 스가랴, 말라기 이 5권만 외우고 나머지 모두는 열왕기시대에 쓰여진 선지서라고 기억하면 됩니다. 그러면 혼동하지 않고 구분할 수 있습니다. 그리고 여담이지만 개인적으로는 '예언서'라는 말보다는 '선지서'라는 표현이 더 성경적이라고 생각합니다. '예언서'라고 하면 마치 미래를 예언하고 맞추는 것으로 생각하는 경향이 있기 때문에 '선지서'라는 표현을 선호합니다. 선지(先知)란 '먼저 아는 것'입니다. 하나님의 메시지와 하나님의 마음을 먼저 알아서 전달하는 사람을 '선지자'라고 말합니다. 그래서 영어로 선지자를 'Messenger(메신저)'라고 합니다. 열왕기상/하에 나오는 12명의 선지자를 크게 분류하면 북이스라엘에서 활동한 선지자(아모스, 요나, 호세아)와 남유다에서 활동한 선지자(오바댜, 요엘, 미가)로 나눌 수 있습니다.

1) 아모스

북왕국 이스라엘 여로보암 2세때 활동한 선지자 아모스는 요나와 호세아와 비슷한 시기에 활동하였습니다. 아모스는 남방 유다 사람인데 북왕국 이스라엘을 위해 하나님의 메시지를 전달하는 사명을 받았습니다. 아모스는 원래 평범한 목동이었는데 하나님께서 특별히 불러 북이스라엘을 영적으로 깨우는 메신저로 사용합니다. BC 790-749년 사이에 활동했을 것을 추정하고 유다의 웃시야(아사랴)왕 때와 북왕국 여로보암 2세때 활동을 했습니다. 아울러 이스라엘 땅에 지진이 발생하기 전에 기록한 내용이고 그 당시 북왕국 이스라엘은 전성기를 맞이하여 향락에 빠져 타락하고 교만했던 시기입니다.

2) 요나

요나는 메소포타미아 지역 티그리스강 상류에 위치한 앗수르의 수도인 니느웨 성에 하나님의 메신저로(선지자로) 보내집니다. 앗수르는 그 당시 이스라엘과 적대적 관계에 있었습니다. 요나는 BC790-949년 사이에 활동한 것으로 추정되고 아모스와 호세아와 비슷한 시기의 선지자입니다. 요나는 이스라엘의 적국인 니느웨가 멸망하기를 바랬기 때문에 하나님의 명령을 어기고 니느웨의 반대 방향인 다시스(스페인)로 배를 타고 도망갑니다. 그런 요나에게 하나님께서는 물고기 뱃속에서 3일간 회개의 시간을 주시고 다시 니느웨로 가서 하나님의 말씀을 전하게 합니다. 요나서는 역사의 주관자가 하나님이심을 보여줍니다. 그리고 요나의 모습을 통해서 우리가 얼마나 하나님의 뜻대로 하지 않고 나의 뜻이 하나님의 뜻보다 앞서는지 분명히 보여주고 있습니다. 내가 원하는 것과 하나님이 원하시는 것이 같을 때는 쉽습니다. 그러나 내가 원하는 것과 하나님이 원하시는 것이 다를 때 내 감정, 느낌, 생각, 판단을 모두 내려 놓고 하나님을 하나님으로 인정하여 순종한다면 그 때 "하나님의 영광"이 나타납니다.

3) 호세아

호세아 선지자는 음탕한 아내 고멜과 결혼하여 하나님의 심정이 무엇인지 이스라엘 백성들에게 생생하게 전달합니다. 특별히 고멜을 통하여 배교하며 우상숭배하는 이스라엘 백성의 영적인 간음을 보며 안타까워하시는 하나님의 마음을 확실히 깨닫게 됩니다. 그래서 메시지는 단순히 말씀만을 전달하는 것이 아니라 하나님의 마음과 감정까지 전달하는 것입니다. 호세아는 앞서 말한 것처럼 요나와 아모스 선지자와 비슷한 시기에 활동한 선지자이고, 여로보암 2세 이후에도 활동을 지속적으로 했던 것으로 알려집니다.

4) 오바댜

남유다에서 활동했던 선지자입니다. 오바댜는 BC 870-848년까지 남유다를 다스렸던 여호사밧 시대에 활동한 선지자입니다. 오바댜는 특별히 이방 민족인 에돔을 향하여 예언합니다. 에돔에 대해 예언한 목적은 하나님의 백성을 대적하고 괴롭게 한 죄를 하나님이 심판하신다는 메시지의 전달입니다. 또 에돔의 심판 날이 곧 유다의 구원의 날이 될 것을 선포합니다. 결국 주님께서 다시 오시는 재림의 날이 믿는 자에게는 구원의 날이 될 것이고 믿지 않는 자들에게는 심판의 날이 될 것임을 미리 보여주신 말씀입니다. 그리고 전체 1장으로 되어 있는 오바댜는 모든 선지서 중에 제일 먼저 쓰여졌습니다.

5) 요엘

요엘 선지자의 활동시기를 놓고 학자들 간에 견해 차이가 많습니다. 오바댜와 비슷한 시기로 보기도 하고 요아스 왕의 시대로 보기도 합니다. 그리고 혹자는 요엘 선지자의 선포 내용을 통해 남유다의 멸망시기에 쓰여진 선지서로 보기도 합니다. 특별히 요엘서의 예언은 여호와의 날과 심판의 날을 선포합니다. 메뚜기의 재앙이 남유다에 몰아칠 때 선지자 요엘은 심판의 날을 경고하며 백성들이 하나님께 회개할 것을 촉구합니다. 또한 신약에서 베드로는 오순절 성령강림 사건의 배경을 요엘서에 나온 예언으로 설명합니다 (욜 2:28-32, 행2:16-17).

6) 미가

선지자 미가는 이사야 선지자와 비슷한 시대에 활동했습니다. 특히 요담과 아하스 통치 시기에 활동한 선지자입니다. 북이스라엘과 남유다 모두를 오가며 활동한 선지자이고, 남유다의 왕과 지도자들의 타락을 꼬집고 회개를 촉구하는 메시지를 전합니다. 남유다 뿐만 아니라 북이스라엘의 멸망이 얼마 남지 않았다는 메시지도 분명히 전달합니다. 그리고 우리가 잘 아는 메시아가 베들레헴에서 탄생할 것을 예언한 책이 바로 "미가서"입니다 (미5:2).

500년 이스라엘 왕과 선지자들

연대	통일왕국 시대	활동 선지자
1032–1010	사울 (이스보셋 2년 통치/ 1006–1004)	사무엘
1010–970	다윗	사무엘/*나단
970–930	솔로몬	*나단

분열왕국 시대

연대	남 유다	활동 선지자	연대	북 이스라엘	활동 선지자
930–914	르호보암		930–910	여로보암	
914–911	아비야				
911–870	아사		910–909	나답	
			909–886	*바아사	*예후
870–848	여호사밧	오바댜	886–885	엘라	
			885	*시므리	
			885–874	*오므리	*엘리야
			874–853	아합	
848–842	여호람(요람)		853–852	아하시야	
842–841	아하시야		852–841	요람	*엘리사
841–835	아달랴 (다윗계열아님)		841–813	*예후	
835–795	요아스	요엘	813–805	여호아하스	
795–775	아마샤		805–790	요아스	
775–735	아사랴(웃시야)	미가	790–749	여로보암 2	아모스/요나
750–730	요담 (섭정시대 포함)	이사야	749	스가랴	
			749	*살룸	호세아
			748–738	*므나헴	
			738–736	브가히야	
			736–731	*베가	
730–715	아하스		731–722	호세아	
			722	앗수르에게 멸망	

연대	잔존왕국 시대 (남 유다만 남는다.)	
715–686	히스기야	이사야
686–642	므낫세	나훔/스바냐
642–640	아몬	스바냐
640–609	요시야	예레미야
609	여호아하스	
609–598	여호야김(엘리야김)	하박국/예레미야
598	여호야긴	예레미야
597–586	시드기야	
586	바벨론에게 멸망	

● 왕 이름 앞에 * 표시는 왕조가 바뀐 것을 의미합니다.

● 선지자 앞에 * 표시는 성경을 기록하지 않은 선지자를 표시한 것입니다.

● "역사서" & "선지서"와 토마스 넬슨이 쓴 "성경개관"을 참고하여 도표를 만들었습니다.

14과 불순종의 끝은 멸망 – 역대하와 포로전기 선지서

북이스라엘 멸망 이후에 남유다가 남았지만 그들 또한 북이스라엘의 멸망을 교훈 삼지 않고 하나님의 말씀을 따라 돌이켜 회개하지 않았습니다. 하나님께서 많은 선지자들을 보내어 경고를 하셨지만 남유다는 하나님의 말씀을 가볍게 생각하고 순종하지 않았습니다. 그 결과로 남유다마저 하나님으로부터 심판을 당하게 됩니다. 이번 장에서는 먼저 역대하 말씀을 중심으로 잔존왕국 시대에 활동했던 선지자의 메시지를 살펴보고, 이어서 포로기로 넘어가 다니엘과 에스겔을 살펴보겠습니다. 이렇게 공부하면 잔존왕국이었던 남유다가 왜 망하게 되었는지, 또 포로로 잡혀갈 때쯤 남유다에서 활동한 선지자들의 메시지는 무엇인지 정리가 될 것입니다.

<table>
<tr><th rowspan="2">시대</th><th colspan="3">왕국 시대</th><th colspan="2">포로시대</th></tr>
<tr><th colspan="2">분열왕국</th><th>잔존왕국</th><th>전반기</th><th>후반기</th></tr>
<tr><td rowspan="3">선지자</td><td>북</td><td>남</td><td rowspan="2">나훔 /스바냐
예레미야(애가)
하박국</td><td rowspan="3">다니엘
에스겔</td><td rowspan="3">학개
스가랴
말라기</td></tr>
<tr><td>아모스
요나
호세아</td><td>오바댜
요엘
미가</td></tr>
<tr><td colspan="3">이사야 – (남) 히스기야시대</td></tr>
</table>

* 북은 북 이스라엘에서 활동한 선지자 / 남은 남 유다에서 활동한 선지자입니다.

1. 잔존왕국시대에 활동했던 선지자

북이스라엘이 앗수르에 의해 멸망 당한 이후 남유다만 남게 되었는데 이 남유다를 분열왕국시대의 남유다와 구별하여 부르는 말이 '잔존왕국'입니다. 하나님께서는 잔존왕국 남유다에도 여러 선지자를 보내셔서 메시지를 주셨습니다. 잔존왕국 시대의 선지자들을 살펴보기 전에 다시 한번 강조하고 싶은 것은 선지서를 읽을 때 반드시 시대적 배경, 역사적, 문화적, 사회적인 배경을 알고 그 당시 1차 독자에게 주는 메시지가 무엇인지를 먼저 파악하는 것이 매우 중요하다는 점입니다. 잔존왕국 시대의 역사적 배경에 대해 간략히 언급하자면, 북왕국 이스라엘을 멸망시킨 이후에 앗수르의 왕 산헤립은 남유다마저 손에 넣기 위해 내려옵니다. 이런 불안한 정국 가운데 남유다의 지도자들은 하나님이 아닌 애굽을 의지합니다. 백성들 사이에서는 우상 숭배가 팽배해지고 국가가 자신들의 안위를 책임져 주지 못한다는 생각에 스스로의 안전을 도모하기 위해 사설군대와 성같은 가옥을 짓기 시작합니다. 돈을 모으기 위해 수단과 방법을 가리지 않고 부패와 불의가 자행되는 가운데 백성들은 각자 소견에 옳은 대로 살 길을 찾습니다. 정치 지도자들 사이에서는 이권다툼이 일어나고 북방에서 바벨론이라는 신흥 강국이 점차 세력을 확장하자 남유다는 내외적인 어려움에 빠지게 됩니다. 이에 남유다는 더욱더 애굽을 의지하며 하나님을 외면하고, 말씀을 버리고, 우상숭배에 빠지게 됩니다. 이런 상황에서 잔존시대의 선지자들이 삶의 방향을 잃은 유다 백성들에게 하나님의 메시지를 전합니다.

1) 이사야

웃시야 왕이 죽은 뒤에 유다는 국력이 점점 쇠퇴하였는데, 앗수르가 북이스라엘을 쳐서 멸망시킨 시점에 이사야 선지자가 출현합니다 (BC 750-686). 이사야 선지자는 하나님의 백성들에게 총 66장에 걸친 예언을 선포합니다. 전반부 1-39장까지는 이스라엘 백성의 과거 고난에 관한 내용으로, 특히 이스라엘과 주변 나라들의 심판 내용도 포함하고 있습니다. 그리고 후반부 40-66

장까지는 메시야 왕국과 장차 다가올 하나님 나라에 관한 내용입니다. 앞으로 보게 될 하나님의 역사와 반드시 자기 백성을 구원하시는 하나님의 뜻이 담겨 있습니다. 후반부는 9장씩 세 파트로 나누어 '영광의 찬가' 내용이 나옵니다. 특히 이사야서는 신약성경과 연관이 깊은데 예수님의 수난과 더불어 메시아에 관한 예언의 말씀이 많이 들어 있습니다. 우리가 잘 아는 예수님의 수난 사건이 바로 이사야 53장에 자세히 기록되어 있습니다.

2) 나훔

하나님께서 선지자 요나를 통해 멸망 직전에 있던 앗수르 제국에게 구원을 베풀었는데, 100년이 못되어 앗수르는 하나님의 은혜를 모르고 오만방자하게 마구 칼을 휘두르며 죄를 짓습니다. 그 때 하나님께서 선지자 나훔(BC 686-642)을 통하여 앗수르의 멸망을 예언합니다. 하나님께서 북왕국 이스라엘을 치시는 채찍으로 앗수르를 사용하셨지만 그들은 너무나 과도한 폭력을 휘둘렀으며 남유다마저 침범하여 괴롭게 하였습니다. 하나님께서 이러한 그들의 죄를 묻습니다. 하나님은 세상과 역사를 다스리시는 주권자입니다. 나라와 민족에게 힘을 주시고 세상을 다스릴 권세를 주시지만, 언제든 그것을 거두실 수도 있는 통치자입니다. 하나님께서 주신 힘과 능력을 마치 자신의 능력인양 사용하며 교만했던 앗수르는 결국 바벨론에 의해 멸망 당합니다. 하나님의 하나님 되심을 인정하지 않는 나라는 반드시 망합니다.

3) 스바냐

스바냐 선지자는 BC 630년경에 활동했습니다. 특히 이스라엘 가운데 소수의 남은 신실한 자들을 격려하고, 앞으로 하나님께서 남유다도 심판 하실 것이라는 사실과 그들이 이방인의 손에 붙잡혀 가겠지만 다시 돌아와 회복될 것임을 예언했습니다. 스바냐 선지자는 이스라엘 백성들이 70년 동안 타국에서 지내게 될 것이지만 하나님께서는 여전히 그들을 기뻐하시고 사랑하신다는 역설적인 내용을 선포합니다. 특별히 스바냐 3장 17절의 말씀 **"너의 하나님 여호와가 너의 가운데 계시니 그는 구원을 베푸실 전능자시라 그가 너로 인하여 기쁨을 이기지 못하여 하시며 너를 잠잠히 사랑하시며 너로 인하여 즐거이 부르며 기뻐하시리라 하리라"**는 이런 역사적인 상황과는 어울리지 않는 표현 같지만 유다 백성을 향한 하나님의 변함없는 사랑의 마음을 잘 보여주고 있습니다.

4) 하박국

하박국 선지자는 BC 605년경 여호야김 때 활동한 선지자입니다. 그는 유다 사회에 죄악이 만연한 상태를 보고 하나님께서 백성들에게 관심이 없는 것은 아닌가 하는 의심을 하였습니다. 하박국 선지자는 정치 지도자들의 부패와 불의에 관한 모습을 보면서 "왜 의인은 고난을 당하고 불의한 자들은 더 잘됩니까?" "도대체 하나님의 정의는 있는 겁니까?" "하나님이 우리에게 관심이 있으십니까?"하는 질문들을 하나님께 던집니다. 하박국의 이런 고민에 대하여 하나님께서는 반드시 악인을 심판하신다는 것과 더 나아가 의인은 믿음으로 말미암아 살게 될 것이라는 회복의 메시지를 말씀해 주십니다. 자칫 우리는 나의 생각과 틀 안에서 하나님을 생각할 때가 있습니다. 그러나 하나님은 우리가 생각하지 못하는 것들을 보고 있고 판단하고 있습니다. 하나님은 모든 것을 알고 계시며 하나님은 항상 옳다는 믿음으로 끝까지 하나님의 공의와 사랑을 신뢰해야 합니다.

5) 예레미야 (애가)

남유다의 멸망시기에 광범위하게 활동했던 선지자가 예레미야입니다. 특별히 북왕국 이스라엘의 멸망과 히스기야 왕을 연결하는 고리가 선지자 이사야라면 남은 유다의 모든 왕들과 연관이 있는 선지자가 바로 "예레미야"입니다. 예레미야는 예루살렘의 멸망을 바라보며 눈물을 흘린 선지자라는 것을 기억해야 합니다. 그래서 예레미야와 예레미야 애가(슬픔의 노래)를 읽을 때에는 예레미야가 경험한 역사적인 고난을 기억하며 읽어야 합니다. 그럴 때 예레미야의 깊은 절망과 고통을 충분히 이해하게 됩니다. 예레미야는 지속적으로 유다가 멸망할 것과 바벨론으로 포로가 되어 끌려 갈 것을 예언했기 때문에 유다 백성들로부터 외면을 당합니다. 예리미야는 느부갓네살 왕에게 굴복하고 포로로 잡혀가라는 예언을 하였으며, 애굽을 의지하지 말 것과 하나님의 뜻을 외면하지 말 것을 예언합니다. 그러나 예언의 결말은 하나님께서 반드시 다시 회복해 주실 것이라는 희망의 메시지입니다. 하나님께서 70년 뒤에 반드시 다시 돌아오게 하실 것인데, 그날은 꼭 채워야 한다고 예언합니다. 앗수르 제국이 바벨론 제국에게 그렇게 힘없이 당할 줄 몰랐던 유다는 힘없는 애굽을 의지하여 목숨만이라도 건져 보려고 노력하였지만, 바베론 제국의 느부갓네살 왕은 애굽까지 쳐서 유다 백성을 포로로 잡아갑니다. 예레미야는 자신의 뜻과 상관없이 오직 하나님의 뜻이기 때문에 눈물을 흘리며 메시지를 전했습니다. 하나님의 선지자는 내가 원하는 메시지가 아닌 하나님이 전하라 하시는 메시지를 전해야 합니다. 하나님의 백성들도 내가 원하는 메시지만을 듣는 것이 아니라 내가 들어야 할 메시지를 들어야 합니다. 그럴 때 회복될 수 있습니다.

2. 분열왕국과 잔존왕국의 역사인 역대하

먼저 열왕기상/하와 역대하가 서로 연결되어 있다는 것을 알아야 합니다. 그래서 열왕기상 1장부터 11장까지 솔로몬의 이야기가 나오는데 역대하 1장부터 9장까지의 내용이 이와 거의 중복됩니다. 다윗의 뒤를 이어서 왕이 된 솔로몬은 일천번제를 드립니다. 여기서 이야기하는 일천번제는 '일천 번 드린 제사'가 아니라 '일천마리의 제물로 번제를 드린 것'임을 아시지요? 하나님은 일천번제(一千燔祭)를 드린 솔로몬에게 지혜를 선물로 주십니다. 솔로몬은 성전을 지을 때 두로의 왕 히람에게 먼저 도움을 요청합니다. 솔로몬이 짓는 성전은 역사적인 장소 위에 건축되는데, 바로 아브라함이 이삭을 하나님께 드리려고 했던 '모리아산'이며 다윗이 타작마당을 구입하여 하나님께 제사 드렸던 바로 그 장소입니다. 그리고 열왕기상 12장부터 끝까지는 북이스라엘의 역사가 기록되었는데 역대하는 남유다의 역사만 기록되었고 북이스라엘의 역사기록은 없습니다. 그래서 역대하 10장부터 36장까지

에 남유다의 분열왕국 시대와 잔존시대의 역사가 기록되었다고 생각하고 읽으면 이스라엘 전체 역사인 통일왕국, 분열왕국, 잔존왕국 시대가 정리됩니다.

1) 잔존왕국 시대

역대하 10장부터는 31장까지는 분열왕국 시대의 남유다 왕들에 대해 설명하였고, 역대하 32장부터 잔존왕국 시대가 시작되는데 그 첫 왕인 히스기야의 이야기가 나옵니다. 그러니까 열왕기하 18장과 역대하 32장을 함께 읽으면 잔존왕국 시대의 여러 내용을 함께 볼 수 있습니다. 북이스라엘이 앗수르에게 멸망 당하던 시기에 남유다를 다스린 왕이 "히스기야"입니다. 이스라엘 전체 왕국시대를 세 부분으로 구분한다고 할 때, 마지막 부분인 잔존왕국시대는 히스기야 왕이 구분점이라고 보면 됩니다. 그리고 이러한 역사적 배경을 바탕으로 한 위에 당시 사역했던 '이사야' 선지자의 메시지인 '이사야서'를 끼워 읽으면 그의 메시지가 더욱 명확히 이해됩니다. 히스기야 왕 뒤에 오는 요시야 왕에 대해서는 그의 '종교개혁'을 기억해야 합니다. 이때부터 유다가 모든 면에서 하락과 멸망의 길로 들어서게 됩니다. 그리고 유다의 마지막 왕인 시드기야까지 묶어서 보면 잔존 왕국시대 전체가 한눈에 보입니다.

잔존왕국시대와 연결해서 읽어야 될 선지서는 "나훔, 스바냐, 예레미야, 예레미야 애가, 하박국"입니다. 남유다는 북이스라엘의 패망을 보면서도 그것을 교훈 삼지 않았고, 하나님께서 선지자들을 통해 말씀을 주셨지만 그 말씀을 가볍게 여깁니다. 이것이 남유다가 북이스라엘과 동일하게 패망한 이유입니다. 우리도 요즘시대에 설교를 얼마나 많이 듣습니까! 인터넷 영상만 틀면 설교가 홍수처럼 쏟아집니다. 그런데 설교를 들으며 그 말씀이 정말 나에게 주시는 하나님의 음성이라고 생각하나요? 그 말씀을 붙들고 고민하고 회개하고 깊이 묵상하여 변화되는 자리까지, 실천하는 자리까지 가고 있나요? 아닙니다! 그것이 문제입니다! 몰라서 혹은 듣지를 못해서 변하지 않는 것은 문제입니다. 그러나 듣고도 변하지 않는 것은 '교만'이고 '목이 곧은 것'입니다. 끝까지 그렇게 가면 망하는 것입니다. 그런데 북이스라엘이 망하는 것을 다 지켜본 남유다 백성들도 결국은 망하는 그 길을 똑같이 걸어갑니다.

왕국시대의 역사를 보면 많은 왕들이 하나님의 하나님 되심을 인정하지 않고, 그 분의 음성에 귀를 기울이지 않고 가볍게 생각하여 망하게 됩니다. 성경은 하나님의 말씀을 듣는 것이 곧 하나님을 하나님으로 인정하는 것임을 말합니다. 그것이 하나님을 사랑하는 것이고 하나님께 영광을 올려 드리는 것입니다. 사무엘은 사울에게 "순종이 제사 보다 낫다"는 말을 하면서 "왕이 여호와의 말씀을 버렸으므로 여호와께서도 왕을 버렸다"고 꾸짖었습니다(삼상15:23). 하나님의 말씀을 귀하게 여기는 사람은 하나님을 귀하게 여기는 사람입니다.

잔존왕국 시대 남유다의 역사를 간략하게 정리하면 히스기야 왕 그리고 그 악했던 아들 므낫세, 다음은 아몬입니다. 히스기야 왕 때부터 앗수르 제국은 계속해서 남유다를 괴롭게 했고, 종교개혁을 했던 요시야왕과 여호아하스 그리고 여호야김과 여호야긴 그리고 마지막 왕인 시드기야 왕까지 모두 8명의 왕이 잔존왕국 시대 왕들입니다. 특히 종교개혁을 단행한 요시야 왕은 참 아까운 왕입니다. 종교개혁이 성공적으로 이루어졌다면 너무 좋았을텐데 꽃을 피우기 전에 죽습니다. 그러나 하나님은 이 시기에 바벨론에 포로로 잡혀가서도 목숨걸고 하나님의 뜻을 지켜낼 사드락과 메삭과 아벳느고, 그리고 다니엘 에스겔 같은 남은 자를 준비하십니다. 요시야의 종교개혁 덕분입니다. 그러므로 요시야의 종교개혁은 실패가 아니라 우리가 알 수 없는 하나님의 깊은 섭리와 은혜임을 알아야 합니다.

2) 예루살렘 멸망이 주는 교훈

이스라엘 백성에게 하나님의 성전은 신앙의 기초입니다. 그런데 그 성전을 하나님께서 손수 파괴하셨다는 것은 이제 이스라엘 백성과 맺은 언약을 버리셨다는 의미이기 때문에 이스라엘 백성들은 매우 두려웠을 것입니다. 이스라엘 백성이 출애굽하여 홍해를 건널 때 하나님은 성전의 모형인 성막을 짓게 하시고 성막을 통하여 이스라엘 백성 중에 거하시는 임마누엘 하나님이 되셨습니다. 하나님과 동행하는 것이 이스라엘 백성에게 가장 큰 복입니다. 하나님께서 복의 근원이기 때문에 하나님과 동행하는 것이 믿는 자들에게는 가장 큰 은혜입니다. 그렇다면 이렇게 하나님과 동행하기 위해 반드시 선행되어야 할 조건은 무엇입니까? 그것은 하나님을 하나님으로 인정하고, 그 분을 목자로 인정하고, 우리는 양이 되어 주님의 온전한 뜻을 따라가는 것입니다. 하나님의 말씀을 따라가는 것이 하나님을 인정하는 것입니다.

하나님께서는 이스라엘과 언약을 맺으시며 "나는 너희 하나님이 되고 너희는 나의 백성이 될 것이라"고 하신 후에 성막을 통하여 이스라엘 진영에 늘 함께 하심으로써 그 언약을 지키셨습니다. 그 이후에 이스라엘 백성들은 가나안 정복을 완수하고 다윗시대에 성전 짓기를 준비한 다음 솔로몬왕 때 성전을 완공하여 하나님께 봉헌합니다. 하나님께 성전을 봉헌하여 드릴 때 하나님의 거룩한 영광이 성전 안에 가득하여 하나님의 임재와 동행하심을 다시한번 보여주셨습니다. 이렇게 하나님께서 영원히 이스라엘 백성과 함께 하신다는 상징적인 의미를 갖고 있는 성전이 '파괴' 된다는 것은 하나님께서 약속을 파기하고 당신의 백성을 버리신다는 충격적인 메시지입니다. 유다 백성들은 처음에 선지자 예레미야의 말을 믿지 못했습니다. 말도 안 되는 예언이라고 생각했습니다. 어떻게 이스라엘의 하나님께서 당신의 백성을 버리신단 말인가! 사실 버리신 것은 아닙니다. 70년 동안 고난을 받게 하심으로써 그들이 죄를 깨닫고 회개하도록 기회를 주신 것입니다. 그런데 유다 백성의 입장에서는 도저히 받아들이기 힘든 내용입니다. 어떻게 살아계신 하나님의 성전이 파괴될 수 있는가! 그래서 예레미야는 성전 파괴와 유다의 멸망을 예언하면서 동시에 이스라엘이 회개하면 하나님께서 70년 뒤에 반드시 다시 돌아오도록 역사하실 것을 예언했습니다. 그 이후에 다니엘과 에스겔 선지자를 통해서 포로시대를 마감하고 하나님은 약속하신 대로 회개하며 돌아선 이스라엘 백성을 다시 회복시켜 주셨습니다. 특히 페르시아의 왕인 고레스를 통해 놀라운 기적을 보여주신 하나님은 역사를 주관하시는 주권자이시며 하나님의 나라를 회복하시고 보존하는 능력과 권세가 그 분께 있습니다.

3. 유다의 멸망과 포로시대 초기 선지자들

잔존시대 유다에서 활동한 선지자들은 "이사야, 나훔, 스바냐, 예레미야, 하박국"입니다. 총 17권의 선지서 중에 12권은 왕정시대에 기록되었고, 남유다의 멸망과 함께 포로시대로 넘어와서 나머지 5권이 쓰였습니다. 포로기 초기에 "다니엘과 에스겔", 그리고 포로기 후기에 "학개, 스가랴, 말라기"가 쓰여서 총 5권입니다. 그래서 남유다의 멸망시기에 맞추어 포로기 초기에 쓰여진 선지서 2권, 다니엘과 에스겔을 함께 읽으며 정리해야 합니다. 다니엘과 에스겔은 바벨론 포로로 잡혀가던 시기에 쓰여진 선지서입니다. 성경의 순서로는 에스겔서가 먼저지만, 포로로 잡혀간 시기를 따져보면 1차 포로로 다니엘이 잡혀갔고, 에스겔은 2차 포로로 잡혀갔습니다. 이런 상황을 미리 알고 읽으면 좋습니다.

1) 다니엘

다니엘이라는 이름의 뜻은 "하나님은 나의 재판관"입니다. 다니엘은 하나님께서 보여주신 환상을 보고 예언의 말씀을 기록했습니다. 그가 바벨론 포로로 잡혀간 시기는 BC 605년으로 당시 여호와김이 통치한 지 3년째 되던 해인데, 그 때 다니엘의 나이는 대략 20세 전후로 추정됩니다. 페르시아 고레스 왕이 통치할 때까지 활동한 것으로 볼 때, 다니엘은 70세인데도 예언을 했고 거의 100세 가까이 살았을 것으로 생각합니다. 다니엘서는 요한계시록과 더불어 문학적 분류로 보면 묵시문학에 속합니다. 묵시문학은 비유와 상징으로 서술된 언어표현이 많이 나옵니다. 역사의 종말에 관한 예언들과 종말시대에 일어날 일들을 말씀하고 있습니다. 또한 다니엘서는 하나님의 백성이 세상으로부터 핍박을 받지만 역사를 주관하시는 하나님의 주권을 믿고 믿음으로 승리할 것을 말씀합니다.

다니엘서는 전체를 두 부분으로 나눌 수 있는데, 하나는 역사적인 부분이고 다른 하나는 예언적인 부분입니다. 1장부터 6장까지는 1차 포로가 되어 바벨론으로 잡혀 갈 때 그 속에 다니엘과 세 친구인 사드락과 메삭과 아벳느고가 함께 잡혀가는 역사적인 사실과 바벨론에서 훈련받고 연단되는 기록입니다. 7장부터 12장은 예언적인 부분으로 다니엘이 환상을 보고 기록한 내용입니다. 다니엘이 본 환상은 앞으로 진행될 세계역사의 흐름을 말해주고 있습니다. 결국 신약에 나타날 메시야 도래와 그 시간이 어떻게 진행되어 갈 것인지, 또한 그 모든 일을 주관하시는 하나님의 계획은 무엇인지, 그것을 이제 이스라엘 백성이 어떻게 준비해야 하는지에 대해 말씀해 주고 있습니다.

2) 에스겔

에스겔이라는 이름은 "하나님께서 강하게 하신다"는 뜻입니다. 에스겔은 제사장 사독의 후손으로 30세 때인 BC 593년에 예언자로 부름을 받았으며 여호와긴 왕과 함께 BC 597년에 바벨론 2차 포로로 잡혀갑니다. 그의 아내는 BC 588년에 예루살렘이 포위되었을 때쯤 죽었을 것으로 추정합니다. 에스겔 24장에는 "인자(사람의 아들)"라는 표현과 "여호와의 영광"이라는 말, 그리고 "내가 여호와인줄 그들이 알리라"라는 말 등이 여러 번 반복해서 나옵니다. 하나님께서 그의 사랑하는 백성인 이스라엘을 이방인들의 손에 넘기시고, 심지어 하나님께서 성전마저 파괴하신 이유는 무엇입니까? 이스라엘 백성들이 하나님을 하나님으로 인정하지 않음으로 인해 하나님이 받으시는 영광이 없고, 백성들이 하나님께 올려드리는 영광이 없는데 성전이 무슨 소용이 있겠습니까! 누구를 위한 성전이며 무엇을 위한 성전입니까! 하나님의 하나님 되심이 없어지는 순간부터 인간들은 스스로 하나님이 되어 자기 주관대로 살아가고, 그 때부터 죄가 역사하며 사망의 법이 다스리게 되는 것입니다.

신약에서 예수님은 자신을 가리켜 "인자"라고 말씀하셨습니다. 왜 그렇습니까? 죄된 인간은 누구도 예외 없이 자신이 하나님 되어 하나님의 영광을 가로채거나, 하나님이 아닌 다른 것을 하나님 삼고 사는 죄를 범하여 하나님과 원수가 됩니다. 그 결과로 하나님의 영광에 이르지 못하게 됩니다. 그러나 이 사망의 굴레를 벗어나 구원받을 수 있는 유일한 방법이 있습니다. 그것은 우리 속에 들어와 하나님이 되실 수 있는 분이 하나님 노릇하시고 우리를 다스리는 것입니다. 예수님께서는 친히 "나로 말미암지 않고는 하나님께로 나아갈 자가 없다"고 했습니다. 그렇습니다. 예수님이 우리 속에 들어와 하나님이 되시는 사건이 일어날 때에만 비로소 우리는 죄와 사망의 법에서 해방되는 것입니다.

다니엘서와 에스겔서에 나오는 "인자"는 신약에 오실 예수님을 가리키는 말씀이고, 요한계시록에 나오는 머리에 금 면류관을 쓰고 구름위에 앉은 "인자" 같은 이는 종말의 때에 다시 오실 예수님을 가리키는 말입니다(계14:14). 오직 예수 그리스도만이 우리 속에 들어와 하나님 노릇하실 수 있는 유일하신 "인자(人子)"이십니다. 그래서 베드로는 "주는 그리스도시요 하나님의 아들"이라고 고백했고, 도마도 부활하신 예수님을 향하여 "나의 주, 나의 하나님"이라고 고백했습니다. 예수님이 나의 주와 하나님이 되실 때 비로소 하나님께 영광을 올려드릴 수 있습니다.

다시 에스겔서의 내용으로 돌아가서 보면, 예루살렘은 느부갓네살 왕에 의하여 3차례에 걸쳐 공격을 받습니다. 그 중 2차 침공 때인 BC 597년에는 여호야김과 여호야긴의 반역 때문에 느부갓네살 왕이 침략해서 여호야긴과 에스겔 등 1만명이 넘는 이스라엘 백성을 포로로 잡아 갑니다. 에스겔서는 전체적으로 네 부분으로 나뉩니다. 1장부터 3장까지는 에스겔이 하나님께 받은 소명, 4장부터 24장까지는 예루살렘과 유다에 관한 심판, 25장부터 32장까지는 민족과 열방에 관한 심판, 그리고 마지막으로 33장부터 48장까지는 이스라엘의 회복에 관한 말씀입니다.

4. 남유다의 멸망과 포로시대

BC 609년, 애굽과 바벨론의 1차 전쟁으로 시작된 패권 다툼은 결국 남유다의 요시야 왕(16대)이 갈그미스 전투에서 죽는 결과를 낳습니다. 백성들은 그 아들 여호아하스(17대)를 급히 왕으로 세웠지만 애굽 왕 바로느고는 여호아하스를 폐위시키고 여호야김(18대)을 왕으로 세웁니다. 여호야김은 바벨론을 배반하고 애굽에 붙어서 애굽을 크게 의존합니다. 바벨론의 느부갓네살 왕은 몇 차례에 걸쳐서 기회를 주며 애굽과 내통하지 말라는 경고 주었는데 바벨론의 경고를 무시한 여호야김은 스스로 멸망을 자초합니다.

애굽과 바벨론의 2차 전투가 BC 605년에 발생합니다. 이미 여호아하스(17대)는 애굽에 잡혀간 상황이고 그 다음에 왕이 된 여호야김(18대)은 애굽에 조공을 바쳐야 되는 상태가 됩니다. 이런 외교적인 상황에서 발발한 애굽과 바벨론의 2차 전쟁은 바벨론 느부갓네살왕의 승리로 끝납니다. 그리고 느부갓네살은 곧바로 이어서 예루살렘을 1차 침공합니다. 그동안 좋든 싫든 애굽을 섬겨야 했던 여호야김(18대)은 바벨론의 강력한 요구로 인하여 애굽과 외교를 단절하고 바벨론을 섬겨야 하는 상황에 처합니다. 이 때 다니엘과 그의 세 친구를 포함한 귀족자녀들이 1차 포로가 되어 바벨론으로 끌려 갑니다.

그 후 여호야김(BC 602-597년)이 다시 바벨론을 배신합니다. 바벨론 제국은 유다와 주변 국가들까지 침공하여 각 지역마다 군대를 배치하여 백성들의 반란을 감시하고 신속히 진압할 수 있도록 진영을 구축합니다. 여호야김은 결국 사망하고 BC 598년에 여호야김의 아들인 여호야긴이 19대 왕이 됩니다. 여호야긴도 즉위 하자마자 바벨론을 배신하고 친애굽의 정치성향을 보입니다. 그때 느부갓네살 왕이 2차 예루살렘 침공을 하게 됩니다. 예루살렘을 성을 함락한 느부갓네살 왕은 여호야긴을 포로로 잡아가고 삼촌인 시드기야(BC 597-586년)를 20대 왕으로 세웁니다. 여호야긴(19대)과 에스겔을 포함한 1만명의 일반 백성들은 2차 포로가 되어 바벨론으로 끌려갑니다.

잔존왕국 남유다의 마지막 왕인 시드기야는 BC 597년부터 587년까지 통치합니다. 그러나 시드기야도 바벨론을 배신하고 친애굽의 정치적 입장을 고수합니다. 이 사실을 알게 된 느부갓네살왕은 3차 예루살렘 공격을 감행하고 유다는 예루살렘 성전마저 파괴되며 결국 종말을 맞고 시드기야 왕은 바벨론 포로로 잡혀갑니다. 이렇게 남유다가 멸망하는 과정을 역대하의 기록을 중심으로 확인하면서 다니엘과 에스겔을 읽으면 왕국시대의 종말과 포로시대의 시작이 어떻게 이루어졌는지 확실하게 정리할 수 있습니다.

3차에 걸친 바벨론 침공과 유다의 멸망

시기	핵심 사건	세부사항
B.C. 609년	**애굽과 바벨론의 1차 전쟁**	1. 갈그미스에서 요시야(16대)이 전사함 2. 아들 여호아하스(17대)가 왕이 됨 3. 애굽의 바로느고가 허락없이 왕이 된 여호아하스를 폐위하고 여호야김(18대)을 왕으로 세움 4. 유다는 잔존왕국 시대에 애굽의 속국이 됨
B.C. 605년	**애굽과 바벨론의 2차 전쟁**	1. 애굽의 편이 되어 전쟁을 지원한 여호야김 2. 바벨론이 2차 전쟁에 승리함 3. 느부갓네살이 애굽을 도와준 유다를 침공함 4. 예루살렘 1차 침공 5. 애굽과 바벨론 사이에서 갈등하는 여호야김 6. 바벨론으로 포로가 되어 끌려감 (1차)
B.C. 602년 – 597년	**여호야김의 배신에 분노한 느부갓네살**	1. 가나안 땅과 주변지역에 군대를 배치함 2. 3년간 섬기던 바벨론을 배신하고 애굽으로 전향함 3. 여호야김(18대)의 사망과 여호야긴(19대)의 즉위 4. 느부갓네살의 2차 예루살렘 침공 5. 여호야긴을 폐위시키고 시드기야(20대)를 왕으로 세움 6. 여호야긴을 포함하여 에스겔과 백성들이 2차 포로로 끌려감
B.C. 597년 – 587년	**시드기야의 배신과 유다의 멸망**	1. 시드기야왕이 친애굽으로 전향함 2. 3차 예루살렘 침공 (느부갓네살이 직접) 3. 시드기야를 포함하여 유다 백성이 3차 포로로 끌려감

15과 세 가지를 재건하다 – 에스라, 느헤미야, 에스더

북왕국 이스라엘과 남유다가 모두 멸망하면서 이스라엘 왕국시대는 끝이 났습니다. 나중에 신구약 중간시대에 독립운동으로 일어난 제사장 마카비 가문의 하스모니안 왕조가 있기는 하지만 성경에는 그 기록이 없기 때문에 성경에 소개된 왕국시대는 남유다의 멸망과 함께 역사속으로 사라졌습니다. 이제는 이스라엘 백성이 포로가 되어 바벨론으로 끌려간 것을 생각하며 에스라, 느헤미야, 에스더를 읽을 차례입니다. 그런데 이스라엘의 역사와 고대 근동에 있었던 나라들의 역사 간에는 서로 깊은 연관성이 있기 때문에 에스라, 느헤미야, 에스더에 관해 살펴볼 때 그 당시 이스라엘의 주변에 나타났던 고대제국의 상황도 함께 연구해 보는 것이 매우 중요합니다.

처음 소개할 나라는 앗수르 제국입니다. 북왕국 이스라엘을 멸망시킨 앗수르는 우리가 역사책

에서 "앗시리아"라고 배운 나라입니다. 오늘날 이라크의 조상입니다. 니느웨가 수도인데 선지가 요나가 하나님의 메시지를 전해준 곳입니다. 앗수르는 애굽의 뒤를 이어서 중동지역의 패권을 차지했습니다. 앗수르 제국은 정복국가를 다스릴 때에 그 민족의 고유문화를 말살하는 정책을 활용했는데 이는 반역의 여지를 근본부터 차단하여 평화를 유지하며 수월하게 지배하고자 하는 목적 때문이었습니다. 그런 정책의 일환으로 두 민족을 서로 섞이게 만들어 새로운 혼혈인들이 태어나게 함으로써 고유문화와 민족정체성에 묶이지 않도록 하였습니다. 하나님께서는 나중에 이러한 앗수르 제국의 악행을 심판하시며 새로운 신흥 국가인 바벨론에 의해 멸망하게 만드십니다.

이어서 등장하는 나라가 바벨론 제국입니다. 우리가 세계사 시간에 배운 '(신)바벨론' 또는 '바벨로니아'라는 나라가 바벨론입니다. 앗수르 제국의 거점이 티그리스강과 유프라테스강의 상류지역이었다면 바벨론 제국의 거점은 티그리스와 유프라테스강 하류지역에 있었습니다. 바벨론은 갈대아 우르 지방을 포함하고 있기 때문에 우리가 잘 아는 '아브라함'과 관련이 있습니다. 앗수르와 (구)바벨론은 분열과 통일을 반복하다가 결국 BC 722년까지 앗수르가 가지고 있던 패권을 갈대아 왕조가 빼앗아 갑니다. 그래서 세워진 나라가 느부갓네살 왕이 건설한 (신)바벨론 제국입니다. 그러나 (신)바벨론 제국의 통치 기간은 채 90년이 못되어 끝이 나고 맙니다.

그 다음에 메대·바사라는 제국이 탄생합니다. 메대·바사는 역사책에 '메디아'와 '페르시아' 제

국으로 각각 소개됩니다. 바벨론이 오늘날 이라크의 조상이라면 메대와 바사는 오늘날 이란의 조상입니다. 그러니까 전혀 다른 민족입니다. 그래서 지금도 이란 사람들은 자신들을 중동사람으로 묶어 똑같이 취급하는 것을 대단히 싫어한다고 합니다. 자신들의 조상은 아랍계가 아니라 유럽계라고 생각하기 때문입니다. 메대·바사는 페르시아만을 중심으로 동쪽에 위치하고 있습니다. 특히 바사(페르시아)제국은 과거에 주변국가에게 변변한 힘조차 쓰지 못했던 나라였다가 불과 100년도 안되는 기간에 세계 역사상 가장 큰 획을 긋는 나라로 성장하였습니다. 성경에 나오는 고레스, 다리오, 아하수에로, 아닥사스다, 다리오 2세 등이 모두 바사 제국의 왕들이었습니다.

페르시아 제국을 건설한 고레스는 다른 민족에게 호의적인 정책을 폈습니다. 그가 바로 이스라엘 백성들에게 칙령을 발표하여 예루살렘으로 귀국하고 다시 성전을 재건하도록 명령을 내린 왕입니다 (고레스 원년/BC 538). 고레스는 과거 성전에서 쓰던 기구들까지 돌려주며 예루살렘으로 귀환하도록 허락합니다. 그래서 '포로 귀환'은 이스라엘 백성이 힘을 길러서 이루어 낸 독립이나 해방의 역사가 아니라 하나님께서 이스라엘 백성에게 전적으로 은혜를 베푸신 기적의 사건입니다. 고레스의 칙령은 하나님께서 이스라엘 백성과 하신 약속을 이루신 사건이고 하나님께서 이스라엘 백성을 용서하시고 다시 회복시키신 역사적인 사건입니다. 다니엘서 2장에 보면 바벨론의 느부갓네살 왕이 한 꿈을 꾸는데 아무도 그 꿈이 무슨 뜻인지 해석하지 못할 때 다니엘이 그것을

해석하여 앞으로 일어나게 될 세계 역사의 흐름을 정확하게 말해 줍니다. 이것은 단순한 꿈 해석이 아니라 앞으로 세계 역사의 흐름이 어떻게 될 것인지를 보여준 것이고 제국들의 흥망 성쇠를 이미 하나님께서 다 알고 계신다는 뜻입니다. 하나님은 역사를 주관하시며 결정하시는 주권자입니다.

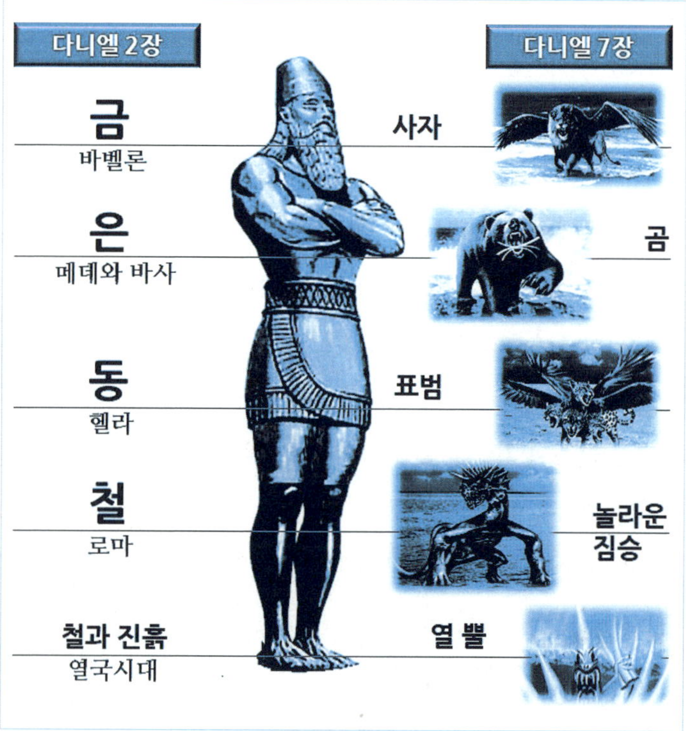

다니엘서 2장에 나오는 느부갓네살 왕이 꿈에서 본 거대한 신상의 머리부분은 금이라고 했습니다. 이것은 바벨론 제국을 말하는 것인데 다니엘서 7장에 나오는 네 짐승 중에 사자도 역시 바벨론을 상징합니다. 그리고 신상의 두 팔과 가슴은 은이라고 했는데 그것은 메대와 바사 제국을 말하고 있습니다. 7장에 나오는 네 마리 짐승 중 곰도 메대와 바사를 상징합니다. 배와 넓적다리 부분은 동이라고 했습니다. 동은 알렉산더 대왕이 세운 헬라제국(그리스)을 말하고 있고 7장에서는 발이 빠른 표범으로 묘사되고 있습니다. 신상의 무릎아래 부분은 철인데 그것은 로마 제국을 말하고 있습니다. 7장에서는 무섭고 놀라운 짐승으로 나옵니다. 마지막으로 철과 진흙으로 된 발은 열국시대를 상징하는데 7장에 나오는 놀라운 짐승의 머리 위에 있는 열 뿔이 상징하는 것도 열국시대입니다. 이렇게 앞으로 일어날 모든 일을 하나님께서는 다니엘서 2장에서는 느부갓네살 왕에게 꿈으로 보여주셨고, 다니엘서 7장에서는 벨사살 왕 첫해에 다니엘에게 꿈으로 보여주셨습니다. 이 모든 것을 통해 우리는 역사의 주관자가 하나님이심을 분명히 알아야 합니다.

1. 에스라 읽기

포로시대 초기의 중심인물이 다니엘과 에스겔이라면 포로시대 후기는 에스라, 느헤미야, 에스더입니다. 에스라는 이스라엘 백성의 신앙회복을 위해 하나님께 크게 쓰임 받은 인물입니다. 그는 성전재건 당시 예루살렘에 없었습니다. 고레스 왕의 칙령 이후 BC 536년에 유다 왕의 후손인 스룹바벨과 제사장의 후손인 예수아(여호수아)가 중심이 되어 1차 포로 귀환이 이루어지게 되고 예루살렘 성전을 재건하기 위해 이스라엘 백성 일부가 고향에 돌아옵니다 (에스라 1-6장). 그리고 BC 478년에 에스더가 왕후로 뽑혀 수산성에 들어갑니다. 하만의 계략으로 이스라엘 백성 전체가 몰살 될 위기에 처했을 때, 에스더는 "**죽으면 죽으리라**"는 각오로 목숨을 걸고 민족을 구합니다. 이것이 에스더서에 기록된 사건이고 동시에 에스라 6장과 7장 사이에 일어난 일입니다.

1차로 포로귀환한 이스라엘 백성들은 성전재건을 시작하지만 다 마치지 못하고 중단되었다가 나중에 학개와 스가랴 선지자의 촉구로 성전재건이 다시 이어집니다. 성전재건 당시 에스라는 예루살렘에 없었다고 위에서 말했습니다. 그런데 한가지 궁금한 것은 에스라는 당시 예루살렘에 없었음에도 불구하고 예루살렘에서 벌어진 사건도 기록하고 있고 페르시아 수산성에서 벌어진 사건도 기록하고 있습니다. 그래서 성경을 읽다 보면 에스라도 1차 포로 귀환 때 함께 동행하여 "지금 예루살렘에 머물고 있는 것이 아닌가?"하는 추측을 하게 합니다. 그러나 에스라는 1차 포로 귀환 때 함께 하지 못하였고 에스라서를 기록할 당시에는 에스더와 함께 수산성에 있었습니다. 그는 성전이 재건되고 약 60년이 지난 BC 458년, 2차 포로 귀환 때 예루살렘에 도착합니다.

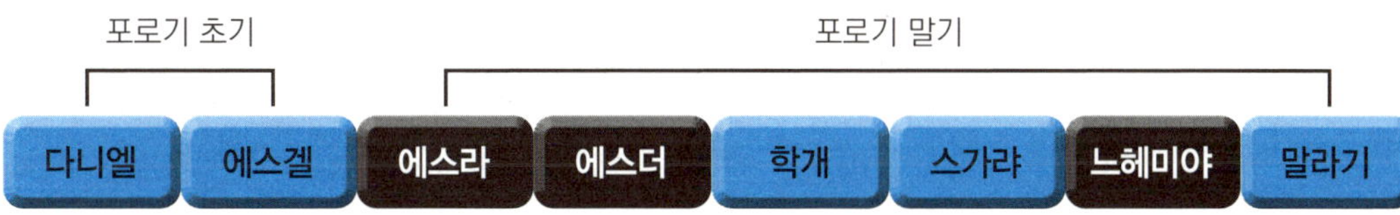

●파란색은 "선지서"이고 회색은 "역사서"입니다. 연대기 순서대로 배열했습니다.

다시 정리해 봅시다. "다니엘과 에스겔"은 바벨론에 포로로 잡혀갈 때 즉 포로시대 초기의 인물들이고, 고레스 왕의 칙령으로 이스라엘 백성이 예루살렘으로 귀환한 이후인 포로시대 후기의 인물이 "에스라와 느헤미야"이며 "에스더"는 에스라 6장과 7장 사이에 나온다고 생각하면 됩니다. 그리고 "학개와 스가랴"를 에스라와 느헤미야 사이에 끼워 넣고 느헤미야 이후에 "말라기"를 읽으면 연대기에 맞추어서 구약을 다 읽는 셈입니다.

레위 지파 출신이고 학사 겸 제사장인 에스라는 페르시아에서 출생한 이민 3~4세대 정도의 후손입니다. 그런데 일찍부터 모세의 율법 연구에 집중했으며 이스라엘 역사상 가장 큰 고난의 시기인 포로시대를 신앙적인 관점에서 해석하였습니다. 그는 하나님께서 언약하신 대로 제 2의 출애굽처럼 포로로 잡혀가 있는 이스라엘 백성들의 회복이 일어날 것이라 믿고 율법 연구에 매진하였습니다. 그래서 에스라는 "왜 이스라엘 백성이 포로가 되었는지", 또한 "어떻게 해야 다시 회복될 수 있는지"에 대해 깨달은 후 백성들에게 철저한 회개와 말씀 회복을 강조합니다. 나중에 그가 예루살렘에 귀환하여 제일 강력하게 추진한 '신앙회복 운동'은 이방인과 결혼한 이스라엘 백성에게 자식도 버리고 아내도 버리도록 만들 정도였습니다. 오늘날의 윤리적인 기준과 상식으로 보면 정말 이해할 수 없는 명령입니다. 그러나 원래 이스라엘 백성에게 주어진 율법에는 이방 사람과 절대로 결혼하지 말라고 했습니다. 이것이 하나님과 이스라엘 사이에 맺은 언약입니다. 하나님과 맺은 언약을 지키기 위해서 사회적 윤리와 도덕적 가치를 뛰어 넘는 것입니다.

언약이란 이렇게 중요합니다. 이스라엘 백성이 하나님의 백성이 되고 하나님도 이스라엘의 하나님이 되어 항상 동행하는 관계로 묶인 것이 바로 "언약 관계"입니다. 그런데 이스라엘 백성들은 이 언약관계를 깨뜨렸습니다. 언약의 백성인 이스라엘이 우상숭배를 하며 하나님의 말씀을 버리게 된 이유가 바로 이방 사람과 섞이면서 타락하였기 때문임을 알게 된 에스라는 하나님과 맺은 언약을 회복하고 하나님과 맺은 약속을 철저한 지키도록 하기 위해 인간적인 감정으로는 도저히 감당키 어려운 특단의 명령을 내렸던 것입니다. 신앙의 회복은 회개하고 말씀대로 다시 순종할 때 이루어집니다.

에스라서는 크게 세 부분으로 나눕니다. 먼저 첫 번째로, 1장과 2장을 보면 앗수르를 멸망시킨 바벨론이 나오고, 바벨론을 멸망시킨 메대와 바사가 나옵니다. 그리고 바사의 고레스왕이 하나님께 감동을 받아서 이스라엘 백성에게 예루살렘으로 돌아가 성전을 건축하도록 칙령을 내립니다. 그리하여 BC 538년에 1차 포로 귀환이 이루어집니다. BC 605년에 바벨론 포로로 잡혀갔던 이스라엘 백성들이 하나님의 "예언의 말씀대로" 약 70년 만에 돌아오게 된 것입니다 (참고: 렘 25장, 29장). 그리고 돌아온 자들의 명단을 지파별로 구분해서 기록했습니다.

두 번째, 3장부터 6장까지입니다. 여기서는 성전 재건과 예배 회복에 관한 내용을 다루고 있습니다. 이 자리에 성전 재건과 관련이 있는 예언서 '학개와 스가랴'가 슬며시 끼어 들어와야 합니다. 그리고 역사서인 '에스더서'도 이 대목에서 함께 읽는 것이 좋습니다. 바벨론 포로로 잡혀 갔던 사람들은 다시 돌아와 마주한 무너진 예루살렘 성의 황폐함을 보고 이를 재건할 생각에 무척 막막했을 것입니다. 이제 다시 역이민을 한 상황에서 자신들의 정착을 위해 추진해야 될 일들도 많은데 거기에 성전재건까지 해야 했으니 모든 것이 만만치 않았을 것입니다. 결국 성전재건을 하다가 중단되었고 무려 16년 동안 일을 멈추게 됩니다. 하나님께서는 그런 상황을 이해하시고 16년 동안 침묵하고 백성들의 삶부터 회복되도록 기다려 주십니다. 그러나 백성들은 생활이 안정을 찾은 이후에도 성전재건을 다시 이어갈 생각을 하지 않고 안락함과 편안함에 안주하려고 합니다. 그 때 선지자 학개와 스가랴가 나서서 성전재건 사역을 다시 시작하도록 촉구합니다. 그 메시지가 학개와 스가랴의 말씀입니다. 그리고 BC483-474년 아하수에로 왕 때, 에스라는 아직도 페르시아에 있었고 에스더가 왕후가 되어 이스라엘 백성을 몰살하려 했던 하만의 악한 계략에서 백성을 구원하고 하나님의 뜻을 이룹니다. 그래서 에스더서도 이곳에 끼워 읽으면 됩니다.

그리고 마지막으로 7장부터 10장까지입니다. 이 때가 BC 458년쯤인데 에스라가 백성들과 함께 제2차 포로귀환 때 예루살렘으로 오게 됩니다. 이미 성전은 완공이 되었고 아닥사스다왕의 허락 하에 (왕의 조서 7장 12-26절) 많은 이스라엘 백성들이 예루살렘에 도착하게 됩니다. 그러나 성전의 재건이 무색할 정도로 신앙의 회복은 전혀 이루어지지 않아서 이방인과의 혼인이 성행하고 하나님의 말씀으로 돌아가려는 움직임은 전혀 없었습니다. 이 때 에스라가 이스라엘 백성들의 신앙회복을 위해 나섭니다. 에스라는 성전재건 이후에 '신앙의 재건'을 이룩한 사람으로서 유대인들이 '제2의 모세'로 생각할 만큼 유대교의 틀을 완성한 인물입니다.

2. 느헤미야 읽기

유대인들은 에스라서와 느헤미야서를 구분하지 않습니다. 원래 에스라서와 느헤미야서는 한 권으로 되어 있었기 때문입니다. 그래서 느헤미야서를 읽다 보면 저자가 느헤미야인 것처럼 보이기도 하지만 ("하가랴의 아들 느헤미야가 한 말이다(느1:1)") 대다수의 학자들은 느헤미야서도 에스라가 기록했을 것으로 생각합니다. 그래서인지 우리가 이미 공부한 70인역본에 에스라서와 느헤미야서는 각각 '에스라 1서'와 '에스라 2서'로 나옵니다. 에스라와 느헤미야 사이에는 시간적으로 13년의 공백이 있습니다. 그래서 앞서 소개한 1차 포로 귀환을 주도한 스룹바벨은 **'성전재건'**을 담당했고 2차 포로 귀환을 주도한 에스라는 **'신앙재건'**을 담당했고, 3차 포로 귀환을 주도한 느헤미야는 **'성벽재건'**을 하였습니다. 예루살렘 성전 재건 이후 100년만에 느헤미야가 예루살렘에 도착해서 예루살렘 성벽을 재건한 것입니다. 에스라와 느헤미야는 비슷한 시기에 활동을 한 인물들이기 때문에 에스라서와 느헤미야서는 함께 붙여서 읽는 것이 좋습니다.

에스라 느헤미야를 통해 보는 포로귀환

시기	핵심 사건	성경/구절	세부사항
B.C. 538년	**1차 포로귀환**	에스라 1-2장	1. 페르시아 제국을 건설한 고레스가 하나님이 주시는 감동에 순종하여 칙령을 내림 2. 선지자의 예언대로 70년 만에 귀환함 3. 인솔자는 정치지도자 스룹바벨과 제사장 여호수아(예수아)가 인도함
B.C. 516년	**성전재건**	에스라 3-6장	1. 16년동안 성전건축이 중단된 상태였음 2. 학개 스가랴의 예언으로 성전재건 완성 3. 사마리아인들의 성전재건 방해를 이김 4. 에스더 사건이 비슷한 시기에 수산성에서 있었을 것으로 추정함 (동일한 시기)
B.C. 458년	**2차 포로귀환**	에스라 7-10장	1. 성전건축이 완공된 뒤 약 60년이 흐름 2. 에스라와 백성들이 2차로 귀환함 3. 이스라엘 백성의 신앙을 회복하고 지키기 위해서 이방인과 결혼을 파기하고 금지시킴
B.C. 445년	**3차 포로귀환**	느헤미야 1-7장	1. 아삭사드다 왕의 명령으로 3차 포로귀환 (지도자 느헤미야는 12년 동안 사역함) 2. 예루살렘 성벽을 재건함
B.C. 445년	**종교개혁**	느헤미야 8-13장	1. 에스라와 느헤미야가 공동으로 사역함 2. 율법책을 낭독하고 백성들은 회개함 3. 인구를 조사하여 초막절을 지킴 4. 제사제도 회복을 위해 레위지파를 재정비함 5. 유대교의 틀을 갖춤 (회당/율법 강조)

느헤미야서는 크게 두 부분으로 나눌 수 있습니다. 하나는 1장부터 7장까지로 약 BC 445년경의 사건으로 추정합니다. 이스라엘 백성의 제3차 포로 귀환이 이루어지고 이어서 곧바로 성벽 재건에 착수합니다. 이렇게 빨리 성벽재건을 시작할 수 있었던 것은, 아닥사스다 왕의 명령을 받고 그 책임을 이행한 사람이 바로 느헤미야이었기 때문입니다. 느헤미야는 성벽의 재건 이후에도 왕의 명령을 수행하면서 약 12년 동안 예루살렘에 머물렀습니다.

어떤 사람들은 이런 질문을 할 수도 있습니다. “도대체 성벽을 쌓는 일이 왜 그렇게 중요한가?” 이 질문에 답하기 위해서는 “예루살렘”이라는 도시에 대해 먼저 알아야 합니다. 예루살렘은 별다른 특산품이 있거나 자원이 발달될 곳이 아니기 때문에 경제활동이 활발한 도시가 아닙니다. 오직 예루살렘 성전을 중심으로 종교적인 활동이 주를 이루는 도시입니다. 그렇기 때문에 성전이 안전하게 잘 유지되어야만 하는데 자꾸 문제가 생겼습니다. 잦은 외부세력의 침입으로 안전이 위협을 받자 사람들은 예루살렘을 등지고 떠나갔고, 성은 점점 황폐해졌으며, 결국 레위 지파 사람들마저 다른 지역으로 이주를 하는 일이 발생했습니다. 그렇기 때문에 예루살렘 성전의 안전을 유지하고, 궁극적으로는 이스라엘의 신앙을 지키기 위해서, 성벽재건은 반드시 필요한 과정이었음을 알 수 있습니다.

3. 에스더 읽기

에스더서는 이스라엘의 절기인 ‘부림절’과 관련이 깊습니다. 아하수에로 왕 때 왕후가 된 에스더는 민족의 위기 가운데서 이스라엘 백성을 구원하는 역할을 담당하였습니다. 에스더서에 기본적으로 깔려 있는 신앙적인 강조점은 역사의 주관자는 하나님이라는 것입니다. 또한 여성을 중심으로 하나님의 역사하심을 설명한 ‘룻기’와 더불어 에스더서도 왕후 에스더를 통해 역사하신 하나님의 놀라운 은혜를 소개하고 있습니다.

에스더서는 크게 두 부분으로 나눌 수 있는데 하나는 1장부터 5장까지의 내용으로 에스더가 죽음 앞에 놓여 있는 이스라엘 백성을 구원하는 내용입니다. 아하수에로 왕은 동쪽의 인도부터 서쪽의 구스까지 통치했던 왕입니다. 그런 그가 와스디를 폐위 시키고 새로운 왕후를 맞이하게 되는데 그 때 뽑히게 된 사람이 바로 에스더입니다. 아각 사람 하만의 음모로 이스라엘 백성 전체가 몰살 될 위기에 처하게 되자 에스더의 사촌인 모르드개는 “네가 왕후의 자리를 얻은 것이 이 때를 위함이 아닌지 누가 알겠느냐 (더4:14)”라며 에스더의 결단을 촉구합니다. 이에 에스더는 금식을 한 뒤에 “죽으면 죽으리이다”라는 각오를 하고 왕 앞에 나아가 목숨을 걸고 자기 동족 이스라엘 백성을 구원하는 일을 감당합니다.

에스더서의 나머지 부분은 6장부터 10장까지로 구원 받은 이스라엘 백성의 모습을 소개합니다. 유대인들은 죽을 뻔하다가 구사일생으로 살아났습니다. 원수의 목전에서 상을 받게 된 것입니다. 원수였던 하만은 모르드개를 매달려고 만든 장대위에 결국 자기자신이 달리고 맙니다. 아하수에로 왕에 의해 이스라엘 백성은 예루살렘으로 돌아가라는 조서가 다시한번 선포되어 에스라를 중심으로 2차 포로들이 귀환합니다. "부림절"은 하만이 음모를 꾸밀 때 주사위(부르)를 던져서 유대인을 학살할 날짜를 정했다고 한데서 유래되었습니다. 이스라엘 백성은 매년 유대력 아달월 14-15일(태양력으로는 2월 말이나 3월초)을 부림절로 지키고 있습니다.

16과 구약은 하나님의 순애보 – 학개, 스가랴, 말라기

남왕국 유다가 바벨론에게 멸망을 당하고 이스라엘 백성 중에 많은 사람들이 포로로 잡혀갑니다. 그 때 포로로 잡혀갔던 자들은 선지자들이 전한 예언의 말씀이 그대로 성취되는 것을 현장에서 보았습니다. 그래서 예언의 말씀대로 바벨론 포로로 잡혀 간지 70년 만에 이스라엘 백성들은 다시 돌아오게 됩니다(1차포로귀환). 하나님은 '약속의 하나님'이시고, 하나님의 백성과 하신 약속은 반드시 지키시는 '언약의 하나님'이십니다. 이미 예레미야와 다니엘과 에스겔을 통하여 약속하신 예언의 말씀을 정확하게 이루시고 성취하셨습니다. 하나님께서는 고레스왕을 통하여 새로운 제국을 건설하시고 이스라엘 백성의 귀환을 승인하는 칙령을 반포하게 하셨습니다. 그래서 메대와 바사를 통일한 고레스 왕은 이스라엘 백성들로 하여금 고국으로 돌아가 하나님의 성전을 재건하도록 명령을 내립니다. 이렇게 시작된 포로귀환은 한 번에 이루어진 것이 아니라 총 3차례에 걸쳐서 이루어졌습니다.

1. 포로기 후기 선지자들의 예언과 시대적인 배경

포로기 후기 선지자들이 예언한 내용은 '성전재건'과 관련이 있습니다. 특히 학개와 스가랴는 중단된 성전재건을 다시 시작하라는 직접적인 메시지를 선포했습니다. 말라기 역시 성전 건축이후에 무너진 신앙의 회복을 위해 노력했던 에스라의 메시지와 비슷하기 때문에 성전재건과 관련이 있다고 보면 됩니다. 이제 포로귀환 과정을 정리하면서 학개와 스가랴, 말라기를 좀 더 자세히 정리해 봅시다.

1차 포로귀환(BC 538년)은 정치적 지도자인 스룹바벨과 종교적 지도자인 여호수아(예수아)의 주도하에 진행이 됩니다. 1차로 귀환한 사람들 중심으로 성전 재건이 시작되었지만 반대자들의 방해, 그리고 정착하는 과정에서의 삶의 문제 등을 이유로 성전 재건은 무려 16년 동안이나 중단되고 맙니다. 시간이 흘러 이스라엘 백성의 형편이 좋아지고 성전재건을 다시 시작할 수 있는 상황이 되었음에도 불구하고 전혀 재개할 생각을 보이지 않자 하나님께서 선지자 학개와 스가랴를 통하여 성전 재건을 촉구하는 말씀을 주십니다. 백성들은 학개와 스가랴의 말씀에 순종하여 다시 성전재건을 시작하였고 우여곡절 끝에 바사왕 다리오 6년에 마침내 성전이 재건됩니다.

그리고 60년이 지난 뒤에 2차 포로 귀환이 이루어지는데, 에스라가 포함된 두 번째 포로귀환의 여정은 처음부터 쉽지 않았습니다. 이스라엘 백성을 죽이려고 제국 안팎에서 많은 대적들이 그들의 목숨을 노렸기 때문입니다. 그 대표적인 사건이 바로 에스더서에 나오는 하만의 음모입니다. 2차 포로귀환은 아닥사스다 왕 7년인 BC 458년에 있었습니다. 1차 포로귀환이 이루어지고 난 뒤 약 80년이 지난 상황입니다. 에스라는 2차 포로귀환을 위해 기도하며 금식하였고, 아닥사스다 왕의 도움을 받아 예루살렘을 향하여 출발한지 약 4개월만에 무사히 도착합니다. 에스라는 곧바로 이어서 이스라엘 사람들이 이방인과 결혼한 것을 파기시키고 다시는 율법에서 금지한 결혼을 하지 못하도록 명령을 내립니다. 에스라의 단호한 명령에 이스라엘 백성들은 이방 여인과의 결혼을 파기하고 말씀대로 하나님의 뜻에 순종합니다. 이것을 통해 이스라엘 가운데 '유대교'라는 종교적인 기틀이 마련됩니다. 성전 중심이던 유대교는 이제 회당중심으로 바뀌게 되고 제사중심의 예배에서 말씀을 나누고 강론하는 말씀중심으로 바뀌게 됩니다. 시대적인 상황에 적응하기 위한 방법이긴 했지만 그것이 결과적으로 부족한 부분을 보완하는 선택이었고 이것이 나중에 유대교의 기틀을 마련하는 계기가 되었습니다.

3차 포로 귀환은 2차 귀환 후 14년이 흐른 뒤에 이루어졌는데, 먼저 느헤미야가 예루살렘에 가서 무너진 성벽을 재건하는 일에 참여하기 위해 금식하며 기도합니다. 그 결과 아닥사스다 왕의 큰 도움으로 총독의 자격을 얻어 성벽 재건을 위해 BC 445년에 예루살렘에 도착합니다. 이것이 3차 포로귀환입니다. 귀환이후에 느헤미야는 곧바로 백성들의 형편부터 살피고 예루살렘의 상황을 면밀하게 관찰합니다. 그리고 주저함없이 예루살렘 성벽재건을 시작합니다. 그러나 사마리아인들과 대적자들의 반대로 여러가지 어려움을 당합니다. 그럼에도 불구하고 느헤미야는 반대자들의 음모와 암살의 위협을 극복하고 성벽재건을 완수합니다. 성벽재건을 마친 후에 느헤미야는 모든 백성을 모아 모세의 율법책을 낭독하였고, 백성들은 눈물로 회개하며 하나님의 말씀으로 돌아갈 것을 다짐합니다. 이런 내용과 배경을 알고 말라기를 읽으면 말라기 선지자의 예언에 대해 더 분명히 알 수 있습니다.

포로귀환 순서와 연대표

	귀환 시기	귀환 인도자	귀환자 수	귀환 목적
1차	BC 538년	스룹바벨 (예수아=여호수아)	49,897명	성전 재건 (16년간 중단)
2차	BC 458년	에스라	남자의 수만 약 1,775명	신앙 재건 (말씀 중심의 신앙 회복)
3차	BC 445년	느헤미야	약 1만명	(예루살렘) 성벽 재건

2. 성전 재건과 학개, 스가랴

1차 포로귀환의 목적이 무엇이었는지 기억하시나요? 바로 "성전 재건"이라고 답이 나와야 합니다. 스룹바벨과 여호수아를 중심으로 1차로 예루살렘에 도착한 사람들은 성전 재건의 사명이 있었습니다. 그러나 그들은 자신들의 삶이 너무나 힘들고 어려워서 성전을 건축하던 중에 멈추어 버립니다. 이런 이스라엘 백성들의 어려움을 하나님께서도 인정하셔서 16년 동안이나 기다려 주십니다. 그러나 이스라엘 백성은 다시 살 만해지고 넉넉한 형편이 되었음에도 자신들의 사명을 기억하여 자발적으로 성전 건축을 재개하는 것이 아니라 이런 저런 핑계를 대며 사명을 회피하였습니다. '이제 와서 굳이 힘들고 어려운 일을 다시 할 필요가 있는가?' '지금도 적당히 지어진 성전에서 할 일 다하고 있는데 꼭 성전을 완성해야 하는가?' 그 때 하나님은 선지자 학개를 보내어 다음과 같은 메시지를 주십니다.

"너희는 산에 올라가서 나무를 가져다가 성전을 건축하라 그리하면 내가 그것으로 말미암아 기뻐하고 또 영광을 얻으리라 여호와가 말하였느니라"(학개1:8)

결국 성전을 재건하라는 학개와 스가랴 선지자의 예언을 들은 뒤에 스룹바벨은 힘을 얻습니다. 이스라엘 백성들도 말씀에 순종하여 성전 건축의 사명을 완수합니다. 성전건축의 진정한 의미가 무엇입니까? 건물을 세우는 것이 아닙니다. "하나님의 영광 회복"입니다. 하나님의 하나님 되심이 회복되는 것이 성전건축의 목적입니다. 과거 이스라엘이 멸망하고 포로로 잡혀갈 때 하나님께서는 성전도 파괴 하셨습니다. 그 이유가 무엇입니까? 성전만 있고 하나님의 영광은 백성들 가운데 없었기 때문입니다. 진정한 성전건축은 하나님의 백성들 마음 중심에 "하나님의 하나님 되심"이 이루어져 영광의 회복이 있을 때 완성됩니다.

1) 학개

학개라는 이름은 "나의 축제" 혹은 "나의 절기"라는 뜻입니다. 아마도 바벨론 포로로 잡혀갔던 부모가 아이의 미래를 알고 지은 이름 같습니다. 결국 학개 선지자의 예언을 통하여 성전 건축이 다시 시작되었고 그것으로 인하여 하나님께 영광을 올려드립니다. 이것을 보면 학개는 그 이름대로 하나님께 기쁨과 축제를 드린 선지자입니다. 학개서의 구조를 보면 1장의 내용은 성전 건축을 중단하고 자기 집을 짓기에 바빴던 이스라엘 백성의 신앙적인 태도와 마음의 중심에 대한 책망입니다. 2장 1절~9절까지의 내용은 좋았던 지난 날을 되돌아보지 말라는 것입니다. 옛날 성전의 웅장함과 화려함을 생각하며 지금 짓는 성전이 너무 초라하다고 생각지 말라는 것입니다. 학개는 과거 솔로몬이 지은 성전의 영광보다 지금 짓고 있는 성전의 영광이 더 클 것임을 선포합니다. 2장 10절~19절까지는 제사장들에게 묻는 질문과 지금 이스라엘 백성들 가운데 죄가 만연한 것에 대한 경고입니다. 마지막은 2장 20절~23절까지로 스룹바벨에게 하나님께서 베푸신 은혜와 임재입니다.

2) 스가랴

스가랴 선지자는 레위 지파 사람입니다. 그는 선지자이면서 동시에 제사장이었습니다. 학개와 함께 성전재건의 메시지를 선포한 선지자입니다. 학개 선지자의 메시지가 '성전재건'에 초점이 있다면 스가랴 선지자의 메시지는 '신앙재건'에 초점이 있습니다. 그래서 학개 선지자와 달리 스가랴 선지자의 메시지에는 하나님의 말씀과 하나님의 뜻으로 돌아올 것을 촉구하는 내용이 담겨 있습니다. 스가랴서는 크게 두 부분으로 나누어집니다. 전반부는 성전건축 전에 주신 예언의 말씀으로 1장부터 8장까지 선지자의 여덟 가지 환상과 설교가 나옵니다. 그리고 후반부는 성전건축 이후에 주신 예언의 말씀으로 9장부터 14장까지 이방나라의 심판과 이스라엘의 미래에 대한 예언이 소개가 되고 있습니다.

선지자 스가랴의 예언은 다리오왕 2년에 시작이 되어 8가지 환상과 메시지를 선포합니다. 8가지 환상은 첫째 붉은 말을 탄 자, 둘째 네 뿔과 네 대장장이, 셋째 측량 줄을 가진 자, 넷째 대제사장 여호수아, 다섯째 순금 등잔대와 두 감람나무, 여섯째 날아가는 두루마리, 일곱째 에바 가운데 여인, 여덟째 네 병거의 환상입니다. 그리고 이후에 스가랴 선지자는 이스라엘을 회복하실 하나님을 선포합니다. 더 나가 새로운 목자가 왕으로 오신다는 것과 그로 인하여 시온에게 임할 축복을 말씀합니다. 또한 다시 돌아온 이스라엘 백성이 결국 예루살렘으로 돌아와 하나님께서 정하신 승리의 날을 보게 될 것이라는 예언입니다.

스가랴의 8가지 환상

	환상 내용	구절	의미
1	붉은 말을 탄 자	1:7–17	성전재건에 지친 백성에게 주는 위로와 소망
2	4뿔과 4명의 대장장이	1:18–21	하나님과 그 백성을 대적하는 세력의 종말
3	측량 줄을 가진 자	2:1–13	대적들의 멸망과 예루살렘의 회복
4	대제사장 여호수아	3:1–10	이스라엘이 받을 죄사함과 메시아에 관한 약속
5	순금 등잔대와 두 감람나무	4:1–6	하나님의 사역은 주의 영으로만 가능함
6	날아가는 두루마리	5:1–4	세상의 모든 죄악에 대한 심판의 메시지
7	에바 가운데 여인	5:5–11	죄에 대한 하나님의 진노
8	4병거	6:1–8	하나님과 그 백성을 대적하는 원수에 대한 심판

3. 성전재건 이후에 나타난 말라기 선지자

'말라기'는 선지자의 이름입니다. 이름의 뜻은 "나의 천사' 혹은 "나의 사자(메신저)"입니다. 어떤 분들은 말라기의 '말'을 "末(끝 말)"로 이해하여 마지막에 쓰여진 선지서라서 '말라기'라고 알고 있는 분들도 있습니다. 그게 아니고 말라기(Malachi)는 선지자의 이름입니다. 말라기 선지자는 율법에서 벗어난 제사와 무성의한 희생제물은 하나님께서 기뻐하지 않으신다는 경고의 메시지를 담고 있습니다. 이스라엘 백성들이 하나님을 경외하는 마음이 없는 제사를 또 드리기 시작한 것입니다. 하나님께서 영광의 회복을 위해 성전을 재건케 하셨는데 이스라엘 백성은 다시금 옛날 모습으로 돌아가고 있는 것입니다. 그리고 하나님께서 이방인과의 혼인을 원하지 않으신다는 것을 에스라를 통해 분명히 말씀하셨음에도 불구하고 이스라엘 백성들은 성전을 재건한지 100년도 지나지 않아 다시 불순종의 모습으로 돌아가고 있었습니다. 결국 말라기 선지자가 출현하여 백성들에게 강조한 내용은, 항상 말씀을 분명히 알고, 믿고, 그 말씀에 따라 실천해야 한다는 것입니다.

말라기는 **"내가 너희를 사랑했다"**는 하나님의 말씀으로 시작합니다. 그러나 이스라엘 백성들은

"하나님께서 우리를 언제 사랑하셨냐?"고 되묻고 따집니다. **"사랑했다면서 어떻게 우리가 포로가 되어 고난을 당하도록 만드셨습니까?"**라고 반문하며 하나님의 말씀을 정면으로 부정합니다. 구약의 말씀 전체를 담는 내용이 바로 말라기 1장 2절 **"여호와께서 이르시되 내가 너희를 사랑하였노라"**입니다. 구약의 메시지는 하나님이 이스라엘 백성을 향하여 보여주신 "순애보"이며 열렬한 짝사랑 이야기입니다. 하나님께서 호세아 선지자를 통해서도 그 마음을 얼마나 간절한 모습으로 보여주셨습니까? 음탕한 여인 고멜과 같은 이스라엘 백성을 향하여 얼마나 가슴저린 순애보를 보여주셨습니다. 그런데 하나님이 언제 우리를 사랑했느냐고 따져 묻는 모습에 억장이 무너진 아버지 하나님께서는 이후에 무려 400년 동안을 아무 말씀 없이 침묵하십니다. 그래서 예수님이 오실 때까지 메시지도 없고 말씀을 전하는 선지자들도 나타나지 않는 구약과 신약 사이의 400년 기간을 "침묵기"," 암흑기", "신구약 중간시대"라고 표현합니다. 긴 침묵의 시간이 지나고 예수님이 오셔서 친히 십자가에 달리심으로 말라기 선지자를 통해 말씀하신 하나님의 사랑이 정말이었다는 것을 증명해 보여주셨습니다. **"하나님이 세상을 이처럼 사랑하사 독생자를 주셨으니 이는 그를 믿는 자마다 멸망하지 않고 영생을 얻게 하려 하심이라"(요 3:16).**

많은 사람들이 말라기에서 제일 많이 떠올리는 구절이 바로 '십일조'에 대한 말씀입니다. 십일조의 원래 의미를 잘못 알고 있는 분들이 많기 때문에 이 대목에서 살짝 십일조에 대해 언급하고자 합니다. 원래 십일조는 모든 (물질과 건강과 복까지)것이 하나님께서 주신 것이라는 믿음의 고백으로 하나님께 드렸던 예물이며 이스라엘 백성의 장자를 대신하여 하나님을 섬기는 일을 했던 레위 지파에게 주는 몫입니다. 십일조는 아무런 일도 하지 않는 레위 지파 사람들이 챙기는 돈이 아닙니다.

원래 레위 지파는 48개 성에 흩어져 살았습니다. 하나님께서 가나안을 정복할 당시 12지파에게 땅을 분배하여 줄 때, 레위 지파에게는 땅을 주지 않고 전국에 흩어져 있는 48개 성읍에 살면서 항상 말씀을 연구하여 주변 지역에 사는 이스라엘 백성들에게 하나님의 말씀을 가르치라는 사명과 책임을 주셨습니다. 그래서 레위 지파 사람들은 자신이 목양해야 될 정해진 지역이 있었습니다. 그런데 레위 지파가 하나님의 말씀을 연구하여 가르치는 일에 전념하지 않고 자기 밭을 가꾸고 재산을 늘리는 일에 점점 집중하게 됩니다. 그러니 이스라엘 백성들도 자연히 말씀과 멀어지고, 십일조의 의무를 가볍게 여기고 지키지 않기 시작했습니다. 그 결과는 또 레위 지파 사람들의 경제적인 어려움으로 이어졌고 레위 지파는 스스로 살 길을 찾기 위해 말씀 연구보다는 경제적인 활동에 집중하게 됩니다. 이런 악순환이 계속되면서 이스라엘 백성의 신앙은 무너지진 것입니다.

이스라엘 백성들 가운데 말씀을 귀하게 여기지 않는 풍조가 팽배한데 누가 자발적으로 하나님께 십일조를 바치겠습니까! 결국 스스로 먹고 살 길을 찾아야 했는데 개중에는 부유한 레위 사람도 있었지만 일반적인 레위인들은 가난에 허덕여야 했습니다. 결국 가난을 견디지 못한 레위 지파 사람들은 하나님이 정해주신 성읍을 버리고 떠나거나 돈을 벌기 위해서 일반 백성들과 전혀 다를 바 없는 삶을 살기 시작했고 말씀을 연구하고 가르치는 일에는 관심이 없게 되었습니다. 그래서 나타난 현상이 사사기에 나오는 '레위의 첩사건'과 '미가의 신상사건'입니다. 레위 지파의 몰락은 결국 이스라엘 백성 전체의 영적인 타락으로 이어졌습니다.

이와 같이 십일조는 하나님께서 레위 지파만을 위해서 만드신 제도가 아닙니다. 이스라엘 백성을 하나님의 말씀으로 세우고, 하나님의 백성다운 삶으로 인도하며, 말씀을 통해 하나님과 동행하는 삶을 살도록 만들기 위해 정하신 제도입니다. 레위 지파는 백성들의 십일조를 통해 하나님으로부터 공급의 은혜를 받고 있다는 것을 분명히 깨닫고 전심으로 하나님의 말씀을 연구하여 백성들을 말씀으로 세우는 일에 최선을 넘어 목숨을 다해야 합니다. 백성들은 레위 지파의 수고에 감사하여 하나님께 드려야 할 책임을 다해 십일조를 드림으로써 레위 지파가 말씀을 깊이 연구하고 가르칠 수 있는 환경을 만들어 주어야 합니다. 이것이 순기능적인 상생의 제도이고 레위 지파와 이스라엘 백성 사이에 이어져 있는 연결 고리입니다. 말씀을 잘 배운 이스라엘 백성이 하나님의 뜻을 알고 말씀대로 살게 될 때 자연스럽게 하나님과 동행하는 복과 은혜를 누리게 됩니다.

하나님께서 정하신 십일조 제도가 제대로 지켜지지 않고, 포로귀환 후 100년도 지나지 않은 시점에서 다시 사사시대처럼 영적으로 타락해 가는 것을 보다 못한 하나님께서는 모든 자존심을 완전히 내려 놓으시고 **"너희의 온전한 십일조를 창고에 들여 나의 집에 양식이 있게 하고 그것으로 나를 시험하여 내가 하늘 문을 열고 너희에게 복을 쌓을 곳이 없도록 붓지 아니하나 보라(말3:10)"**고 말씀하십니다. 하나님께서 이스라엘 백성을 얼마나 사랑하시면 **"너희의 하나님 여호와를 시험하지 말라(신6:16)"**하신 말씀에도 불구하고 십일조에 관해서만은 하나님을 시험해도 된다고 허락해 주십니다. 그만큼 이스라엘 백성을 말씀으로 온전히 세우고자 하는 하나님의 의지이고 소망의 표현입니다. 그러니 레위 지파만을 특별히 사랑해서 십일조의 제도를 만든 것이 아닙니다. 하나님의 백성이 말씀을 떠나면 하나님과 동행할 수 없고, 자기 소견대로 살며 방황하다가 결국은 죄악의 길을 걷게 되는 것이 당연하기 때문에 이런 일이 없도록 하기 위해 만드신 제도입니다. 십일조는 우리를 위한 하나님의 은혜이고 사랑인데 그것을 오해하고 사람들의 비판의 소리에 귀를 기울이며 부정적인 관점에서만 보려고 할 때가 많습니다. 성경에서 말하고 있는 십일조의 원리를 명확히 이해하고 신앙 공동체를 위한 십일조, 하나님의 나라와 영광을 위한 십일조, 말씀의 샘물이 넘치는 교회를 함께 세우기 위한 십일조라는 것을 깨닫고 오해의 장막에서 벗어나기를 기대합니다.

4. 구약의 메시지 총정리

말라기를 통해 하나님께서 남기신 중요한 메시지는 **"보라 여호와의 크고 두려운 날이 이르기 전에 내가 선지자 엘리야를 너희에게 보내리니 그가 아버지의 마음을 자녀에게로 돌이키게 하고 자녀들의 마음을 그들의 아버지에게로 돌이키게 하리라 돌이키지 아니하면 두렵건대 내가 와서 저주로 그 땅을 칠까 하노라 하시니라"(말4:5-6)**입니다. 본문에서 말하는 엘리야는 신약에서 예수님이 오실 길을 예비했던 세례 요한을 가리키는 말입니다. 그러므로 이 말씀을 통해 볼 때, 말라기가 신약을 여는 관문의 역할을 하는 선지서임을 알 수 있습니다. 앞에서 언급한 것처럼 말라기는 구약 속에 흐르는 하나님의 마음, 그러니까 자기 백성을 향한 하나님의 간절한 사랑을 전하고 있습니다. 그런데 인간은 하나님의 그런 순애보 같은 사랑을 거절하고 외면했습니다. 그럼에도 불구하고 하나님께서는 구약 성경 내내 보여주셨던 당신의 사랑이 진실이라는 것을 증명하기 위해 말라기의 메시지를 끝으로 400년 동안의 긴 침묵을 시작하십니다. 그 기간동안 신약시대를 준비하시고, 세례 요한을 먼저 보내셔서 예수님의 길을 예비케 하시고, 그 후에 친히 인간의 몸을 입고 이 땅에 오셔서 마침내 십자가 위에서 하나님의 사랑이 얼마나 진심이었는지를 몸소 보여주셨습니다.

구약성경을 읽을 때 이스라엘의 역사로만 보면 안 됩니다. 구약성경은 이스라엘 민족의 역사가 아니라 "구원의 역사"입니다. 구약성경은 처음부터 끝까지 이스라엘 백성과 동행하며 그들에게 복 주시길 원하시는 하나님에 관한 말씀입니다. 그래서 하나님께서는 구약성경 내내 "내가 너희를 복주기를 원한다. 그리고 너희를 사랑한다. 그러니 제발 내가 준 계명대로 살아라. 목자인 나를 따르고 좇아라."이렇게 말씀 하십니다. 그러나 이스라엘 백성은 하나님을 하나님으로 인정하지 않았고 목자로 인정하지 않았을 뿐만 아니라 양 같아서 각기 제길로만 갔습니다. 더 나아가 "사랑한다"고 말씀하신 하나님께 "언제 사랑했냐!"고 따져 물으며 원망하고 돌아섰습니다.

현대인들은 교회가 '복(福)'에 대해 이야기하면 기복신앙이라고 폄하하며 세속적인 것으로 치부하고 비판합니다. 그러나 분명한 것은 성경 전체가 "복(福)에 관한 이야기"를 하고 있습니다. 성경이 말하는 복은 세상이 말하는 복과는 전혀 다릅니다. 성경이 말하는 복은 **"하나님과 연합하는 것이고 동행하는 것"**입니다. 성경이 말하는 복은 하나님과 관계가 형성되면 시작되는 **"생명과 은혜"**입니다. 세상 사람들은 복이라는 열매만을 구하지만 하나님의 복은 하나님과 관계를 맺고, 하나님을 통해 변화되며, 하나님의 은혜 안에서 새생명을 누리는 과정을 통해 자연스럽게 누리는 것입니다. 그러므로 복은 생명의 근원이신 하나님과 연합하고 동행하면 당연히 얻게 되는 결과입니다.

히브리어 중에 '복(福)'을 의미하는 단어가 "바라크(בָּרַךְ)"입니다. 바라크는 창세기에 나오는 창조 사건과 연결되어 있는데, 하나님께서 모든 만물을 창조하신 뒤에 만물과 인간이 하나님의 창조 목적대로 생명력을 갖고 누리게 하시기 위해 부어준 것이 바로 '바라크'입니다. 하나님과 연합할 때 누리게 되는 복인 바라크는 생명의 유지와 보존까지 포함하고 있습니다. 사람이 사람다운 생명을 누리고 새가 새 다운 생명을 누리고 물고기가 물고기 다운 생명을 누리게 해주는 복이 바라크입니다. 그러므로 바라크는 하나님과 관계가 연결되지 않은 상태에서는 누릴 수 없는 복입니다. 마치 물이 없으면 나무가 죽는 것처럼 생명과 단절 되는 순간부터는 사망이고 죽음입니다. 그렇기 때문에 하나님과 단절됨을 의미하는 '죄'의 결과는 당연히 하나님께서 말씀하신 대로 '사망'인 것입니다.

바라크에서 파생된 단어 중에 "베라크(ברך)"는 명사형이 '복', '무릎', '샘'이라는 뜻을 갖고 있습니다. 그래서 바라크의 동사형에는 "무릎을 꿇다"라는 표현이 있는데, 어떤 학자들은 바라크가 하나님과 인간 사이의 관계가 바로 세워질 때 (인간이 하나님 앞에 무릎을 꿇을 때) 주어지는 생명을 지칭한다고 말합니다. 이처럼 하나님만이 생명의 근원이시고 복의 근원이신데 인간의 죄로 인하여 관계가 단절되고 인간은 그 복을 상실하게 되었습니다. 왜 죄가 우리와 하나님 사이를 갈라 놓았습니까? 여기서 창세기를 공부할 때 배운 죄의 개념이 기억나야 합니다. 죄란 **"내가 하나님 되어 하나님 노릇하려는 마음, 행동, 태도를 모두 포함하는 것"**이라고 했습니다. 내가 내 인생 가운데 하나님 노릇하고, 가정에서 하나님 노릇하고, 모든 결정과 판단 가운데 하나님 노릇하고, 공동체 가운데 하나님 노릇하려는 모든 마음의 뿌리가 바로 죄인 것입니다. 죄는 우리를 하나님과 원수되게 하며 생명과 복으로부터 단절되게 만듭니다. 죄의 결과는 생명을 누리지 못하는 사망일 뿐입니다.

죄는 하나님과의 단절을 가져오지만 반대로 우리가 하나님께 영광을 올려드릴 때 하나님은 이 땅을 회복하시고 고치시며 다시 생명과 복을 베풀어 주십니다. 하나님께 영광을 올려드린다는 것은 **'내가 하나님 되고자 하는 마음을 회개하고 하나님을 하나님으로 인정하여 높여드리는 것'**입니다. 하나님은 당신의 백성들이 하나님과 연합하여 늘 동행하는 삶을 살 수 있도록 거룩한 삶의 방식을 위해 '율법과 제사'제도를 주셨습니다. 제사를 통하여 전능하신 하나님께서 성전에서 인간을 만나주시고 다시금 생명과 복을 베풀어 주셨습니다. 시편 1편에 보면 복 있는 사람은 악인의 꾀를 따르지 않고, 죄인의 길에 서지 않고, 오만한 자의 자리에 앉지 않고, 오직 여호와의 율법을 즐거워하여 주야로 그것을 묵상하는 사람이라고 말씀합니다. 그렇습니다. 하나님의 율법을 가까이 하는 것은 하나님과 연합하고 동행하며 복을 누리는 길입니다. 성경 말씀만이 복되신 하나님과 동행하는 메뉴얼이고 길잡이입니다.

이렇게 말씀과 제사를 통해 사랑하는 백성들과 함께 연합하고 동행하며 복 주시기를 원하시는 하나님의 뜻은 신약에 와서 예수 그리스도를 통하여 완성이 되었습니다. 예수님의 이름이 무엇입니까? **"임마누엘, 즉 하나님이 우리와 함께 하신다!"**. 이것이 주님의 이름입니다. 예수님의 이름 자체가 하나님과 우리가 연합하고 동행하는 것을 말씀하고 있습니다. 또한 예수님께서 이 땅에 오신 것을 사도 요한은 '말씀이 육신이 되었다'고 표현했습니다. 히브리서에는 예수님께서 십자가에서 죽으시고 부활하신 사건을 설명하면서, 대제사장이신 예수님이 단번에 완전한 제사를 드리셨기 때문에 구약의 제사가 완성되었음을 분명히 밝히고 있습니다.

하나님께서 이스라엘 백성을 택하여 복을 주시고 그들 때문에 다른 민족들도 복을 받는 복의 통로로 쓰려는 목적이 있었습니다. 그러나 이스라엘 백성은 하나님의 특별한 사랑의 이유를 망각하고 스스로 대단한 존재인양 교만해 졌습니다. 하나님께서 우리와 함께 해주시고 복과 은혜를 베푸시는 이유가 무엇입니까? 그것은 생명을 구원하는 일에 우리를 쓰시기 원하시는 하나님의 뜻이 담겨 있습니다. 우리 믿는 자들에게는 사명이 있습니다. 하나님께서 주시는 복을 다른 사람에게 전달하는 복의 통로가 되어 만민이 회개하고 주님 앞으로 돌아와 주님과 동행하고 연합하게 만드는 일에 쓰임 받는 **"하늘 놓는 다리"**가 되는 것입니다. 지금도 많은 사람들이 죄로 인하여 사망으로 달려 가고 있습니다. 생명되신 하나님과 단절된 채 죽어가고 있습니다. 하나님을 하나님으로 인정하지 않으며 자신이 하나님 노릇하여 하나님의 영광을 가리고 있습니다. 이제 하나님과 연합하며 동행하는 생명의 복이 무엇인지 아는 우리가 하나님과의 관계가 단절된 채 살아가고 있는 많은 사람들을 하나님께로 인도하는 거룩한 복의 통로가 되기를 소망합니다.

5. '성경일독스쿨'에 대한 제안

개인적으로 성경일독스쿨을 그룹으로 운영하거나 온라인 강의를 시청하면서 개인적으로 하시는 분들은 자신의 스케줄에 맞추어서 2 파트 혹은 3-4 파트로 나누어서 스케줄을 만들어 공부하면 좋겠습니다. 그러나 교회에서 담임목회자나 사역자, 인도자가 있어서 교회 전체 스케줄에 맞추어 성경일독스쿨을 진행한다면 참고가 될 수 있는 제 경험을 나누고 구약과정을 마무리 하겠습니다.

오랜 시간 성경일독스쿨을 운영하면서 미주지역에서 봄학기와 가을학기로 나누어 구약반은 16주 과정으로 봄학기에 2월 말부터 시작해서 6월 중순 혹은 말에 마쳤습니다. 신약반은 14주 과정으로 8월 말부터 시작해서 12월 둘째 주까지 가을학기에 운영을 했습니다. 여러 번 반복하면서 교회일정과 목회일정에 추가적인 스케줄이 발생하면 한 두주 늦어지게 됩니다. 일단 시작하면 중간에 쉬는 주가 없는 것이 가장 좋습니다. 왜냐하면 흐름이 끊어지면 열정도 기울게 되고 흥미와 집중도가 떨어지게 됩니다. 그래서 가급적 시작했으면 학기중에는 빠짐없이 이어서 하는 것이 중요합니다.

대신 중간에 방학을 두어서 여름행사와 선교 그리고 가족과 보내는 시간을 갖는 것이 가을학기를 위해 더 유익합니다. 지금까지 구약 16과를 공부하면서 배운 것들을 기억하고 신약을 공부하시기 바랍니다. 처음 시작했을 때를 기억하고 다시한번 초심으로 돌아가서 17과 신약 과정을 시작해 보시기 바랍니다. 기도하며 공부할 때마다 성령님이 조명해주시고 인도해 주실 것입니다.

17과 하나님의 침묵 – 신구약 중간시대 1

고대 제국의 역사를 알아야 신약을 이해할 수 있습니다.

17과부터는 신약으로 들어가는 과정입니다. 신약과 구약의 사이에는 약 400년이라는 시간적인 간격이 있다는 것을 알고 있고 계시죠? 구약의 마지막 책인 말라기와 신약의 처음 책인 마태복음 사이는 물리적인 간격으로 종이 한 장 밖에는 안되지만 시간적인 간격은 400년이라는 사실을 알아야 합니다. 이 사실을 모르고 구약에 이어서 신약을 읽으면 적잖이 당황하게 됩니다. 갑자기 사람들의 호칭이 바뀌고, 포로생활을 마치고 이스라엘로 귀환했던 사람들이 신약에서는 사라지고 없습니다. 로마제국이 등장하고 이스라엘은 그들의 지배를 받고 있으니까 전혀 예고 없이 등장하는 어떤 일들을 성경안에서 보게 되니까 당황스러운 느낌을 받습니다. 시간상으로 많은 변화가 있었다는 것을 알 수 있지만 성경 어디에도 이런 역사적인 변화를 설명해주는 안내가 없습니다. 아무런 설명이 없이 신약으로 넘어 갔으니 독자들 입장에서는 읽으면 읽을수록 궁금하기만 한데 '그냥 무조건 읽어!'라는 무언의 압박 같은 느낌도 받습니다. 역사는 흐르는 물과 같아서 단절되어 있던 것이 갑자기 나타나는 경우는 없습니다. 위에서부터 흘러내려온 무엇인가 있기 때문에 지금 현재라는 시간이 흘러가는 것입니다. 과거 없이 현재가 없고, 현재가 없이 미래는 존재할 수 없는 것과 같은 이치입니다.

사람들은 일반적으로 구약에 비해 신약을 더 쉽게 이해하고 받아들입니다. 여러 이유가 있겠지만 구약을 이해하기 위해서는 시대적, 역사적 배경을 알아야 하기 때문에 그것을 모르고 읽을 때 어렵다고 느끼는데, 신약은 예수님의 말씀과 가르침 그리고 사도들의 사역과 복음에 관한 교리적인 설명이 대부분이기 때문에 역사적인 배경과 사건들을 몰라도 그다지 어렵다고 느끼지 않습니다. 그래서 신약을 교훈적인 측면에서는 받아들이기 쉬운 내용으로 여기기 쉽지만 자칫 잘못하면 더 깊은 구원의 역사와 하나님의 사랑을 발견하지 못하고 표면적인 내용을 아는 것으로 끝날 수 있다는 점에서 신약을 읽을 때 상황과 배경을 더 확인하고 공부하는 태도가 필요하다고 생각합니다. 이러한 점에서 구약과 신약사이의 400년에 관한 '신구약 중간사'를 잘 공부해야만 합니다. 그러면 신구약 중간의 틈바구니가 메워지고 구약과 신약이 잘 연결되면서 신구약 성경이 하나의 내용으로 보이게 됩니다. 이제 신구약 중간사에 대한 공부를 통해 세계역사를 비롯하여 제국의 역사를 살펴보게 되면 앞으로 배우게 될 신약성경을 이해하는데 큰 도움을 받게 될 것입니다.

1. 신구약 사이에 일어난 역사적인 사건들

포로귀환 이후에 400년 동안 이스라엘을 중심으로한 주변국가들과 세계의 역사에는 큰 변화가 있었습니다. 물론 이 변화의 중심에는 하나님이 계셨고 하나님이 개입하셔서 역사를 주관하시고 인도하셨습니다. 하나님께서는 인류의 역사 가운데 가장 영향력있는 제국들을 세우시고 인류를 구원할 메시아를 준비하셨습니다. 예수 그리스도는 그냥 우연히 그 시대에 오신 것이 아닙니다. 하나님의 '때가차매' 이 땅 가운데 오신 것입니다. 말라기 선지자를 통하여 주신 사랑의 메시지를 이스라엘 백성이 단호히 부정하며 "언제 우리를 사랑하셨습니까?"라고 반문하자, 하나님께서는 선지자도 보내지 않으시고 400년 동안 침묵하셨습니다. 그러나 그 시간 동안 하나님께서는 무작정 침묵하신 것이 아니라 인류를 위해 무엇인가 특별한 것을 준비하셨습니다. 예수님께서 이 땅에 오신 것이 2000년 전이라고 우리가 알고는 있지만 그것이 언제쯤인지 감이 잘 잡히지 않습니다. 우리가 알고 있는 한국 역사와 연결하여 보면 '주몽'으로 알고 있는 고구려의 초대왕인 '동명성왕'이 B.C. 37년에서 B.C. 19년 사이에 등장합니다. 예수님은 B.C. 2-3년으로 추정하는데 겨우 10-20년 차이밖에는 나지 않습니다. 일반적으로 신약시대를 막연히 조선시대 말기 정도로 생각하는 분들이 의외로 많은데 그렇지 않습니다. 예수님은 고구려, 백제, 신라가 시작되었던 삼국시대와 비슷한 시기에 살았던 분이라는 것을 알고 성경을 읽어야 합니다.

신구약 중간시대에 일어난 역사적인 대변화의 시작은 오랜 시간동안 애굽이 갖고 있었던 중동지역의 패권이 신흥 강국인 앗수르로 옮겨 가면서부터입니다. 앗수르는 점점 세력을 확장하여 이스라엘까지 손에 넣기를 원하였고, 결국 북왕국 이스라엘은 앗수르의 왕 산헤립의 공격에 의해 멸망하게 됩니다. 그러나 "영원한 제국은 없다"는 말이 있듯이 애굽의 패권을 무너뜨린 앗수르 제국도 결국 느부갓네살 왕이 다스리는 바벨론 제국에 의해서 망하게 됩니다. 그리고 새롭게 이어지는 나라가 바로 연합국가 체제인 메대와 바사제국인데, 이 두 나라가 나중에 고레스 왕 때에 하나로 통합되어 '바사제국' 즉 '페르시아 제국'이 됩니다. 페르시아 제국의 고레스 왕은 칙령을 내려 이스라엘 백성들이 고향 예루살렘으로 돌아가 하나님의 성전을 재건할 수 있도록 허락해 줍니다. 이후에 페르시아 제국을 무너뜨린 알렉산더 대왕은 "폭풍처럼 등장하여 바람처럼 사라진" 왕으로서 단시간에 거대한 영토를 차지하여 헬라 제국 (=고대 그리스)을 세우게 됩니다. 페르시아 제국에서 헬라 제국으로 넘어가는 어간에 구약의 역사는 끝나고 신구약 중간시대가 시작 됩니다. 그래서 헬라 제국은 신구약을 연결하는 대단히 중요한 나라임을 기억해야 합니다.

2. 앗수르, 바벨론, 페르시아, 헬라로 이어진 제국들이 이스라엘에 미친 영향

북이스라엘은 제19대 왕인 호세아 9년, 즉 B.C. 722년에 그 당시 패권을 쥐고 있었던 앗수르 제국에게 멸망을 당합니다. 이후에 앗수르 제국이 시행한 "민족문화 말살정책" 때문에 북이스라엘 백성은 다른 민족과 뒤섞이게 되었고 새로운 혼혈 민족이 탄생하게 되었는데 그들이 바로 "사마리아인"입니다. 북왕국 이스라엘은 앗수르의 이러한 정책에 의해서 순수성을 잃게 되었습니다. 결국 바벨론 포로로 잡혀갔던 이스라엘 백성이 귀환하였을 때, 사마리아 사람들은 유대인과 함께 예루살렘 성전을 재건하는 일에 참여하기를 간절히 원했지만 유대인은 이 제안을 단호히 거절했는데, 순수한 이스라엘 백성이 아닌 이방사람은 성전 건축에 참여할 수 없다는 것이 그 이유였습니다. 그러자 사마리아 사람들은 성전 재건을 방해하기 위해서 왕에게 조서를 보내고 온갖 방법을 동원하여 괴롭힙니다. 성전재건에서 배제되고, 무시 아닌 무시를 당하면서부터 사마리아 사람과 유대인은 철저하게 서로 원수처럼 지내는 사이가 되어 버립니다.

예수님 당시에 수가성 여인이 "유대인이 사마리아 사람과 상종을 하지 않는데 어떻게 나에게 물을 달라고 합니까?"라고 질문을 한 것이라든지, 북쪽의 갈릴리 사람들이 예루살렘으로 갈 때 사마리아를 통과하여 가면 간단한 것을 일부러 요단 동편 길을 따라서 데가볼리 지역을 지나고 요단강 끝자락에 위치한 여리고성을 지나 예루살렘으로 가는 그 먼 길을 선택했던 것 등을 보면 당시 사마리아인과 유대인의 관계가 얼마나 안 좋았는지 알 수 있습니다. 누가복음 10:30-37에 보면 예수님께서 자기를 시험하려는 자들에게 "길에서 강도 만난 사람"의 이야기를 하십니다. "선한 사마리아인의 비유"라고도 하지요. 사마리아 사람과 상종하지 않기 위해서 멀리 돌아가는 길을 택했던 유대인들에게는 여리고와 예루살렘을 이어주는 길이 성전에 제사를 드리러 가는 유일한 길이었습니다. 그래서 그 길목에 강도들이 많이 출몰하곤 했는데 예수님께서 그러한 사회적 상황을 빗대어 사마리아인을 무시하는 유대인들의 모순성을 꼬집으시면서 "누가 강도 만난 자의 이웃이냐?"라는 촌철살인의 질문을 하십니다.

앗수르 제국 때부터 세계로 흩어지기 시작한 이스라엘 백성들은 바벨론과 페르시아와 헬라 시대를 거치면서 더 넓게 세계 각지로 흩어지게 됩니다. 역사적인 흐름 때문이기도 하지만 하나님의 백성에게는 결코 우연이 없습니다. 분명한 하나님의 계획과 섭리가 역사적인 사건들 가운데 스며들어 있습니다. 이렇게 흩어진 이스라엘 민족은 나중에 사도 바울이 복음을 들고 아시아와 유럽 전역을 다닐 때 유대인의 회당에서 말씀을 전하기도 하고, 그 곳에 거주하고 있는 유대인들을 전도하며 도움을 받기도 하는 등의 결과로 나타났습니다. 사도 바울이 전도 여행을 할 때 그 지역마다 유대인들이 있었기 때문에 도움을 받을 수 있었고, 그들을 전도하여 유대교에서 기독교로 개종을 시킬 수 있었던 것도 이런 역사적인 배경 때문입니다. 사도바울이 복음을 전할 때 회당에서 전하는 모습이 많이 나오는데, 회당은 원래 바벨론으로 포로가 되어 잡혀간 사람들이 모여서 하나님의 말씀을 공부하며 나누던 장소입니다. 성전에 갈 수 없었기 때문에 회당에 모여 율법을 공부하며 유대교 신앙을 이어갔던 것입니다. 이렇게 유대인들이 유대교와 율법을 철저하게 배우고 지킬 수 있었던 것은 바벨론과 페르시아 시대인 포로기를 거치며 흩어진 유대인들 사이에서 만들어진 회당중심의 문화 덕분이었습니다. 결국 이스라엘 민족이 세계 각지에 흩어져 살게 된 것은 단순한 역사적인 사건의 결과가 아니라 모든 일을 주관하시는 하나님의 섭리와 계획 가운데 이루어진 일임을 알 수 있습니다.

3. 신구약 중간시대에 팔레스타인 땅을 지배했던 제국들

바벨론 제국이 멸망한 후, 팔레스타인 지역은 약 200년 간 바사제국(=페르시아)에 의해 통치됩니다. 이후에 바사제국을 정복한 알렉산더 대왕은 헬라 제국을 건설하고 30년가량 가나안 땅을 다스립니다. 헬라 제국이 둘로 나누어진 후에는 애굽 쪽을 다스리는 프톨레미 왕조가 약 100년 동안 이 지역을 다스리다가, 세력이 약화되자 바사 쪽을 다스리는 셀레우쿠스 왕조가 34년 동안 다스리게 됩니다. 그러는 동안 마카비 가문의 독립운동으로 이스라엘 땅에 하스모니안 왕조가 세워집니다. 그 이후에 로마제국의 등장으로 B.C. 63년에 하스모니안 왕조는 무너지고 로마의 통치를 받게 됩니다. 그래서 예수님이 태어나신 당시에는 로마가 세운 통치자인 헤롯이 팔레스타인 지역을 다스리고 있었습니다. 이런 과정들을 생각하면서 신구약 중간시대에 팔레스타인을 지배했던 제국들을 다시한번 정리해 보겠습니다.

1)페르시아(바사) 제국

바벨론은 앗수르 제국을 멸망시키면서 팔레스타인 지역의 패권을 차지하게 됩니다. 그런데 바벨론은 70년 동안 이스라엘을 다스리면서 하나님 앞에서 교만하여졌고, 성전에서 쓰던 기구를 가지고 술을 마시고 잔치를 벌였던 벨사살(바벨론 마지막 왕)을 끝으로 메대와 바사를 통일시킨 고레스왕에 의해 바벨론도 멸망을 당합니다. 성경에 등장하는 페르시아의 왕들은 메대와 바사가 통일되어 하나의 제국으로 형성되던 시기인 고레스왕 때부터 시작됩니다. 이스라엘 백성에게 포로 귀환의 명령을 내린 고레스왕 이후에 왕위를 계승했던 다리오 1세, 아하수에로, 아닥사스다 1세, 다리오 2세, 아닥사스다 2세, 다리오 3세까지 페르시아 제국은 지속됩니다. 이 시기에 등장하는 성경의 인물은 다니엘, 스룹바벨, 예수아(여호수아), 에스라, 느헤미야, 에스더, 학개, 스가랴, 말라기입니다. 위에 거명된 이름들이 활동했던 시기의 중요한 사건들을 우리는 이미 공부했습니다. 이스라엘 백성이 예루살렘으로 귀환하고 성전재건과 성벽재건이 있었고, 에스라를 중심으로 종교개혁과 신앙회복 운동도 있었습니다. 이렇게 이스라엘 가운데 새롭게 정착한 사람들은 하나님의 새로운 역사를 시작하는 그루터기 공동체의 후손이었습니다. 믿음의 후손이었습니다. 우리 아이들이 믿음의 후손이 되어 다니엘과 에스라, 느헤미야와 에스더와 같은 믿음의 사람들로 세워져 하나님의 나라의 영광을 위해 살아가도록 가르쳐야 합니다. 기도해야 합니다.

여기서 한가지 짚고 넘어갈 것이 있습니다. 포로 기간 동안 나라 없는 민족이었던 이스라엘 백성들이 자신들의 민족적인 정체성을 잃지 않고 신앙적인 측면에서 더욱 철저하게 신앙생활을 할 수 있었던 근본적인 힘은 무엇인지 확인해야 합니다. 포로기 전에는 이스라엘 가운데 유대교라는 용어가 없었습니다. 그러나 바벨론 포로 이후에 유대교는 이스라엘 백성의 신앙의 중심이 되었습니다. 그래서 포로기 이후에는 이스라엘 사람 그러면 유대교인이라는 의식이 점점 더 강화되기 시작했습니다. 이렇게 될 수 있었던 이유는 성전 중심의 신앙이 회당 중심의 신앙으로 변화된 것과, 제사 중심의 신앙에서 율법을 강론하는 말씀 중심의 신앙으로 전환되었기 때문입니다. 이런 과정을 거치면서 유대교는 독특한 신앙의 변화를 가져오게 되었습니다. 우리나라도 80년대 제자훈련이 교회 안에 도입되기 전까지 교회는 예배 중심의 신앙생활을 했습니다. 그런데 제자훈련이 도입되면서 대예배 중심의 신앙생활이 소그룹 중심으로, 예배 중심이었던 것이 말씀공부 중심으로 바뀌는 현상이 나타났습니다. 최근에는 "두 날개"라는 표현으로 "대그룹 예배 중심"과 "소그룹 말씀 중심" 사이의 균형과 연합을 강조하고 있습니다. 이러한 변화와 발전은 어쩔 수 없는 시대적 상황과 환경 가운데에서도 신앙을 지키려는 노력의 산물로 나타난 결과입니다.

2)헬라 제국 (그리스)

헬라제국은 그리스 마게도니아에서 시작되었습니다. 철학자 아리스토텔레스에게서 철학을 배운 알렉산더 대왕은 바사의 마지막 왕인 다리오 3세와 같은 시기의 사람입니다. 알렉산더가 새로운 강자로 성장할 수 있었던 것은 헬라 철학과 헬라 문화의 영향을 크게 받았기 때문입니다. 특별히 알렉산더 대왕은 타민족들이 사는 모습을 보면서 온 세상을 헬라화 시켜서 미개하게 살고 있는 사람들에게 헬라의 발전된 문화와 교육과 철학을 제공하고자 하는 마음이 있었습니다. 이런 생각이 동력이 되어 그는 쉬지 않고 세계 정복을 위해 뻗어 나가 빠르게 제국으로 성장하였던 것입니다. 이러한 주장을 뒷받침해주는 것으로 알렉산더 대왕은 정복한 국가의 통치자와 지도자를 그대로 인정해 주었습니다. 단지 헬라 문화와 철학과 언어를 받아들여서 그들이 헬라의 학문과 철학을 통해 개화되기를 원했습니다. 이러한 알렉산더 대왕의 생각 때문에 그 당시 정복된 나라들에서는 헬라어가 공용어로 쓰이게 되었고 많은 책들도 헬라어로 번역이 되었는데 우리가 아는 것처럼 최초의 구약성경 번역본인 70인(역)경도 이러한 과정과 흐름으로 탄생한 귀한 유산입니다.

페르시아 제국이 패권을 잡고 있을 때 아람어는 이미 이스라엘 사람들의 생활언어가 되어 있었기 때문에 예수님 당시까지 이스라엘에서는 헬라어 보다는 아람어를 주로 사용하였습니다. 그러나 학문적인 기록에는 헬라어가 사용되었기 때문에 성경은 대부분 헬라어로 기록이 되어 많은 아시아와 유럽지역에 전달되었습니다. 예수님 당시에 아람어와 헬라어가 함께 쓰였다는 것을 아는 것도 중요하지만 정말 중요한 것은 하나님께서 예수 그리스도가 오셔서 하나님 나라의 복음을 전파하실 때 그것이 세상 가운데 더 효과적으로, 더 빨리 퍼져 나갈 수 있도록 헬라어로 언어를 미리 통일시켜 주셨다는 사실입니다. 이 일을 주도하신 분이 역사의 주관이신 하나님입니다.

알렉산더 대왕은 '이수스'전투에서 페르시아 군대를 물리친 후 바로 기세를 몰아서 베니게와 두로 그리고 이집트까지 정복하였습니다. 또한 바벨론을 공격하여 수산궁을 점령했으며 인도의 인더스강까지 급속도로 그 영토를 넓혀 갔습니다. 그런데 이렇게 기세 등등하던 알렉산더 대왕은 아라비아반도 정복을 위한 원정을 앞두고 B.C. 323년에 겨우 서른 세살이라는 젊은 나이에 열병에 걸려 그만 죽게 됩니다. 아무리 세상적으로 위대한 인물이라도 그의 목숨은 하나님의 손에 있다는 것을 알아야 합니다. 땅은 정복할 수 있었지만 자신의 몸에 있는 병은 정복하지 못하고 그만 죽었습니다. 하나님께서는 침묵하고 계신 것이 아닙니다. 우리 눈에 보이지 않아도, 우리가 느끼지 못해도 하나님은 역사와 인생을 주관하고 계십니다. 단시간에 거대한 제국을 이룩한 알렉산더 대왕이 허망하게도 알 수 없는 병으로 인하여 갑자기 죽게 되자 헬라제국은 두 나라로 갈라집니다. 하나는 '애굽(이집트)'을 중심으로 '프톨레미'가 제국을 이끌게 되고, 다른 하나는 '바벨론'을 중심으로 '셀레우코스'가 다스리게 됩니다.

3)헬라 제국에서 나온 두 왕조 - (1) 프톨레미 왕조

헬라제국 당시는 해양을 이용하여 땅을 정복하기 보다는 육로를 통해 유럽과 아시아 대륙으로 진출하든지 아니면 육로를 통해 반대쪽인 애굽과 아프리카 대륙으로 진출했던 시대입니다. 그렇기 때문에 지정학적 위치상으로 이 두 지역의 가교역할을 했던 베니게와 팔레스타인 땅을 손에 넣기 위해 애굽의 프톨레미와 바벨론의 셀레우코스는 치열한 경쟁을 벌였습니다. 결국 팔레스타인과 가까웠던 프톨레미가 100년 동안 이 곳을 다스리게 되었습니다. 이로 인해 이스라엘은 프톨레미 왕조의 속국이 되었으며, 구약의 역사에서 애굽의 영향을 많이 받았던 것처럼 프톨레미 왕조의 영향도 크게 받게 되었습니다. 또한 프톨레미 1세가 팔레스타인 지역을 점령할 때 많은 사람을 포로로 잡아갔다는 역사적인 기록을 통해서 이 때 많은 유대인들이 애굽으로 끌려갔음을 알 수 있습니다.

이렇게 애굽으로 끌어간 많은 유대인과 여러 민족들은 새로운 도시 건설에 투입되었습니다. 특히 B.C. 4세기에 알렉산더 대왕이 자신의 이름을 따서 세운 도시인 알렉산드리아를 더욱 큰 도시로 만들기 위해 이방인들의 유입을 장려했다고 하는데, 그 당시 알렉산드리아에 무려 백만명이나 되는 유대인이 거주했다는 기록도 있습니다. 알렉산드리아는 현대 도서관이 시작된 곳이기도 하며 여러 나라의 중요한 책들이 그 당시 공용어인 헬라어로 번역이 되었는데, 특히 B.C. 3세기에 프톨레미 2세가 70여명의 유대 랍비에게 히브리어 구약 성경을 헬라어로 번역할 것을 명령하여 만들어진 최초의 번역본이 바로 "70인경(역)"입니다. 신약성경 요한복음 12장 이하에 보면, 헬라 사람들이 예수님을 찾아오는 이야기가 나옵니다. 이렇게 될 수 있었던 것은 구약 성경이 헬라어로 번역이 됨으로써 많은 헬라 사람들이 구약의 예언에 대해 이미 알고 있었고, 그것을 믿었으며, 그 예언대로 이 땅에 오신 예수님을 만나러 왔던 것입니다.

4)헬라 제국에서 나온 두 왕조 – (2) 셀레우코스 왕조

알렉산더 대왕이 단시간에 세계 정복을 이루는데 가장 큰 역할을 했던 프톨레미와 함께 셀레우코스를 기억해야 합니다. 알렉산더 대왕이 죽고 난 뒤에 바벨론을 중심으로 제국을 이룬 셀레우코스는 알렉산더 대왕이 그토록 원했던 세계를 헬라화 시키는 일에 크게 일조합니다. 알렉산더 대왕 사망이후에 패권을 잡기 위한 치열한 전투가 계속되었습니다. 셀레우코스 왕조를 크게 부흥시켰던 안티오쿠스 황제가 B.C. 198년에 프톨레미 왕조의 이집트 군대를 팔레스타인 지역에서 몰아내고 그 땅을 차지하였습니다. 우리가 잘 아는 "안디옥"이라는 도시가 바로 안티오쿠스를 기념하여 붙여진 이름입니다. 안디옥이라는 도시는 성경에 여러 번 등장하는데 바울과 바나바를 선교사로 파송한 안디옥 교회가 있는 '수리아 안디옥'과 바울과 바나바가 선교했던 소아시아 지역에 있는 '비시디아 안디옥'이 있습니다. 수리아는 지금의 시리아를 뜻하는 말로서 우리가 아는 이스라엘 북쪽에 위치한 시리아입니다.

셀레우코스 1세는 정복한 민족들의 문화를 존중해주는 정책을 펴서 유대인들에게도 하나님을 섬기는 제사를 자유롭게 계속 할 수 있도록 배려해 주었습니다. 특히 세금 감면과 포로석방이라는 호의적인 정책을 통해 유대인들의 환심도 얻었습니다. 호의적인 셀레우코스 1세의 이런 노력으로 유대인들은 점차 헬라 문화를 받아들이게 되었고 헬라어를 사용하는 사람들도 점점 늘어갔습니다. 자연스럽게 헬라의 언어와 문화와 교육이 유대인들 사이에 자리잡으면서 유대 지도자들 중에는 헬라 문화를 동경하여 헬라의 건축 양식으로 도시를 건설하고 집을 짓는 사람도 많아졌습니다.

그러나 셀레우코스 왕조 중에 가장 악한 왕이었던 안티오쿠스 4세는 유대인들에게 너무나 가혹한 일들을 많이 행하였습니다. 일본이 조선을 침략하여 처음에는 유화정책을 펼치다가 나중에는 민족말살정책을 행했던 것과 동일하게, 셀레우코스 1세때부터 계속해서 우호적인 정책을 펼쳐오던 것이 안티오쿠스 4세때에 완전히 분위기가 바뀌게 됩니다. 당시는 신흥강국인 로마 제국과 셀레우코스 왕조 사이에 싸움이 빈번하게 있었던 시대입니다. 사실상의 패권 싸움이었던 거죠. 그런데 안티오쿠스 4세가 로마제국에게 패하면서 막대한 조공을 바쳐야 되는 상황에 몰리게 되자, 조공을 바칠 재정과 물자를 확보하기 위해 속국의 백성들을 더 가혹하게 착취하였습니다. 이런 상황에서 성전에 있던 기명들까지 빼앗아 가고 성전 안에서 써야할 곡식과 제물과 물자까지도 다 가져갔기 때문에 유대인들의 불만은 더욱 커져만 갔습니다. 그런데 이러한 국가적 위기를 틈타서 프톨레미 6세가 다시 베니게와 팔레스타인 지역을 넘보려고 하자 안티오쿠스 4세는 종교적인 연합과 일치를 강화한다는 명목하에 예루살렘 성전 안에도 제우스 신전을 만들어 돼지로 제사를 드리고 그 피를 뿌리며 제사하게 하였습니다. 심지어 자신을 신격화하여 정치적 목적을 도모하려고 하였는데 이러한 무자비함은 도리어 유대인들의 신앙 회복을 크게 자극하고 독립운동인 마카비 운동을 일으키는 기폭제가 되었습니다.

4. 헬라 제국 정리하기

헬라 시대를 이끈 세 사람을 중심으로 다시한번 간략히 정리해 봅시다. 먼저는 헬라 시대를 열었던 '알렉산더 대왕'입니다. 페르시아 제국의 마지막 왕인 다리오 3세와 알렉산더 대왕은 거의 같은 시기에 왕으로 등극하였습니다. 알렉산더 대왕은 어려서부터 철학자 아리스토텔레스로부터 교육을 받아 헬라 문화와 헬라 철학의 깊은 영향을 받았습니다. 알렉산더 대왕이 그렇게 열심히 영토확장에 힘쓴 것도 주변의 미개한 국가들을 정복하여 헬라화 시키고 개화시켜서 어리석은 삶을 살지 않고 수준 높은 문화를 누리며 인간 답게 살도록 만들어 주기 위한 것이었습니다. 이후에 젊은 나이에 갑자기 죽게 된 알렉산더 대왕을 이어 '셀리우코스'와 '프톨레미'를 중심으로 헬라제국은 둘로 나누어지게 됩니다. 약 100년간 이어진 프톨레미 왕조는 이스라엘의 경제, 사회, 문화와 교육에도 지대한 영향을 끼쳤습니다. 예수님 당시 알렉산드리아에서 70여명의 유대인 학자들이 구약성경을 헬라어로 번역하여 70인역본이 탄생하게 되었는데 이것이 가능했던 것은 프톨레미의 지배 하에서 많은 유대인들이 애굽을 오갔기 때문입니다. 프톨레미 1세는 알렉산더 대왕을 기념하여 이집트의 지중해 연안에 '알렉산드리아'라는 아름다운 해변 도시를 세우고 그곳을 수도로 삼았으며 경제와 문화와 교육의 중심지로 만들었습니다. 그리고 당시 알렉산드리아에는 최초의 현대식 도서관이 세워지기도 했습니다.

하나님께서는 예수님이 이 땅에 오신 이후에 복음이 세계로 퍼져 나갈 수 있도록 미리 모든 환경을 하나하나 완성하고 계셨습니다. 역사를 주관하셔서 헬라제국을 이루시고 헬라의 철학과 문화와 언어를 통해 복음이 세계로 전파되도록 하셨습니다. 철학적인 언어와 학문의 기초가 없이는 종교적인 체계와 교리적인 체계를 세우기 어려운데 헬라의 철학이 기독교 교리를 정립하는데 공헌하였습니다. 특히 아리스토텔레스의 삼단논법 같은 헬라의 철학은 삼위일체의 하나님을 비롯한 오늘날의 조직신학의 체계가 정립되는 기초가 되었습니다. 또한 헬라의 통합되고 개방적인 성향의 문화는 복음을 쉽게 받아들이도록 사람들의 마음을 열어주는 역할을 하였으며, 헬라어로 번역된 성경은 헬라어를 사용하는 모든 곳에 전해지고 읽혀져 복음 전파의 속도가 가속화 되게 하였습니다.

하나님께서는 바울을 이방인 사도로 준비하셔서 복음전파의 통로로 사용하셨습니다. 바울은 어려서부터 이중문화(히브리-헬라문화)를 경험했습니다. 다소지역에서 태어나 헬라어를 비롯한 헬라의 기초 학문과 철학을 경험하였고, 성장한 뒤에는 예루살렘에서 가말리엘의 문화생으로 철저한 유대식 교육으로 율법을 배웠습니다. 이런 바울의 이중 문화 경험은 이후에 이방인을 위한 사도로 사역할 때에 큰 도움이 되었습니다. 미국에서 목회하면서 가장 어려운 점은 2세 교육을 위한 투자와 헌신입니다. 2세 교육을 위해 교회가 아무리 투자를 하고 노력을 하여도 신앙과 인격이 잘 준비된 2세 목회자가 없으면 2세의 신앙교육은 잘 이루어지지 않습니다. 그래서 2세 목회의 승패는 준비된 2세 목회자가 있느냐 없느냐에 달려 있다해도 과언이 아닙니다. 사도 바울을 이방인을 위한 사도로 쓰시기 위해 일찍이 헬라의 문화와 언어와 철학을 경험케 하신 섬세한 하나님의 손길은 아무리 생각해봐도 탁월한 하나님의 계획과 섭리가 아닐 수 없습니다. 그래서 세계 선교와 2세의 신앙교육을 주관하시는 분도 오직 우리 하나님이심을 고백할 수밖에 없습니다. 결국 하나님께서 섭리해 주시고 역사해 주셔야 모든 일이 이루어지고 완성된다는 것을 분명히 알고 우리는 하나님의 은혜를 구하는 기도를 쉬지 말아야 합니다.

18과 하나님의 침묵 – 신구약 중간시대

신구약 중간시대의 역사적 배경과 새로이 출현한 공동체들

알렉산더 대왕이 세운 헬라 제국의 출현은 당시 온세계를 헬라의 문화와 철학의 영향력 아래에 놓이게 만들었습니다. 팔레스타인 지방도 예외는 아니었는데, 대표적으로 헬라 문화가 꽃을 피운 곳은 아프리카 북부 지중해 연안에 위치한 알렉산드리아였습니다. 알렉산더 대왕은 아주 짧게 살다 죽었지만 그가 전파한 헬라 문화는 전 세계에 오래도록 지속되었습니다. 그렇다면 도대체 헬라 문화란 무엇일까요? 헬라 문화의 특징을 크게 6가지로 정리해 보겠습니다.

첫 번째는 아름다운 건축물과 건축 양식입니다. 건축하면 헬라 시대 건축물을 빼 놓을 수 없습니다. 특히 공회당 같은 건축물은 헬라 문화의 대표적인 건축물 중에 하나입니다. 두 번째는 스포츠의 발생지라는 것입니다. 그래서 일찍부터 곳곳에 체육관이 있었고 그 곳에서 전쟁에 필요한 무술을 연마하였습니다. 이것이 나중에 근대 올림픽 종목의 대부분을 차지하는 스포츠로 자리잡게 됩니다. 세 번째는 대형 극장을 세워 함께 즐기는 공연문화를 만들었습니다. 오늘날로 말하면 대중문화의 활성화를 이룬 것이겠죠. 대형 노천극장을 만들어서 수 천, 수 만명이 다함께 즐기는 문화를 만들었습니다. 네 번째는 원로원 회의 뿐만 아니라 모든 정치와 학문의 장에서 자신의 생각을 자유롭게 발표하고 서로 토론하는 토론문화가 형성되었다는 것입니다. 자신의 생각을 종교라는 틀 속에 고정시키지 않고 자유롭게 사유하며 자유롭게 발표하고 서로 토론하는 문화가 시작되었는데 이것은 헬라 문화권에 있는 사람들로 하여금 학문적인 사고를 통해 의식 수준을 높여주는 역할을 하였습니다. 다섯 번째로 헬라 문화는 고급스럽고 앞서가는 문화라는 인식을 사람들에게 심어주어, 헬라의 의상과 언어를 따라하게 만들었습니다. 그리스식으로 입고, 먹고, 말하는 것은 대단히 격식이 높은 선진 문화라는 의식이 팽배하였기 때문에 많은 사람들이 유행을 따르듯 헬라 문화를 수용하였습니다. 마지막 여섯 번째, 헬라 제국의 정신적인 축을 이루는 헬라 철학은 지금도 그 영향력이 대단한데, 그 당시에는 어떤 학파에 속해 있는 지를 중요하게 생

각했으며, 자신이 어떤 학파에 소속되어 있다는 것을 대단히 큰 자부심으로 삼았습니다. 마치 좋은 대학 출신이 나름 자신감을 갖는 것과 비슷한 모습이 그 당시에도 있었습니다.

이렇게 크게 6가지로 헬라 문화의 특징을 살펴보니 오늘날 우리의 문화와 별반 다르지 않다는 것을 알 수 있습니다. 문화는 그 시대의 생활 양식입니다. 헬라 문화는 개개인의 자유의지를 인정해주고 계발할 수 있도록 도와주는 환경을 조성했습니다. 이런 시대적인 흐름 속에서 하나님께서는 예수님을 보내셔서, 복음이라는 편지를 만들어, 바울이라는 유능한 기수를 세워, 헬라 문화라는 말에 태워, 세계로 소식을 전달할 준비를 하고 계셨습니다. 복음이 땅끝까지 전파되기 위한 발판을 하나하나 만드시며 메시아가 오실 때를 준비하신 것입니다. 그래서 신구약 중간시대를 '침묵기' 혹은 '암흑기'로 보기 보다는 복음의 씨앗이 땅끝까지 전파될 수 있는 기초를 완성한 '준비기'로 보아야 합니다. 한마디로 세계 선교를 위해 하나님께서 특별히 준비하신 기간입니다.

1. 유대인 탄압으로 시작된 마카비 운동

셀레우코스 왕조의 안티오쿠스 1세는 유대인들을 향해 대단히 호의적인 태도를 보이며 다스립니다. 세금을 감면해 주고 포로들을 석방해 줍니다. 더 나아가 하나님께 제사를 드리는 일과 율법을 가르치는 일들도 허용해 줍니다. 종교인들의 세금도 면제해 주며 성전을 보수하는 일에도 세금을 감면해 주고 심지어 성전 보수 비용까지 보조를 해주는 파격적인 태도를 보입니다. 그러나 안티오쿠스 4세 때가 되자 유대인들을 향한 잔인한 핍박과 탄압이 시작됩니다. 안티오쿠스 4세가 유대인을 탄압하게 된 동기는 안티오쿠스 3세가 신흥강국인 로마와의 전쟁에서 패하여 로마에 막대한 조공을 바쳐야 하는 상황에 몰리면서 시작되었습니다. 조공으로 바칠 모든 물건의 조달을 자신들의 지배하에 있는 속국과 그 백성들에게서 떠넘기면서 악순환의 고리가 형성된 것입니다. 이런 상황에서 애굽에서 새롭게 힘을 키우던 프톨레미 6세가 나날이 위협을 가해오자 불안감을 느낀 안티오쿠스 4세는 헬라 종교를 총동원하여 나라의 결속을 도모하고 유대인들에 대해서는 핍박을 강화합니다. 그 첫 단추는 헬라의 종교를 수용하도록 압력을 가하는 것이었습니다.

안티오쿠스 4세는 B.C. 167년에 성전에서 매일 드리는 제사를 폐지하고, 성전의 제단에 제우스 신상을 세우고 그것을 숭배하게 합니다. 또한 할례 예식과 안식일 규례를 금하는 칙령을 공포하고, 심지어 왕의 생일을 기념한다는 명목으로 매월 25일 마다 유대인들이 가장 싫어하는 돼지를 잡아 제단에 바치도록 합니다. 이 지시에 따르지 않는 사람들은 모질게 고문 당하고 산 채로 십자가에 처형되기도 했습니다. 더 나아가 안티오쿠스 4세는 자신을 가리켜 '에피파네스'라고 불렀는데, 이는 '신이 현현했다'라는 의미로 자신을 신의 위치에까지 올려 놓는 악행을 저지른 것입니다.

이런 상황이 되자 유대 공동체는 극명한 양극화의 현상을 보이기 시작합니다. 하나는 헬라 문화를 수용하고 헬라 사람들처럼 다양한 문화와 종교를 받아들이는 태도를 보이며 셀레우코스 왕조에게 아부하여 권력을 유지하려는 자들입니다. 그들은 자신들의 위치와 권력을 유지하며 누리기 위해 돈 많은 부자들과 결탁하고 각종 비리와 부정을 자행합니다. 성전에서 나오는 돈은 면세라는 것을 알고 성전과 관련된 자리를 얻기 위해서 돈으로 성직을 매매하는 일도 빈번히 일어났습니다. 이런 사람들이 있었던 반면, 헬라 문화와 셀레우코스 가문의 통치에 극렬히 반대하며 순수한 유대인 전통을 고수하려는 세력도 나타났습니다. 대표적인 세력이 마카비 가문입니다. 마카비 가문은 유대 전통의 회복과 성전 정화, 그리고 유대교의 부활이라는 기치를 앞세우고 독립운동을 펼치는데 이것이 독립국가 하스몬 왕가를 일으킨 유명한 '마카비 혁명'입니다.

마카비 가문은 그 당시 제사장이었던 '맛다디아'로부터 시작이 됩니다. 맛다디아의 자녀들 중 셋째인 '마카비'가 특별히 용맹했는데 그 이름은 '쇠망치'라는 뜻으로 원래 이름은 유다입니다. 안티오쿠스 4세의 탄압정책에 반기를 든 마카비 가문은 마침내 B.C. 166년에 독립을 하고 이 후 무려 100년간 하스모니안 왕조를 건설하여 유대인들을 다스립니다. B.C. 166년에 독립을 이룬 마카비는 그 다음해에 (B.C. 165년) 우상으로 더렵혀진 성전을 정화하는 작업을 행합니다. 이것을 기념하여 이후로 이스라엘 백성은 매년 "수전절(修殿節, 성전을 깨끗하게 씻은 날)"을 절기로 지키고 있습니다.

2. 마카비 독립운동과 하스모니안 왕조

마카비 독립운동이 시작된 가장 큰 원인은 앞서 살펴본 것처럼 안티오쿠스 4세의 유대교 탄압정책이었지만 또 하나 꼭 기억해야 할 사람들이 있는데, 그들은 유대 전통과 신앙을 철저히 지키려고 했던 "하시딤(Hasidim)"입니다. 점점 헬라 문화에 의한 유대 전통의 잠식이 이루어지는 상황을 가슴 아파하며 순수한 신앙과 믿음의 전통을 지키기 위해 노력했던 사람들이 바로 하시딤입니다. 하시딤은 나중에 예수님 시대에 둘로 나누어지게 되는데, 하나는 율법과 종교형식을 강조하는 바리새인들이 되었고, 다른 하나는 개인의 경건과 금욕주의를 표방하는 세례요한과 엣세네파 같은 사람들이 되었습니다. 결국 마카비 독립운동은 하시딤의 영향을 받은 사람들이 주도한 운동이고 후대에 바리새파와 엣세네파가 세워지는 동기가 되었습니다.

마카비 가문이 유다의 실제적인 통치자가 되면서부터 신정정치가 시작되었습니다. 특히 제사장 가문이 권력을 잡았기 때문에 더욱더 유대교 전통이 강화되고 철저한 율법 준수를 강조하는 분위기가 만들어지기 시작했습니다. 과거 바벨론 포로에서 귀환하여 하나님의 성전을 재건할 때 온전한 제사와 철저한 율법 준수를 강조하며 이스라엘의 회복을 이루었던 것과 비슷한 현상이 마카비 시대에도 나타난 것입니다. 에스라가 모세오경을 중심으로 한 율법 준수를 강조함으로써 그것이 결국 이스라엘의 신앙 회복을 이끌었던 것처럼, 안티오쿠스 4세의 박해에 맞서 율법의 회복과 성전 정화라는 명분으로 시작된 마카비 독립운동도 자연스럽게 율법 준수를 강조하는 분위기가 되었던 것입니다. 그 후로 하스모니안 왕조가 약 100년에 걸쳐 이스라엘을 다스리다가 할키누스 2세 치하일 때 2인자였던 "안티파터(Antipater)"가 이두매를 중심으로 에돔 지역을 다스리게 됩니다. 안티파터는 세계정세의 변화를 감지하고 당시 새로운 패권을 잡아가던 로마에 붙습니다. 그래서 결국 안티파터 2세와 그의 두 아들인 파사엘루스와 헤롯은 로마로부터 유다 전체를 다스릴 권한을 얻습니다. 여기 나오는 안티파터 2세의 아들 헤롯은 예수님을 죽이려 했던 '대헤롯'입니다. 예수님 당시의 정치적 상황은 에돔 사람 헤롯과 그 자손들이 로마 제국과 결탁하여 유다를 지배하고 있는 상황이었다는 것을 생각하며 앞으로 시작될 신약을 읽어야 합니다.

3. 헤롯가문

여기서 잠깐 헤롯 가문의 가계도를 살펴보면서 헤롯 가문을 정리하고 넘어 갑시다. 하스모니안 왕조를 배반하고 로마와 결탁하여 유다 전체를 다스릴 권한을 얻게 된 안티파터와 손자인 대헤롯(헤롯대왕)은 이후로 여러 자녀들에게 각각의 지역을 다스리는 분봉왕 자리를 나누어 줍니다.

먼저 **"대헤롯(헤롯대왕)"**을 살펴보면 그는 약 30년 동안 유다 지역을 다스리는 왕으로 등극합니다. 그는 유다를 다스리는 에돔 출신의 왕이었으나 유다에 대한 실질적인 권한은 로마에게 있는 상황이었습니다. 대헤롯은 이방인(에돔) 출신이기 때문에 이방인의 다스림을 거부하는 유대의식

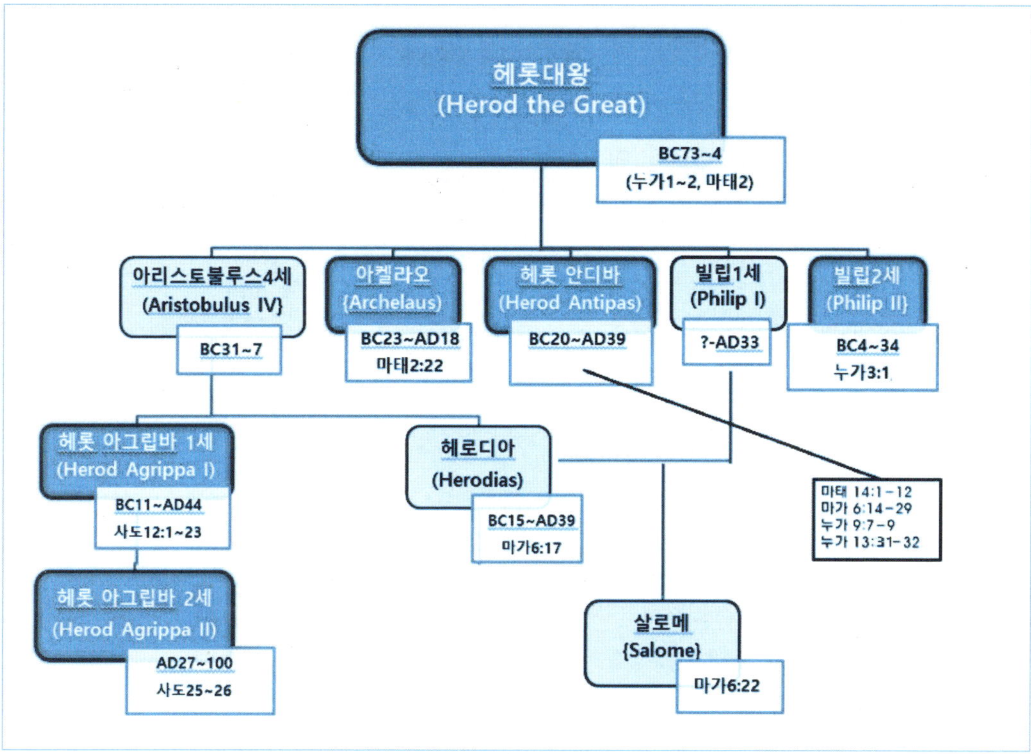

이 강한 사람들로부터 여러 측면에서 공격을 받습니다. 대헤롯은 이러한 통치의 위기를 하나님의 성전을 재건하는 것으로 무마하려고 했습니다. 원래부터 로마에 기대어 온 그는 로마의 건축물과 건축양식을 동경하는 마음이 있었는데 학자들은 대헤롯이 종교적인 측면에서는 크게 공헌한 바가 없지만 대헤롯 이전에 별로 볼 것이 없을 정도였던 팔레스타인 지역 건축에 있어서는 크게 공헌했다고 평가합니다. 대헤롯은 성경에서 예수님을 죽이려고 했던 왕으로 소개가 됩니다(마태복음 2장). 대헤롯이 동방박사들에게 예수님이 나신 곳을 알려 달라고 하여 죽이려는 계획을 세웠지만 하나님께서는 동방박사들을 다른 길로 돌아가게 하시고 요셉과 마리아에게도 애굽으로 피하라고 말씀하셔서 아기 예수는 죽음의 위기를 모면합니다. 그러나 자신의 계획이 무산되자 대헤롯은 수많은 무고한 어린 아이들을 무참히 살해합니다. 역사적인 기록에 의하면 그는 B.C. 4세기에 죽었다고 합니다.

대헤롯이 죽은 후에는 헤롯의 아들들이 유다 지역을 분할하여 다스립니다. (헤롯)안티파스와 빌립과 아켈라오는 아버지 대헤롯의 유언대로 각각 유다 지역을 나누어서 통치하게 되는데, (헤롯)안티파스는 갈릴리와 요단 동편 땅인 베레아 (주의: 베뢰아는 마게도니아 지역에 있는 도시 이름)지역을 다스립니다. 빌립은 갈릴리 북동부 지역을 다스리고, 아켈라오는 유다와 사마리와 에돔 지역을 다스립니다. 이스라엘 전체로 볼 때 가장 많은 땅을 다스린 것은 아켈라오이고 나머지 두 아들은 분봉왕으로서 다스립니다. 분봉왕도 좀 더 세분화하면 아켈라오는 좀 큰 땅을 다스린 왕(분봉왕)이고 나머지 두 사람 (헤롯)안티파스와 빌립은 좀 작은 지역을 다스린 분봉왕(=영주)이라고 이해하면 됩니다. 유다 지역을 다스렸던 대 헤롯의 아들 아켈라오는 마태복음 2장에 등장하는 인물입니다. 예수님께서 대 헤롯을 피해서 애굽으로 갔다가 헤롯이 죽은 뒤에 올라올 때 유대 땅으로 오지 않고 갈릴리 지역으로 올라간 이유가 아켈라오 때문입니다. 그리고 또 다른 아들인 빌립은 우리가 잘 아는 “가이사랴 빌립보”라는 도시를 건축한 사람입니다. 갈릴리 북동부 지역과 데가볼리 지역을 다스린 빌립은 로마 건축양식을 동경하였고 특별히 가이사(황제=시저)에 대한 충성이 대단했던 사람이어서 헬몬 산으로부터 갈릴리 호수로 내려오는 물줄기를 따라서 아름다운 지역에 도시를 건설하여 휴양지로 만들고 가이사와 자신의 이름을 붙였습니다. 가이사랴 빌립보는 예수님께서 제자들과 함께 방문하시고 “사람들이 나를 누구라 하느냐?”라고 질문하신 곳이기도 합니다. 예루살렘 근처 지중해 연안에 위치한 ‘가이사랴’와 헷갈리면 안 됩니다. 가이사랴는 바울이 로마로 압송되기 전에 투옥되었던 곳이고 여기 가이사랴 빌립보는 갈릴리 북쪽에 위치한 휴양 도시라는 점을 꼭 기억합시다.

예수님의 고향인 갈릴리 지역과 베레아 지역을 다스린 분봉왕은 헤롯 안티파스입니다. 헤롯 안

티파스는 자신의 이복형제의 아내인 헤로디아와 결혼하여 세례자 요한으로부터 책망을 들었고, 예수님은 그를 가리켜 '여우'(눅13:32)라고 부르기도 했습니다. 예수님은 그에게 끌려가 심문을 받기도 했는데, 그는 예수님을 자신이 죽인 세례 요한이 살아난 것이 아닌가 해서 늘 주시하며 두려워 했습니다.

헤롯 가문에서 마지막으로 살펴볼 사람은 헤롯 아그립바입니다. 사도행전에서 헤롯 아그립바는 대헤롯의 아내인 마리암네 1세가 낳은 아리스도불의 아들입니다. 야고보를 칼로 죽일 만큼 잔인한 사람이고 베드로를 옥에 가둔 사람이기도 합니다. 사도행전 12장에 충이 먹어서 죽은 왕이 바로 헤롯 아그립바 즉 아그립바 1세입니다. 헤롯 아그립바가 죽은 뒤에 그의 아들 아그립바 2세는 A.D. 55경에 갈릴리와 데가볼리 그리고 베레아 지역까지 다스리는 분봉왕이 됩니다. 바울이 가이사랴에 투옥되어 있을 때 유다 지역을 통치한 총독 베스도의 부임을 축하하기 위해서 방문했다가 바울을 보고 그의 간증을 듣고 난 뒤에, '바울이 가이사에게 호소하지 않았으면 석방될 수 있을 뻔하였다'고 말한 사람이 바로 아그립바 2세입니다(행 25-26장).

4. 예수님 당시 패권을 잡은 로마

로마는 세계 역사가운데 가장 큰 영향을 준 제국입니다. 모든 강대국들이 로마를 롤 모델로 삼고 역사적인 연구를 하여 로마의 정치, 경제, 사회, 문화까지도 모방합니다. 로마는 B.C. 8세기 이탈리아 반도에서 시작된 작은 도시국가입니다. 작은 도시국가인 로마가 강대국으로 성장할 수 있었던 것이 그들의 포용적 '이민정책' 때문입니다. 로마는 타민족도 그 지위를 그대로 인정해주고 로마의 시민권을 주었기 때문에 많은 인재들이 로마로 유입되어 동화될 수 있었습니다. 미국이 초기에 이민자들에게 쉽게 시민권을 발급하여 주는 정책을 펴서 많은 외국의 인재들이 미국 안으로 빠르게 유입 될 수 있었던 것도 로마를 모델로 삼은 정책 때문이라고 말할 수 있습니다.

그러나 반대로 로마도 어두운 면이 있었는데 바로 검투경기입니다. 로마인들은 이민족과의 정복전쟁이후 잡혀온 노예들 중 건장한 자를 골라 검투사로 키우고 검투경기를 벌이도록 했는데, 단련된 육체의 아름다움과 용기의 미덕을 찬양했던 로마의 문화로 인해 검투사들이 목숨을 걸고 치열하게 싸우는 검투경기에 로마인들은 열광했습니다. 그러나 비인간적인 대우와 과도하게 열리는 경기로 인해 불만이 극에 달한 검투사들이 B.C. 73년에 반란을 일으킵니다. 이것을 진압하기 위해서 당시 원로원에서 파견한 '폼페이' 장군과 '크라수스' 장군은 반란을 완벽하게 잠재웠고 로

마의 위기를 해결한 두 사람은 하루 아침에 로마의 실세가 됩니다. 이들이 정치적 실세가 되자 원로원은 이것을 견제하기 위해서 '가이사' 즉 케사르를 앞세워서 로마의 정치 구도를 삼두정치(三頭政治: 3인정치) 체제로 만들었고 나중에 케사르는 황제가 되어 '율리어스 시저'가 됩니다.

여기서 폼페이 장군에 관하여 잠깐 살펴봅시다. 그는 B.C. 63년에 예루살렘을 함락시킵니다. 그래서 유다가 로마의 통치아래에 들어가게 됩니다. 이미 살펴본 마카비 하스모니안 왕조의 힐카누스 2세는 결국 폼페이 장군에게 굴복하고 로마에 조공을 바치기 시작합니다. 이후에 하스모니안 왕조의 후손들의 정치적인 입지는 작아지고 종교적인 권력만을 유지하게 되는데 이 상황을 틈타서 에돔 사람 안티파터가 로마의 허락을 받고 유다를 다스리는 왕이 됩니다. 이런 가운데 로마에서는 폼페이와 가이사가 패권을 놓고 다투게 되는데, 마침내 이집트에서 가이사가 폼페이를 죽이고 클레오파트라를 만납니다. 이 사건으로 인하여 이집트에서는 프톨레미 왕조의 클레오파트라가 여왕으로 등극합니다. 이후로 가이사는 아프리카와 스페인 등지로 영토를 넓혀가며 실질적인 로마의 대통합을 이루고 로마를 대제국으로 발전시킨 장본인이 됩니다.

그러나 천하의 가이사도 자신의 충신인 부루투스에 의해서 B.C. 44년에 암살을 당합니다. 이후에 로마 권력은 가이사의 양 아들인 '옥타비아누스'와 가이사의 신하인 '안토니우스'의 싸움으로 번집니다. 로마가 이렇게 여러 문제들로 인해 다른 곳에 신경을 쓸 겨를이 없을 때 팔레스타인 지역에서는 안티파터가 암살을 당하고 안티파터의 죽음으로 헤롯 가문은 정치적인 위기를 맞습니다. 이 때 유다 마카비 가문의 안티고누스가 반란을 일으켜서 B.C. 40년경쯤 다시 유다를 잠깐 다스리게 됩니다. 또한 페르시아의 후계자들인 파르티안의 출몰로 인하여 헤롯은 외부의 적으로부터도 공격을 받습니다. (특별히 파르티안은 활을 쏘는 기마부대로 유명합니다. 그래서 전쟁사에 보면 '파르티안 샷'이라는 명칭이 생길 정도로 활에 능한 기마부대를 갖고 있었기 때문에 이들은 로마제국에도 큰 위협이 되었습니다.) 결국 이렇게 내부의 적인 안티고누스와 외부의 적인 파르티안으로 인해 곤경에 처한 헤롯은 로마로 도망을 가고 그 곳에서 많은 공을 들여 로마 정치인들에게 로비를 합니다. 그래서 로마 정치인들의 후원으로 다시 유대지역을 다스리는 왕으로 임명 받은 헤롯은 로마의 실세인 안토니우스와 로마군대 지원을 받아 하스모니안 왕조의 안티고누스가 차지하고 있는 유다를 다시 정복합니다.

로마는 안토니우스를 통하여 수리아와 터어키 등을 장악하게 됩니다. 그러다가 안토니우스가 이집트의 클레오파트라와 사랑에 빠지게 되자 가이사의 양자인 옥타비아누스는 두 사람의 연합을 위험하게 보고 악티움이라는 곳에서 싸워 연합군을 물리치고 로마의 권력을 장악합니다. 최초의 황제인 아우구스투스가 바로 옥타비아누스입니다. 아우구스투스는 성경에서 '아구스도'라는 이름으로 소개가 되고 예수님의 탄생과 연관이 있습니다. 갈릴리 나사렛에서 살던 요셉과 마리아가 호적을 정리하라는 황제(아구스도)의 명령에 따라 유다 베들레헴으로 내려 갔다가 베들레헴 마구간에서 예수님이 탄생합니다. 표면적으로는 황제의 명령을 지키고자 했을 때 일어난 사건처럼 보이지만, 이는 하나님께서 황제를 통해 명령하게 하시고, 하나님은 그 때를 맞추어 요셉과 마리아를 베들레헴으로 보내셔서, 그 곳에서 아기 예수님이 태어나게 하심으로써 구약에 예언된 말씀(미가 5:2)을 그대로 성취하시는 참으로 놀라운 하나님의 섭리가 만들어 낸 일입니다. 우리가 우리의 인생을 하나님께 맡기고 믿음으로 산다는 것은 한치의 오차도 실수도 없으신 하나님께서 우리의 삶을 완벽하게 이끄시며 인도하고 계시다는 것을 믿는 것입니다. 지금 우리가 지나고 있는 사망의 음침한 골짜기는 푸른 초장, 쉴만한 물가를 향하여 가는 도중에 잠시 지나는 과정이라는 것을 생각하며 우리의 목자되신 선하신 하나님을 믿고 끝까지 따라갈 때 마침내 승리하게 될 것입니다.

마지막으로 예수님의 탄생과 관련하여 짚고 넘어가야할 내용이 있습니다. 예수님의 탄생시기는 약 B.C. 4세기 정도로 추정할 수 있는데 그렇다면 우리가 알고 있는 예수님의 탄생 날짜에 오류가 있다는 말이 됩니다. 이런 오차가 생기게 된 것은 디오클레티아누스 황제(A.D. 284-305년 재위) 당시 로마제국이 연호를 사용하는 문제로 인하여 혼란케 된 사건과 관련이 있다는 학설이 가장 설득력이 있는 주장입니다. 디오클레티아누스 황제 당시에는 즉위 연대를 기원으로 하는 마르티르(Martry)라는 연호를 사용했습니다. 그러나 그는 기독교를 매우 심하게 박해했던 왕이었기에 로마가 기독교 국가가 된 이후에 왕의 연호를 부활절 연대 계산에 사용하는 것을 싫어하였습니다. 그래서 당시 로마의 수도원장이며 대학자였던 디오니시우스 엑시구스는 로마제국의 기원 연도와 예수님의 생애를 비교 연구하였고, 그 결과 예수님의 탄생 연도가 로마제국 건국으로부터 754년 후였음을 발견하였습니다. 그래서 그는 754년을 주후(主後, A.D.) 1년으로 계산하였으나, 후대의 학자들은 디오니시우스 엑시구스가 예수님의 탄생 연도를 잘못 계산했다는 사실을 발견했습니다. 학자들은 성경과 고대 문헌을 자세히 연구한 후에 예수님이 적어도 B.C. 4년 이전에 태어났다고 밝혔습니다. 중대한 계산상의 착오가 분명하지만 이미 오랜 기간 동안 '주후'(A.D.) 라는 명칭을 사용해 왔고 이제 와서 그것을 고친다는 것은 거의 불가능에 가깝기에 오늘날까지 그냥 일반화되어 사용하고 있는 것입니다.

19과 하나님의 침묵 – 신구약 중간시대

구약과 신약을 연결하는 고리를 알아야 합니다.

지난 시간까지 우리는 구약의 말라기를 끝으로 신약의 마태복음이 시작될 때까지 하나님께서 약 400년간을 침묵하시는 동안에 세계역사 가운데 이루신 일이 무엇인지에 대해서 살펴보았습니다. 아래의 그림을 통해 성경에 나타난 제국들의 역사적인 흐름을 보면, '애굽'이라는 나라에서 출발하여 '앗수르제국'으로, 앗수르에서 '신바벨론제국'으로, 신바벨론에서 '메대·바사제국'으로, 메대·바사에서 '페르시아제국'으로, 페르시아에서 '헬라제국'으로 이어지며, 헬라제국은 프톨레미 왕조와 셀레우코스 왕조의 두 나라로 갈라집니다. 이렇게 갈라진 두 나라를 통합한 나라가 '로마제국'입니다. 로마제국이 다스리는 동안에 팔레스타인 지역에는 하스모니안 왕조와 헤롯 왕조가 등장했었다는 것을 지난 시간에 배웠습니다. 이렇게 제국들의 흥망성쇠와 역사적인 흐름의 고리를 하나하나 연결하다 보면 신구약 중간의 기간에 그리스도께서 이 땅 가운데 오실 수 있도록 하나님께서 얼마나 많은 준비를 하셨는지 깨닫게 됩니다.

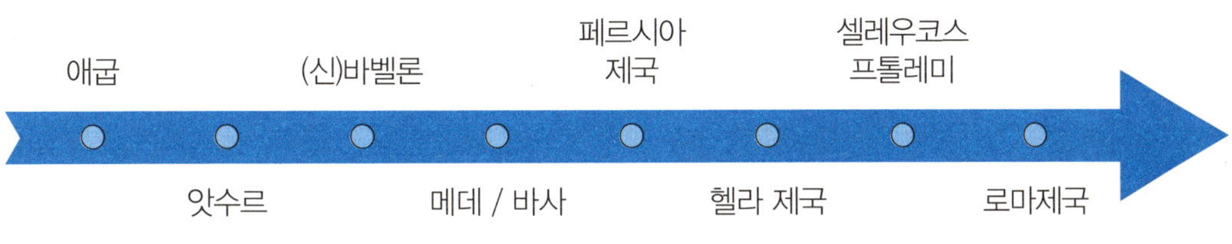

1. 신구약 중간 시대에 나타난 사회와 종교 계층

위에서 살펴본 것처럼 신구약 중간기에 일어난 세계사의 큰 변화로 인하여 신약성경에는 많은 정치, 사회계층이 새로이 등장합니다. 어떠한 배경에서 이런 계층이 생겨나게 되었는지를 모르고 신약성경을 읽다보니 그저 예수님이 하신 말씀 속에서 교훈적인 메시지만을 뽑아 내는 성경읽기에 그치는 경우가 많습니다. 이런 다양한 계층의 사람들이 나타나게 된 배경과 그들이 추구하는 바는 무엇인지, 또 그들의 신앙적인 색깔은 어떤 것인지를 알면 훨씬 깊이 말씀을 깨닫고 더 많은 은혜를 받을 수 있습니다. 그래서 이번 장에서는 성경이 말하여 주지 않는 이러한 시대적, 역사적 상황에 대해 살펴보도록 하겠습니다.

1) 디아스포라 유대인

먼저 살펴볼 사회계층은 디아스포라 유대인입니다. 신구약 중간 시대에 더 많이 나타나게 된 디아스포라 유대인들은 성전을 대신하여 각 지역마다 '회당'을 만들어 그 곳을 중심으로 하나님의 말씀을 연구하고 신앙을 유지했습니다. 원래 회당 문화는 에스라 시대 즉 바벨로 포로시대로 거슬러 올라갑니다. 포로가 되어 바벨론으로 끌려간 유대인들은 절기가 되어도 성전에서 제사를 드릴 수 없게 되자 이제까지 '성전 중심'이었던 신앙생활을 '회당 중심'의 신앙생활로 바꾸었습니다. 성전 중심의 신앙생활은 제사와 예배가 중심이 되지만 회당 중심의 신앙생활은 율법 연구, 즉 성경공부가 중심이 됩니다. 그래서 회당 중심의 신앙은 대단히 율법적인 성향을 띠게 됩니다. 회당은 나중에 예수님께서 복음을 전하실 때, 그리고 사도 바울이 아시아와 유럽 전역에 다니며 복음을 전파할 때 설교의 장소로 사용됩니다. 학자들의 연구에 의하면 예수님 당시 디아스포라 유대인들은 약 800만 명에 이르렀다고 합니다.

우리가 잘 알고 있는 사도바울의 동역자, 브리스길라와 아굴라 부부도 원래 로마에 있다가 쫓겨난 디아스포라 유대인이었습니다. 브리스길라와 아굴라는 로마에 살고 있다가 황제 글라우디오가 모든 유대인을 로마에서 추방시킬 때(행18:2) 그 곳을 떠나 고린도에 와서 살게 되었습니다. 이들 부부도 천막 만드는 일을 생업으로 하였던 관계로 바울과 친해지게 되었고, 나중에는 함께 복음을 전하는 동역자가 됩니다. 예수님 탄생 당시 황제 아구스도의 칙령으로 베들레헴으로 내려갔던 요셉과 마리아처럼, 브리스길라와 아굴라도 유대인을 추방하는 황제 글라우디오의 명령에 의해 로마를 떠나 고린도로 가게 되었는데 이러한 정치적 사건 너머에는 하나님의 오묘한 섭리가 있었던 것입니다. 사도 바울도 2차 선교여행 당시 처음에는 아시아로 가서 복음을 전하고자 하였으나 성령께서 이것을 허락하지 않으시고 환상을 통해(행16:9) 마게도니아(유럽지역)로 가게 하셨는데 그 때문에 나중에 고린도에서 브리스길라와 아굴라 부부를 만나게 된 것을 볼 때, 이 또한 하나님의 섭리였음을 알게 됩니다. 바울은 브리스길라와 아굴라와 함께 고린도에 교회가 세워지도록 힘을 모아 사역합니다. 삶의 터전이었던 로마에서 추방될 때 브리스길라와 아굴라 부부는 얼마나 막막하고 절망적이었을까요! 그러나 이 절망적인 사건은 그들로 하여금 평생 먹고 사는 일에 묶여 사는 세상에 속한 인생에서 하늘에 속한 인생으로 전환 시켜주었습니다.

2) 열심당과 헤롯당

다음은 독립운동을 주도했던 마카비 가문과 비슷한 '열심당'입니다. 셀레우코스 왕조의 안티오쿠스 에피파네스에 의한 민족말살 정책과 종교 탄압에 대항하여 일어난 독립운동이 마카비 운동이라면, 열심당은 로마에 대항하여 암살과 저항운동을 전개한 단체입니다. 이들은 셀롯인 혹은 갈릴리 사람으로 불리면서 민족의 독립을 위해 저항운동을 펼친 사람들입니다. 종교적인 집단은 아니지만 친 로마 성향을 가진 정치, 사회, 종교 지도자들을 암살했습니다. 그래서 늘 칼을 품고 다녔고 모세의 율법을 철저하게 지키는 자들이었습니다. 이와 반대적인 성향을 지닌 당파가 '헤롯당'입니다. 로마에 우호적이었으며 헤롯 안티파스를 추종하는 세력으로 타협적이며 실리적인 정치적 입장을 보였습니다. 헤롯당의 구성원들 중에는 사두개인들도 일부 포함 되었기 때문에 동일한 집단으로 오해 받기도 했습니다.

3) 사두개파

사두개파는 "사독의 후예들"이라는 호칭을 가지고 있었으며 제사장 출신 귀족 집단이었습니다. 정치적인 이익을 유지하기 위해서 로마의 우호적인 정치 세력과 결탁이 되어 있었으며, 대단히 세속적이고 실질적인 권력을 추구하는 집단이었습니다. 바리새파 사람들과는 반대의 입장을 취하였고 모세오경만이 유일한 성경이라고 생각했습니다. 그래서 천사들을 믿지 않았고 부활의 교리를 거부했습니다. 교리적인 측면의 논쟁을 좋아했으며 지혜의 추구를 매우 강조했습니다.

4) 바리새파

다음은 사두개파와 대조적인 주장을 했던 바리새파입니다. 그들은 부활과 함께 모세오경과 역사서, 시가서, 그리고 예언서까지도 성경으로 인정했습니다. 사도행전 23장에서 바울이 산헤드린 공의회 회원들 앞에서 예수님의 부활을 전했을 때 그 자리에 있던 사두개파와 바리새파 사람들이 서로 싸우게 된 것도 이런 교리적인 차이 때문입니다. 사두개파 사람들이 귀족중심, 제사중심, 성전중심이라면 바리새파 사람들은 백성중심, 말씀중심, 회당중심이라고 할 수 있습니다. 이들은 일반 백성들로부터 율법교사로 인정을 받고 존경을 받았습니다. 그래서 그러한 체면을 유지하기 위해서 대단히 형식주의적인 모습과 함께 세속화된 모습도 보였습니다. 예수님께서는 이런 바리새파 사람들을 회칠한 무덤과 같다고 비판하시면서 그들의 겉과 속이 다른 이중적 태도를 지적하셨습니다. 사두개파와 바리새파는 예수님이 오시기 전까지 서로 상반된 신앙의 노선을 견지하는 가운데 서로에게 영향을 주고 받았고, 이스라엘 백성에게도 크고 작은 영향을 주었습니다.

5) 엣세네파

마지막은 엣세네파 입니다. 학자들의 견해로는 우리가 알고 있는 세례 요한이 엣세네파 사람이라고 추정합니다. 엣세네파는 당시 종교지도자들의 부패에 환멸을 느낀 경건한 유대인 집단으로 세상과 단절하여 생활하기 위해 수도원과 비슷한 장소를 만들어 광야에서 살았고, 금욕적인 생활과 경건 생활에 집중했습니다. 아무나 그 집단에 들어갈 수 없었고 엄격한 자격심사를 통과해야만 공동체의 일원으로 받아주었습니다. 신약성경에는 엣세네파에 대한 소개가 없는데, 이들의 존재가 드러나게 된 것은 고대 성경 필사본인 사해 사본이 발견되면서 그들의 존재를 알게 되었습니다. 사해사본의 발견으로 인하여 엣세네파 사람들이 경건한 생활을 하며 성경을 필사하고 연구하는 일에 집중하며 살았다는 사실을 알게 된 것입니다.

2. 나머지 소개할 공동체와 종교지도자

1) 산헤드린 공의회

이스라엘의 정치와 사회적 권력은 로마 총독과 각 분봉왕에게 있었습니다. 그러나 종교적인 권력은 산헤드린 공의회와 대제사장들과 앞서 소개한 종교 단체들에 의해서 좌우되었습니다. 그 중에서 여러 종파의 대표자들이 추천을 통해 선출되어 유대인 공동체를 이끌어 간 단체가 "산헤드린 공의회"입니다. 과거 이스라엘의 역사에서 주변 국가들에 의한 정치권력의 찬탈은 막을 수는 없었지만, 종교적인 권력마저 빼앗겼을 때에 성전이 유린되고 유대인의 고유 문화와 종교에 크게 타격을 입었기 때문에 유대인들 스스로가 최소한 종교적인 권력만큼은 지키겠다는 신념에서 만든 단체가 바로 산헤드린 공의회입니다.

산헤드린 공의회는 종교적인 재판과 규범에 관한 최고 의결기관이었습니다. 구성원은 모두 71

명으로 사두개파인 대제사장들과 서기관들 그리고 바리새파 사람들이었습니다. 예수님의 재판과 사도 바울의 재판을 볼 때 산헤드린 공의회가 공식적으로 사형에 처할 수 있는 권한은 없었던 것으로 보입니다. 그러나 정치적인 재판을 통해서 사형을 구형할 수 있었고 또한 정치적인 권한이 있는 자의 허락을 받으면 자신들의 종교법으로 재판을 할 수도 있었습니다.

요한복음 18장 31절에 보면 빌라도는 예수님을 유대인들에게 다시 내어 주며 '너희 법대로 처리하라'고 말합니다. 이런 것을 볼 때 자치적인 권한이 있지만 그것이 종교적인 내용에 국한 되어 있었다는 것을 알 수 있습니다. 그래서 산헤드린 공의회는 자체적인 법이 있었습니다. 유대인들을 그 법에 의거하여 재판은 하지만 먼저 공의회를 통해 의견을 나누고 결정한 것입니다. 사도행전에서 이방인을 성전 안에 들였다는 거짓된 고발에 의해서 사도 바울을 붙잡게 됩니다(21장). 아무리 고발이 되었다고 해도 그 순간 바로 집행하는 것이 아니라 공의회를 통해 재판이 이루어져야만 했습니다.

구약에서부터 이스라엘 백성들은 공동체를 재판하는 사람들을 따로 세웠습니다. 모세는 장인 이드로의 조언에 따라 오십부장, 백부장, 천부장등을 세워서 재판을 하도록 하였고, 가나안을 정복한 이후에는 48개 성읍에 레위 지파 사람들을 두어 재판을 하도록 했으며, 나중에 레위 지파의 역할이 약화되었을 때에는 '사사'라는 재판관을 통해 이스라엘을 다스리게 하였습니다. 이렇게 이스라엘 공동체 안에서는 종교적인 재판을 담당하는 사람들이 항상 있어왔기에 산헤드린 공의회 역시 이런 역사적 배경의 선상에서 자연스럽게 구성된 의결 단체라고 볼 수 있습니다.

2) 대제사장

산헤드린 공의회가 단체로서 최고의 기관이라면 개인 자격으로 최고의 종교지도자는 대제사장이었습니다. 유대인들은 대제사장을 신앙적인 측면에서 지도자로 생각했습니다. 구약의 지도자 에스라도 제사장이었고, 유대의 독립운동을 이끌었던 마카비도 제사장 가문입니다. 그렇기 때문에 자연스럽게 대제사장은 이스라엘 백성의 지도자로 인식이 되었습니다. 예수님 당시 대제사장은 하나님과 그의 백성 사이를 연결해 주는 다리의 역할을 해야 했는데, 오히려 정치권력과 유착이 되어서 백성을 위하기는 커녕 자신의 이익을 추구하기 위한 권력행사가 더 많았습니다. 그러다 보니 율법의 규례대로 레위 지파에서 대제사장을 뽑는 것이 아니라 정치적 권력기관에서 임명하는 식이 되었고 심지어 돈을 주고 대제사장의 직위를 사는 일까지 벌어지게 되었습니다. 정치세력의 입장에서는 자신들의 말을 잘 듣는 사람을 종교 지도자로 세워 놓으면 종교적인 권력으로 이스라엘 백성을 다루기 쉬워지니 좋았던 것입니다. 또한 돈으로 대제사장의 직위를 사는 사람은 성전세와 성전 제물을 통해 부당한 이익을 취할 수 있었기 때문에 서로의 필요에 의하여 대제사장직을 사고 파는 불법행위가 버젓이 자행되었던 것입니다. 대제사장 안나스가 그 대표적인 인물입니다.

3) 서기관

성경에 종종 나오는 표현 중에 '서기관', '율법교사' 혹은 '랍비'라는 명칭이 있습니다. 이런 사람들은 대부분 율법을 가르치거나 연구하고 보존하는 역할을 담당했습니다. 그래서 서기관과 율법교사, 랍비들은 모두 회당과 관련이 있습니다. 왜냐하면 여러 나라에 흩어져 살았던 이스라엘 백성들은 매 절기 때마다 성전에 올 수 없는 상황에서 그들의 정체성과 신앙을 유지하기 위해서 회당을 세우고 그 곳에서 율법을 배웠습니다. 그래서 각 회당마다 율법을 연구하고 필사하며 보존하는 일을 담당하는 사람들이 세워지게 되었고, 이 일을 맡은 사람들을 '서기관' 혹은 '율법교사'라고 불렀습니다. 또한 율법에 능통한 사람들이 하나님의 말씀을 가르쳤기 때문에 그들을 '랍비'(선생)라고 불렀습니다. 성경에 기록된 율법을 어떻게 구체적인 상황에서 적용할 수 있는가? 이런 질문에 답을 주기 위해서 율법을 연구하고 일반백성들에게 적용할 수 있는 기준을 제시한 사람들이 바로 서기관과 율법교사와 랍비들이었습니다. 그리고 우리가 잘 알고 있는 탈무드가 이들의 노력에 의해 만들어진 '지혜문서'입니다.

4) 총독

총독은 이스라엘을 다스리기 위해서 로마로부터 파견된 사람입니다. 로마는 정복한 영토를 직접 다스리지 않고 그 지역 토착세력을 분봉왕으로 임명하여 다스리게 했는데, 예루살렘을 중심으로 한 그 주변 지역에서는 이스라엘의 독립을 주장하는 단체들에 의한 산발적인 반란이 일어나곤 하였던 관계로 예루살렘과 그 주변 몇 곳은 로마가 파견한 총독이 직접 다스렸습니다.

대헤롯이 자식들에게 땅을 나누어 주었을 때, 네 명의 아들 중 아켈라오에게는 사마리아와 유다와 에돔 지역을 다스리게 했습니다. 그러나 정치를 잘하지 못했던 아켈라오는 그만 유대인들에게 반감을 사고 말았는데 그 결과로 유대 땅에 폭동이 일어나자 이 폭동을 진압하기 위해 군대를 동원하여 무려 2000명 이상을 죽이는 대학살을 저지릅니다. 이것으로 인하여 유대인들 사이에서 반로마 정서가 더욱 높아지고 반정부 시위가 계속해서 발생하자 로마의 황제는 로마군을 직접 예루살렘과 가이사랴에 주둔하게 하여 유대의 정세를 안정시킵니다. 결국 이 일로 아켈라오는 분봉왕 자리에서 축출되고 그 때부터 로마로부터 파견된 총독이 유다를 다스립니다. 예루살렘에 파견된 총독들은 1대 코포니우스, 2대 암비블루스, 3대 아니우스 루프스, 4대 발레리우스, 5대 폰티우스 필라투스(본디오 빌라도)로 이어졌고, 빌라도는 예수님을 십자가에 못박는 총독이 됩니다. 이후에 바울과 연관되어 성경에 등장하는 총독으로는 벨릭스와 후임자인 베스도가 있습니다.

3. 구약과 신약을 연결하는 다리로 쓰임 받은 로마

헬라의 문화와 철학과 언어가 복음을 땅끝까지 전파하는데 매우 중요한 역할을 했다는 것을 이미 설명했습니다. 헬라의 문화는 타문화에 대해 수용적인 입장이었기 때문에 다양한 다른 문화를 수용하고 받아들이는 동시에 타문화권을 헬라화시키는 작용도 함께 했습니다. 결국 헬라 문화를 수용한 나라와 민족들은 자연스럽게 헬라화 되었고, 이런 문화적인 간격이 없어지게 되면서 다른 문화와 다른 사상에 대한 거부감이 점점 줄어들자 세상은 급속도로 헬라화 되었습니다. 이스라엘의 고유문화에서 발생한 기독교가 세계적으로 쉽게 확산이 될 수 있었던 것은 이렇게 '헬라 문화'라는 코드를 사용했기 때문입니다. 요즘 전 세계적으로 K-POP과 K-드라마에 대한 인기가 높아지면서 덩달아 한국과 한국 문화에 대한 관심도 많아지고 있습니다. 다양한 한국문화를 여과없이 받아들이는 다른 나라 젊은이들이 많습니다. 한국 음식에 대한 관심도 높아지고, 한국을 한번 방문해 보고 싶어 하는 세계의 젊은이들이 정말 많아졌습니다. 문화라는 코드는 이렇게 대단히 큰 영향력을 지니고 있기에 하나님께서는 헬라의 문화를 복음 전파의 도구로 사용하신 것입니다.

헬라 문화 뿐만 아니라 헬라의 철학과 언어도 복음이 전파되는데 크게 기여했습니다. 헬라의 철학적 사상이 기독교 교리를 정립하는데 공헌하였고, 헬라어는 기독교의 신학적 개념을 정의 내리는 훌륭한 도구가 되었습니다. 요한복음에 나오는 **"말씀이 육신이 되었다(요1:14)"**는 말에는 특별히 예수님께서 어떤 분인지를 설명하는 정의가 담겨 있습니다. 그런데 여기서 '말씀'에 해당하는 헬라어 단어 "로고스(Logos)"는 헬라 철학의 영향을 받아서 성경 용어로 사용되었습니다. 이렇게 하나의 개념을 정립하기 위해서는 철학적 사상이 필요하고, 정립된 개념을 전달하기 위해서는 언어가 필요한데, 헬라의 철학과 언어가 기독교를 위해 이러한 역할을 해 주었습니다.

이렇게 헬라제국의 문화,철학,언어를 통해 정신적인 길을 준비하신 하나님께서는 로마제국을 통해 전파의 길을 조성하셨습니다. "모든 길은 로마로 통한다"는 말을 들어 보셨을 것입니다. 로마의 초대황제 옥타비아누스(아우구스투스)는 로마를 중심으로 로마가 점령한 지역과 도시에 길을 연결했습니다. 이렇게 점령지역과 로마를 연결해 물자의 수송을 편리하게 하고, 군대의 이동을 쉽고 빠르게 하여 넓은 영토를 효율적으로 지배했습니다. 로마는 이런 정치적인 목적에서 길을 만들었지만 덕분에 바울은 그 길을 이용하여 곳곳에 가서 복음을 전할 수 있었습니다. 이는 과거 100년 전과는 비교할 수 없이 빠른 속도로 복음을 전할 수 있게 된 것입니다. 바울의 선교 방향은 소도시 중심이 아니라 대도시 중심이었는데, 베이스 캠프 역할을 담당할 아시아의 에베소와 유럽의 고린도, 그리고 세계선교의 중심을 로마로 정하고 그 선교의 꿈을 확장해 갔습니다.

또한 로마는 행정적인 통일성을 이루어서 로마의 시민권자였던 사도 바울은 로마의 행정 구역 안에서 얼마든지 복음을 전할 수 있는 특권을 누렸습니다. 시민권자라서 자유로운 여행이 가능했기 때문입니다. 아무리 복음이 세상 가운데 왔어도 자유롭게 전달할 수 없다면 아무 소용이 없습니다. 전달되지 않는 생명은 다른 사람을 살릴 수 없습니다. 그런데 하나님께서는 일찍이 바울을 로마 시민권자로 만드셔서 이방인을 위한 사도로 사역할 수 있도록 준비를 다 해 놓으셨습니다. 이런 것을 생각하면 하나님의 섭리와 계획이 얼마나 놀라운지, 하나님은 정말 역사를 주관하시는 기묘자요 모사이심을 고백하지 않을 수 없습니다.

20과 신약성경 헤쳐 모여!

신약과 구약의 중간시대 400년 동안 하나님께서는 아무 일도 하지 않으시고 침묵하신 것이 아니라, 예수님을 복음의 씨앗으로 이 땅에 심기 전에 그 복음이 전파될 수 있는 모든 환경을 만들어 놓는 작업을 하셨다고 앞선 '신구약 중간시대 1, 2, 3'장에서 설명하였습니다.

하나님께서는 헬라 제국의 언어(헬라어=고대 그리스어)와 문화와 철학을 복음 전달을 위한 도구로 준비 하셨습니다. 구약 성경을 헬라어로 번역(70인역)하여 세계로 전파될 수 있도록 시대적인 토대를 만들었고, 헬라 문화라는 방법을 통해서 사람들이 거부감이 없이 수용할 수 있도록 심리적인 토대를 만들었고, 철학을 통해서 복음을 더 깊이 있게 이해하고 설명할 수 있는 학문적인 토대를 만들었습니다. 헬라의 문화와 언어와 철학을 통해 복음이라는 프로그램이 작동하도록 소프트웨어를 준비하신 이후에 로마 제국의 법과 제도 그리고 길(교통)을 통해 그것이 구체적으로 작동되고 전달되도록 하드웨어를 준비하셨습니다. 그래서 바울과 여러 전도자들을 통해서 복음의 물결이 호수의 파장처럼 세계로 퍼져 나가게 되었습니다. 만일 로마 제국이라는 단일 국가가 없었다면 교통이 발달되지 못했던 그 옛날에 그렇게 단시간에 복음이 급속히 전파될 수 없었을 것입니다. 또한 바울이 로마의 시민권자가 아니었다면 자유롭게 다니며 복음을 전할 수 없었을 것이고, 위기의 순간을 모면할 수 없었을 것입니다. 사도행전 22장에 보면 유대인들이 바울을 죽이고자 했을 때에, 바울은 자신이 로마의 시민권자라는 사실을 밝혔고, 그로 인해 생명의 위협에서 벗어나서 지도자들 앞에서 복음을 전할 기회를 얻었고, 결국 로마 황제 앞에 설 수 있는 기회도 얻었습니다. 이 모든 것이 헬라시대와 로마시대를 지나는 동안 하나님께서 섭리하시고 준비하신 내용입니다.

단일국가인 로마는 세상 나라의 상징이고 모형입니다. 또한 로마제국은 하나님 나라의 시작과 깊은 관계가 있습니다. 나중에 요한계시록을 공부할 때 구체적으로 다루겠지만 마지막 때가 가까울수록 로마시대 때와 같은 단일 국가의 출현, 적그리스도의 출현, 종교 통합과 기독교에 대한 핍박 등이 있을 것입니다. 왜냐하면 사도 요한이 요한계시록을 쓴 시대(로마시대)와 종말의 시대는 서로 오버랩(겹치는 현상)되기 때문입니다. 하나님께서는 종말의 때에 로마 제국과 같은 단일 국가를 만들어 마지막으로 복음이 땅끝까지 전파되게 하실 것이며(이것을 학자들은 대추수의 때라고 말합니다), 그것을 통해 우리는 하나님의 나라와 그 영광을 보게 될 것입니다. 많은 사람들이 종말의 때를 막연히 두려워만 합니다. 이것은 잘못된 복음의 관점에서 종말을 해석하는 사람들이 종말에 대해 두려움을 심어주기 때문입니다. 그러나 로마 시대를 통해 하나님께서 하나님의 영광과 하나님 나라의 도래를 이루신 것처럼 역사를 주관하시는 하나님은 종말의 때에도 하나님 나라의 완성을 온전히 이루실 것입니다. 결코 두려워 할 필요가 없습니다. 역사의 주관자는 우리 주님 예수 그리스도이시고 종말의 시대는 하나님 나라가 임하여 완성되는 때입니다.

1. 신약 성경의 배열과 구조

신약도 구약을 공부할 때처럼 성경의 구조와 배열을 먼저 알아야 쉬워집니다. 신약은 구약에 비해 3분의 1정도의 분량이지만 나름 복잡한 구조를 갖고 있습니다. 신약은 크게 세 부분으로 나누어지는데, 먼저 구약처럼 '역사서'가 있습니다. 역사서로는 예수님의 역사를 다룬 '사복음서', 즉 마태복음, 마가복음, 누가복음, 요한복음입니다. 사복음서는 마태, 마가, 누가, 요한이라는 기록자가 예수 그리스도를 중심에 두고 각자의 관점에서 성령의 감동을 받아 기록한 성경입니다. 이들이 복음서를 기록한 목적은 유대인과 헬라인과 로마인들에게 예수님을 믿도록 하기 위해 설명한 내용입니다. 특히 누가복음에서 저자 누가는 여러 자료들과 목격자들의 증거를 토대로 데오빌로 각하에게 예수님이 어떤 분이신지, 정말 메시아가 맞는지 여러 자료들을 근거로 설명하고 있습니다.

또 다른 역사서는 사도들의 역사를 다룬 '사도행전'입니다. 사도행전은 크게 두 부분으로 전체 구조를 나눌 수 있는데 베드로를 중심으로 예루살렘 교회의 역사를 소개하고 있는 전반부와 안디옥 교회와 바울을 중심으로 선교의 역사를 소개하고 있는 후반부입니다. 이렇게 신약의 역사서는 총 5권으로 마태복음, 마가복음, 누가복음, 요한복음, 사도행전입니다. 엄밀히 말하면 사복음서는 역사서라고 정의하기에 애매한 부분이 있습니다. 하지만 성경읽기를 위해 편의상 사복음서를 예수님의 인생을 기록한 역사로 분류하고 시작하겠습니다. 이렇게 신약의 역사서 5권을 기초석으로 세우고 그 다음에 다른 성경을 사이에 끼워 넣는 방식으로 신약 성경을 쌓아가면 전체적인 구조가 잡히게 됩니다. 구약의 구조를 다룰 때 성벽 쌓기 했던 것을 기억하실 것입니다. 여기서도 구조가 어떻게 되는지 성벽을 쌓는 과정이 필요합니다.

예수님의 생애 **마태 / 마가 / 누가 / 요한**	(사도행전 :절반은 교회 역사, 나머지 반은 선교 역사) **사도행전, 바울 서신 13권**

먼저 기초석을 쌓고 그 다음은 하나씩 위에 올리면 됩니다. 그런데 특이하게도 구약과 달리 신약은 모든 성경이 사도행전에 붙어있다는 느낌이 들만큼 서신서들과 사도행전 간에 깊은 연관성이 있습니다. 사도행전 위에 올려 놓고 나열하는 특별한 이유는 사도 바울이 기록한 서신서(=편지)가 13권이나 되기 때문입니다. '서신서'는 사도들이나 교회의 지도자들이 여러 도시에 세워진 교회의 성도들에게 보낸 편지인데, 그 내용은 복음으로 공동체를 견고하게 세우고, 이단의 침투를 경계하며, 교회 안에 나타난 크고 작은 문제를 말씀 안에서 지혜롭게 해결하도록 격려하고 권고하는 것입니다.

바울은 총 4번에 걸쳐서 아시아와 유럽을 다니며 선교여행을 했습니다. 이것이 1차, 2차, 3차 선교이며, 로마의 감옥에 있다가 잠깐 풀렸을 때 4차 선교를 다녀옵니다. 나머지 지역들을 순회하고 돌아 온 바울은 결국 로마에서 순교를 당합니다. 이런 바울의 선교여정 가운데 가장 중요한 성경들이 기록되는데 그것이 바로 바울이 쓴 서신서들입니다. 이 편지들은 주로 여러 지역에 있는 교회에게 보낸 편지와 특별히 개인에게 보낸 편지가 포함되어 있습니다.

바울의 선교 여정과 그 기간에 바울이 쓴 서신서들을 서로 연결하여 살펴보겠습니다. 바울은 1차 선교를 마치고 돌아와서 안디옥에서 갈라디아서를 쓴 것으로 추정합니다. 그래서 갈라디아서를 1차 선교 때 기록한 것으로 구분하기도 하고 2차 때로 구분하기도 합니다. 2차 선교를 하는 동안에는 데살로니가전·후서를 씁니다. 3차 선교를 하면서는 고린도전·후서와 로마서를 씁니다. 바울은 3차 선교여행을 마칠 때쯤 예루살렘에서 체포되어 1년동안 가이사랴에 감금되어 있다가 결국 로마로 압송됩니다. 그리고 로마의 옥중에 있으면서 쓴 서신서가 에베소서, 빌립보서, 골로새서, 빌레몬서인데 이것을 가리켜 "옥중서신"이라고 합니다. 이 중 빌레몬서는 교회에게 보낸 편지가 아니라 빌레몬이라는 개인에게 보낸 편지입니다. 도망쳐 나온 빌레몬의 종 오네시모를 다시 빌레몬에게 돌려 보내며 화해와 용서를 부탁하는 편지입니다. 이후에 옥중에 있던 바울이 잠깐 풀려납니다. 사실 바울의 1차 옥중생활은 가택연금이었습니다. 왜냐하면 재판이 이루어지는 과정 중에 있던 바울은 로마 시민권자였기 때문에 그를 감옥에 가둬 둘 수 없어서 다만 집 밖으로 나가지 못하게 하는 가택연금을 한 것입니다. 이때 바울은 외부로 나갈 수 없었지만 사람들이 그를 찾아오는 것은 허용이 되어 집에서 성경을 가르치고 나누는 일을 계속 했습니다. 사도행전 28장에 이런 내용이 자세히 설명되어 있습니다. 잠깐 풀려난 바울은 자신이 사역했던 아시아 지역과 에베소를 방문하고 돌아오는데 그 여정 중에 에베소에서 사역하는 영적인 아들 디모데와 그레데(크레타)섬에서 사역하는 디도에게 각각 편지를 씁니다. 이것이 디모데 전·후서 그리고 디도서입니다.

1차 선교	2차 선교	3차 선교	로마 옥중	4차 선교
· 갈라디아서	· 데살로니가전서 · 데살로니가후서	· 고린도전서 · 고린도후서 · 로마서	· 에베소서 · 빌립보서 · 골로새서 · 빌레몬서	· 디모데전서 · 디모데후서 · 디도서

이렇게 사도 바울이 쓴 편지 13권 이외에 디아스포라 유대 그리스도인들에게 쓴 편지들이 더 있는데 이것을 "일반서신"이라고 부릅니다. 일반서신은 기록자가 누구인지 불분명한 히브리서를 제외하고는 모두 서신서 앞에 붙어 있는 이름을 기록한 사람으로 봅니다. 일반서신 중에는 야고보서가 가장 먼저 쓰여진 것으로 봅니다. 그리고 바울이 순교한 이후에 베드로전·후서가 기록되었을 것으로 보고, 요한 일·이·삼서와 히브리서 그리고 유다서가 각각 기록 되었을 것이라고 추정합니다. 그리고 신약성경의 마지막인 요한계시록은 사도요한이 기록한 하나님의 계시이며 동시에 아시아 일곱교회에게 보낸 편지입니다.

위에 설명한 내용과 아래의 그림을 연결해서 보면 신약성경 전체의 구조가 하나의 큰 그림으로 그려질 것입니다. 각 블록마다 표시된 약자는 성경의 약자들입니다. 약(야고보서), 갈(갈라디아서), 살전(데살로니가전서), 살후(데살로니가후서), 고전(고린도전서), 고후(고린도후서), 롬(로마서), 엡(에베소서), 빌(빌립보서), 골(골로새서), 몬(빌레몬서), 딤전(디모데전서), 딤후(디모데후서), 딛(디도서), 벧전(베드로전서), 벧후(베드로후서), 요일(요한일서), 요이(요한이서), 요삼(요한삼서), 히(히브리서), 유(유다서) 입니다.

예수님의 생애는 오직 사복음서를 통해서만 우리에게 알려져 있습니다. 그래서 마태, 마가, 누가, 요한복음을 예수님의 역사라고 생각하여 '역사서'로 분류한 것입니다. 사도행전은 크게 두 부분으로 나누어 진다고 말했는데, 사도행전의 전반부는 사도들의 사역과 교회의 태동에 관한 역사 기록이기 때문에 이와 연관된 서신서가 따로 없습니다. 사도행전의 후반부에 선교의 역사가 기록되어 있기 때문에 이 부분에 사도바울의 서신서를 끼워 넣어야 합니다. 그래서 사도행전을 읽으면서 비슷한 시기에 쓰여진 바울의 서신서를 함께 읽으면 바울이 서신서를 쓰게 된 동기와 기록한 목적 등에 관해 알 수 있기 때문에 본문의 내용을 이해하는데 큰 도움을 받을 수 있습니다.

일반서신을 이해하는데 도움을 얻기 위해서는 요한계시록에 나오는 아시아의 일곱교회에 보내는 편지의 내용을 먼저 이해할 필요가 있습니다. 사도들과 교회 지도자들이 쓴 일반서신은 디아스포라 유대 그리스도인들에게 보내진 편지이기 때문에 요한계시록 2장과 3장에 나오는 일곱교회에 보낸 편지와 맥이 통하는 면이 있습니다. 그래서 아시아에 있는 일곱교회에 보낸 편지를 먼저 읽고 일반서신의 수신자가 되는 교회들의 영적인 분위기와 교회가 안고 있는 문제들을 이해하면서 일반서신을 읽는다면 많은 부분 깊이 그들의 상황을 이해하고 공감하게 될 것이고, 더 나가 일반서신 각 권의 기록 목적을 보다 명확하게 파악할 수 있을 것입니다.

2. 예수님의 생애를 시간 순서대로 보아야 합니다.

신약성경을 처음 읽거나 성경공부를 따로 해보지 않은 경우에는 복음서를 읽으면서 마태복음, 마가복음, 누가복음 그리고 요한복음, 이러한 순서로 복음서가 쓰여졌을 것이라고 생각합니다. 그리고 또 당연히 각각의 기록자들이 예수님의 생애와 사역을 시간의 흐름에 따라 관찰하고 기록했을 것이라고 생각합니다. 그런데 사복음서를 실제로 읽다 보면 예수님의 스토리가 탄생부터 죽음, 그리고 부활까지 시간순서로 일관되게 이어지는 것이 아닙니다. 복음서 간에 서로 내용이 일치하지 않는 부분도 있고, 어느 성경에는 있지만 다른 성경에는 전혀 기록되지 않는 사건도 있고, 이야기가 서로 단절되어 있다는 느낌도 듭니다. 그러다 보니 복음서를 읽을 때마다 헷갈리고 복잡하고 어렵다는 생각이 들어서 예수님이 하신 말씀과 일어난 사건에만 집중하는 성경읽기가 되고 큰 그림으로 볼 생각을 하지 못합니다. 한마디로 나무만 보고 숲은 볼 생각도 하지 않습니다.

사복음서 비교

구분	마태복음	마가복음	누가복음	요한복음
저자	마태	마가	누가	요한
독자	유대인	로마 지역민	헬라 거주민	온 세상 사람
주요 시제	과거	현재	미래	영원
주된 내용	설교	전기	역사	교리
예수의 모습	유대인의 왕	종으로 온 이	인자로 온 이	하나님이신 이

〈출처:라이프성경사전〉

이처럼 복음서를 읽으면서도 예수님의 일생을 한 눈에 보지 못하는 것은 사복음서가 시간 순서대로 기록하고 있지 않기 때문입니다. 더 정확하게 말하자면 시간적인 흐름이 일정하지 않고 중간 중간에 건너뛴 자리들이 있어서 맥이 이어지지 않고 연결도 부드럽지 않습니다. 이렇게 된 것은 원래 사복음서가 "예수님이 메시아이심을 증거"하기 위한 목적으로 기록된 성경이기 때문입니다. 그래서 마태복음은 마태가 유대인들이 복음을 받아들일 수 있도록 증언한 내용이고, 마가복음은 로마의 성도들이 예수님을 믿을 수 있도록 증거하기 위해 마가가 베드로의 증언을 대신하여 기록한 것입니다. 또한 누가는 데오빌로 각하에게 보내는 편지 형식으로 사회 지도층과 이방인에게 예수가 그리스도이시며 메시아이심을 증거하기 위해 누가복음을 썼습니다. 그리고 요한복음은 공관복음(마태, 마가, 누가)에서 다루지 못한 내용을 설명하고 있고, 사도 요한의 섬세한 경험을 바탕으로 예수님의 생애와 사역을 기록하여 증거하고 있습니다. 그렇기 때문에 예수님의 생애를 보다 자세히 알고 이해하기 위해서는 사복음서 전체의 내용을 하나로 묶은 다음에 이것을 시간 순서대로 다시 재배열하는 과정이 필요합니다. 한마디로 "사복음서, 시간순서로 헤쳐 모여!" 하는 것입니다. 왜냐하면 예수님은 약 30년 간의 '사생애'와 3년간의 '공생애'를 사셨는데, 이 기록들이 사복음서 여기저기에 흩어져서 기록되어 있기 때문입니다. 흩어져 있는 기록들을 한데 모아 시간순서대로 퍼즐을 맞추듯이 재배열하여 읽으면 예수님이 어떤 인생을 사셨는지를 이해하고 우리가 닮아가야 할 것은 무엇인지도 깨닫게 됩니다.

예수님의 사생애와 공생애를 잠깐 정리해 보겠습니다. 사생애는 예수님의 탄생 이야기(눅 2장 1-38절)로 시작됩니다. 예수님의 인생 이야기에 가장 먼저 나오는 것은 동방박사의 출현입니다. 그리고 천사들이 꿈에 나타나 애굽으로 피하라고 알려줍니다 (마 2장). 헤롯왕이 죽고 난 뒤에 나사렛으로 돌아와 살던 예수님은 12살 때 유월절을 맞아 부모님과 함께 성전에 올라갑니다 (눅 2장 41-52절). 여기까지가 예수님의 사생애에 대한 기록입니다. 예수님의 공생애는 A.D. 26년 유월절 이전에 시작이 됩니다. 유다 지역으로 내려가 세례 요한에게 세례를 받으시고 (마 3장), 성령에 이끌리어 광야로 나가 사탄에게 시험을 받으십니다 (마 4장). 그리고 예루살렘에서 사역을 마치고 갈릴리로 올라와서 나사렛에서 가버나움으로 이사를 하십니다 (마 4장, 9장 막 1-2장, 눅 4-5장). 이사한 뒤에 본격적으로 예루살렘과 갈릴리를 오고 가며 사역을 하십니다 (마 10-12장, 막 2-3장, 눅 6장). 세번째 유월절 어간에 열두제자를 세웁니다. (마 10장). 산상수훈을 말씀하시고 (마 5-7장, 눅 6장), 두로와 시돈과 데가볼리 지방에서 복음을 전하시고 가이사랴 빌립보와 베뢰아 지방에도 가셔서 복음을 전파하십니다. 마지막으로 십자가를 지기 위해 예루살렘으로 올라가십니다 (눅 17장이하). 예루살렘에 입성하신 예수님은 마가의 다락방에서 마지막 유월절 만찬을 나누신 후 (마 21장), 겟세마네 동산에서 기도하시고 고난을 받으시고 십지가에서 인류의 죄를 대신 지고 죽으십니다 (마26장). 그러나 부활이요 생명이신 예수님은 장사한지 사흘만에 다시 살아나시고 40일 동안 지상에서 생활을 하시다가 (마 28장), 다시 오실 것을 약속하고 하늘로 승천하십니다 (행 1장). 예수님의 생애에 대해서는 나중에 더 자세히 살펴보기로 하고, 여기서는 예수님의 생애가 이렇게 복음서 전체에 단편적으로 조각조각 흩어져 있다는 것을 알고 전체적인 맥을 잡기 위해서 시간 순서대로 간략히 나열해 보았습니다.

탄생 30세	세례 받음	니고데모 만남 가버나움 이사	갈릴리 사역 산상수훈	제자훈련/이방지역 초막절/수전절/십자가
	유월절(1)	유월절(2)	유월절(3)	유월절(4)
예수님의 사생애	**예수님의 공생애**			

3. 복음서에서 더욱 중요한 '시간 개념'과 '장소 개념'

여러분 혹시 카지노에 가 본 적 있으신가요? 저도 가보지는 않았지만 다녀오신 분들의 이야기를 들어보면 카지노에는 3가지가 없다고 합니다. 하나는 거울입니다. 정신없이 도박을 하다가 거울을 보면 초췌해진 자신의 모습을 보고는 정신을 차리기 때문입니다. 다른 하나는 창문입니다.

도박하는 사람으로 하여금 최대한 게임에만 몰두하게 하기 위해서 외부 환경을 차단하는 것입니다. 마지막은 시계입니다. 시간을 확인할 수 있으면 시간에 맞추어 자기의 행동을 조절하고, 그 곳에서 너무 많은 시간을 낭비했다는 것을 깨닫게 되기 때문에 카지노에는 시계를 걸어 두지 않습니다. 시간 개념을 아예 잊게 만드는 것입니다. 또 요즘 한국의 지하철은 어떤가요? 제가 18년 전에 미국으로 공부를 하러 왔는데 요즘 한국의 지하철은 그 때에 비해 노선도 훨씬 많아지고 복잡해서, 몇 년 전 한국을 방문했을 때에는 지하철을 탈 때마다 무척 긴장이 되었고 고생도 했습니다. 표지판을 잘 보고 따라가지 않으면 길을 잃기 십상이었기 때문입니다. 지하철에서 길을 잃었을 때는 어떻게 하나요? 지하철 전체 노선을 한 눈에 보여주는 안내도를 보고 나의 위치와 내가 가야할 목적지를 확인해야 합니다. 장소 개념을 살리는 것입니다. 이처럼 시간과 공간의 개념은 상황과 사물을 바르게 인식하고 체계적인 사고를 할 수 있도록 도와줍니다. 우리가 성경을 읽을 때에 어렵고 복잡하다는 느낌을 받는 것은 시간과 장소의 개념이 잡히지 않은 채 그냥 읽기 때문입니다. 그래서 신약성경 중 특히 사복음서를 읽을 때에는 시간 순서대로 재배열해서 읽고, 장소가 어디에서 어디로 이동되고 있는지 예수님의 동선을 파악하면서 읽는 것이 필요합니다. 이렇게 시간의 흐름과 장소의 이동을 연결하면 예수님의 생애가 마치 한 편의 영화와 같이 우리 앞에 펼쳐질 것입니다.

먼저 예수님의 생애를 잘 이해하기 위해 시간적인 개념부터 잡아 봅시다. 예수님의 공생애를 시간적인 개념으로 정리할 때 기준이 되는 것이 있는데 바로 "유월절"입니다. 예수님은 공생애 기간 동안 총 4번의 유월절을 보내셨습니다. 유월절은 유대인이 해마다 한번 예루살렘을 방문하고 성전에 올라가야 되는 절기이기 때문에 예수님께서도 사역을 하실 때, 유월절 즈음에는 주로 예루살렘에 계셨고, 그 전후로는 갈릴리나 다른 지역에서 사역을 하셨습니다. 유월절을 맞아 예루살렘으로 올라가시는 도중에 혹은 유월절을 마치고 내려오시는 도중에 일어난 사건들에 대한 기록도 많이 있는 것을 볼 때, '유월절'은 시간적으로나 공간적으로 예수님의 생애를 이해하는데 있어서 매우 중요한 기준입니다.

다음은 공간적인 개념을 잡아야 합니다. 예수님께서는 가나안 북쪽의 '갈릴리' 지역과 이스라엘의 정치와 종교의 중심지인 '예루살렘', 그리고 남쪽의 '유대' 지역을 주로 오가시며 사역하셨습니다. 성경을 읽으면서 "예수님께서 지금 어디에서 사역을 하고 계시는가?'하고 그 장소를 확인하면 예수님의 마음이 지금 어떤 상태일지 짐작할 수 있으며 예수님께서 어떤 말투로 메시지를 선포하고 계신지도 가늠해 볼 수 있습니다. 왜냐하면 예루살렘 같은 곳은 예수님을 못마땅해 하고 어떻게든 죽이려 하는 종교지도자를 비롯한 대적들이 많았던 곳입니다.

반면에 갈릴리 지역은 예수님의 고향일 뿐만 아니라 하나님의 말씀과 은혜에 목말라 있는 병들고 가난하고 불쌍한 일반 백성들이 사는 곳이었기에 예수님의 메시지와 베푸신 기적은 그들에게 많은 위로와 은혜를 주었습니다. 이와 같은 배경을 알고 예수님의 메시지를 잘 살펴보면 장소에 따라 메시지를 듣는 대상이 달라지고, 대상에 따라 예수님의 메시지도 달라진다는 것을 알 수 있습니다. 복음서를 읽을 때 장소개념은 이렇게 매주 중요합니다.

4. 예수님의 생애는 역사적인 사실임을 알아야 합니다.

시카고 윌로우크릭 교회에서 새가족을 담당하는 목회자로 오랜 시간 섬겼던 리 스트로벨 목사님은 예일대학을 졸업한 수재이며 예수님을 믿기 전에는 시카고지역 신문인 '시카고 트리뷴'의 기자로 일하고 있었습니다. 불신자였던 그는 아내가 예수님을 믿고 교회에 다니게 되자 그것이 못마땅하여 예수님을 믿는 것이 얼마나 어리석은 일이며 기독교에서 말하는 예수는 허구의 인물이라는 것을 밝히기 위해서 무려 18개월 동안 전문가를 만나서 인터뷰를 하고 방대한 자료를 수집하고 연구하였습니다.

그런데 이러는 과정에서 그는 예수님을 인격적으로 만나게 되었고, 예수님의 부활이 허구가 아니라는 것과 예수님의 생애는 역사적 사실이라는 것을 깨달았습니다. 이 후 그는 자기가 연구한 자료를 바탕으로 "예수는 역사다"라는 책을 써서 많은 지성인들에게 예수님의 부활의 사건과 예수님의 생애가 허구가 아닌 역사적인 사실이라는 것을 알렸고 이 책은 영화로도 만들어졌습니다.

신약성경을 읽을 때 허구나 소설로 읽는다면 그것은 매우 불행한 일입니다. 특별히 복음서를 읽을 때에는 예수님의 생애와 십자가의 죽음 그리고 부활의 사건 모두가 역사적인 사실이라는 믿음을 가지고 읽어야 합니다. 이런 관점에서 읽지 않으면 그냥 책 한권을 읽은 것으로 끝날 뿐이며 성경을 통하여 우리에게 주시는 복음의 능력과 은혜를 경험할 수 없습니다. 지금도 살아 역사하시는 예수님을 인격적으로 만나는 은혜를 누리기 위해서는 반드시 성경을 역사적인 사실로 믿고 읽어야 합니다. 만약 성경이 역사적인 사실이라는 것이 믿어지지 않는다면 리스트로벨 목사님처럼 성경을 읽다가 예수님을 인격적으로 만날 수 있게 해달라고 기도하며 읽으시기 바랍니다. 예수님을 메시아가 아닌 죽은 사람으로 알았던 사울이 다메섹 도상에서 부활하시고 지금도 살아계신 예수님을 인격적으로 만나는 은혜를 체험하고 바울은 변화된 사람이 되었습니다. 우리도 성경을 제대로 읽는다면 반드시 새롭게 변화되는 은혜가 임하리라 믿습니다.

21과 시간의 흐름대로 다시 정리한 사복음서

사복음서(마태/마가/누가/요한복음)는 예수님의 생애를 시간 순서대로 기록한 것이 아니고 특별한 의도를 가지고 복음을 전할 목적으로 대상자들(독자)에게 맞추어 예수님께서 그리스도이심을 증거하기 위해 기록하여 전달했다는 사실을 앞 장에서 살펴보았습니다. 사복음서 모두가 시간의 흐름대로 기록된 것이 아니기 때문에 읽으면서 예수님의 생애가 잘 정리가 되지 않습니다. 또한 사복음서가 서로 연결된 부분도 함께 정리가 되지 않기 때문에 읽은 뒤에도 예수님의 생애가 하나의 그림처럼 머리에 남지 않고 마치 퍼즐조각처럼 뜨문뜨문 기억에 남는 것입니다.

예를 들어, 마태복음 5장에 나오는 산상수훈의 내용은 예수님께서 공생애 중 세 번째 유월절 이후에 예루살렘에 내려가지 않으시고 갈릴리에서 많은 사람들에게 천국 복음을 전파하시며 설교하신 말씀입니다. 그렇기 때문에 베드로와 안드레를 부르시는 장면이 나오는 마태복음 4장과는 성경 장(chapter) 수로는 한 장 차이이지만 시간적으로는 약 1년 6개월 이상의 차이가 있습니다. 이러한 상황을 모르고 읽으면 4장에서 바로 5장으로 넘어가니까 마치 어제의 이야기와 오늘의 이야기인 것처럼 생각할 수 있습니다. 산상수훈 말씀의 경우 마태복음 5장에 나오는 이야기니까 예수님 공생애 초반에 일어난 일로 생각할 수 있습니다. 그러나 전혀 그렇지 않습니다. 이러한 오해와 잘못된 해석의 위험을 극복하려면 반드시 예수님의 생애가 시간 순서대로 머릿속에 정리가 되어야 합니다. 그래야 복음서를 읽으면서 예수님의 생애를 기억하고 닮아가야 할 구체적인 모습이 머리에 남기 때문입니다.

1. 예수님의 생애를 도표로 그려보라

예수님의 생애를 도표로 그려보는 것은 매우 중요한 작업입니다. 왜냐하면 구슬도 낱개로 있을 때보다는 한 줄로 꾀어야 보배가 되듯이, 낱개의 구슬처럼 사복음서 여기저기에 흩어져 있는 예수님의 생애와 사역을 시간 순서대로 꿰어 한 줄로 만들면 예수님의 생애가 파노라마처럼 연결되면서 예수님의 영성과 인격 그리고 우리에게 말씀하시고자 하는 주님의 마음을 볼 수 있기 때문입니다.

예수님은 공생애 3년 6개월 동안 4번의 유월절을 지냅니다. 유월절이라는 '시간'의 구분과 함께 갈릴리 혹은 사마리아 그리고 유다 지역 중 어디에서 사역하고 있는지에 대한 '장소'의 구분에 따라서 예수님의 활동 모습과 분위기 그리고 메시지의 색깔이 크게 달라집니다. 이후에 소개될 첫 번째 도표는 예수님의 첫 번째와 두 번째 유월절의 사역을 보여주고, 두 번째 도표는 예수님의 세 번째 유월절과 십자가에 달려 돌아가시던 마지막 네 번째 유월절까지의 사역을 보여줍니다.

예수님의 행적에 관한 도표는 네 번의 유월절이라는 '시간'을 가로축으로, 갈릴리, 사마리아, 유대라는 '장소'를 세로축으로 하여 만들어졌습니다. 이렇게 시간의 흐름과 장소의 이동을 함께 보면서 입체적으로 예수님의 행적을 따라가 봅시다. 아래에 행적을 정리하면서는 갈릴리에서 예루살렘으로, 또 예루살렘에서 갈릴리로 멀리 움직이셨을 경우에만 '장소이동'이라고 표시하였고 같은 북쪽지역에서 인접한 지역에 다녀오신 경우는 따로 이동표시를 하지 않았습니다.

먼저 예수님께서 유년기와 청년기를 갈릴리의 나사렛이라는 작은 동네에서 30세까지 보내시다가 본격적으로 공생애 사역을 시작하십니다. 먼저 장거리 여행을 떠나 **유다로 내려 갑니다.**(장소이동) 세례 요한의 집회가 열리고 있는 요단강으로 가서 세례를 받으신 후 성령님께 이끌려 광야로 나가 40일을 금식합니다. 말씀으로 사탄의 시험을 이기신 예수님은 베드로, 안드레, 요한, 빌립, 나다나엘 이 5명의 제자를 만나는데 이들 모두 갈릴리 사람입니다. 이들과 다시 **갈릴리로 올라가**(장소이동) 그 근처에 있는 가나의 혼인 잔치에 제자들과 함께 참석합니다. 그 자리에서 첫번째 표적인 물로 포도주를 만드는 기적을 보여주십니다. 이후에 가버나움을 방문합니다. 예수님은 왕의 신하를 고쳐 주시고 고향 사람들에게 배척을 당하십니다. 결국 고향 나사렛을 떠나 가버나움으로 이사를 하고 본격적인 사역을 시작합니다. 그리고 다시 제자들을 부르십니다.

첫 번째 유월절을 맞습니다.(시간개념 챙기기) **유월절을 맞아 예루살렘으로 가셔서** (장소이동) 예루살렘 성전에 올라가서 성전 정화 사건을 벌이십니다. 당시 세속화된 제사장들과 성전의 타락을 보신 예수님께서 크게 화를 내신 겁니다. 유월절을 맞아 예루살렘에 왔다가 이것을 목격한 많은 사람들을 통하여 이 사건이 대대적으로 보도가 됩니다. 드디어 예수님께로 스포트라이트가 비추기 시작합니다. 이후에 예루살렘에서 니고데모를 만나서 물과 성령으로 거듭나야 하나님 나라에 들어 갈 수 있다는 충격적인 말씀을 하십니다. 8개월 정도 예루살렘에 머물며 여러 표적을 행하시고 **갈릴리로 다시 내려 가십니다.**(장소이동) 원래 갈릴리가 유대지역보다 북쪽에 위치하기 때문에 '올라간다'가 맞지만 여기서 '내려간다'는 표현은 중앙 도시에서 지방도시로 갈 때 사용하는 표현입니다. 그래서 성경에 보면 예루살렘에서 갈릴리로 내려간다고 말씀합니다. 그리고 이어서 예수님은 세례 요한의 소식을 듣습니다. 예루살렘에서 갈릴리로 가실 때, 일반적으로 가는 길이 아닌 사마리아 땅으로 지나가시다가 수가성의 여인을 우물가에서 만납니다. 1차 갈릴리 순회전도를 모두 마무리하고 가버나움으로 돌아와서 전도를 하며 놀라운 치유사역을 하십니다. 회당에서 설교를 하시며 귀신을 쫓아 내시고 열병에 걸린 베드로의 장모도 고쳐주십니다. 세리 마태를 부르시고, 중풍병자의 죄를 사해 주시고, 온갖 병에 걸린 아픈 자들을 치유하십니다.

두 번째 유월절을 맞습니다.(시간개념 챙기기!) 두번째 유월절을 맞이하여 예수님은 **예루살렘에 있는 베데스다 연못에 나타납니다.**(장소이동) 그 곳에서 38년 된 병자를 고쳐주시고 **다시 갈릴리로 가십니다.**(또 장소이동) 두 번째 유월절과 관련된 예수님의 사역은 이 것 하나만 성경에 기록되어 있습니다. 첫번째 방문과는 달리 왜 이렇게 간단하게 사역을 하시고 다시 갈릴리로 출발하셨을까요? 그것은 예루살렘에 있는 종교지도자들의 집중적인 감시를 받았기 때문입니다. 예루살렘을 꽉 잡고 있던 종교지도자들은 새로운 종교지도자의 출현이 달갑지 않았습니다. 백성들의 관심이 예수님께로 쏠리고 예수님의 말씀에 절대적인 권위가 세워지는 것을 보며 속이 불편했을 것입니다 그래서 예수님을 감시하는 수준을 넘어 어찌하든지 꼬투리를 잡아 공격하기 위해 호시탐탐 기회를 엿보았습니다. 그것을 아신 예수님도 하나님의 때가 찰 때까지 노출 수위를 조절하고 계신 것입니다.

두 번째 유월절 이후에 다시 갈릴리로 돌아오신 예수님은 12제자를 확정하면서 본격적으로 갈릴리 사역을 진행하고 그 유명한 산상수훈을 이스라엘 백성에게 강론(설교)하십니다. 이 때 수많은 군중들이 예수님을 따른다는 소식과 바다 위를 걸으신 사건을 비롯하여 하루 하루 놀라운 기적이 나타나 예수님을 메시아로 추앙하고 심지어 왕으로 세우고자 한다는 소식이 예루살렘에 있는 종교지도자들의 귀에 들립니다. 이때부터 더 심하게 예수님을 집중적으로 감시하게 됩니다. 예수님이 갈릴리에서 사역하신 기간은 총 1년 6개월입니다.

세 번째 유월절을 맞이합니다.(시간개념!) **이번에는 예루살렘으로 올라가지 않으시고 계속해서 갈릴리에 머물면서 백성에게 복음을 선포하는 사역에 집중하십니다.**(장소이동 **없음!**) 세 번째 유월절 기간에 갈릴리 지역에서 행하신 사역을 크게 두 가지로 나누면 하나는 백성들에게 천국 복음을 전하신 것과 다른 하나는 제자들을 집중해서 훈련하신 것입니다. 주어진 오늘 열심히 복음을 전파할 뿐만 아니라, 미래에 복음을 들고 곳곳으로 달려나갈 제자들을 양육하고 훈련하십니다. 오병이어의 사건과 바다를 잠잠하게 하신 사건들을 통해 제자들에게 믿음을 주시고 영적인 훈련을 하십니다. 백성들에게 설교하신 내용을 제자들이 이해하지 못할 때는 따로 그 의미를 풀어서 설명해 주시며 성경공부하는 시간도 가졌습니다. 이런 짬이 없는 스케줄을 소화하시면서 갈릴리 북방지역에도 다녀오십니다. 수로보니게와 데가볼리, 헬몬산 지역까지 순회하여 말씀을 전하고 내려오십니다. 풍랑이 이는 배 안에서도 쿨쿨 주무셨던 것은 이런 강행군 때문이었을까요?

이제 초막절을 맞이하여 예수님은 정든 갈릴리를 떠나 마지막으로 네번째 유월절 어린양이 되기 위해서 **예루살렘을 향하여 출발합니다.**(장소이동!) 이때도 사마리아로 통과하신 것처럼 보이는 사건이 있습니다. 10명의 문둥병 환자의 이야기와 사마리아인들이 예수님을 영접하지 않는 것을 보며 요한이 불과 같이 화를 내는 장면입니다. 결국 예루살렘에 나타나신 예수님은 순식간에 종교지도자들의 표적이 됩니다. 그래서 잠깐 예루살렘 근처 베다니로 향하신 예수님은 죽은 나사로를 살립니다. 죽은 나사로를 살리신 기적으로 인해 백성들의 동요는 더욱 심해지고 종교지도자들의 분노는 극에 달하여 예수님을 죽일 계획을 세웁니다. 이것을 아신 주님은 아직 때가 아니기 때문에 잠시 베레아 지역으로 피신하여 그 곳에서 복음 전하십니다. **그 후에 공생애 마지막 유월절이 가까와**(시간개념!) 다시 예루살렘으로 올라가신 예수님은 여리고성을 지나다가 삭개오를 만납니다. 예루살렘에 도착하신 주님은 예언의 말씀대로 나귀를 타고 입성합니다. 예루살렘 성전에 오르신 주님은 두 번째 성전 정화 사건을 보여주십니다. 그리고 제자들과 유월절 최후의 만찬을 하신 이후에 붙잡혀 십자가에서 죽으시고 사흘만에 예언의 말씀대로 부활하십니다.

	유월절(1)			유월절(2)	
		4월	12월	4월	
추정기관	?	?	약 8개월	약 4개월	?
갈 릴 리	50일 이상 장거리여행 (마2:13) 갈 ➡ 유	가나안 혼인잔치 (요2:1–11) (갈릴리 사역의 중심) 가버나움 방문 요2:12 이후에 갈 ➡ 유	약 1년 정도 갈릴리 1차 순회 전도를 하심 왕의 신하를 고쳐 주심 나사렛(고향) 사람의 배척 (마4:13)이후 가버나움 탐장 4 제자를 부르심 (마4:18–22) 베드로, 안드레, 야고보, 요한	가버나움 이사 치유사역 (마4:17) 회당사역 (말씀선포와 축귀) (눅4:13–37) 마태를 부르심과 중풍병자를 고치심 종교지도자들이 예수님을 주시함	12제자 확정 (막3:7–19) 산상수훈 (마5–7)
사마 리아			수가성 여인 전도 (요4:3–42) 이후에 사 ➡ 갈		
유 다 & 예루 살렘	요한에게 세례를 받음 (마3:13–17, 막1:9–11) 광야시험(40일 금식기도) 제자를 만남 안드레, 요한, 베드로 빌립, 나다나엘 (5명) (요1:29–51) 1차 성전정화 사건 (요2:14–22) 이후에 예 ➡ 갈		기적과 말씀선포 (요2:23) 니고데모를 만남 (요3:1–15) 예루살렘에서 만나 추종자들 (요3:22) 이후에 유 ➡ 사		시기 불문명 베데스다 연못 (요5장)
비 고	요셉과 마리아 나사렛 ➡ 베들레헴 ➡ 예수님 탄생 ➡ 애굽으로 피신 ➡ 헤롯 죽임 이후 귀국 나사렛 정착 ➡ 예루살렘 성전 방문 때 시므온과 안나 만남 마태와 누가는 예수님의 탄생 이야기를 기록함 (마1장 / 눅2장) 12살 되던 해 유월절에 예루살렘 성전에 올라감 (눅2:41–52)				

〈참고〉 갈 ➡ 유 (갈릴리에서 유다로 이동) 예 – 갈 (예루살렘에서 갈릴리로 이동)

	유월절(3)			유월절(4)
	4월	10월	12월	4월
	(전반기:대중설교 및 전도집회) 약 1년 6개월 (후반기:제자훈련)	3개월	3개월	
갈릴리	2차 갈릴리 순회 전도 및 제자훈련 기간 백부장의 간청으로 종을 고쳐주심 (눅7:2-17) 세례 요한의 마지막 질문 (당신이 맞습니까?) (눅7:18-30) 예루살렘에서 종교지도자들이 감시자 파견 갈릴리 바다를 잠잠케 하심 (마8:23-34) 세례 요한의 순교 오병이어의 기적 (요6장) 바다위를 걸으심 (마14장) 갈릴리 북부지역 전도 수로보니게와 데가볼리와 헬몬산 지역까지 전도 제자들 자리다툼 (막9장) 십자가 위해 갈릴리 떠남 (요:7:14)			
사마리아	사마리아를 지나실 때 10명의 문둥병 환자 고치심 (눅17장) 예수님을 거부한 사마리아 사람들			
유다 & 예루살렘	성전에 잠깐 출현 종교지도자들 비상사태 됨 (요7장)	주기도문 강설 (눅11장) 베레아 지역 사역 (눅 18,19장) 2차 성전정화 사건 (12월 수전절) 나사로를 살리심 (요11장)	나귀 타고 입성 십자가에서 죽으심과 부활 (요19/20장)	
비고	세번째 유월절에 잠깐 예루살렘 성전에 방문하심 마지막 유월절 전에 12월 수전절에 성전에 올라가서 두번째 성전 정화를 하신다. 요한복음은 예수님의 마지막 일주일의 과정을 상세히 기록하고 있다.			

2. 예수님의 행적에 맞추어 성경을 읽어야 합니다.

이제부터는 사복음서를 예수님의 타임라인에 맞추어서 읽으면서 예수님의 탄생부터 부활까지 어떤 사역을 하셨는지를 더 구체적으로 살펴보겠습니다. 아래 도표를 보면서 가능하면 성경을 옆에 놓고 본문을 따라서 읽어 보시기 바랍니다. 예수님의 생애가 한눈에 보이는 은혜를 누리게 될 것입니다.

➡ 탄생에 관한 기록 (사생애의 시작)	
눅 1장1–38절	누가가 찾은 예수님에 관한 어린시절 기록들, 마리아와 천사 이야기
마 1장19–25절	요셉의 꿈에 천사가 나타나 마리아에 관하여 설명해 주심
눅 1장39절–2장7절	마리아가 몇 달 동안 사가랴의 집에 머물며 믿음 갖음, 예수님 탄생
마 1장1–17절	예수님의 족보
눅 3:23 하반절 –38절	누가가 기록한 예수님의 족보
눅 2장8–38절	예수님 탄생 때 사건들 (목자, 할례, 성전에서 시므온과 안나 만남)
마 2장1–23절	동방박사, 애굽 피난, 아기 학살, 나사렛 귀향
➡ 소년시절에 관한 기록	
눅 2장41–52절	예수님 소년시절, 성전에 남은 사건, 귀향 후 가사를 돌봄
➡ 첫 번째 유월절 이전 기록 (여기부터 공생애)	
눅 3장1–14절	세례요한에게 세례를 받음
마 3장10–17절	광야에서 시험을 받으신 예수님
마 4장1–11절	세례요한의 사역과 예수님을 증언함
요 1장1–34절	세례, 광야시험, 세례요한의 증거와 사역
요 1장35절–2장12절	다섯제자를 만남, 가나 혼인잔치, 가버나움으로 내려가심
➡ 유월절에 시작하신 첫 예루살렘 사역 (여기서부터 공생애 1년 시작)	
요 2장13절–4장2절	첫 유월절 이후 8개월간 예루살렘에 거주하심
눅 3장19–20절	세례요한의 투옥, 예루살렘에서 유명해진 예수님
마 4장12절	예수님의 예루살렘 사역
요 4장3–54절	갈릴리로 내려 가시던 중 사마리아를 통과, 왕의 신하 아들 고치심
➡ 8개월 후 예루살렘에서 떠나 첫 갈릴리 사역 시작	
눅 4장14–30절	고향에서 배척당하심
마 4장13–17절	가버나움으로 이사, 천국 복음을 전파하심
눅 5장1–11절	네 명의 제자를 다시 부르심
눅 4장31–41절	가버나움에서 일어난 일

눅 4장42-44절 마 4장23-25절	제1차 갈릴리 순회전도
눅 5장12-39절 눅 6장1-7절	순회 전도 후, 중풍병자를 고치심, 세리 마태를 부르심
➡ 두 번째 유월절 예루살렘 사역 (여기부터 공생애 2년 시작)	
요 5장1-47절	공생애 두번째 유월절 예루살렘에 다시 올라가심, 베데스다 연못 안식일에 병자를 고친 사건으로 율법 문제가 대두가 됨
➡ 갈릴리로 다시 돌아오셔서 갈릴리 사역	
마 12장1-21절	안식일 문제로 율법을 준수하지 않는다고 오해를 받음
막 3장7-19절	백성들이 예수님을 왕으로 세우려 함, 12제자 임명
마 5장-7장	산상수훈을 강론함
마 8장1-13절	문둥병자, 백부장, 하인을 고치심
마 9장14-17절	세례요한의 제자들이 금식문제를 질문함
눅 7장11-17절	나인성 과부의 아들을 살리심
눅 7장18-35절	예수님께 세례요한이 질문함
마 11장20-30절	이스라엘 사회를 풍자하며 설교하심
눅 7장36-50절	옥합을 깨서 예수님을 섬긴 여인의 이야기
눅 11장37-54절	바리새인과 함께 식사하심
마 12장22-37절	귀신들린 자를 고치시고 마귀의 조직을 설명해 주심
마 12장38-42절	표적을 구하는 자들
눅 12장1절-13장9절	2차 순회전도를 통해 생긴 사건들
마 12장46-50절	모친 마리아와 형제들의 방문
눅 8장22-56절	바다를 잔잔케 함, 거라사 귀신들린 자, 회당장의 딸과 혈루병자 고침
마 9장27-34절	두 소경이 눈을 뜨게 됨
마 13장53-58절	고향 나사렛을 방문하지만 또 다시 배척을 당하심
마 9장35절-11장1절 막 6장7-13절	12사도를 파송하여 교육하심 제3차 순회전도
마 14장1-12절	세례요한의 죽음
막 6장14-29절 눅 9장7-9절 막 6장30절	12사도 파송의 결과 보고

위의 내용은 두번째 유월절까지 예수님의 행적을 나열한 성경의 순서들입니다. 계속해서 세 번째와 네 번째 유월절을 소개하는 성경의 순서들을 확인하면서 예수님의 행적과 동선을 파악하고

어떤 사역들을 했는지 확인해 보면서 예수님을 생각하시기 바랍니다. 마치 예수님을 따라다니는 한 명의 제자가 되어서 그 여정에 동행해 보시기 바랍니다.

➡ 세 번째 유월절에 여전히 갈릴리에 계심 (여기부터 공생애 3년 시작)	
막 6장31-44절	12사도들이 돌아온 뒤에 좀 쉬려 함 그러나 사람들이 몰려와 오병이어 기적 보이심
요 6장1-71절	
마 14장22-33절	바다 위를 걸으심
마 14장34-36절	게네사렛(갈릴리)에서 병을 고치심
막 7장1-23절	바리새인들이 올라와 장로들의 유전을 질문함
마 15장21-28절	수로보니게 여인을 만남
막 7장31-37절	귀먹고 어눌한 자를 고치심
마 15장29-39절	요단 동편 데가볼리에서 4천명을 먹이심
마 16장1-12절	예수님께 표적을 구함
마 16장13-28절	가이사랴 빌립보에서 베드로가 한 신앙고백, 수난을 예고하심
마 17장1-13절	변화산 사건 (세명의 제자만 따라간다.)
막 9장14-29절	나머지 제자들은 산 아래에서 귀신들린 아이 때문에 곤란을 경험
막 9장30-32절	가버나움으로 돌아오는 길에 두번째 수난 예고
마 17장24-27절	성전세금 (가버나움)
마 18장1-10절	천국에서 누가 큰 자인지를 놓고 서로 다툼
➡ 이 즈음에 제자들에게 주신 중요한 강론 (갈릴리 북부사역 → 예루살렘행)	
마 18장12-14절	목자와 양에 대한 강론
마 18장21-35절	용서에 대한 설교, 베드로의 질문, 몇 번 용서해야 합니까?
요 7장2-9절	예수님 친동생이 비방, 초막절 때 몰래 예루살렘에 올라가심
➡ 예루살렘으로 올라가는 도중에 생긴 일들	
눅 9장51-56절	사마리아를 통해 예루살렘으로 올라가심
눅 17장11-19절	10명의 문둥병자를 고치심
눅 9장57-62절	주님을 따르겠다는 세 사람과 만남
눅 10장1-24절	70인 전도대를 베레아 지방으로 보내심
➡ 여기서부터 예루살렘 입성 (초막절쯤 예루살렘 성전에 나타나 설교하심)	
요 7장11절-8장	초막절 끝 날쯤 예수님께서 예루살렘에 나타나 설교하심
눅 10장25-37절	선한 사마리아의 비유와 영생의 메시지
눅 10장38-42절	마리아와 마르다
눅 11장1-13절	주기도문을 가르치심

요 9장1-41절	날 때부터 소경된 자 고치심
요 10장1-21절	목자와 양에 대한 비유와 논쟁들
요 10장22-42절	수전절(하누카)에 예루살렘에 나타나심과 배척을 받음
요 11장1-44절	베다니에서 나사로를 살리심
요 11장45-53절	가야바의 예언과 나사로가 살아난 일로 이것을 믿는 자는 출교함
요 11장54-57절	아직 때가 아니기 때문에 에브라임 산지로 피신하심
➡ 베레아로 들어가심	
눅 13장10-17절	베레아 지역에서 3개월간 전도하심
눅 13장22-33절	베레아에서 좁은 문 설교하심
마 19장1-30절	베레아에서 말씀하신 교훈과 사건들
눅 14장1-35절	베레아에서 병든 자를 고치심
눅15장1절-17장10절	유명한 설교 (잃은 것 3가지 강론)
마 20장1-16절	비유설교, 포도원과 품꾼의 설교
마 20장17-29절	예루살렘으로 돌아오면서 세번째 수난 예고, 제자의 어머니 청탁사건
눅18장35절-19장27절	여리고 성에서 소경과 삭개오를 만남
➡ 베레아에서 나오심 (마지막 일주일)	
요 12장1-8절	베다니 마리아가 향유를 예수님께 부음
눅 19장29-48절	예루살렘 입성
막 11장15-19절	두번째 성전 정화사건
마 21장18-46절	무화과 나무 저주사건과 권위에 대한 질문
마22장1절-23장39절	정치와 경제 지도자들의 최종 변론
막 12장41-44절	과부의 헌금
요 12장20-50절	예루살렘에 방문한 헬라인과 만남
마 24장-25장	감람산 설교
마26장1-5, 14-16절	예수님을 죽일 음모를 꾀함 그리고 유다의 배반
요 13장1-30절	세족식과 최후의 만찬
마 26장26-30절	성찬식
요 13장31-16장33절	다락방 설교
요 17장	예수님의 마지막 기도
눅 22장31-38절	베드로의 장담과 겟세마네 동산에 오르심
마 26장36-56절	겟세마네 기도와 예수님의 잡히심
마 26장57-75절	대제사장의 뜰에서 철야로 심문한 것과 베드로의 배반
마 27장3-10절	가롯 유다의 죽음
눅 23장1-5절	빌라도의 1차 심문

눅 23장6-12절	헤롯의 심문
눅 23장13-56절	빌라도의 2차 심문, 사형선고, 십자가 위에서 죽으심, 이후 장사 지냄
요 20장1-31절	죽음에서 부활하신 예수님
요 21장1-25절	부활이후에 예수님의 활동
마 28장16-20절	제자들에게 사명을 다시 주심
행 1장1-11절	예수님의 승천하심과 약속된 성령을 기다리며 예루살렘에 머문 제자들

이렇게 예수님의 행적을 따라서 읽으면서 여러분들이 누리는 유익은 크게 3가지입니다. 첫번째, 예수님께서 어떻게 공생애를 사셨는지 그 행적을 알 수 있습니다. 두번째, 예수님이 하신 말씀과 그 배경이 되는 장면이 함께 머리에 떠오릅니다. 영상지원과 음성지원이 함께 되는 셈입니다. 마치 예수님을 따라다니는 무리 속 한 사람이 되어, 혹은 열 두 제자 중 하나가 되어 곁에서 예수님께서 하시는 일들을 보는 듯합니다. 예수님의 마음을 우리도 함께 느낍니다. 세번째, 막연하게 생각했던 예수님을 역사적으로 실존하셨던 분으로 믿게 됩니다. 성경이 허구나 꾸며진 이야기가 아니라 역사적 사실이라는 것이 믿어집니다.

22과 사복음서는 역사다!

사복음서를 시간순서대로 배열하여 예수님의 생애를 집중적으로 파악하는 것이 지난 21과의 공부였다면 이번 과에서는 사복음서를 읽을 때 역사서로 분류하여 읽는 것이 왜 중요한지 배우는 시간입니다. 복음서를 역사서로 분류하여 읽어야 하는 이유는 복음서의 내용을 지어낸 이야기 혹은 편집해서 짜깁기 한 이야기로 알고 있으면 안됩니다. 예수님의 생애가 역사적인 사실이라는 것을 분명히 알고 읽어야 하기 때문입니다.

예수님의 생애를 역사적인 사실로 아는 것과 짜깁기한 이야기로 아는 것은 천지 차이입니다. 복음서를 역사적인 사실이라고 믿고 읽어야만 복음서를 기록한 사람들과 같은 관점으로 예수님을 믿을 수 있고, 성령의 역사 가운데 지금도 살아계신 예수님과 인격적인 만남도 가능해 집니다. 복음서를 기록한 사람들은 이 말을 하고 싶었습니다. **"예수님은 메시아다!"**. 이것을 증명하기 위해 기록한 것이 사복음서입니다. 복음서의 기자(기록자)들은 예수님이 메시아이심을 증명하기 위해 자료를 수집하고, 사람들의 증언을 확보하고, 자신이 직접 경험한 내용을 기록하고 있습니다.

예수님의 메시아성(Messiahship)을 증명할 수 있는 가장 확실한 증거로 사복음서에서 동일하게 기록하고 있는 사건은 바로 "예수님의 부활"입니다. 부활의 사건이 진실이라면, 예수님께서 다시 오신다고 한 약속도 진실입니다(예수님의 재림에 대한 약속은 신약성경에만 300번 넘게 나옵니다). 하나님께서는 요한계시록의 맨 끝장 맨 끝절 말씀인 "내가 진실로 속히 오리라"를 통해 직접 계시의 말씀으로 예수님은 재림을 약속하셨습니다. 신약성경은 메시아의 성육신 탄생으로 시작해서 재림에 대한 약속으로 끝난다고 보면 됩니다. 우리는 그 약속이 진실임을 믿고, 소망을 가지고 다시 오실 주님을 기다려야 한다는 것이 신약성경 전체의 메시지이고, 그것이 사도 바울과 주님의 제자들이 전한 복음입니다. 그러니 사복음서를 비롯한 성경의 말씀을 사실로 믿고 읽느냐, 아니냐는 우리의 신앙과 삶의 태도에 결정적인 영향을 미친다는 것입니다.

1. 마태복음 설명

마태복음이 신약성경의 첫 권이긴 하지만 시간적으로 먼저 쓰인 것은 아닙니다. 학자들은 대부분 사복음서 중에서 마가복음이 가장 먼저 쓰였을 것으로 추정합니다. 그런데 왜 마태복음이 사복음서의 순서 가운데 첫번째가 되었을까요? 그것은 마태복음이 유대인을 위해 쓰여진 복음서이기 때문입니다. 유대인들은 출생과 족보를 중요하게 생각하는데, 마태복음은 예수님의 족보로 시작이 됩니다. 그래서 유대인들로 하여금 예수님의 족보를 확인하여 예수님이 구약에 예언된 다윗의 자손으로 오신 메시아이심을 믿을 수 있도록 하기 위해서 마태복음을 복음서의 가장 앞에 놓은 것입니다. 마태복음은 예언의 성취를 증명하기 위해서 예수님의 메시아성을 강조하고 있고, 예수님이 다윗의 자손으로 오신 왕이심을 증명하기 위해서 예수님의 족보를 활용하고 있습니다.

저자인 마태는 세리입니다. 세리는 세금징수를 담당하는 사람이기 때문에 계산이 빠르고, 정리를 잘하고, 꼼꼼히 기록하는 것이 몸에 배어 있습니다. 마태도 세리라는 직업의 특성을 잘 살려서 꼼꼼하게 구약의 말씀을 인용하여 하나님의 약속과 예언이 예수님을 통하여 어떻게 성취되었는지를 자세히 증거하고 있습니다. 이렇게 유대인들로 하여금 메시아이시고 왕이신 예수님을 믿고 구원을 얻도록 하기 위해 예수님의 행적과 복음을 증거한 책이 바로 A.D. 63-67년 사이에 기록된 마태복음입니다.

2. 마가복음 설명

마가복음은 복음서 중에서 가장 먼저 쓰여진 성경입니다. 저자는 마가이지만 실제적인 저자는 베드로일 것으로 추정합니다. 마가는 '마가의 다락방' 주인으로 부유한 사람이었고, 제 1차 선교여행 당시 바울과 바나바와 함께 선교를 나섰다가 중간에 이탈을 했던 사람입니다. 나중에 2차 선교여행을 떠나려고 할 때 그를 데리고 가느냐, 마느냐에 대한 문제로 바울과 바나바가 의견 충돌이 일어나게 되어 결국 서로 헤어지게 만든 원인을 제공했던 당사자입니다.

마가는 이후에 바나바(마가는 바나바의 생질이다)의 주선으로 베드로 밑에서 다시 신앙을 회복하고 베드로의 수제자가 됩니다. 우리가 잘 아는 것처럼 베드로는 실패도 해보고 예수님을 배신도 해 본 사람입니다. 그러니 베드로보다 마가를 더 잘 위로하고 회복시킬 수 있는 경험과 자격이 되는 사람도 없을 것입니다. 아무튼 하나님께서는 마가를 베드로 곁에 있게 하시고 그를 통하여 마가는 놀랍게 회복되어 마가복음을 기록하는 베드로의 귀한 동역자요 하나님의 일꾼이 됩니다. 이렇게 베드로와 가까이 지내면서 마가는 베드로가 이야기해 주는 예수님의 생애에 관하여 하나하나 자세히 기록합니다. 마가는 자신의 다락방에 모인 제자들 중 하나였던 베드로와 이미 친분이 있었습니다. 그리고 제자들과 예수님이 자신의 다락방에 모였을 때 예수님을 직접 본 사람 중에 하나이기도 합니다. 그래서 마가는 누구보다도 베드로의 메시지에 공감했을 것이고 베드로 대신 복음서를 집필하는 적임자로 하나님께 쓰임 받았습니다.

마가복음의 수신자는 로마의 성도들입니다. 로마의 성도들은 도시민으로서 군더더기가 많은 이야기 보다는 간결한 내용과 명료한 해설을 좋아하기 때문에 다른 복음서들이 마태복음 28장, 누가복음 24장, 요한복음 21장으로 내용이 많은 것에 비해 마가복음은 총 16장으로 짧습니다. 또 마가복음에는 예수님의 족보이야기나 구약의 예언을 인용하지 않았습니다. 유대인들과 달리 로마사람들에게 족보와 예언은 예수님을 믿는데 그렇게 큰 영향을 주지 못하기 때문입니다. 그러나 반대로 귀족이 많고 대부분 도시민들이었던 로마사람들에게 왕 같은 분이 종이 되어 섬기셨다는 예수님의 스토리는 매우 도전적이고 충격 그 자체였을 것입니다. 그래서 마가복음은 예수님을 종처럼 섬기기 위해 오신 하나님의 아들로 소개하고 있습니다.

학자들은 예루살렘 도시의 생활과 귀족의 속성을 어느 정도 알고 있는 마가가 복음서의 기록자로 선택되어 A.D. 55-65년 사이에 마가복음을 기록했을 것으로 봅니다. 초대 교부들의 역사적 증언에 따르면 베드로가 헬라어를 못했기 때문에 마가가 통역을 했다고 합니다.

3. 누가복음 설명

누가는 유대인이 아니고 헬라인입니다. 헬라 사람인 누가가 예수님을 믿고 바울의 동역자가 되어 아시아와 유럽 전역에 있는 사람들에게 예수님에 대해 증거하기 위해 기록한 책이 바로 누가복음입니다. 누가복음에 나오는 수신자 데오빌로가 누군지에 대해서는 학자들마다 견해가 다릅니다. 어떤 사람은 로마의 귀족 중 하나로 보기도 하고, '데오'와 '빌로'의 합성어가 하나님을 믿는 사람들이라는 의미이기 때문에 아마도 실존 인물이 아니고 성도를 뜻하는 표현으로서 아시아와 유럽에 있는 성도들을 가리키는 말로 보기도 합니다. 허나 분명한 것은 누가복음이 헬라 문화권에 있는 이방인들을 위해 쓰여진 복음서라는 것입니다.

누가의 직업은 의사였습니다. 그래서 과학과 학문을 토대로한 이성적인 판단과, 논리 정연한 설명과, 명확한 자료를 근거로 한 증언이 누가복음 곳곳에 나타납니다. 의사의 세밀함이 드러나는 내용들도 많으며 특히 예수님의 치유사역에 대한 기록에는 병명과 병세가 어느 정도인지 그리고 얼만큼 시간이 경과했는지 아주 구체적인 내용들도 포함되어 있습니다. 또 헬라어의 특징이라 할 수 있는 긴 문장과 어려운 단어들을 많이 사용되고 있는 것으로 보아 누가는 헬라어에 능통했으며 학문적 수준이 높았다는 사실을 짐작할 수 있습니다.

과거에 비해 교육수준이 훨씬 높아진 요즘, 이성적으로 판단하고 과학적인 논리와 사고에 익숙한 현대인들에게 부활하신 예수님, 지금도 살아계신 예수님을 말씀으로만 증거하는 것은 쉬운 일이 아닙니다. 더구나 복음을 소개하는 우리도 예수님을 직접 목격한 것이 아니니까요. 그런 면에서 볼 때, 예수님의 생애가 역사적 사실에 근거한다는 구체적인 내용과 증거들을 기록하고 있는 누가복음은 현대 지성인들에게 예수님을 만날 수 있도록 도와주는 귀한 복음서라고 말할 수 있습니다. 누가복음이 기록된 시기는 학자들마다 견해가 다르지만, 가장 일반적으로 A.D. 63년 이전 바울의 투옥 생활이 끝나던 시기로 봅니다.

4. 요한복음 설명

사도 요한은 예수님의 모습을 끝까지 지켜본 제자라서 그런지 다른 복음서들과는 조금 다른 관점에서 예수님의 생애를 기록하고 있습니다. 예수님의 생애에 초점을 맞춘 다른 복음서와는 달리 요한복음은 예수님의 십자가의 수난이 전체 분량의 거의 반을 차지할 정도로 자세히 기록되어 있습니다. 요한은 예수님께서 인간의 모습으로 이 땅에 오셨지만 그 분은 메시아이시고 동시에 하나님이심을 증거하기 위해 십자가 대속의 사건과 부활 사건에 초점을 두고 요한복음을 기록한 것으로 보입니다. 마태복음, 마가복음, 누가복음은 같은 관점에서 예수님에 대해 기록했다고 해서 학자들은 이것을 "공관복음(共觀福音, Synoptic Gospels)"이라고 부릅니다. 그러나 요한복음은 공관복음과는 다른 관점에서 기록되었으며, 공관복음이 다루지 않았거나 간략하게만 소개한 부분에 대해서 보충해 주듯이 자세한 설명을 덧붙이고 있습니다. 공관복음서가 갈릴리 사역을 중심으로 기록이 되었고 예수님의 일생 동안 하신 일에 집중되어 있다면, 요한복음은 예루살렘에서의 사역과 마지막 일주일 수난주간에 일어난 일을 집중하여 조명하고 있습니다.

역사적으로 전해오는 이야기로는 나머지 사도들이 다 순교 당하고 사도 요한만 살아남은 상황이라 예수님의 행적에 관한 궁금증을 모두 요한에게 물었을 것이고, 일일이 대답하기 어려웠던 요한이 그들이 궁금해 하는 내용을 자신의 경험과 예수님의 말씀에 근거하여 기록한 것이 요한

복음 일 것이라고 말합니다. 요한은 예수님께서 사랑하신 제자입니다. 학자들은 어부 출신이었던 요한이 로마의 고등교육을 받은 사도바울 못지않는 학문적인 깊이와 통찰력으로 요한복음을 기록한 것에 대해 매우 놀라워 합니다. 그렇다면 요한복음의 기록장소는 어디일까요? 아마도 밧모섬으로 잡혀 가기 전에 에베소에서 기록했을 것으로 추정합니다. 에베소에 있을 때에 요한복음과 요한 일,이,삼서를 기록하고 밧모섬에 잡혀 있을 때 요한계시록을 기록하였을 것입니다. 요한복음은 사도 요한의 여러 저서 중 가장 먼저 쓴 책이며, A.D. 85-95년쯤에 기록되었을 것으로 봅니다.

5. 사복음서를 하나로 묶는 질문

예수님을 역사적인 실존인물로 믿고 성경을 읽게 되면 이제 예수님의 말씀 하나하나가 예사롭게 들리지 않습니다. 마치 나에게 직접 해주시는 말씀처럼 느껴지고, 예수님의 말씀에 순종하고자 하는 마음이 우러납니다. 어떤 영상에서 보았는데, 청소년들이 자기가 좋아하는 유명가수나 연예인으로부터 격려의 말이나 혹은 직접 쓴 편지를 받고 나면, 전에는 책 한번 보지 않던 아이가 완전히 다른 사람이 되어 열심히 공부를 한다고 합니다. 연예인도 청소년들에게 이렇게 큰 영향을 끼치고 도전을 주는데, 하물며 우리 예수님은 어떻겠습니까! 우리가 예수님을 누구라고 생각하고, 어떻게 믿고, 얼만큼 사랑 하느냐에 따라서 예수님의 말씀과 교훈이 우리에게 미치는 영향의 크기는 완전히 다를 수밖에 없습니다. 이렇듯 예수님을 역사적인 실존 인물로 믿고, 더 나아가 메시아로 믿고, 살아계신 하나님으로 믿으면, 그 분의 말씀은 우리에게 너무나 귀한 생명의 말씀이 될 것입니다.

그렇기 때문에 이 시점에서 사복음서에 나오는 가장 중요한 질문 하나를 살펴보아야 합니다. 이 질문은 "사복음서를 하나로 묶는 열쇠"이기도 합니다. 마태복음 16장 15-16절에 보면 예수님께서 제자들에게 질문합니다. 그리고 그 질문에 시몬 베드로가 대답 합니다.

15 이르시되 너희는 나를 누구라 하느냐

16 시몬 베드로가 대답하여 이르되 "주는 그리스도시요 살아 계신 하나님의 아들이시니이다"

예수님께서 가이사랴 빌립보에 가셨을 때 제자들에게 "사람들이 나를 누구라 하더냐"라고 물으십니다. 제자들은 사람들이 예수님을 가리켜 세례 요한, 더러는 엘리야, 어떤 이는 예레미야나 선지자들 중의 하나라고 말한다고 대답합니다. 그 때 주님은 제자들에게 다시 강조하여 물어봅니다. **"너희는 나를 누구라고 하느냐?"** 그 순간 시몬 베드로가 대답을 합니다. **"주는 그리스도시요 살**

아계신 하나님의 아들입니다." 예수님께서 특별히 제자들에게 왜 이런 질문을 하셨을까요? 그것은 예수님을 따라다니는 제자들과 일반 백성들이 예수님에 대해 어떻게 생각하고 어떤 분으로 알고 믿느냐에 따라 완전히 믿음의 내용이 달라지기 때문입니다.

신앙생활은 오래 했지만 특별한 영적 체험이나 예수님을 인격적으로 만나는 사건이 없었던 분들 중에는 예수님을 나와는 거리가 먼 막연한 영적 존재로만 생각하는 분들이 계십니다. 구원의 확신도 없고 예수님을 왜 믿는지도 모르고 그냥 무작정 믿는다고 말합니다. 그러다보니 이단에 속한 사람들이 집요하게 성경에 대해 질문을 하면 아무런 대답을 못하고 그들이 말하는 것에 속수무책으로 당하는 경우가 참 많습니다. 내가 무엇을, 어떻게, 왜 믿는지에 대한 분명한 대답이 있어야 어떤 질문이 들어와도 확신있게 대답할 수 있고, 그 어떤 미혹하는 말이나 속임수에 넘어가지 않습니다. 여러분은 예수님이 제자들에게 던진 이 질문에 대한 대답이 있으십니까? **"너희는 나를 누구라고 하느냐?"**

우리는 이것에 대한 대답이 있어야 합니다. 막연하면 절대 안됩니다. 우리는 우리가 믿는다고 말하는 그 예수님이 누구신지, 정말 그 분이 그리스도이신지, 정말 그 분이 살아계신 하나님의 아들이신지를 확인하고 점검해 보아야 합니다. 그렇게 하기 위해서 어떻게 해야 합니까?

지금까지 설명한 것처럼 예수님의 생애를 현장조사 하듯이 뒤따라 다니며 하나하나 살펴보아야 합니다. 예수님의 사역도 확인해 보고, 예수님이 하신 말씀도 다시 곱씹어 봐야 합니다. 그리고 질문해야 합니다. '정말 이 분이 그리스도가 맞나?' '이 분이 하나님의 아들이 맞나?'

사도 요한은 예수님의 인성과 신성 모두를 똑똑히 본 사람입니다. 예수님의 품에 누워 본 적도 있는 사람입니다. 예수님과 함께 식사도 해 본 사람입니다. 예수님께서 십자가에 달려 죽으시는 모습도 본 사람입니다. 그리고 예수님께서 부활하셔서 다시 나타나신 것도 두 눈으로 똑똑히 본 사람입니다. 그렇기 때문에 사도 요한은 자기가 경험한 예수님을 증언하기 위해서 이 사실을 기록했습니다(요21:24).

남들이 믿으니까 덩달아 따라서 믿는 믿음이면 안됩니다. 내 믿음이 있어야 합니다. 만약에 여러분이 평생 고생하여 모은 전재산을 어딘가에 맡기거나 투자한다고 생각해 봅시다. 다른 사람들이 투자한다고 하여 어딘지도 모르는 곳에 피땀 흘려 모은 전재산을 덜컥 맡기겠습니까? 정말 믿을 수 있는 기업인지 은행인지 하나하나 신중하게 따져보고 결정하는 것이 맞지 않습니까? 남들 따라 투자 했다가 문제가 생겨 전재산을 잃게 되면 그 결과는 누구도 책임져 주지 않습니다.

구원의 문제는 우리의 전재산을 거는 문제보다 더 중요합니다. 영생의 문제이고 사후 세계의 문제이기 때문입니다. 한번 죽는 것은 사람에게 정해진 것이고 그 이후에는 심판이 있습니다. 이 세상에서 살다가 죽으면 끝이 아닙니다. 이 세상에 사는 동안 우리는 다음 생애, 즉 영생을 준비해야 합니다 그런데 우리의 영생을 준비해 주시는 분이 바로 예수 그리스도이십니다. 그래서 예수님이 정말 믿고 따라가야 할 분인지 아닌지 확인한 후에 "이 분이 맞다!"는 믿음과 확신이 생기면 그 다음엔 모든 것을 주님께 맡기고 그 분을 나의 주, 나의 하나님으로 인정하고 따라가야 합니다. 예수님께서 하신 모든 말씀이 진리라고 믿는다면, 성경이 우리에게 가르쳐 주는 대로 주님 말씀에 순종하여 영원한 천국을 준비하며 살아야 합니다. 요한복음 20장 30-31절에서 사도 요한은 성경의 기록목적에 관하여 분명히 이렇게 말씀합니다.

30 예수께서 제자들 앞에서 이 책에 기록되지 아니한 다른 표적도 많이 행하셨으나
31 오직 이것을 기록함은 너희로 예수께서 하나님의 아들 그리스도이심을 믿게 하려 함이요 또 너희로 믿고 그 이름을 힘입어 생명을 얻게 하려 함이니라

6. 사복음서를 역사적인 사실로 읽어야 합니다.

거듭 강조하지만 사복음서의 모든 내용은 역사적인 사실입니다. 예수님의 행적 하나하나가 역사적인 사실이며, 예수님께서 이 땅 가운데 오셔서 우리의 죄를 사해 주시기 위해서 십자가에서 죽으신 것도 사실이고, 우리를 의롭다 하시기 위해 부활하신 것도 사실입니다. 어떤 분들은 성경을 신화처럼 읽고 어떤 분들은 소설처럼 생각하기도 합니다. 어떤 분들은 좋은 말들이 써 있으니까 좋은 생각을 하기 위해서 읽는다고도 합니다. 그런데 이렇게 생각하면 아무리 성경을 읽어도 지금도 살아계신 예수님을 만나지 못하고 부활하신 예수님을 믿지 못합니다.

복음서는 역사적인 사실이라는 것을 믿고 이러한 관점에서 성경을 읽을 때 앞서 말한 것처럼 예수님이 누구신지 명확하게 알 수 있습니다. 예수님이 2000년 전에 부활하시고 지금도 분명히 살아계시다는 것을 알게 되면 도마처럼 부활하신 예수님의 옆구리에 손을 넣어 본 뒤에 예수님을 향해 "나의 주, 나의 하나님이십니다"라고 고백할 수밖에 없습니다. 도마의 고백과 베드로의 고백이 왜 중요합니까? 유대인들은 인간을 가리켜 하나님이라고 하면 그것은 돌로 쳐서 죽여도 되는 죄에 해당합니다. 그런데 베드로와 도마는 예수님이 누구신지를 분명히 깨닫고 예수님이 주인이시며 하나님이심을 믿었기 때문에 목숨을 건 고백을 할 수 있었던 것입니다.

맨 처음 창세기를 공부할 때, '죄'가 무엇이라고 했는지 기억하십니까? '죄'란 **'내가 하나님이 되려는 마음'**이라고 했습니다. 우리의 중심에 하나님이 아닌 다른 어떤 것이 하나님 되려고 할 때 그 모든 것은 죄가 될 뿐입니다. 그래서 내가 주인 되어 하나님 노릇하며 사는 사람들은 아무리 세상 기준과 관점에서 깨끗하고 착하게 산다고 해도 하나님의 기준으로 볼 때 그들은 각자 자기의 소견에 옳은대로 살게 될 뿐이고, 그렇게 살 때 그 모든 것은 하나님과는 원수가 되는 죄가 될 뿐입니다. 그리고 하나님이 아닌 다른 어떤 것이 내 인생의 주인이 되어 하나님 노릇을 하게 되면 그것도 우상숭배가 되어 죄를 짓는 것이 될 뿐입니다. 그렇기 때문에 육신을 입고 오신 성자 하나님께서 우리 안에 들어오셔서 하나님 되시는 사건이 일어날 때, 비로소 죄와 사망의 권세에서 해방될 수 있습니다.

로마서 14장 9절에 따르면 **"이를 위하여 그리스도께서 죽었다가 다시 살아나셨으니 곧 죽은 자와 산 자의 주가 되려 하심이라"**고 말씀합니다. 그렇기 때문에 십자가의 구속 사건은 성자 예수님께서 우리 안에 주가 되시는 사건이며, 내가 하나님 노릇하던 것을 내려 놓고 오직 내 안에 하나님이 하나님 되시는 영광의 사건입니다. 오직 예수님만 우리 속에 들어와 나의 주, 나의 하나님이 되어야 우리는 더 이상 죄를 짓지 않고 죄와 사망의 법에서 해방되어 결코 정죄함이 없는 구원을 얻게 됩니다.

예수님의 십자가 사건은 우리에게 어떤 의미가 있는가? 그것은 성령이 거하실 수 있는 하나님의 성전이 되어 주셨다는 것을 결코 잊으면 안 됩니다. 요한복음 2장 19절에 보면 예수님께서 친히 "성전을 헐라 내가 3일 만에 일으키리라" 말씀하십니다. 그때 당시에는 누구도 우리 속에 예수님이 성령의 전을 세우신다고 생각할 수 없었습니다. 이 사건이 중요한 것은 예수님께서 우리 안에 성령의 전을 세우셨기 때문에 성령님이 우리 안에 들어와 예수 그리스도를 나의 주, 나의 하나님으로 모시고 살 수 있도록 만들어 주었습니다. 또한 성령이 거하지 않으면 하나님의 자녀가 될 수도 없습니다. 예수님께서 십자가와 부활의 사건을 통해 우리 심령 가운데 3일만에 성령의 전을 완성하셨습니다. 그래서 예수의 이름 외에 다른 구원의 이름이 없는 것입니다. 사도행전 4장 12절 말씀이 무슨 뜻인지 알아야 합니다.

12 다른 이로써는 구원을 받을 수 없나니 천하 사람 중에 구원을 받을 만한 다른 이름을 우리에게 주신 일이 없음이라 하였더라

23과 다큐멘터리 [예수] 전편

이 시간에는 사복음서를 총정리하는 차원에서 연대기식 성경읽기 방법으로 다시 배열해 보겠습니다. 21과에서 '시간개념','장소개념' 챙기며 정리했던 것 기억하시죠? 21과가 예고편이었다면 이제 풀버전을 보실 차례입니다. 풀버전 보실 때도 중요한 것은 시간적인 개념으로 '유월절'을 반드시 염두에 두는 것과 장소적인 개념으로 '갈릴리', '사마리아' '유다' 지역을 살피면서 읽는 것입니다. 그래야 '예수님의 생애'라는 한편의 다큐멘터리를 마치 나도 그 곳에 있는 듯이 현장감 있게 볼 수 있습니다.

1. 복음의 서론 (막 1:1 / 요1:1-18 / 눅1:1-4)

'복음'은 '예수가 그리스도'라는 것입니다. 다른 어떤 것으로도 구원을 얻을 수 없고 오직 예수 그리스도 만이 길이요 진리요 생명입니다. 오직 예수님 만이 만물을 충만케 하는 충만입니다. 그래서 예수님을 영접하는 자, 곧 그 이름을 믿는 자들은 하나님의 자녀가 되는 권세를 누립니다. 이것이 복음입니다. 오직 예수만이 '그리스도'이십니다.

2. 예수님의 족보 (마 1:1-17 / 눅 3:23-38)

아브라함과 다윗의 자손 예수 그리스도의 족보입니다. 구약의 예언에는 다윗의 자손 중에서 메시아가 태어난다고 기록되어 있기 때문에 예수님의 족보는 매우 중요한 증거가 됩니다. 그래서 마태는 유대인들을 대상으로 마태복음을 쓰면서, 예수님은 구약의 예언이 성취된 메시아(그리스도)시라는 것을 증명하기 위해 예수님의 족보로 시작하고 있으며, 예수님의 생애와 사역들을 기록하면서 곳곳에 "이는 구약의 말씀을 이루려 함이라"는 구절을 덧붙이고 있습니다. ('메시아'는 히브리어, '그리스도'는 헬라어로 뜻은 똑같이 '구원자', '구세주'라는 의미입니다)

3. 세례 요한 과 예수님의 탄생 (눅 1:5-80 / 마 1:18-25 / 눅2:1-38 / 마 2:1-18)

세례 요한의 출생과 관련된 이야기와 예수님의 탄생 이야기는 아무래도 마리아의 간증에서 시작된것으로 봅니다. 왜냐하면 그 일을 직접 경험했던 마리아 밖에는 모르는 내용이기 때문입니다. 마리아가 초대교회 안에서 간증하며 남긴 말들이 기록으로 전달된 것이지요.

그리고 동방박사들이 등장하는데 예루살렘을 중심으로 생각할 때 동쪽방향에서 온 박사들이기 때문에 '동방박사'라고 부른 것입니다. 만약 서쪽방향에서 왔으면 서방(?)박사가 될 뻔했습니다. 여기서 말하는 동방은 메소포타미아지역으로 아마도 이들은 별을 연구하는 사람들이었을 것으로 추측합니다. 헤롯왕은 동방박사를 속여서 예수님을 죽이려고 하지만 이런 헤롯 왕의 계획을 아신 하나님은 천사를 보내어 마리아와 요셉에게 애굽으로 피신하도록 지시합니다.

4. 예수님의 유년기와 성년이 되기까지 (마 2:19-23 / 눅 2:39-52)

예수님의 유년기는 마태복음과 누가복음에만 기록되어 있습니다. 예수님이 12세에 불과하던 어린시절 부모님과 함께 성전에 올라갔다가 혼자 남겨진 사건은 유명합니다. 그렇다면 예수님이 이 때 올라간 이 성전은 누가 지은 성전일까요?

이스라엘 역사상 성전은 총 세 번 건축되었습니다. 그 첫 번째가 '솔로몬 성전' (B.C. 95년, 왕상 6:1-38)이고, 두 번째가 바벨론 1차 포로귀환 후 재건한 '스룹바벨 성전'(B.C. 516년, 스6:15-18)이며, 세 번째가 신약시대의 '헤롯성전'(B.C. 20년~A.D. 63년)입니다. 스룹바벨이 중심이 되어 재건한 두 번째 성전은 신구약 중간 시대(B.C. 63년)에 로마의 폼페우스 장군에 의해 파괴되어 폐허가 되었습니다.

그러므로 예수님의 유년기 사건에 나오는 성전은 스룹바벨의 성전은 아닌 것이 분명합니다. 왜냐하면 요2:18에도 성전 짓기 시작한지 46년이 되었다고 나오니까요. 그렇다면 이 성전은 누가 지은 성전일까요? 그것은 로마의 건축양식을 좋아했던 대헤롯이 유대인들의 환심을 얻고 자신의 건축욕을 채우려는 목적으로 지은 것입니다.

참으로 이해할 수 없는 것은 이렇게 인간의 욕망과 이익을 위해 지어진 성전임에도 불구하고 예수님은 나중에 그 곳에서 첫 번째 성전정화 사건을 일으키시며 "하나님의 전"이라고 말씀합니다. 인간의 더러운 욕망으로 지어진 성전인데도 그 곳을 하나님의 성전이라고 부르시는 주님의 모습은 우리로 하여금 이 땅의 교회를 어떤 관점에서 봐야 하는지 다시금 생각하게 만듭니다. 누가 어떻게 지은 교회냐 보다 더 중요한 것은 하나님께서 그 곳에 임재하시고 우리의 기도를 들으시며 예배를 통해 우리를 만나주시느냐 아니냐 입니다. 하나님의 자녀들이 모여 예배하는 성전이 된 곳은 인간적인 관점에서 깨끗하다 아니다 말할 수 없습니다. 창고냐 건물이냐도 중요하지 않습니다. 하나님께서 예배를 통해 백성들을 만나는 장소라면 그 곳이 곧 거룩한 땅이고, 만민이 기도하는 하나님의 집입니다.

위에서 언급된 1번 ~ 4번까지 내용이 예수님의 사생애를 설명해 주는 기록들입니다. 이후부터 공식적으로 예수님의 공생애를 설명해주는 기록들이 나옵니다. 예수님의 공생애 기간은 첫 번째 유월절이 되기 6개월 전쯤 세례 받으신 것부터 시작하여 총 3년 6개월 정도 됩니다.

5. 요한에게 세례를 받으신 예수님 (마 3:1-17 / 막 1:2-11 / 눅 3:1-23)

예수님께서는 유월절 전에 세례를 받기 위해 유다 지역으로 가십니다. 예수님께서 세례 요한에게 세례를 받으신 것은 공생애 사역의 시작을 알리는 공식적인 예식이며 동시에 온 세계에 예수님께서 메시아이심을 선포하는 순간입니다. 그래서 하나님께서 직접 **"이는 내 사랑하는 아들"**이라고 분명히 인정해 주셨고, 그 증거로 하늘에서 성령이 비둘기 같이 임하였습니다. 이제 드디어 그리스도로서의 사명을 공식적으로 시작하시는 것입니다.

6. 사탄이 예수님을 시험하다. (마 4:1-11 / 막 1:12-13 / 눅 4:1-13 / 요 1:19-34)

예수님께서는 세례를 받고 성령님께 이끌리어 광야로 가셔서 40일 동안 금식하신 뒤에 사탄의 시험을 받으십니다. 그러나 예수님은 오직 말씀으로 사탄의 시험을 이기고 승리하십니다. 일반적으로 사람들은 사탄이 시험하는 것은 믿음이 약할 때라고 생각합니다. 그렇지 않습니다. 예수님께서 성령을 받고 40일 금식한 뒤에 영적으로 충만한 상태에 있었는데도 사탄은 시험했습니다. 하물며 언제든지 또한 얼마든지 우리도 시험할 수 있다는 것을 알아야 합니다. 그러므로 우리는 항상 선 줄로 알면 넘어질까 조심해야 하며(고전 10:12) 항상 말씀을 붙잡고 믿음 가운데 서야 승리할 수 있습니다. 예수님께서도 사탄의 시험을 오직 '말씀'으로 물리치셨습니다. 마지막으로 시간개념을 정리하자면 공생애 시작을 알리는 세례식부터 지금까지 시간을 계산해 볼 때 약 두 달 이상 또는 네 달 정도까지 유다 지역에 머물러 계셨다는 것을 알 수 있습니다.

7. 예수님의 공생애 초기사역 (요 1:35-3:36)

예수님의 공생애 초기사역은 다양합니다. 먼저 안드레와 요한과 시몬 베드로 나중에 합류한 빌립과 나다나엘, 이 다섯명의 제자를 만납니다. 예수님은 그들과 함께 갈릴리 서남쪽에 위치한 가나로 가서 어머니 마리아의 친척의 혼인 잔치에 참석했다가, 갑작스럽게 포도주가 떨어져 버리는 상황이 되자 물로 포도주를 만드는 표적을 보여주십니다.

물은 절대로 포도주가 될 수 없습니다. 그러나 예수님은 물로 포도주를 만드셨습니다. 절대 불가능한 일을 하셨습니다. 인간은 물과 같은 존재입니다. 물과 같은 우리는 절대로 스스로 포도주로 변화될 수 없습니다. 그러나 물로 포도주를 만드실 수 있는 예수님은 우리를 변화시킬 수 있습니다. 인간인 우리를 거듭나게 하여 하나님의 자녀로 바꾸실 수 있습니다. 물은 시간이 지날수록 썩지만 포도주는 시간이 지날수록 귀한 술로 발효됩니다. 그래서 물로 포도주를 만드신 이 사건은 우리의 본질을 변화시키실 분이 예수님이시고, 그 예수님이 바로 메시아이심을 보여주는 첫번째 표적입니다.

이어서 예수님은 잠깐 가버나움을 방문하십니다(요2:12). 나중에 그곳으로 이사를 하여 본격적인 공생애 사역을 시작하시려고 미리 답사를 다녀오십니다. 가버나움에 잠깐 다녀오신 후에는 유월절을 지키기 위해 (이것이 첫번째 유월절입니다.) 예루살렘으로 가셔서 성전정화의 사건을 일으킵니다. 당시 제사장들은 돈을 주고 제사장 직분을 샀습니다(신구약 중간시대를 공부할 때 대제사장에 관한 설명에서 말했던 거 기억하시죠?). 하나님이 정하신 법에 따르면 제사장은 레위 지파에서 뽑게 되어있지만 당시 정치와 결탁한 종교지도자들의 타락으로 인해 율법을 어기고 제사장직을 매매했습니다. 돈을 주고 그 직분을 샀기 때문에 제사장이 된 자가 온갖 부정한 방법으로 물질을 착취하는 악한 일이 성전에서 벌어졌습니다.

백성들이 제사를 드리기 위해 끌고 온 흠 없는 제물도 흠이 있다고 해서 받지 않았습니다. 성전 앞에는 이렇게 거부당한 제물을 헐값에 매입하는 장소가 따로 있었습니다. 제물 때문에 고향으로 다시 갔다 올 여유가 없는 백성들은 자신이 가져온 거부당한 제물을 어쩔 수 없이 헐값에 팔고 성전 뜰 안에서 제사장이 공식적으로 승인해 준 곳을 통해 비싼 값을 주고 다시 제물을 살 수밖에 없었습니다. 제사장들은 이런 식으로 장사를 하여 폭리를 취하고 백성들의 돈을 착취했습니다. 그러니 예수님께서 그들의 상을 뒤엎고 하나님의 집을 강도의 소굴로 만들었다고 크게 화를 내신 것입니다.

성전에서 나와 쉬시는 예수님께 니고데모가 찾아옵니다. 사람들이 다니지 않는 한밤 중에 찾아옵니다. 산헤드린 공의회 회원이었던 니고데모는 바리새파 사람입니다. 그래서 사람들의 눈을 피해서 밤중에 찾아온 것입니다. 그런데 이렇게 율법에 능통한 사람이 예수님을 찾아와서는 **"어떻게 해야 구원을 얻습니까?"**라고 질문을 합니다. 그러자 예수님께서는 **"물과 성령으로 나지 않으면 하나님 나라를 볼 수 없다"**고 분명히 말씀합니다. 그리고 예수님께서 사람들에게 베푸시는 세례의 문제로 요한의 제자들이 세례 요한에게 질문하자, 요한은 자신을 높이지 않고 예수님을 높여드립니다. **"그는 흥하여야 하겠고 나는 쇠하여야 하리라"(요 3:30).**

여기서 니고데모가 질문한 구원의 문제와 "거듭남"에 대해 잠깐 살펴보았으면 합니다. 구원의 문제는 "거듭남"이 무엇인지에 대해 개념이 잡혀야만 풀리는 문제입니다. "거듭남"이란 막연하게 다시 태어나는 것으로 생각합니다. 이러한 구원의 정의는 막연한 구원관을 갖게 하는 원인이 됩니다.

예수님께서 거듭나야 한다고 했을 때 니고데모는 그럼 어머니 뱃속에 들어갔다가 다시 나와야 하느냐고 묻습니다. 그 때 주님께서 "물과 성령으로 거듭나지 않으면 하나님 나라에 들어 갈 수 없다"고 하십니다. 이 대화의 내용 중에 중요한 단서가 있습니다. 먼저 니고데모의 대답입니다. 어머니 뱃속에 들어갔다 나오는 것은 "다시 태어나는 것"이지 "거듭나는 것"이 아닙니다. 어머니 뱃속에 다시 들어갔다가 나와도 여전히 사람은 사람으로 태어납니다. 인간의 뱃속에 들어갔다가 나오면 결국 다시 태어나도 인간입니다. 절대로 왕 같은 하나님 자녀인 새로운 피조물은 될 수 없습니다. 그래서 예수님께서는 "물과 성령으로 다시 태어나야 한다"고 하신 것입니다.

하나님의 자녀로 거듭나기 위해서는 하나님이 우리를 낳아 주시는 사건이 있어야 합니다. 그래야 하나님의 자녀로 다시 태어날 수 있습니다. 이해를 도와 드릴까요? 소가 새끼를 낳으면 송아지가 태어납니다. 말이 새끼를 낳으면 망아지가 태어나고 개가 낳으면 강아지가 태어납니다. 다시 말해 "누가 낳았느냐"에 따라 그 존재는 결정 됩니다. 낳는 주체를 닮은 존재가 태어나는 것입니다. 그렇다면 인간이 다시 낳아봐야 결국 또 인간일 뿐입니다. 그래서 '영은 영이고 육은 육'이라고 말씀하신 것이고 그렇기 때문에 하나님께서 예수 그리스도 안에서 물과 성령으로 우리를 다시 낳아 주셔야만 우리는 하나님의 자녀라는 새로운 피조물로 태어날 수 있습니다. 이것이 성경에서 말하는 "거듭남"의 원리이며 핵심 내용입니다.

8. 사마리아를 지나 갈릴리로 내려가심 (요 34:1-54/ 눅 3:19-20)

갈릴리로 떠나기 위해 예수님께서 사마리아를 통과하십니다. 일반적으로 유대인은 갈릴리와 예루살렘을 오갈 때 사마리를 통과하지 않고 다들 요단강 동편 땅으로 멀리 돌아서 다녔습니다. 성전과 성벽 재건의 문제로 역사적인 사건이 있었지요! 원수가 되었기 때문입니다. 예수님께서 수가성(사마리아에 위치한 성)에 있는 우물가에 앉아 있을 때, 물을 기르기 위해 나온 여인을 만나 복음을 전하십니다. 여기까지 기간을 대충 생각해 보면 앞으로 두 번째 유월절이 올 때까지 약 4개월 남은 기간입니다. 그래서 사마리아에 이틀만 머물고 바로 갈릴리로 가십니다. 나중에 예수님은 마지막 유월절 전에 초막절 때 예루살렘으로 가시는 길에 다시 사마리아를 한번 더 통과합니다. 그때 10명의 문둥병자를 고쳐주지만 사마리아 사람들은 예수님을 영접하지 않습니다. 이것을 본 요한은 크게 화를 냅니다.

9. 본격적인 갈릴리 사역 (마 4:12-17 / 막 1:14-15 / 눅 4:14-30)

예수님께서 본격적으로 사역을 시작하면서 가장 먼저 하신 일은 가버나움으로 이사를 하신 것입니다. 고향인 나사렛에서 그냥 공생애 사역을 하시면 되지 왜 이사까지 하셨을까? 가버나움으로 이사를 하신 이유라도 있나? 이유가 있습니다.

당시 나사렛은 갈릴리 내륙에 위치한 인구 400명 정도의 소규모 마을이었던 반면, 가버나움은 인구가 1,500명 정도되는 갈릴리 호수 북쪽의 도시와 무역으로 연결되는 교통의 중심지였습니다. 그러니 당연히 오고가는 유동인구도 많았겠지요? 사람들이 많은 곳에 가서 복음을 전해야 더 많은 사람들이, 더 많이 듣고 예수님을 믿게 되겠지요. 오늘날처럼 통신이 발달되지 않은 옛날 시대에 뉴스는 모두 사람들의 입을 통해 전달이 되었으니까요. 그런 이유로 예수님은 나사렛 보다는 가버나움에서 더 많은 사역을 하셨습니다.

가버나움에서 예수님이 가장 먼저 선포하신 메시지는 **"회개하라 천국이 가까이 왔느니라"**입니다. 예수님은 인류의 구원을 위해 오셨습니다. 이제 천국이 가까이 와있으니 회개하라는 메시지는 분명한 예수님의 사역 목적을 보여주는 말씀입니다. '회개'란 미안한 감정에 휩싸여서 그냥 울고 짜는 것이 아닙니다. 진정한 회개란 하나님의 말씀을 통해 내가 하나님 되려고 했던 것이 죄라는 것을 깨닫고 돌이키는 것입니다. 말씀을 통해 주시는 찔림에 '주님, 내가 죄를 지었습니다', '주님 말씀이 맞습니다'라고 자백하는 것입니다. 그래서 내가 하나님 되려 했던 것을 내려 놓고 예수님을 나의 주와 하나님으로 모셔드리고 인정하는 것이 회개입니다. 회개하는 사람만이 성령을 선물로 받습니다. 펑펑 울지 않아도 마음 중심에 예수님을 그리스도로 인정하는 고백이 분명한 사람은 그 안에 성령님께서 찾아와 주십니다. 성령이 없이는 예수님을 주라 고백할 수도 없고 하나님의 자녀가 될 수도 없습니다.(고전 12:3)

가버나움으로 이사하시기 전에 예수님은 고향 나사렛에서 배척을 당하십니다. 그래서 선지자가 고향에서는 인정받기가 어렵다고 말씀하십니다. 여기서 우리 한가지 질문을 해봅시다. 예수님을 메시아로 믿기 가장 힘든 사람들이 누구일까요? 그것은 아마도 어려서부터 예수님을 보아왔던 예수님의 가족이고 그 다음은 같은 동네 사람들일 것입니다. 어떻게 하루 아침에 예수님을 메시아로 믿고 그분의 말씀을 하나님 말씀처럼 생각하겠습니까! 어려서 코 흘리고 노는 것부터 다 보았는데 어떻게 하루 아침에 하나님으로 생각할 수 있겠습니까! 그래서 우리가 가지고 있던 기존의 선입관을 뛰어 넘는 것은 참으로 어렵습니다. 그러니 고향 사람들은 예수님이 정말 메시아인지 아닌지 생각할 것도 없이 그냥 배척해 버리고 믿지 않는 것입니다. 나의 선입관 때문에 예수님이 정말 나의 주 나의 하나님이 맞는지, 오직 예수 안에만 생명이 있고 그 분만이 구원을 얻는 유일한 길인지 확인하는 작업을 하지 않고 배척만 한다면 그것은 나사렛 동네 사람들과 동일한 실수를 범하는 것입니다.

10. 고향에서 배척당한 후 본격적인 갈릴리 사역 (눅 5:1-10)

고향에서 배척을 당하신 예수님은 가버나움을 중심으로 본격적인 사역을 시작합니다. 그 내용을 정리하면 아래와 같습니다.

1) 베드로 안드레 야고보 요한을 부르심 (마 4:18-22 / 막 1:16-20 / 눅 5:10-11)

2) 가버나움에서 가르치심 (막 1:21-22 / 눅 4:31-32)

3) 귀신들린 사람이 고침을 받음 (막 1:23-28 / 눅 4:33-37)

4) 베드로의 장모가 고침을 받음 (마 8:14-15 / 막 1:29-31 / 눅 4:38-39)

5) 여러 사람을 고치심과 예수님의 기도 (마 8:16-17 / 막 1:32-38 / 눅 4:40-43)

6) 예수님의 전도여행 (마 4:23-25 / 막 1:39 / 눅 4:44)

7) 문둥병자가 깨끗케 됨 (마 8:1-4 / 막 1:40-45 / 눅 5:12-16)

8) 중풍병자가 고침을 받음 (마 9:1-2 / 막 2:1-5 / 눅 5:17-20)

9) 서기관들의 속마음 (마 9:3-8 / 막 2:6-12 / 눅 5:21-26)

11. 마태를 부르심, 죄인들과 식사하심, 금식에 대해 말씀하심 (마 9:9-17 / 막 2:13-22 / 눅 5:27-39)

예수님께서 본격적으로 갈릴리 사역을 하실 때, 여러 회당을 다니시며 천국 복음을 선포하시고 병든 자를 고치시고 귀신을 쫓아 내셨습니다. 예수님은 다가오고 있는 유월절 이전까지 매우 바쁘게 사역을 하시고 난 뒤에, 세리였던 마태를 제자로 부르십니다. 또 죄인들과 식사를 하시며 금식에 관한 말씀을 하십니다. 여기까지 갈릴리 사역입니다. 그리고 다시 유다로 발걸음을 옮기시고 예루살렘으로 장소가 이동하면서 예수님께서 베데스다 연못에 나타나십니다.

12. 베데스다 연못에서 38년된 병자를 고치심 (요 5:1-29)

두 번째 유월절인 A.D. 28년 4월 경으로 추정이 되는데, 예수님께서 예루살렘에 다시 나타나십니다. 그리고 요한은 이것을 놓치지 않고 사복음서 중 유일하게 베데스다 연못의 사건을 기록합니다. 요한복음은 다른 복음서에서 기록하지 않은 일들을 보충해 주듯이 이것 이외에도 많은 것들을 기록합니다. 그래서 어떤 학자는 사도 요한이 요한복음을 쓴 것이 예수님의 생애 전부를 전하려고 한 것 보다는 예수님의 예루살렘 사역을 주로 전하려고 했다는 주장도 있습니다. 그래서인지 요한복음에는 예루살렘 입성부터 수난과 부활사건에 관련된 내용이 전체 분량의 절반을 차지합니다.

베데스다 연못 사건으로 인하여 이제부터 안식일 논쟁이 본격적으로 시작됩니다. 예수님께서 베데스다 연못에서 병자를 고치신 날이 안식일이었는데 그에게 자리를 들고 가라고 명령하셨다는 이유로 종교지도자들이 트집을 잡기 시작합니다. 이에 예수님이 **"내 아버지께서 이제까지 일**

하고 계시니, 나도 일한다."라고 대답하셨더니 이제는 하나님을 자기 아버지라고 불렀다는 죄목이 하나 더 추가되어 더욱 예수님을 죽이려고 합니다. 이렇게 시작된 예수님을 향한 종교지도자들의 공격은 이후로 예수님께서 이적을 행하실 때마다 점점 더 거세졌습니다. 두 번째 안식일 이후에 예수님의 사역에 대한 기록이 다른 때에 비해 많지 않은 것으로 보아 예수님께서도 그들의 심기를 너무 일찍부터 건드릴 필요는 없다고 생각하시고 조심스럽게 행동하신 것 같습니다. 갈릴리에 머무실 때와 예루살렘에 머무실 때 예수님의 마음이 달랐을 거라고 앞서 '공간개념'을 설명하는 대목에서 말했지요? 바로 이런 이유 때문입니다. 예수님을 죽이려고 하는 무리가 득실대는 예루 살렘의 당시 분위기가 얼마나 험악하고 긴장이 될 수밖에 없는 상태인지 짐작할 수 있습니다. 예수님께서는 이런 상황에도 감정에 치우치거나 이끌리지 않고 오직 하나님의 뜻과 때를 기다리며 조심스럽게 구원의 행보를 이어 갑니다.

13. 권위에 관한 논쟁과 안식일을 범한 사건들 (요 5:30–47 / 마 12:1–21 / 막 2:23–3:6 / 눅 6:6–12)

안식일 논쟁이 지속되면 지속될수록 여론은 둘로 갈라졌습니다. 하나는 종교지도자들의 편에서 어떠한 경우에도 율법을 지켜야 한다고 주장하는 사람들과 다른 하나는 예수님의 편에서 율법보다 생명이 중요하다고 생각하는 사람들입니다. 특별히 바리새파 사람들과 사두개파 사람들은 연합하여 예수님을 공격하기 시작했습니다. 이전에는 서로 친하지도 않았던 두 분파가 예수님을 공격하는 일에는 하나가 된 것입니다.

14. 갈릴리로 올라가서 12제자를 임명하심 (막 3:7–19 / 눅 6:12–19)

예수님께서는 산에 올라가 밤이 맞도록 하나님께 기도하신 뒤에 12명의 제자를 선택하십니다. 그리고 그들을 '사도'라고 부르십니다. 12명의 제자는 시몬 베드로와 안드레, 야고보, 요한, 빌립, 바돌로매, 마태, 도마, 알패오의 아들 야고보 및 셀롯이라는 하는 시몬, 야고보의 아들 유다와 예수님을 판 가룟유다입니다. 예수님께서 제자들을 부르시는 장면이 사복음서에 3번 나옵니다. 한꺼번에 12명을 제자로 부르신 것이 아니라 몇 차례에 걸쳐서 나누어 부르셨는데, 12명으로 사도를 확정하신 일은 공생애 기간 중에 두 번째 유월절이 지난 뒤라는 것을 기억해야 합니다. 12명의 제자를 확정했다는 것은 이후의 본격적인 사역을 위해 꼭 필요한 조직을 갖추었다는 의미입니다.

이때부터 예수님은 약 1년 6개월 동안 갈릴리에서 말씀사역에 집중하십니다. 그리고 많은 무리가 예수님을 따르기 시작합니다.

15. 천국 백성에게 주시는 메시지, 산상수훈 (마 5-7장 / 눅 6:20-49)

구약시대에 하나님께서 출애굽한 이스라엘 백성에게 시내산에서 하나님의 백성이 어떻게 살아야 하는지 말씀하신 율법을 주신 것처럼, 신약시대에 예수님께서 갈릴리 지역의 이름 모를 산에 오르셔서 하나님의 백성다운 삶이 무엇인지, 천국 백성의 살아가는 방식은 어떤 것인지에 대해 말씀해 주셨는데 이것이 바로 "산상수훈"입니다. 예수님께서는 지금까지 잘못 해석되고 적용되었던 율법의 말씀을 다시 재해석 해주셨습니다. 하나님께서 정말 원하시는 율법의 정신은 그것을 지키느냐 안 지키느냐 여부가 아닙니다. 율법을 지킴으로써 하나님을 사랑하게 되는 것입니다. 율법의 완성은 하나님을 사랑하는 것에 있습니다. 그것이 더 확장되어 생활 속에서 "내 이웃을 내 몸처럼 사랑하는 것"입니다. 하나님이 우리를 사랑해 주신 것처럼 이웃을 사랑하는 것입니다. 그래서 기독교를 가리켜 "사랑의 종교"라고 말하는 것입니다.

기독교의 가장 큰 특징은 우리가 믿는 신을 "아버지"라고 부르고, 또 아버지를 믿으라고 하면서 그것을 넘어서 "사랑하라"고 가르치는 것입니다. 기독교를 그냥 '종교'라고 생각하는 것은 기독교의 이해 부족에서 비롯된 것입니다. 기독교는 종교가 아니라 하나님 안에서 "가족 되기" 혹은 "가족 만들기"입니다. 태초에 아담과 하와를 만드실 때 하나님은 그들과 가족이 되었습니다. 그런데 죄로 말미암아 하나님과 우리의 생각(기준)이 달라지고, 관계가 단절되고, 서로 원수가 되었습니다. 이렇게 갈라진 우리와 하나님 사이를 회복하시려고 예수님은 이 땅에 오셨습니다. 그리고 예수님께서 십자가의 사건으로 우리를 하나님의 자녀가 되게 해주셨습니다. 이것이 바로 "가족되기" 이며 "가족 만들기"입니다. 그래서 예수님은 율법을 지키는 목적이 하나됨과 연합에 있다고 하십니다. 하나님과 우리의 마음이 연합을 이루어 하나가 되어 가족으로 회복되기를 원하십니다. 이것이 복음 안에서 우리를 가족으로 부르신 하나님의 뜻입니다.

16. 두 번째 유월절 이후에 계속되는 갈릴리 사역

1) 백부장의 하인이 고침을 받음 (마 8:5-13 / 눅 7:1-10)

2) 과부의 아들을 살리신 주님 (눅 7:11-17)

3) 세례 요한의 질문과 대답하신 예수님 (마 11:2-15 / 눅 7:18-30)

4) 장터에서 피리부는 아이의 비유로 완악한 세대를 책망하심 (눅 7:31-35 / 마 11:16-19)

5) 수고하고 무거운 짐진 자들아 다 내게로 오라 (마 11:20-30)

6) 눈물로 그 발을 적시며 향유를 부은 여인 (눅 7:36-50)

7) 막달라 마리아를 고치시고 바리새인들의 평가에 대해 성령 훼방 죄를 말씀하심 (눅 8:1-3 / 막 3:20-30 / 마 12:22-37 / 눅 11:14-23)

8) 표적 구함을 책망하심과 더러운 귀신 일곱 (마 12:38-45 / 눅 11:24-32)

9) 예수님의 형제와 어머니가 찾아오심 (마 12:46-50 / 막 3:31-35 / 눅 8:19-21)

10) 바리새인과 율법사들의 위선을 책망하심 (눅 11:33-54)

11) 누가복음에 나타난 여러 메시지들 (눅 12장 / 13:1-17)

12) 비유를 통해 가르치심 (마 13장 / 눅 8:4-18 / 막 4:13-34 / 눅 13:18-21)

17. 제자의 마음가짐, 바다를 잔잔케 하심 그리고 마태가 잔치를 베풂 (마 8:18-34, 9:10-13 / 막 4:35-41, 5:1-20 / 눅 8:22-39, 9:57-62)

마태가 예수님께 부름 받은 것은 마태복음 9장 9절에 이미 나오지만 모든 것을 다 정리하고 주님을 따르는 사건은 아마도 이때 즘 일어난 일로 추정이 됩니다. 바다를 잔잔케 하신 주님은 귀신도 잠잠케 하십니다. 주님은 물질적인 세계를 다스리시는 왕이시며 동시에 영적인 세계를 다스리시는 왕이심을 표적을 통해 분명히 보여주십니다.

18. 혈루병 여인을 고치시고 야이로의 딸을 살리심 (마 9:18-26 / 막 5:21-43 / 눅 8:40-56)

이 대목이 예수님의 3년 6개월 공생애 기간 중에 중간쯤이 됩니다. 두 번째 유월절을 지나 그 해가 끝나고 앞으로 약 4개월만 있으면 세 번째 유월절이 돌아오는 시기입니다. 예수님은 여전히 갈릴리에 머물면서 사역을 하십니다.

12년 동안이나 혈루병으로 고생하던 여인이 예수님의 옷자락만 만져도 나을 것이라는 믿음이 있었기에 고침을 받습니다. 혈루병은 하혈이 멈추지 않고 계속되는 병으로서 율법의 규정에 의하면 부정한 병입니다. 따라서 혈루병 앓는 여인의 몸과 옷을 스치기만 해도 부정해집니다. 그래서 이러한 병에 고통받는 사람은 여러 사람이 있는 곳에 들어갈 때, 항상 스스로 '부정하다! 부정하다!'라고 소리를 질러서 자신 때문에 다른 사람이 부정해지는 것을 막아야 했습니다. 그런데 이 여인은 어떻게 해서든 예수님의 옷자락을 만져야 했기 대문에 자신의 상황과 신분을 감추고 접근했습니다. 몰래 주님의 옷자락만 만지고 슬쩍 빠져나가려고 했습니다. 그러나 자신의 몸에서 능력이 빠져나간 것을 아신 예수님이 "누가 나를 만졌느냐?"고 물으십니다. 하는 수 없이 여인이 자신의 모습을 드러냅니다.

우리는 주님을 만나는 순간에도, 또 고침을 받는 순간에도 감추고 싶은 것이 있습니다. 그런데 나와주님과의 관계가 더 깊어지기 위해서는 모든 것을 드러내고 감추지 않아야 합니다. 그렇기 때문에 예수님께서는 그 여인의 바램대로 그냥 숨겨주지 않으시고 자신을 드러낼 수밖에 없도록 질문을 던지십니다. 여인은 주님의 질문에 대답하면서 점점 자신감을 얻습니다. 사람들 앞에서 당당해 집니다. 마침내 12년 동안이나 자신을 묶고 있던 지긋지긋한 병에서 나음을 얻게 됩니다. 더욱이 주님은 "딸아, 네 믿음이 너를 구원하였다!"라고 말씀하십니다. 주님은 병을 고쳐주는 관계를 넘어 생명을 구원해 주시는 관계로 발전하길 원하십니다. 그래서 병고침이나 문제 해결로만 끝나는 것이 아니라 예수님이 나의 주님이 되시고 나의 하나님이 되시는 사건이 일어나야 합니다.

혈루병 앓다 고침을 받은 여인처럼 우리도 삶의 문제가 해결되고 기적같은 응답이 일어나길 원하는 마음이 있습니다. 주님이 응답만 해주시면 주님을 위해 무엇이든 할 것 같은 마음도 있습니다. 하지만 우리는 나의 필요와 목적이 채워지면 언제든지 주님을 떠나 세상으로 돌아갈 수 있는 존재입니다. 어느 목사님으로부터 들은 이야기입니다. 어떤 분이 암에 걸려 살 가망이 없다는 진단을 받고 교회에 나오기 시작했습니다. 그 분은 암이 낫기만 하면 온전히 주님을 위해 살겠노라고 기도하며 다짐했다고 합니다. 주변 사람들도 간절히 기도해 주고 매일 예배도 같이 드려주었다고 합니다. 그래서 감사하게도 고침을 받았습니다. 그런데 말입니다, 이 분이 한달 정도 지나니 교회에 나오지 않더라는 것입니다. 주님과의 약속은 온데간데없고 병들기 전의 모습으로 그렇게 쉽게 돌아가더라는 것입니다. 왜 그렇습니까? 기적만 남아서 그렇습니다. 주님과의 만남은 없고 놀라운 기적만 남으면 아무 소용이 없습니다. 그렇기 때문에 우리는 기적을 통해 주님을 만나야 합니다. 기적은 우리로 하여금 주님을 만나 구원을 얻게 하는 시작이 되어야 합니다.

24과 다큐멘터리 [예수] 후편

23과에서는 사복음서를 시간순서대로 재배열해서 예수님의 공생애 전반부 2년 동안의 사역을 살펴보았습니다. 예수님에 관한 다큐멘터리의 전편(前篇)을 보신겁니다. 계속해서 예수님의 공생애 중 나머지 2년 동안의 행적과 사도행전 1장에서 나오는 하늘로 승천하시기 전까지 내용을 살펴보겠습니다. 시간개념, 유월절! 장소개념, 갈릴리! 사마리아! 유다! (갈사유!)를 꼭 챙기시기 바랍니다. 자! 이제 예수님의 공생애 다큐멘터리 후편을 감상하러 떠나시겠습니다.

19. 환자를 고치신 주님, 그러나 고향에서 다시 배척을 당하심 (마 9:27-34 / 막 6:1-6)

두 소경이 주님을 따르며 "다윗의 자손 예수여, 나를 불쌍히 여기소서"라고 외치자 예수님께서 그들을 고쳐 주십니다. 귀신들려 말을 못하는 환자도 고쳐 주십니다. 예수님께서 고향을 방문하여 회당에서 가르치시는데, 사람들이 그 지혜로운 말씀을 들을 때는 놀라지만 예수님을 어린 시절부터 보았기 때문에 선입견이 있어 쉽게 믿지 못하고 배척합니다. 예수님께서는 소수에게만 기적을 베푸시고 고향을 떠납니다.

20. 제자들을 보내심

1) 일꾼이 필요함 (마 9:35-38 / 막 6:6)

2) 병고침의 능력을 주심 (마 10:1-4 / 막 6:7 / 눅 9:1-2)

3) 제자들에게 명령하심 (마 10:5-15 / 막 6:8-11 / 눅 9:3-5)

4) 제자들에게 경고하시며 자기 십자가를 지라고 하심 (마 10:16-39)

5) 영접하는 자와 보냄 받은 제자들 (마 10:40-11:1 / 마 14:1-2 / 막 6:12-16 / 눅 9:6-9)

21. 세례 요한의 죽음과 제자들의 보고 (마 14: 3-13 / 막 6:17-33 / 눅 9:10-11 / 요 6:1)

두 번째 유월절이 지나고 잠깐 예루살렘에 가셔서 베데스다 연못에서 38년된 병자를 고치신 일로 인하여 안식일 논쟁이 뜨거워지자 예수님께서는 그 자리를 피해서 다시 갈릴리 지역으로 오십니다. 그리고 난 뒤에 약 1년 6개월 동안 예수님께서는 갈릴리 지역에만 머물면서 백성들에게 말씀을 선포하는 대중적인 사역과 제자들을 세우고 훈련하는 일에 집중하십니다. 그러니까 세 번째 유월절에는 예루살렘에 가시지 않고 갈릴리에 계셨다는 말이 됩니다. 그 기간 중에 세 번째 유월절이 정확하게 어느 때인지는 나와있지 않지만 아마도 "요한복음 6장 1절부터"가 세 번째 유월절일 것으로 추정합니다.

예수님은 전도를 나갔다가 돌아온 제자들에게 사역 보고를 받습니다. 그리고 그들이 쉬도록 배려해 줍니다. 제자들이 전도를 나간 사이에 세례 요한이 죽었다는 소식도 듣습니다. 헤롯이 동생 빌립의 아내인 헤로디아를 아내로 삼은 일 때문에 세례 요한은 헤롯을 공개적으로 비판했습니다. 그러자 헤롯은 세례 요한을 옥에 가두었고, 빌립의 아내 헤로디아는 딸 살로메를 이용하여 옥에 갇혀 있던 세례 요한을 죽입니다. 비록 목 베임을 당하여 비참하게 죽었지만 세례 요한은 마지막까지 사명을 다 이룬 사람입니다. 하나님은 택한 사람들 모두에게 사명을 주셨습니다. 그것을 이루는 시간이 우리 인생입니다. 세상의 것을 추구하며 살라고 주신 시간이 아니라 하나님의 사명을 이루라고 주신 시간입니다.

믿음으로 사는 우리에게 "잘 산다는 것"은 무엇을 의미할까요? 오래오래 행복하고 건강하게 사는 것입니까? 아닙니다. 그건 믿지 않는 사람들의 삶의 목표입니다. 하나님을 믿는 우리는 하나님의 뜻이 하늘에서 이루어진 것처럼 땅에서도 이루어지도록 말씀을 이루는 축복의 통로로 쓰임 받는 인생을 사는 것입니다. 사명을 이루며 사는 것이 잘 사는 것입니다 그래서 예수님은 세례 요한을 가리켜 **"여자가 낳은 자 중에 세례 요한보다 더 큰 이가 일어남이 없다"(마11:11)**고 말씀하셨습니다.

22. 예수님의 가르침과 기적들 (마 14:14-23 / 막 6:34-46 / 눅 9:11 / 요 6:2-17)

요한복음 전체가 21장으로 되어 있는 것을 감안할 때, 6장부터 시작되는 오병이어의 사건은 예수님의 공생애 기간 중에 세 번째 유월절 이후의 사건이라는 것을 알고 읽어야 합니다. 시간적인 개념(유월절!)을 챙기며 읽어야 예수님의 공생애 사역들이 일목요연하게 정리된다고 했습니다. 첫 번째 유월절 때는 성전 정화사건(성전에서 예수님께서 매매하는 자들의 상을 뒤엎으신 사건)이 있었습니다. 두 번째 유월절 때는 베데스다 연못에서 38년된 병자를 고치신 사건이 있었습니다. 그런데 세 번째 유월절 이후에 있었던 오병이어의 기적은 예루살렘에 1년 6개월 동안 내려가지 않고 갈릴리에 머물러 있을 때, 행하신 기적입니다. 오병이어 기적은 예수님께서 어떤 분이신지를 보여주는 표적입니다. 출애굽 당시에 이스라엘 백성이 광야생활 40년 동안 매일 하나님이 내려주시는 만나를 먹고 살았던 것처럼, 예수님은 생명의 떡이며 영원한 산 떡이시라는 영적인 깊은 뜻이 그 속에 담겨 있습니다. 그래서 믿는 자들은 산 떡이신 예수님을 먹어야만 광야 같은 세상을 이기고 그 곳을 지나 영원한 약속의 땅 가나안(천국)에 들어갈 수 있습니다.

23. 물위를 걸으심과 게네사렛에서의 기적 (마 14: 23-36 / 막 6:47-56 / 요 6:17-21)

예수님은 오병이어 기적 이후에 벳세다로 돌아오십니다. 제자들은 배를 타고 먼저 떠나고 예수님은 그 곳에 남아 기도하신 뒤에 나중에 출발하셨는데, 제자들이 탄 배가 큰 바람과 풍랑을 만나게 됩니다. 이 때 예수님께서 바다위를 걸어서 제자들에게 오십니다. 두려워 하던 제자들은 물위를 걸어오시는 주님을 보고 귀신인 줄 알았습니다. 그러나 예수님을 본 베드로가 나도 물위를 걷게 해 달라고 부탁하자 주님은 걸어오라고 말씀하십니다. 잠시 물 위를 걷던 베드로는 그만 의심하여 물에 빠지고 맙니다. 우리들도 예수님만 똑바로 보며 믿음으로 걸어가면 승리하는데 주변의 환경과 상황을 보면서 두려워하면 넘어질 수밖에 없습니다. 베드로가 끝까지 예수님만 보며 물위를 걸었다면 예수님 앞까지 걸었을 것입니다. 믿음은 신비한 능력이 아닙니다. 믿음은 예수님만을 온전히 바라보고 약속의 말씀을 의지하여 인생의 물 위를 담대하게 걷는 것입니다.

24. 생명의 양식에 관한 메시지와 베드로의 믿음 (요 6: 25-71)

오병이어의 기적은 예수님께서 생명의 양식임을 보여주는 표적입니다. 예수님께서는 **"나는 생명의 떡이니 내게 오는 자는 결코 주리지 아니할 터이요(요6:35)"**라고 말씀합니다. 그러나 유대인들은 이것을 의심의 눈으로 바라보고 서로 다투며 논쟁 합니다. 결국 어떤 제자들은 예수님의 말씀이 너무 어렵다고 말하며 떠나갑니다. 그때 주님께서 12 제자에게 묻습니다. **"너희도 가려느냐?"** 이 질문에 베드로가 대답합니다. **"영생의 말씀이 주께 있사오니 우리가 누구에게로 가오리이까"(요 6:68).**

믿는 자는 사람을 따라가면 안됩니다. 말씀을 따라가야 합니다. 사람을 따라가면 앞서가는 자도 망하고 따라가는 사람도 망합니다. 아무리 좋은 하나님의 말씀을 전하더라도 전하는 그 사람을 따라가서는 안되고 그가 말씀해 주는 하나님의 말씀을 따라가야 합니다. 성도들 중에 많은 경우 자기가 좋아하는 설교자를 따라가고, 유명한 목사를 따라가고, 능력이 있다는 기도자 혹은 예언자를 따릅니다. 그것은 서로가 망하는 길입니다. '그리스도인'이란 '그리스도를 따르는 사람"입니다.

25. 장로의 유전에 관하여 책망하신 예수님 (마 15:1-20 / 막 7:1-23 / 요 7:1)

A.D. 29년 예수님께서 세 번째 유월절을 보낸 뒤 어느 봄날에, 예수님의 제자들이 율법에 어긋나는 일을 했다는 이유로 서기관과 바리새인들이 비판을 하자 예수님께서 그들에게 말씀하십니다. **"입으로 들어가는 것이 더러운 것이 아니라 입에서 나오는 것이 사람을 더럽게 한다"**고 말씀하십니다. 입에서 나오는 것은 마음에서 비롯된 것이기 때문입니다.

26. 가나안 여인의 믿음과 병자를 고치심 (마 15:21-31 / 막 7:24-37)

지중해 연안 북쪽에 위치한 두로와 시돈 땅(갈멜산 북쪽 땅)으로 이동하신 예수님께서는 그 곳에서 만난 가나안 여인의 믿음을 칭찬하십니다. 마태복음은 이 여인을 '가나안 여인'이라고 소개하고 마가복음에서는 '수로보니게' 족속으로 소개합니다. 잠깐 두로와 시돈 땅에 머무신 이유가 무엇일지를 생각하면, 아마도 강행군으로 피곤한 여정 중에 대중적인 집회는 잠시 접어두고 제자들과 함께 여유 있는 시간을 보내며 제자들 훈련에 더 집중하신 것이 아닐까 생각합니다. 이렇게 잠깐의 쉼과 제자훈련을 마치고 다시 갈릴리로 돌아오신 예수님은 더 힘을 내어 본격적으로 병자들을 고치시며 천국 복음을 전파하십니다.

27. 사천명을 먹이심 (마 15:32-39 / 막 8:1-10)

두로와 시돈 땅을 출발하여 갈릴리 지역에 도착하신 뒤에 예수님께서 백성들을 보며 매우 불쌍히 여기십니다. 그리고 그들에게 다시한번 오병이어와 유사한 기적을 베푸십니다. 떡 일곱개와 몇 마리 생선으로 사천명을 먹이시고 일곱 광주리가 남는 기적입니다. 이 기적은 주님께서 당신의 백성을 얼마나 아끼고 사랑하시는지를 잘 보여는 사건입니다. 예수님은 우리에게 구원을 주셨지만 일용할 양식도 주시고 살아갈 힘도 주시는 분입니다. 그래서 예수님께서는 주기도문을 가르쳐 주시며 '일용할 양식'을 달라고 하나님 아버지께 기도하라고 가르쳐 주십니다. 일용할 양식을 구하는 기도는 결코 수준 낮은 기도가 아닙니다. 우리의 생명과 연결된 기도입니다. 사람의 기초 생활을 위한 기도입니다.

28. 표적을 구하는 바리새인들을 보시며 누룩을 조심하라 말씀하심 (마 16:1-12 / 막 8:11-26)

막달라 (=마가단)지역에서 예수님을 기다리고 있던 사두개인과 바리새인들은 하늘로부터 오는 표적을 보여 달라 구합니다. 그러나 예수님은 요나의 표적 밖에는 보일 것이 없다고 말씀하시고 특별히 제자들에게는 사두개인과 바리새인의 '누룩'을 조심하라고 말씀합니다. 누룩은 예수님 당시 종교지도자들의 형식적인 모습을 지적하신 말씀입니다. 회칠한 무덤과 동일한 표현입니다. 형식적인 종교행위는 있지만 그 중심에는 하나님도 없고 믿음도 없는 것을 지적하신 말씀입니다.

29. 제자들을 훈련하고 준비시키심

1) 베드로의 신앙고백 (마 16:13-20 / 막 8: 27-30 / 눅 9:18-20)

2) 다가올 고난에 대한 예고 (마 16:21-23 / 막 8:31-33 / 눅 9:21-22)

3) 제자의 길을 가르치심 (마 16:24-27 / 막 8:34-38 / 눅 9:23-26)

4) 하나님 나라가 임하는 것을 볼 자 (마 16:28 / 막 9:1 / 눅 9:27)

가이사랴 빌립보에서 예수님은 제자들을 특별히 훈련하시고 준비시킵니다. 가이샤랴 빌립보는 빌립이 로마의 황제를 위해 만든 기념 도시입니다. 그 곳에서 예수님은 제자들에게 질문을 합니다. "사람들이 나를 누구라 하느냐?" 제자들의 대답은 "세례요한, 엘리야 혹은 선지자들 중 하나"라고 한다는 것이었습니다. 예수님께서 이번엔 제자들에게 묻습니다. "그렇다면 너희는 나를 누구랴 하느냐?" 예수님께서 이렇게 물으신 것은 단순히 제자들의 생각을 알기 위한 것 이외에 매우 중요한 의미를 담고 있습니다. 예수님을 어떤 분으로 알고 믿느냐에 따라서 신앙의 내용과 깊이는 완전히 달라집니다. 예수님을 정말 그리스도요 살아계신 하나님으로 믿고 있다면 그 사람은 예수님께 온전히 헌신하고 순종하게 되어 있습니다. 철저히 주님의 말씀을 시키며 살게 되어 있습니다. 그러나 이러한 믿음이 없는 사람은 아무리 오랜 신앙생활을 하고 목회자와 중직자의 직분을 받았어도 구원의 확신도 없고, 기도 응답의 은혜도 경험하지 못한 채 오직 종교생활로 적당히 세상과 타협하며 살아갈 뿐입니다.

그러니 우리들도 복음서를 읽으면서 정말 베드로의 고백처럼 예수님이 그리스도시요 살아계신 하나님의 아들인지 꼼꼼히 짚어봐야 합니다. 저 역시 중학교 2학년 때 수련회에서의 영적인 체험을 통해 분명히 살아계신 하나님을 경험했기 때문에 제 인생을 주님께 맡기고 살았습니다. 그러나 영적인 체험 이후에 성경을 통해 예수님의 말씀이 사실인지 아닌지 꼼꼼하게 살피고 질문하는 과정이 없었다면 다른 사람에게 복음을 잘 설명할 수 없었을 것이며 견고한 성경적인 믿음으로 성장하지 못했을 것입니다. 체험은 신앙생활 가운데 매우 중요한 경험입니다. 그러나 체험적인 신앙의 단점은 체험이 중심이 되고 계속해서 원하는 내용이 체험이 된다는 것입니다. 계속해서 영적인 체험이 더 강하지 않으면 불안하고 두려워합니다. 또한 믿음까지 흔들리고 신앙의 중심을 잃게 됩니다. 이유는 단순합니다. 말씀에 뿌리를 내리지 않았기 때문에 늘 불안하고 흔들립니다. 우리가 복음서를 통해 예수님이 어떤 분이신지를 분명히 알고 그 말씀의 반석 위에 우리의 믿음을 세우면, 더이상 영적인 체험에 의존하지 않고 큰 시험과 환란이 와도 믿음이 흔들리지 않고 매 순간 말씀을 붙잡고 이기게 됩니다.

30. 변화산에 올라가서 보게 된 일들 (마 17:1-8 / 막 9:2-8 / 눅 9:28-36)

변화산 사건을 통해 예수님은 그리스도시며 하나님의 아들이심을 분명하게 보여주셨습니다. 변화산의 위치가 학자들의 견해는 대표적으로 두 곳을 지목합니다. 하나는 갈릴리 남쪽에 위치한 다볼산 (해발 588m)이고, 다른 한 곳은 갈릴리 호수 북쪽 가이사랴 빌립보에 있는 헬몬산 (해발 2814m)입니다. 높은 산에 오르셨는지, 아니면 가까운 산에 오르셨는지는 모르지만 예수님은 이 곳에서 변화된 모습을 처음으로 공개하십니다. 마치 부활이후에 믿는 자들이 변화될 모습을 미리 보여주신 것으로 생각됩니다. 그 모습이 너무나 아름답고 좋았기 때문에 베드로는 이 곳에 초막(텐트) 셋을 짓고 살자는 말까지 합니다.

31. 산을 내려오며 받은 질문과 귀신을 쫓으신 사건 (마 17:9-21 / 막 9:9-29 / 눅 9:36-43 & 17:5-6)

산 아래로 내려오며 제자들은 예수님께 묻습니다. 서기관들이 말하는 "엘리야가 먼저 와야 그 다음에 오는 자가 메시아다"라는 주장에 관하여 질문을 합니다. 말라기 선지자는 메시아가 오시기 전에 엘리야가 먼저 온다는 예언을 했는데 (말4:5~6), 서기관들이 이것을 인용하였고 제자들도 이에 관해 예수님께 질문을 한 것입니다. 엘리야(세례 요한)가 이미 왔으나 그들이 알지 못했다고 말씀하시고 인자도 그렇다고 대답을 하십니다. 세례 요한이 온다고 말씀했던 엘리야인 것과 예수님께서 그 뒤에 온다고 했던 메시아이심을 확인해 주시는 말씀입니다.

산 아래까지 내려와보니 간질병으로 심히 고생하는 아이의 부모가 고쳐 달라고 예수님께 부탁을 합니다. 그 부모는 산 아래에 있던 제자들에게 먼저 아이의 상태를 보였지만 제자들은 믿음이 없어 능히 고치지 못했습니다. 예수님께서는 **"믿음이 없는 세대여, 내가 언제까지 너희와 함께 있어야 하며 너희를 참아 주어야 하겠느냐?"**라고 꾸짖으시며 귀신을 쫓아 내시고 아이를 고쳐 주십니다.

32. 갈릴리로 돌아와서 두 번째 수난을 예고하심, 물고기 입 안에서 나온 동전으로 세금을 낸 사건 (마 17:22-27 / 막 9:30-32 / 눅 9:43-45)

제자들이 갈릴리에 모여 있을 때, 예수님께서 앞으로 자신이 죽임을 당하게 될 것을 말씀하십니다. 이것이 변화산에서 내려오신 뒤에 하신 두 번째 수난(십자가의 죽으심) 예고입니다. 그리고 가버나움으로 이동하셔서는 '성전세'(성전을 위한 세금)의 문제로 사람들이 제자들에게 시비를 걸려고 하자, 물고기를 잡아 그 입 속에 있는 한 세겔로 '성전세'를 내도록 하여 문제를 쉽게 해결합니다.

33. 제자들이 서로 높은 자리를 놓고 다툼 (마 18:1-4 / 막9:33-35 / 눅 9:46-48, 17:7-10)

예수님께서는 앞으로 닥쳐올 거듭해서 수난을 예고하시며 자신이 십자가 위에서 죽게 될 것을 말씀하고 있는데, 제자들은 아직까지도 '앞으로 누가 높은 자리에 앉게 될 것이며 우리들 중 누가 가장 큰 사람이냐?'의 문제로 다투고 있습니다. 조금 전까지 변화산에서 예수님의 변화된 모습을 보았고 예수님이 귀신들린 아이를 고치시는 모습을 본 제자들임에도, 그들의 관심은 지극히 세상적이고 육신적인 것에 머물러 있습니다. 예수님은 하나님과 동등됨을 버리시고 낮은 자리에 내려와 세상의 죄를 대신 지고 십자가의 죽음을 준비하고 계시는데, 제자들은 자신들이 하나님이 되어 자리 싸움을 하며 자신이 원하는 나라를 세울 생각을 하고 있습니다. 예수님께서 세상에 오신 목적을 전혀 이해하지 못한 제자들이 현실의 자리에 연연해 하고 있는 모습입니다.

34. 아직도 깨닫지 못하는 제자들에게 집중 훈련을 시키심

1) 작은 자(소자)에 대한 관심 (마 18:5-6, 10-14 / 막 9:36-37 / 눅 17:2-3)

2) 실족에 대한 경고 (마 18:7-9 / 막 9:43-50 / 눅 17:1)

3) 예수의 이름으로 행함 (막 9:38-41 / 눅 9:49-50)

4) 죄를 범한 형제에게 질책하고 권고함 (마 18:15-17)

5) 권세를 받은 제자들 (마 18:18-20)

6) 용서에 대한 교훈 (마18:21-22 / 눅 17:3-4)

7) 빚진 종의 비유 (마 18:23-35)

35. 초막절에 예루살렘에 나타나 복음을 가르치신 예수님 (요 7:2-10:21)

초막절이 가까울 때 예수님의 형제들이 예수님께 찾아와 "갈릴리에 숨어 있듯 있지 말고 유대로 가서 자신을 드러내라! 자신을 나타내지 않으면 누가 알아주느냐!"라고 말합니다. 예수님은 "내 때가 아직 이르지 않았다"고 말씀하시며 초막절에 예루살렘으로 가자는 형제들의 제안을 거절합니다. 그러나 이후에 초막절 중간쯤 예수님께서 조용히 예루살렘에 내려가십니다.

우리가 살펴본 것처럼 세 번째 유월절에는 예루살렘으로 올라가지 않으시고 갈릴리 사역에만 집중하셨으나 이제 초막절에는 예수님께서 예루살렘에 나타나 종교지도자들과 여러가지 논쟁을 벌이십니다. 요한복음 7장~10장에 예루살렘에서 일어나고 있는 이러한 여러 논쟁을 설명하고 있습니다. 사람들은 계속해서 서로 질문합니다. "예수는 과연 그의 주장대로 메시아가 맞는가? 아니면 미친 종교지도자인가?" 사람들 중에는 "이 사람은 그리스도가 맞다!"라고 하는가 하면 "그리스도가 어찌 갈릴리에서 나겠느냐?"라고 하는 등 예수님을 두고 논쟁이 격화됩니다.

위와 같은 내용을 염두에 두고, 예루살렘의 당시 분위기를 머릿속에 그리며 이 대목을 읽어 보시기 바랍니다. 예루살렘의 종교지도자들은 바짝 긴장한 상태에서 어찌하든지 예수님을 붙잡아 죽이려고 혈안이 되어 있는 상태입니다. 이런 사람들이 분노에 찬 얼굴로 예수님을 감시하며 설교를 듣고 있었으니, 예수님께는 순간순간이 얼마나 영적으로 또 육적으로 힘든 싸움이었겠습니까?

36. 갈릴리 사역을 마무리하고 유대를 향하여 올라가심 (마 19:1-2 / 막 10:1 / 눅 9:51-56)

본문 아래에 열거된 복음서의 사건들 중에는 역사적으로 일어난 일로 볼 수도 있고 그렇지 않을 수도 있습니다. 이 말은 성경에 오류가 있다는 말이 아니라, 그 시기(초막절)에 예수님이 행하신 사역일 수도 있고 아니면 초막절과 연관되지 않은 다른 시기에 행하신 사역일 수도 있다는 뜻입니다. 다만 학자들의 연구에 의해서 서로 연관성이 있다고 생각되어 연대적인 순서로 비슷한 시기에 묶어 놓은 사건들입니다. 복음서는 역사적인 기록의 사실성에 초점이 있는 책이 아니라 예수님께서 메시아이심을 증거하는데 초점이 있는 책입니다. 그러니 역사적 사실성과 정확성에 근거를 두고 읽는 것이 맞지만 혹 서로 이야기가 조금씩 다를 수도 있고 표현상 차이점이 있을 수 있다는 점을 이해하고 아래의 사건들 간에는 서로 연관성이 있다는 점만 기억하며 읽으시기 바랍니다.

1) 열명의 문둥병자를 고치심 (눅 17:11-19)

2) 전도자 70인을 세워 보내심 (마 11:20-24 / 눅 10:1-16)

3) 돌아온 70인 (눅 10:17-20)

4) 계시에 대한 감사 (마 11:25-27 / 눅 10:21-24)

5) 쉼을 얻으리라 (마 11:28-30)

6) 선한 사마리아인의 비유 (눅 10:25-37)

7) 마리아와 마르다 (눅 10:38-42)

8) 기도에 대한 가르침 (눅 11:1-8)

9) 믿음의 기도 (눅 11:9-13)

37. 예루살렘에서 수전절을 보내심 (요 10:22-42)

A.D. 29년 12월쯤 예수님은 예루살렘에서 수전절을 보내십니다. 그리고 그 곳에서 당신이 그리스도이심을 또 한번 말씀합니다. 예수님께서 동일한 메시지와 놀라운 이적들을 통하여 당신이 그리스도이심을 계속해서 보여주고 계심에도 불구하고 유대인들은 예수님을 믿으려 하지 않습니다. 심지어 돌로 치려고 합니다. 그 때 주님은 **"내가 한 말을 믿지 못하겠거든 내가 행한 일을 보고 그 일만큼은 믿으라"**는 말씀을 하십니다. 결국 예수님은 이런 안타까운 마음을 가지고 요단 동편에

위치한 '베레아'지역으로 건너 가십니다.

38. 베레아에서 사역하신 내용들

1) 구원받는 자와 헤롯에 대해 경고하심 (눅 13:22-33)

2) 예수님의 탄식과 안식일에 병자를 고치심 (눅 13:34-14:6)

3) 높은 자리에 앉지 말라는 비유와 베푸는 자에 대한 교훈 (눅 14:7-14)

4) 천국잔치의 비유와 제자가 되기 위한 대가를 말씀하심 (눅 14:15-33)

5) 비유로 하신 말씀과 교훈들 (눅 14:34-18:14) 소금 비유, 잃은 양의 비유, 잃은 동전의 비유, 잃은 아들의 비유, 불의한 청지기의 비유, 부자와 나사로의 비유, 인자의 비유와 기도에 관한 교훈을 말씀하십니다.

6) 마태복음에 소개된 포도원 품꾼의 비유 (마 20:1-16)

39. 죽은 나사로를 살리심 (요 11:1-54)

유월절을 약 3개월 앞 둔 시점에 예수님은 당신에게 부활의 능력이 있다는 것을 사람들에게 분명히 보여주십니다. 예수님은 백성들에게 "나를 믿지 못하더라도 내가 한일은 믿으라"고 말씀하셨는데, 죽은 나사로를 살리심으로써 예수님 자신이 부활이요 생명이심을 보여주십니다. 그런데도 사람들은 믿지 않고 오히려 죽이려 합니다. 결국 예수님은 에브라임 산지에 있는 동네로 피신을 합니다.

이제 예수님의 마지막 십자가의 여정이 서서히 시작됩니다. 이 시간을 '고난주간'으로 기독교는 절기로 지키고 있습니다. 그렇다면 '절기'가 갖는 의미는 무엇일까요? 매년 비슷한 시기에 맞이하게 되는 '절기'는 지난 날을 되돌아보고 우리의 신앙을 점검하며 마음을 새롭게 하는 시간입니다. '지금 내가 예수님을 잘 따르고 있는가?' '예수님의 말씀을 따라 잘 살고 있는가?' 이런 질문을 던져보는 시간입니다. 더욱이 고난주간은 주님의 고난에 동참하며 주님의 마음을 배우는 시간입니다. 결혼한 딸이 자기 배가 아파서 아기를 낳아 보면 어머니의 마음을 알게 된다는 말처럼 주님의 말씀에 순종하며 고난에 함께 동참하는 사람이 예수님의 마음을 알고 십자가의 은혜도 깨닫게 되는 것입니다.

40. 예수님의 마지막 여정

예수님은 네 번째 마지막 유월절을 맞이하기 전, 3개월 동안 '에브라임'과 '베다니'에 머무시며 마지막까지 사람들을 가르치고 병자를 고치는 사역을 하십니다. 그리고 마침내 여리고성을 지나 예루살렘으로 입성하심으로써 십자가 위에 달려 죽기 위한 마지막 여정을 시작하십니다.

1) 이혼에 관한 바리새인들과 제자들의 질문 (마 19:3-12 / 막 10:2-12)

2) 아이들을 축복하시고 청년과 대화하심 (마 19:13-22 / 막 10:13-22 / 눅 18:15-23)

3) 욕심과 세상 것을 포기하라는 말씀 (마 19:23-30 / 막 10:23-31 / 눅 18:24-30)

4) 세번째 수난 예고와 두 제자의 질문 (마 20:17-23 / 막 10:32-40 / 눅 18:31-34)

5) 섬김에 대한 가르침 (마 20:24-28 / 막 10:41-45)

6) 예루살렘에 올라가기 위해 여리고를 통과하다가 눈 먼 사람을 고치시고 삭개오를 만나심 (눅 19:1-28, 18:35-43 / 마 20:29-34 / 막 10:46-52)

41. 유월절 엿새 전 토요일 (요 11:55-57 / 마 26:6-13 / 막 14:3-9 / 요 12:1-11)

유월절을 6일 앞두고 벌어진 일들입니다. 이미 종교지도자들은 예수님을 체포할 계획을 세우고 있었고 그 와중에 마리아는 예수님의 발에 향유를 부어서 예수님의 장례를 준비합니다. 또한 죽은 나사로를 다시 살리신 일로 인해 많은 유대인이 예수를 믿게 되자 대제사장들은 예수님과 나사로를 함께 죽이려고 합니다.

42. 일요일, 승리의 입성 (요 12:12-19 / 마 21:1-17 / 막 11:1-11 / 눅 19:29-44)

학자들의 연구에 따르면 예수님은 일생에 총 7차례 예루살렘을 방문하시는데(사생애 중 2차례, 공생애 중 5차례), 이번 예루살렘 입성은 생애의 마지막입니다. 그러니 예수님의 마음은 얼마나 간절하고 진지하겠습니까! 예수님은 구약에 예언된 말씀대로 나귀를 타고 입성하심으로써 세상의 왕과 같은 모습이 아닌 섬기는 종으로, 겸손의 왕이요 평화의 왕으로 입성하십니다.

43. 고난주간 월요일 (마 21:12-19 / 막 11:12-19 / 눅 19:45-48 / 요 12:20-36)

성전으로 올라가시던 길에 열매 없는 무화과나무를 보시고 이제부터 아무런 열매가 없을 것이라고 말씀하십니다. 성전에 올라가신 예수님은 성전에서 매매하는 자들을 다시한번 쫓아 내십니다. 그리고 예수님께서 십자가에서 죽는 목적과 그것에 관한 예언과 사람들에게 '빛 가운데 행하라'는 메시지를 남기고 '베다니'로 돌아가십니다.

44. 고난주간 화요일 (마 21:20-26:16 / 막 11:20-14:11 / 눅 20:1-22:6)

종교지도자들은 마지막으로 예수님을 심문하듯이 여러 질문을 합니다. 종교지도자들 사이에서도 예수님을 메시아로 인정하는 사람들과 그렇지 않은 사람들 사이에 논쟁이 뜨거웠던 것 같습니다. 그러나 역시 제사장들과 극렬한 바리새파 사람들은 예수님을 죽이려는 의도를 가지고 그러한 방향으로 유도하는 질문을 했습니다. 예수님이 율법을 어기는 사람이라는 증거를 잡기 위하여 흠집을 내려고 노력한 것입니다. 예수님은 이런 그들의 함정 질문에 하나하나 차분히 대답하시며 자신이 메시아시라는 분명한 메시지를 선포합니다. 또 마지막 때에 일어날 일들과 심판에 관하여도 말씀하시는데 그것이 바로 감람산에서 하신 설교(=감람산 강설)입니다.

그렇다면 우리도 이 대목에서 종교지도자들이 갖고 있던 질문들을 자신에게 던져보며 예수님이 정말 메시아이신지를 진지하게 고민해 보아야 합니다. 복음서가 기록된 목적이 그것에 대한 답을 주기 위함이라고 이미 말씀드렸지요. 우리도 이러한 질문을 던져 보고, "예수님은 정말 하나님의 아들이시며 메시아이십니다!" "예수님은 나의 주, 나의 하나님이십니다!"라는 답을 확신있게 할 수 있어야 합니다.

45. 고난주간 수요일 (눅 21:37-38 / 요 12:37-50)

예수님께서 다시 성전에 올라가 가르치십니다. 그러나 무리들은 여전히 믿지 않으려 하고, 예수님은 결국 마지막으로 대중 설교를 하십니다. 이제 더이상은 대중들에게 메시지를 전하지 않습니다. 이것이 지금까지 말씀을 듣지 않던 무리들에게 전하는 예수님의 마지막 외침이었습니다.

25과 다큐멘터리 [예수] 후편과 사도행전. 바울의 편지 1

46. 고난주간 목요일 (마 26: 17-56 / 막 14:12-52 / 눅 22:7-53 / 요 13:1-18:11)

목요일은 우리가 너무나 잘 알고 있는 사건들이 많이 일어난 날입니다. 예수님께서는 제자들과 최후의 만찬을 나누고 주님이 다시 오실 때까지 기념해야 될 영원한 언약을 맺습니다. 구약에 예언된 말씀이 마지막 만찬을 통하여 완성됩니다. 복음서에 보면 예수님은 자신의 감정을 잘 표현하지 않는데, 이제 제자들과의 마지막 식사자리에서는 그 속마음을 보여 주십니다. 이제부터는 예수님께서 홀로 십자가의 무대위로 올라 가셔야 되는 순간입니다. 인간적으로 얼마나 두렵고 마음이 아팠겠습니까! 예수님께서는 메시아의 사명을 이루기 위해 인간으로는 참으로 감당하기 힘든 고통과 외로운 십자가의 길을 홀로 걸으셨습니다.

만찬 후에 예수님은 종의 모습으로 제자들에게 세족식을 거행하심으로써 섬김의 본을 보여 주십니다. 이 자리에는 베드로도 있었고 가룟 유다도 있었습니다. 베드로는 제자들이 다 보는 앞에서 절대 예수님을 버리지 않을 것이라고 호언장담하지만 결국 나중에 예수님을 세번이나 부인하고 맙니다. 예수님의 마지막 섬김까지 받은 가룟 유다는 결국 예수님을 배반하고 팔아 넘깁니다. 예수님은 그렇게 될 것을 다 아시면서도 제자들의 발을 모두 씻어 주셨습니다. 예수님은 마지막 메시지로 자신의 부활을 한번 더 예고하십니다. 그리고 난 뒤에 겟세마네 동산에 올라가 땀방울이 핏방울이 되도록 기도하십니다. **"나의 뜻대로 마옵시고 아버지의 뜻대로 되기를 원하나이다"** 이 고백이 하나님께 영광을 올려드린 주님의 마음이고 느보산에서 가나안 땅을 보고 있는 모세의 마음이고 성전 지을 땅을 바라보며 짓지 못하지만 모든 것을 준비하는 다윗의 마음이고 앞으로 하나님께 영광 올려드릴 우리의 마음이 담긴 고백입니다. 우리도 주님처럼 하나님을 하나님으로 인정하여 영광 올려드리는 고백이 있는 자들 되기를 소망합니다. 그 때 예수님을 잡으려는 무리가 도착하고 결국 하나님의 때가 되어 붙잡히십니다.

47. 고난주간 금요일 (마 26:57-27:66 / 막 14:53-15:47 / 눅 22:54-23:56 / 요 18:12-23)

예수님께서는 겟세마네 동산에서 붙잡히신 후 그 밤에 대제사장 가야바의 장인인 안나스의 집 뜰로 끌려가서 대제사장 가야바의 심문을 받습니다. 이 때 베드로는 안나스의 뜰에 있었는데 사람들이 "당신도 예수의 제자가 아니냐?"고 추궁하자 세 번이나 예수님을 모른다고 부인합니다. 이미 예수님을 죽이기 위해서 "그가 스스로를 유대인의 왕이라 칭하며 로마에 반역하였다"고 거짓 서류를 꾸민 대제사장은 사형집행 권한이 있는 빌라도를 통해 예수님을 죽이기 위해 사람들을 선동합니다.

원래 재판은 낮에 열리는 것이 정상이고, 피의자(범죄의 혐의가 있어서 정식으로 입건되었으나 아직 공소제기가 되지 않은 사람)에게도 공정한 변호를 받을 기회를 주는 것이 맞는데 예수님의 재판은 전혀 그렇지 않았습니다. 한밤중에 체포하여 거짓으로 꾸민 서류를 가지고 일사천리로 진행한 불의한 재판이고 음모로 가득한 재판입니다. 우리도 살아가면서 억울한 일을 겪을 때가 많습니다. 그때 예수님을 생각해야 합니다. 예수님은 정말 억울한 재판을 받으셨지만 말없이 묵묵히 그 자리에 계셨습니다. 이유는 딱 하나입니다. 그것이 하나님의 뜻이기 때문입니다. 우리도 억울한 일을 당했을 때 상대방을 비난하거나, 되갚아 주려고 하거나, 진실을 밝혀야 한다는 생각에 분노하지 말고, 예수님처럼 잠잠히 지금 이 순간 나를 향한 하나님의 뜻이 무엇인지를 생각해야 합니다.

예수님은 한밤중에 붙잡히고 새벽이 되니 모진 채찍질과 함께 불의로 얼룩진 재판을 받으시고 결국 금요일 아침에 빌라도로부터 십자가형을 언도 받습니다. 십자가에 달려 오전 9시부터 오후 3시까지 무려 6시간 동안이나 못 박힌 채로 참혹한 고통속에 매달려 있던 예수님은 십자가 위에서 7번에 걸쳐 말씀을 하시고, **"다 이루었다"(요19:30), "아버지, 내 영혼을 아버지 손에 부탁하나이다"(눅23:46)**라는 마지막 유언의 말씀을 남기시고 숨을 거두십니다.

48. 안식 후 첫날에 부활하신 예수님 (마 28:1-15 / 막 16:1-14 / 눅 24:1-44 / 요 20:1-25)

고난주간의 토요일에 대해서는 아무런 기록이 없습니다. 그러나 안식 후 첫날, 예수님께서 예언의 말씀대로 부활하셔서 사망 권세를 깨뜨리시고 생명의 첫 열매가 되셨습니다. 더 나아가 우리

안에 하나님의 집인 거룩한 성전을 완성하셔서 성령이 우리 안에 내주하도록 만들어 주셨습니다. 그렇기 때문에 오직 그리스도로 말미암지 않고는 하나님의 거룩한 집이 우리의 심령가운데 세워질 수 없습니다. 그렇다면 이 집에 이제는 누가 계시나요? 바로 성령님입니다. 오순절 성령강림 사건은 우리 안에 지어진 하나님의 거룩한 집에 이제 성령님이 들어와 내주하시게 된 사건입니다. 오직 예수 그리스도의 십자가와 부활사건을 믿음으로 심령가운데 하나님의 성전이 지어진 사람이라야 그 안에 성령님이 내주하실 수 있습니다. 성령이 없으면 하나님의 자녀가 될 수 없습니다.

그렇다면 성령의 내주가 왜 중요합니까? 이제는 성령께서 우리 안에 오셔서 우리를 다스리시며 예수 그리스도가 나의 주, 나의 하나님이 되도록 역사하고 증거하시기 때문입니다. 우리 안에 내주하시는 성령께서 죄와 사망의 법에서 우리를 해방하여 주시고 이제는 성령의 법으로 우리를 인도해 주십니다. 자꾸만 내가 하나님 되려고 하는 우리의 죄성을 깨뜨리시고 성령님이 역사하시는 대로 순종하도록 우리를 도와주십니다. 우리는 사도 바울이 로마서에서 고백한 것처럼 **"오호라 나는 곤고한 자로다"**라고 탄식할 수밖에 없는 자들입니다. 항상 두 마음이 우리 안에서 싸우기 때문입니다. 그러나 그럴 때마다 우리 안에 내주하시는 성령님의 인도하심을 따라 순종하기만 하면, 예수님이 나의 주 나의 하나님으로 마음 중심에 자리하셔서 우리를 사망의 길에서 건져 주십니다. 이처럼 성령님이 내주하시는 성전을 짓는 이 놀라운 사건을 예수님께서 십자가와 부활의 사건으로 완성하신 것입니다.

49. 40일동안 지상에 머물며 사역하시고 승천하심 (요 20:26-21:25 / 마 28:16-20 / 막 16:15-16:20 / 눅 24:45-53 / 사도행전 1:6-26)

부활후에 예수님은 40일 동안 지상에 머물며 제자들과 여러 사람들을 만났습니다. 부활하신 예수님을 만난 제자들은 큰 충격을 받습니다. 부활은 거짓으로 지어낸 이야기가 아닙니다. 바울은 예수는 죽었고 복음은 조작된 이야기로 알았습니다. 그러나 다메섹 도상에서 부활하시고 지금도 살아계신 예수님을 만난 뒤에 바울은 완전히 변하게 됩니다. 부활의 사건을 믿을 때, 변화의 역사는 일어납니다. 누구도 부인할 수 없는 '부활'이라는 증거가 '예수님이 하나님의 아들이시고 그리스도이심'을 증명하기 때문입니다. 그렇다면, 예수님께서 부활할 거라고 하신 말씀이 그대로 이루어졌다면, **"너희가 본 그대로 다시오리라"**고 약속하신 말씀도 반드시 이루어질 것임을 우리는 믿을 수 있습니다. 이 재림의 약속을 믿는 재림의 신앙으로 주님을 다시 만난 날을 기다리며 오늘도 말씀의 길로만 걷는 우리가 되어야 하겠습니다.

사도행전과 바울의 편지 I

예수님께서 십자가에 달려 죽으신 것은 유월절입니다. 그리고 부활하신 뒤에 40일 동안 지상의 사역을 하시고 승천하셨습니다. 그리고 오순절 주님께서 말씀하신 성령 강림의 사건이 일어납니다. 그래서 십자가의 죽으심과 부활 이후 40일 동안의 지상사역과 승천과 10일 뒤에 예루살렘 마가의 다락방에서 일어난 성령강림의 사건까지를 연결해서 생각하면 예수님의 공생애(사복음서)와 사도행전이 자연스럽게 이어지게 됩니다. 예수님이 주인공인 다큐멘터리는 해피엔딩으로 끝을 맺고, 이제 제자들과 사도 바울이라는 이방인의 사도가 등장합니다.

1. 40일 지상사역과 예수님의 승천 이후에 남겨진 제자들의 마음

여기서 한 가지 꼭 생각하고 넘어갈 것이 있습니다. 그것은 "예수님께서 승천하신 뒤에 성령 강림의 사건이 있기 전까지 약 10일 동안 제자들은 어떤 마음이었을까?"입니다. 예수님께서 죽으셨다가 부활하신 사건으로 인해 아직도 어리둥절한 상태인데 이번에는 자신들의 눈 앞에서 하늘로 올라가신 예수님을 본 것입니다. 제자들 중에는 부활하신 예수님의 존재를 믿고 가슴이 뜨거웠던 자가 있었는가 하면 여전히 예수님의 부활을 믿지 못하고 의심하는 제자도 있었습니다. 이런 상태에서 예수님이 갑자기 또 하늘로 떠나 버리셨습니다. 제자들은 또다시 의지하고 따라갈 목표를 상실한 상태에서 무엇부터 해야 할 지 몰라 막막하고 두려운 마음이었을 것입니다. 제자들의 상태는 한마디로 '비전'과 '방향'을 완전히 상실한 상태입니다.

그렇다면 '비전'이란 무엇일까요? 비전이란 하나님께서 앞으로 무엇을 계획하고 계시는지를 우리에게 보여주시는 것이며 동시에 그것을 위해 앞으로 우리가 해야 될 일은 무엇인지를 발견하는 것입니다. 이런 하나님의 계획과 비전은 인간의 노력으로 만들어 지는 것이 아닙니다. 기독교의 모든 신앙적인 원리는 인간으로부터 시작되지 않고 하나님으로부터 시작됩니다. 은혜와 구원도, 그리고 비전도 하나님으로부터 시작됩니다. 주님께서 40일동안 지상의 사역을 하시면서 보여주신 것이 바로 제자들을 향한 하나님의 비전입니다. 앞으로 제자들이 해야 될 일이 있기에 먼저 그들을 회복하시고 하나님의 비전을 말씀해 주십니다.

그래서 예수님은 사도 베드로가 실패자의 모습으로 갈릴리 호수에서 다시 물고기를 잡고 있을 때에 찾아가서 물으십니다. "베드로야, 너 나 사랑하니?" 예수님께서는 베드로와 함께 하나님의 뜻을 이루시길 원했기 때문에 이런 질문을 던진 것입니다. 질문 속에 그 사람의 마음이 담겨 있고, 질문 속에 답이 있습니다. 주님은 베드로에게 "나와 함께 하나님의 뜻을 이루고 싶은 마음이 있니? 그런데 너 나 사랑하니?" 라고 물으신 것입니다. 그 때 "주님, 제가 주님을 사랑하는 줄 주께서 아십니다."라고 대답하는 베드로에게 "그렇다면 내 양을 치라, 내 양을 먹이라"고 말씀하십니다. 베드로에게 새로운 사명과 비전을 주신 것입니다. 그냥 옛날처럼 다시 어부로 살아야겠다고 생각하고 밤새도록 물고기를 낚으려 했지만 아무것도 건진 것이 없는 베드로에게 주님은 앞으로 해야 될 사명과 앞으로 가야 될 비전을 제시하심으로서 더이상 방황하지 않는 인생이 되도록 만들어 주셨습니다.

2. 지상에 남은 제자들의 10일의 시간

제자들은 부활하신 예수님을 생생하게 만나 보았지만 아직도 확신과 믿음은 없었던 것 같습니다. 예수님께서 십자가 위에서 죽으신 것이 채 40일도 안 되는 상태입니다. 여전히 대제사장들과 사두개인들과 바리새파 사람들의 눈이 있었습니다. 그리고 그들은 예수님을 따르는 무리들을 잡아서 죽이려는 마음이 여전히 남아 있는 상태였습니다. 주님께서 부활하신 이후에 계속해서 제자들 곁에 함께 계신 것이 아닙니다. 하늘로 승천하셨습니다. 두려움에 떨고 있는 나약한 제자들만 남겨두시고 하늘로 떠나신 것입니다. 그러니 제자들은 지금 무엇을 해야 할지 모르는 상태입니다. 그래서 베드로도 다시 갈릴리 호수로 가서 물고기나 잡고 있었던 것입니다. 그런데 밤새 수고해도 한 마리도 못 잡습니다.

예수님이 승천하시고 난 뒤에 제자들은 하나 둘 예루살렘으로 모이기 시작합니다. 왜냐하면 승천하신 주님께서 제자들에게 **"예루살렘을 떠나지 말고 아버지께서 약속하신 것을 기다려라"**라고 명령하셨기 때문입니다. 놀러갔다가 엄마 손 놓친 아이처럼 지금 예수님이 보이지 않습니다. 그래서 제자들은 말씀 밖에는 붙잡을 것이 없게 됩니다. 제자들은 부활하신 예수님을 생생하게 만나 보았지만 예수님의 부활을 인정하고 싶지 않은 종교지도자들은 부활의 증거를 없애기 위해 예수님을 따랐던 무리들을 찾아 죽이려고 했습니다. 그런 상황에서 예수님은 승천하시고 더 이상 제자들의 곁에 계시지 않으니 제자들의 입장에서는 이제 주님이 말씀하신 약속의 말씀을 붙드는 것만이 유일한 길이었습니다.

우리도 인생을 살다보면 더이상 희망이 보이지 않을 때가 있습니다. 지금까지 내가 의지하고 바라보았던 희망이 사라지는 상황을 맞이할 때가 있습니다. 그럴 때는 주님이 나에게 주셨던 말씀을 다시금 생각하고 그 말씀을 붙잡고 따라가야 합니다. 길이 보이지 않는 상황에 놓이게 될 지라도 주님의 말씀만 붙잡고 가다 보면 막다른 골목 끝에는 반드시 길이 보이듯이 하나님의 인도하심을 경험하게 됩니다. 그것이 제자들의 마음이었습니다. 아무것도 보이지 않지만 "예루살렘을 떠나지 말라. 몇 날이 못되어 성령이 임하실 것이다"라는 주님의 말씀을 꽉 붙잡고 마가의 다락방에 모였습니다.

3. 예수님께서 승천하시기 전에 해 주신 말씀

예수님께서 승천하기 전에 제자들에게 마지막으로 하신 말씀은 사도행전을 열어가는 열쇠이며 앞으로 성경을 어떤 방향에서 이해하고 읽어야 하는지를 가르쳐주는 길잡이입니다. 그래서 주님이 남기신 마지막 말씀에 담긴 의미를 살펴보는 것은 매우 중요합니다. 먼저 마태복음 28장 18-20절에 나오는 위대한 명령입니다. **"18 예수께서 나아와 말씀하여 이르시되 하늘과 땅의 모든 권세를 내게 주셨으니 19 그러므로 너희는 가서 모든 민족을 제자로 삼아 아버지와 아들과 성령의 이름으로 세례를 베풀고 20 내가 너희에게 분부한 모든 것을 가르쳐 지키게 하라 볼지어다 내가 세상 끝날까지 너희와 항상 함께 있으리라 하시니라"**

예수님께서는 제자들에게 새로운 사명을 주시기 전에 분명한 약속의 말씀을 먼저 주십니다. 이스라엘 백성이 가나안에 입성할 수 있었던 것은 그들의 힘이 아닙니다. 하나님께서 약속의 말씀을 주셨기 때문에 들어갈 수 있었습니다. 힘이 있어도 하나님의 약속이 없으면 그들은 가나안 땅에 들어 가지 못했습니다. 이스라엘 백성은 12명의 정탐꾼 사건 이후에 자신들의 불신을 후회하고 다시 가나안에 들어겠다고 했지만 하나님께서는 그들이 들어가도 함께 하시지 않겠다 하셨습니다. 하나님의 약속이 깨진 뒤에 결심해도 아무런 소용이 없습니다. 하나님의 약속이 있느냐 없느냐가 중요한 것이지 우리의 의지와 결심이 강하냐 약하냐는 문제가 아닙니다. 이것을 잊지 말아야 합니다.

그러므로 아무리 놀라운 비전과 계획일지라도 하나님께서 약속의 말씀을 주셔야만 우리는 주님의 사명을 감당할 수 있습니다. 이렇게 약속의 말씀을 받은 사람은 주님의 명령에 순종해야 합니다. 그래서 18절 말씀의 시작이 "그러므로"로 시작합니다. 모든 권세를 갖고 계신 주님께서 함께 하시겠다는 약속을 주신 것입니다. "할 수 없다"고 말하지 못하게 만들어 놓으셨습니다. 그 다음에 누구도 제외되지 않고 다 포함해서 말씀합니다. "너희는 가서 모든 족속으로 제자를 삼으라"고 말씀합니다. 사람을 먼저 세우는 것이 중요합니다. 건물을 세웠는데 사람이 없으면 소용이 없습니다. 그러나 사람을 먼저 세우면 건물은 언제든지 세울 수 있습니다. 건물은 세웠다가 다시 부서질 수 있지만 사람을 세우면 계속해서 유지하며 이어갈 수 있습니다. 그래서 교회는 건물이 아니라 예수님을 믿는 사람들의 모임입니다. 그리고 교회가 교회되기 위해서 최우선으로 해야 될 일은 "제자를 삼는 사역"입니다.

여기서 '제자를 삼으라'는 의미는 "예수님을 나의 주 나의 하나님으로 모시고 사는 사람을 만들고 세우라는 의미"입니다. 진정한 제자가 되기 위해서는 또 다른 제자를 낳아야 합니다. 복음을 전할 또 다른 사람을 세우는 것입니다. 어머니에 관한 책을 읽고 어머니가 되는 훈련을 받는다고 해서 어머니가 되지 않습니다. 모진 산통을 겪고 직접 아기를 낳아 보면 비록 나이가 어려도 진정한 어머니가 됩니다. 모성애가 작동하기 시작하여 자기를 희생하고 자식을 먹여 살리기 위해 무엇이든 합니다. 오늘날 많은 제자훈련은 하나의 프로그램으로서 제자란 무엇인지 알려주는 학습과 교육에 치중하고 있습니다. 그러나 바울처럼 복음으로 영적인 자식을 낳아봐야 주님의 마음을 이해하는 진정한 제자가 될 수 있습니다. 제자훈련은 "제자 삼는 제자의 과정을 훈련하는 것"입니다.

그 다음은 '세례를 주라'는 것입니다. 세례는 예수와 함께 죽고 예수와 함께 산다는 고백이고 나는 죽고 예수로 산다는 간증입니다. 그래서 세례(침례)식 할 때 반드시 들어가야 할 내용은 세례 대상자의 간증이 포함된 신앙고백입니다. 예수님도 베드로의 신앙고백 위에 교회를 세우라고 말씀하셨듯이 교회는 성도의 신앙고백 위에 세워져야 합니다. 세례는 구원받은 자가 자신의 신앙고백을 교회와 성도들 앞에서 분명히 고백하는 거룩한 예식입니다. 그러므로 교회가 교회 다워지려면 세례를 주기 전에 신앙의 고백이 분명한지 꼭 확인해야 합니다. 성도들 앞에서 신앙의 고백을 반드시 하도록 해야 합니다. 신앙고백은 없는데 교회를 오래 다녔으니까 세례를 주고 직분도 준다면 그 사람이 교회를 주님의 뜻을 따라 섬기겠습니까? 교회가 교회되지 못한 것은 모두 사람의 문제입니다. 그러므로 믿는 자를 올바르게 세워야 합니다. 신앙고백이 분명한 사람으로 세워야 교회가 건강하고 그런 사람들이 중직자가 되어야 교회가 성령안에서 성장합니다.

교회는 하나님 나라의 작은 모델입니다. 하나님 나라는 하나님께서 다스리고 통치하는 나라입니다. 이런 하나님 나라를 세우기 위해서는 우리 각 사람의 마음안에 예수님이 주인이 되시고 예수님께서 하나님이 되시는 사건이 있어야 합니다. 그러나 신앙고백이 분명하지 않을 때 인간은 아주 당연하게 자신이 하나님이 되어 모든 일을 결정하고 판단합니다. 감정이 격해지면 그것이 그대로 말과 행동으로 옮겨 지고, 마음이 불편하면 관계를 단절해 버립니다. 그래서 나온 결과가 바벨탑입니다. 그러므로 하나님이 다스리는 교회가 되기 위해 성도들의 마음속에 베드로와 도마의 고백처럼 예수님을 나의 주 나의 하나님으로 인정하는 '신앙고백'이 분명히 있어야 합니다. 그런데 이것이 우리 노력으로 되는 것은 아니고 오직 성령이 역사하셔야 됩니다. 성령이 아니고서는 주님을 주라 고백할 수 없기 때문입니다.

마지막으로 "내가 분부한 모든 것을 가르쳐 지키게 하라"고 말씀하셨습니다. 교회는 반드시 성경을 가르치고 배우는 사람들이 모인 공동체가 되어야 합니다. (고)하용조 목사님께서는 "교회 안에서 성도들은 가르치든지 배우든지 해야 한다, 그리고 선교를 가든지 보내든지 해야 한다."라는 말씀을 하셨습니다. 이것은 교회의 본질이 무엇인지 잘 지적해준 말씀이라고 생각합니다. 교회는 주님께서 분부하시며 말씀하신 모든 것을 가르치고 지키도록 권면하고 명령해야 합니다. 그럴 때 교회는 교회 다운 성도를 재생산하게 되고 그들이 세상에 나아가 빛과 소금이 되어 믿는 자의 역할을 잘 담당하게 됩니다.

제자삼고, 세례를 주고, 가르쳐 지키게 하라는 말씀 앞에 가장 먼저 "가라!"라는 선교적인 주님의 명령이 있습니다. 교회의 본질은 제자삼고, 세례주고, 가르쳐 지키게 하는 것이지만 이것이 최종적인 목적은 아닙니다. 다 준비될 때 최종적으로 땅끝까지 복음을 들고 가야 합니다. 주님의 사역을 온전히 수행할 수 있는 건강한 그리스도의 몸(교회)이 된 이후에는, 복음을 전하기 위해 지역을 넘고 세대를 넘어 잃어버린 영혼을 향해 가는 선교지향적 교회가 되어야만 합니다. 이것이 진정한 교회의 목적입니다. 이런 교회가 교회다운 교회이고 생명력이 있는 교회입니다.

예수님이 승천 전에 남기신 또다른 말씀은 사도행전 1장 6-8절입니다. **6 그들이 모였을 때에 예수께 여쭈어 이르되 주께서 이스라엘 나라를 회복하심이 이 때니이까 하니 7 이르시되 때와 시기는 아버지께서 자기의 권한에 두셨으니 너희가 알 바 아니요 8 오직 성령이 너희에게 임하시면 너희가 권능을 받고 예루살렘과 온 유대와 사마리아와 땅 끝까지 이르러 내 증인이 되리라 하시니라**

제자들이 감람산에 모였을 때 승천하시기 직전 마지막으로 예수님께 질문을 합니다. "이스라엘 나라를 회복하심이 이 때이니까?" 그러나 예수님의 대답은 "때와 시기는 하나님이 자기 권한에 두셨으니 너희는 알바가 아니라"고 말씀합니다. 제자들은 예수님께서 이스라엘 나라를 회복하시기 위해서 부활하신 것이라고 생각하고 있었습니다. 그런데 예수님은 이스라엘의 회복에 대한 것은 제자들이 알바가 아니라고 말씀하시며 오직 성령이 제자들에게 임하시면 제자들이 알아야 될 것을 알 뿐만 아니라 예루살렘과 유다와 사마리아와 땅 끝까지 이르러 주님의 증인이 될 것이라고 말씀합니다. '증인'이란 목격자입니다. 주님을 만난 경험이 있는 사람입니다. 주님이 십자가 위에 달리셨을 때 그 자리에 있었던 것처럼 자신의 죄를 깨닫고 분명한 회개가 있는 사람입니다. 그래서 복음을 목숨처럼 아끼고 사랑하여 그것을 전달하는 사람입니다. 복음이 복음 되기 위해서라면 사도바울처럼 자신의 성격과 기질과 성품까지 바꾸고 모든 것을 내려 놓을 줄 아는 사람입니다.

4. 오순절 성령강림 사건

구약에서 말하는 성령의 사역과 신약에서 말하는 성령의 사역 사이에는 차이점이 있습니다. 가장 큰 차이점은 구약에는 성령의 내주하심이 없다는 것입니다. 구약에서는 어떤 사명을 이루기 위해서 특별히 선택된 사람에게 일정기간 동안 성령이 임재하여 역사합니다. 그러나 신약에서는 예수님의 십자가와 부활의 사건으로 우리 마음 가운데 성령의 전이 지어지면서 "성령의 내주(內住 심령안에 들어와 거주하시는 것)"라는 놀라운 역사가 이루어지게 되었습니다. 성령의 '내주하심'이란 성령님이 우리 안에 거하시고 나가지 않으시는 것을 의미합니다. 내주 하시는 성령께서 우리가 하나님의 자녀인 것을 증거해 주시고 하나님의 자녀답게 변화되도록 역사해 주십니다. 그래서 구원의 시작과 완성은 오직 성령의 역사로 이루어진다고 해도 과언이 아닙니다.

그렇다면 예수님의 죽으심과 부활의 사건은 성령과 어떤 연관이 있나요? 바로 예수님께서 완성하신 구원의 역사를 믿고 영접하게 만드는 일을 성령께서 하십니다. 그래서 성경은 성령을 가리켜 "예수님을 증거하는 영"이라고 분명히 소개하고 있습니다. 그렇기 때문에 성령을 통하지 않으면 예수님을 알 수도 없고 믿을 수도 없습니다. 구원을 이루는 사역 뿐만 아니라 그리스도 안에서 자라게 하시는 일도 성령께서 역사하시는 일입니다. 우리가 말하는 '성화' 또는 '거룩한 삶' 또는 '성결의 삶'을 살도록 역사하시는 분도 오직 성령이십니다. 따라서 교회의 시작은 오순절 성령강림의 사건과 함께 시작된 것입니다. 교회가 교회의 역할을 다하고 교회다운 모습으로 세워지기 위해서는 반드시 성령님의 역사가 있어야 합니다. 그래서 성도들이 말씀을 따라 진심으로 회개하고 약속된 성령을 받고 믿음의 체험을 하며 그리스도와 연합하는 사건들이 생활에서 나타나야 합니다. 그리고 성령의 역사가 나타나면 능력있게 복음을 전하는 선교사역도 온전히 감당하게 됩니다.

교회는 단순한 공동체가 아닙니다. 교회는 주님 안에서 새롭게 하나님의 백성으로 부름 받은 사람들로 구성된 새로운 공동체입니다. 땅끝까지 복음을 전파하여 하나님 나라의 회복을 이루라는 사명을 받은 사명 공동체입니다. 또한 구약에서는 선택 받은 이스라엘 백성이 시내산에서 모세를 통해 하나님과 언약을 맺었다면, 신약에서는 구원받은 주님의 백성이 갈보리산에서 예수 그리스도를 통해 하나님과 영원한 언약을 맺었습니다. 이렇게 언약을 맺고 세워진 새로운 공동체가 바로 "교회" 입니다.

5. 사도행전 읽기 준비

이제부터는 사도행전을 읽을 준비에 들어갑니다. 사복음서가 예수님의 역사를 소개한 것이라면 사도행전은 사도들의 역사를 다룬 책입니다. 사도행전의 저자는 '누가'인데 누가는 복음서(누가복음)와 사도들의 행전을 모두 기록한 이방인 성경 기자입니다. 누가는 사도 바울의 동역자요 주치의(Family Doctor)로 항상 그와 동행하였습니다.

누가는 사도행전 전반부에서 예루살렘 교회의 대표자인 베드로를 중심으로 교회의 역사를 기록하고 있고, 후반부에서는 사도 바울의 등장을 소개하면서 선교의 역사를 하나하나 설명하고 있습니다. 그렇기 때문에 사도행전을 읽을 때 바울이 선교 여정 중에 기록한 13권의 서신서를 함께 읽어야 사도행전을 올바르게 이해할 수 있을 뿐만 아니라 사역의 현장 가운데 어떤 일이 있었는지 공감하고 이해할 수 있습니다. 사도행전과 연관된 서신서들을 함께 읽으면 바울이 서신서를 기록하게 된 배경이라든지 당시 바울의 심경 등 충분한 이해를 갖고 내용을 읽음으로써 서신서를 보다 깊이 있게 이해하고 그 안에 담긴 하나님의 뜻을 알게 됩니다. 그래서 사도행전도 반드시 바울의 선교여정과 맞물리는 서신서를 함께 끼워서 읽어야 합니다. 구약과 마찬가지로 이것은 연대기식 성경읽기에서 피할 수 없는 방법입니다.

신약성경은 총 27권인데 그 중에 사복음서 4권과 사도행전 1권, 요한계시록 1권을 제외한 모든 성경이 다 서신서입니다. 그러므로 신약성경을 제대로 알기 위해서는 서신서의 배경을 알고 이해하는 것이 매우 중요합니다. 서신서는 두 종류로 나뉩니다. 하나는 바울이 쓴 서신서로 총 13권입니다. 성경순서대로 보면 로마서, 고린도전/후서, 갈라디아서, 에베소서, 빌립보서, 골로새서, 데살로니가전/후서, 디모데전/후서, 디도서, 빌레몬서입니다. 그리고 사도바울 이외의 사람들이 쓴 서신서를 "일반서신"이라고 분류하는데 이것은 총 8권입니다. 베드로가 베드로전/후서를 쓰고 사도요한이 요한 1, 2, 3을 쓰고 야고보와 유다가 각각 한 권씩을 기록하였고 작자 미상인 히브리서가 한권 있습니다.

마지막으로 사도행전을 읽을 때 반드시 참고해야 될 것은 지도입니다. 왜냐하면 사도행전은 누가가 사도바울을 따라다니면서 현장감 있는 필체로 하나하나 자세히 기록한 기행문과 같은 형식이기 때문입니다. 지도를 살피면서 사도행전의 여정을 따라가면 바울의 마음을 동일하게 느끼게 될 것입니다. 마치 예수님의 뒤를 따라가면서 사복음서를 살펴본 것처럼 이제 바울의 뒤를 따라가면서 사도들의 복음행전을 살펴볼 차례입니다. 출발!

26과 사도행전과 바울의 편지 2

사도행전을 시작하기 전에 기록자인 누가를 먼저 살펴보겠습니다. '누가'의 이름은 헬라어로 '빛나다' 혹은 '총명하다', '빛을 준다'는 뜻입니다. 그는 수리아의 안디옥에서 출생한 헬라인 의사로 냉철한 지성과 교양과 덕망을 지닌 사람이었습니다. 그는 복음에 대한 뜨거운 열정으로 예수님과 바울에 관한 모든 일을 상세하고도 정확하게 기록하여 이방인들에게 전하고자 하였는데 그래서 탄생한 것이 바로 '누가복음'과 '사도행전'입니다. 예수님께서 승천하신 시점에서 누가복음의 역사적인 기록은 마무리가 되고 승천 이후에 남겨진 제자들이 예수님의 지상명령을 수행하는 과정을 사도행전에 기록하고 있습니다. 이번 과에서는 이방인의 사도요 아시아와 유럽지역까지 복음을 전파했던 바울을 통해 어떻게 복음이 땅끝까지 퍼져 나갔는지를 살펴보겠습니다.

1. 사도행전과 바울서신의 개요

1) 사도행전

사복음서는 예수님의 승천 이전에 벌어진 사건들을 기록한 역사서이고, 사도행전은 예수님의 승천 이후에 벌어진 사건들을 기록한 역사서입니다. 그래서 예수님의 승천 장면으로부터 시작하는 사도행전은 이후에 제자들이 성령을 받고 권능을 받아 예루살렘과 유다와 사마리아와 땅끝까지 이르러 증인이 되는 모습을 보여주고 있습니다. 사도행전 전반부에는 베드로를 중심으로 교회가 형성되는 과정을, 후반부에는 바울을 중심으로 선교의 역사를 기록하고 있습니다. 사실 예수님이 복음의 '씨'라면 사도행전은 그 씨앗이 세상으로 퍼져 나가는 모습을 기록한 말씀입니다. 예수님을 선지자로 혹은 선생으로만 알았던 제자들은 예수님의 십자가와 부활을 경험한 뒤에 완전히 새로운 눈이 열립니다. 제자들은 이제 복음이 무엇인지를 알게 되었습니다. 예수님의 말씀이 진실이고 사실임을 확실히 믿게 되었습니다. 왜냐하면 자신들이 직접 경험했기 때문입니다. 그리고 주님이 약속하신 성령을 받은 제자들은 땅끝도 마다하지 않고 달려가 목숨을 바치며 복음을 전하는 자들이 되었습니다.

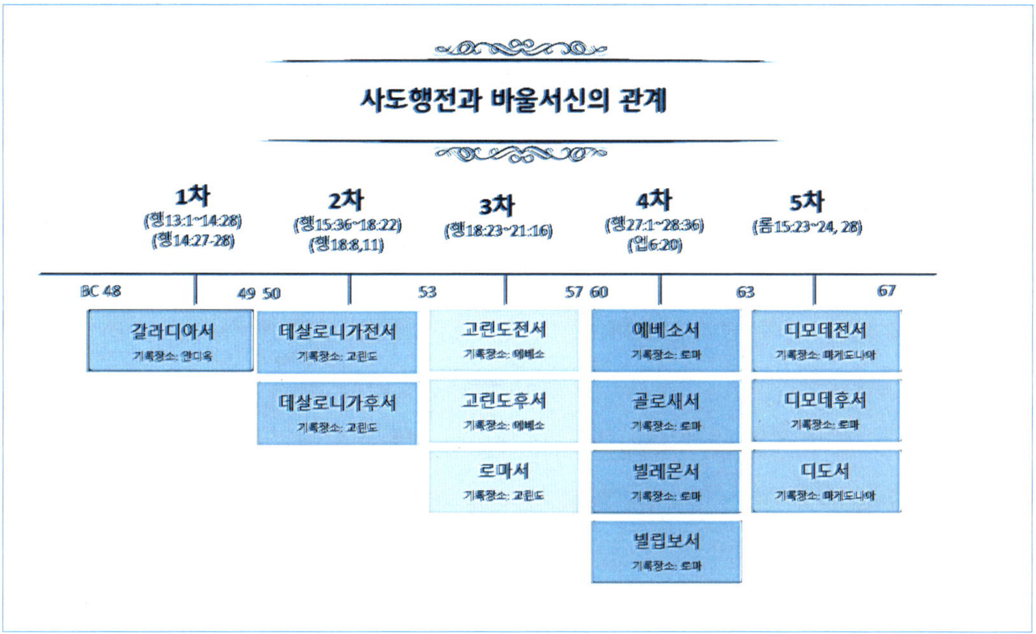

사도행전을 통해 우리가 꼭 살펴봐야 할 두 가지 내용이 있습니다. 하나는 성령의 역사하심을 통해 교회가 세워지는 과정을 주의 깊게 봐야 합니다. 그래야 교회의 머리 되신 예수님께서 교회를 통해 이 땅에 완성하려 했던 사역이 무엇인지를 알 수 있습니다. 교회의 존재 목적과 본질을 바로 알아야 교회를 바로 세워갈 수 있습니다. 두 번째는 바울을 통해 복음이 땅 끝까지 전파되는 과정을 주의 깊게 봐야 합니다. 선교의 주체는 하나님이십니다. 선교는 사람이 하는 것이 아니라, 사람을 통해서 하나님이 하십니다. 또한 선교는 '복음'을 전하는 것입니다. 교육이나 의료사역 같은 다른 부수적인 것들은 모두 복음을 전하기 위한 과정이고 방법에 불과합니다. 반드시 복음이 전달되어야 선교라고 할 수 있습니다. 선교가 이루어지기 위해서는 문화의 장벽과 고정관념을 뛰어 넘어야 합니다. 선교는 나를 뛰어 넘고 나의 생각을 뛰어 넘지 못하면 할 수 없습니다. 나 때문에 선교가 되지 않습니다. 하나님의 뜻과 주님의 복음을 막고 있는 최대의 장벽이 '나'라는 것을 깨달아야 합니다. 오직 성령의 역사하심에 순종해야 선교가 시작됩니다. 내가 하나님 되어 살았던 삶을 내려 놓고 내 인생의 하나님이 여호와 하나님이 되시는 역사가 일어나야만 선교의 사

명을 감당할 수 있습니다.

2) 로마서

로마서는 바울이 고린도교회의 어려움을 통해 깊은 고난과 함께 복음의 은혜를 경험한 뒤에 로마교회의 성도들에게 쓴 서신(편지)입니다. 그리고 앞으로 세계선교를 펼치기 위한 초석으로 로마교회를 사용하고자 하는 목적도 담겨 있습니다. 나중에 스페인(서바나/다시스)까지 가게 될 경우 로마교회의 도움이 절실 했기 때문입니다. 바울은 로마에 아는 사람도 많았습니다. 그래서 로마서 말미에 이 사람들의 이름을 열거하면서 문안 인사를 합니다.

바울의 3차 선교여행이 후반부로 접어 들 무렵, 그간 많은 고민을 안겨주었던 고린도교회의 사태가 진정되고 해결되었다는 놀라운 소식을 듣고 바울이 고린도교회를 방문하여 겨울을 보내면서 쓴 서신이 바로 로마서입니다. 고린도 교회는 인간의 방법과 노력으로는 결코 해결될 수 없었던 수많은 문제들을 안고 있었습니다. 그런데 바울이 간절한 마음을 담아서 쓴 고린도전서와 "눈물로 쓴 편지"라는 부제가 달린 다른 편지(고린도전서와 후서 사이에 보낸 편지로 추정)를 통해 고린도 교회의 문제가 하나님의 은혜와 역사하심을 통해 해결되었다는 놀라운 소식을 듣게 됩니다. 바울은 이 두 편지를 통해 십자가와 예수 그리스도만을 전했는데 그것이 놀라운 은혜의 결과로 나타나자 바울은 더욱 복음의 능력에 사로잡히게 됩니다. 그런 뜨거운 은혜를 바울이 경험하던 중에 쓴 서신이 바로 로마서입니다. 로마서 안에는 어떤 상황과 환경 가운데 있을지라도 오직 복음만이 능력이라는 분명한 믿음이 담겨 있습니다. 그래서 로마서를 가리켜 "복음 중의 복음"이라고 부릅니다.

로마서는 A.D. 58년경에 쓰여져 '겐그레아'에 살고 있던 '뵈뵈'라는 여인의 손에 의해 로마교회에 전달이 됩니다. 그리고 나중에 로마교회의 후원을 받아 스페인 선교를 가려고 했던 바울은 로마 감옥에 투옥되어 계획을 수정하게 됩니다. 로마교회 성도들은 투옥(가택연금)된 바울을 통해 제자훈련을 받습니다. 나중에 기독교를 '국교화'시킨 장본인들이 바로 로마교회 성도들입니다. 그들은 로마서를 통해 복음의 핵심을 붙잡고 믿음 안에서 세워진 사람들입니다.

3) 고린도 전/후서

바울은 고린도교회를 향하여 3번이나 편지를 쓸 만큼 고린도교회를 사랑했지만, 그만큼 고린도교회로 인해 아픔도 많이 경험했습니다. 바울의 제2차 선교여행은 원래 아시아를 중심으로 한 바퀴를 돌고 다시 안디옥으로 가려는 계획이었습니다. 그런데 하나님께서 아시아를 넘어 유럽으로 바울의 여정을 인도하십니다. 마게도니아를 거치고 데살로니가를 지나 유럽의 남쪽에 위치한 유명한 항구도시인 고린도에 도착한 바울 일행은 그 곳에 고린도교회를 세웁니다. 그리고 2차 선교여행을 마치고 다시 3차 선교여행을 하던 중, 소아시아 에베소에 머물면서 사역하고 있던 바울에게 고린도교회 가운데 분쟁이 있다는 소식이 들려옵니다.

고린도 교회는 여러가지 문제들로 몸살을 앓는 상태였습니다. 아마도 지상에 있는 교회들 안에서 발생하는 모든 문제를 다 보여주었다 해도 과언이 아닐 정도로 심각했습니다. 당파가 생겨서 네 파로 갈라진 상태였고, 은사의 문제로 인하여 누가 큰가 혹은 누가 더 높은가를 비교하며 교만에 빠진 교회였습니다. 성적인 타락의 문제가 있지만 누구하나 나서서 그 문제를 지적하거나 징계하지 못하는 교회였습니다. 교회의 분쟁을 세상 법정으로 가지고 가서 싸우는 교회였습니다. 결국 고린도교회는 3명의 대표를 뽑아서 모든 문제의 내용이 담긴 편지를 써서 바울에게 보냅니다. 바울은 그 소식을 듣고 매우 힘들어하고 고통스러워합니다. 그리고 간절한 마음으로 답변을 쓴 첫 번째 편지가 고린도전서입니다. 바울은 고린도 교회 성도들에게 속히 가기 원하는 마음이 있지만 상황이 그렇지 못하다는 사실을 전합니다.

그러나 그 이후에도 전혀 변화가 없는 고린도 교회 성도들에게 또 한통의 편지를 보냅니다. 이것이 '눈물로 쓴 편지'라는 부제가 달린 중간편지(가칭:고린도중서)입니다. 고린도후서 2장 4절에 보면 눈물로 편지를 썼다고 기록하고 있습니다. 바울이 이 편지를 쓰게 된 것은 늘 마음을 아프게 했던 이야기를 들었기 때문입니다. 바울에게 항상 꼬리표처럼 따라다니던 문제는 바울이 사도가 아니라는 비방과 의심이었습니다. 이 문제가 고린도교회 안에 퍼지게 된 것입니다. 결국 바울은 고린도교회를 향하여 눈물로 편지를 써서 동역자인 '디도'편에 긴급히 전달합니다. 바울은 사도의 권위로 불순종하는 고린도교회 성도들을 직접 찾아가서 다스릴 수도 있었지만 그러한 방법을 택하지 않고 대신 애통하는 마음으로 눈물의 편지를 씁니다.

그런데 편지를 보내 놓고 답을 기다리며 에베소에 머물던 바울에게 새로운 문제가 생깁니다. 에베소에서 폭동이 일어나서 급히 에베소를 떠나야 할 상황이 됩니다. 그래서 에베소를 탈출하여 '마게도니아'로 가던 바울의 일행은 마게도니아에서 디도를 만나 고린도교회가 다시 회복되었다는 기쁜 소식을 듣습니다. 바울의 편지를 받은 고린도교회 성도들이 자신의 잘못을 뉘우치고 새로운 변화가 일어났다는 소식입니다. 바울이 얼마나 기뻤을까요! 모든 일이 사람이 하는 것처럼 보이지만 결국 하나님께서 역사하셔야 이루어지는 것입니다. 고린도교회 성도들에게 다시금 복음의 은혜를 깨닫고 바울을 신뢰하는 마음을 주신 분은 하나님이십니다. 인생이라는 철로 위에 행복과 고난은 늘 평행선을 이루며 함께 공존합니다. 폭동을 피하여 에베소를 빠져나오던 바울 일행에게 고린도 교회가 회복되었다는 소식은 그간의 모든 고통을 잊게 해주는 단비와 같이 큰 위로를 주었습니다. 그래서 이 소식을 들은 바울이 그 곳에서 고린도후서를 써서 보냅니다.

A.D. 56-57년경에 쓰여진 고린도전/후서는 바울이 경험한 복음의 은혜와 능력이 담긴 서신서입니다. 고린도교회 사건을 겪으면서 바울도 큰 변화를 경험합니다. 이전의 모습을 많이 내려놓고 겸손하고 온유한 자로 새로워집니다. 복음을 위해 자신을 바꾸고 성령의 은혜로 변화됩니다. 고린도전/후서는 우리에게 인간 바울이 복음을 붙잡고 어떻게 고난을 이기며 복음 때문에 모든 것을 내려 놓고 복음에 합당한 사람으로 어떻게 변화되는지를 생생하게 보여주고 있습니다.

4) 갈라디아서

바울은 1차 선교여행을 시작하면서 제일 먼저 갈라디아 지역을 방문하여 그 지역에 여러 교회를 세웁니다. 이후에 안디옥으로 돌아와서 갈라디아 지역에 있는 교회의 성도들에게 보낸 편지가 갈라디아서입니다. 바울은 원래 예수 그리스도를 믿는 자들을 핍박하던 바리새파 유대인이었습니다. 당시 존경받던 랍비인 가말리엘의 문하생이었으며 율법에 정통한 사람이었습니다. 그런 바울이 믿는 자들을 붙잡기 위해 다메섹으로 향하던 길에 부활하여 살아계신 예수님을 만납니다. 바울은 그 경험을 통해 완전히 변화되어 기독교인으로 개종을 합니다. 그리고 나중에 아라비아로 가서 3년간 이방인의 사도가 되기 위한 특별한 훈련을 받습니다. 그 뒤에 예루살렘에 가서 베드로를 만나게 되는데 이 모든 과정이 갈라디아서에 기록되어 있습니다.

바울은 1차 선교여행을 마무리하며 예루살렘 총회에 참석합니다. 그 이유는 갈라디아서에 나온 복음의 문제 때문입니다. 아직도 유대교 전통에 묶여 있는 기독교 개종자들(유대 그리스도인들)은 복음을 부정하지는 않지만 율법도 철저하게 지켜야 한다는 주장을 계속했습니다. 유대교 전통을 버리지 못하기 때문에 유대인 뿐만 아니라 이방인들까지도 율법은 반드시 지켜야 한다는 주장을 하게 된 것입니다. 이런 유대 그리스도인들의 주장에 맞서서 바울은 복음의 본질을 강조하며 오직 믿음으로 구원을 얻는 것이라고 강력히 주장합니다. 율법과 복음이라는 문제 앞에서 예루살렘 공의회는 이방인들에게 율법을 지키라고 강요하지 않는다는 중요한 결정을 내립니다. 이 결정으로 인해 행위가 아니라 오직 믿음으로 말미암아 구원을 얻는다는 바울의 주장에 힘이 실리게 됩니다. 그래서 바울은 율법주의를 강조하는 유대인의 주장 때문에 흔들리고 있던 갈라디아 지역의 교회와 성도들에게 예루살렘 공의회의 이러한 결정에 대해 알려주며 편지를 쓴 것입니다. 1차 선교를 마무리하는 어간에 기록한 갈라디아서는 지금도 학자들 사이에 1차 선교를 마무리하며 기록한 것으로 보는 견해와 2차 선교를 시작하며 보낸 편지로 보는 견해로 나누어집니다. 그러나 기록은 대부분이 A.D. 52년경에 쓰여진 것으로 봅니다.

6) 옥중서신 (에베소서, 빌립보서, 골로새서, 빌레몬서)

갈라디아서 다음에 나오는 4권의 성경을 옥중서신이라고 부릅니다. 바울이 로마에서 1차 투옥되었을 당시에 기록하여 보낸 서신이기 때문입니다. 그러면 여기서 바울이 로마로 압송되어 투옥되기까지의 과정을 잠깐 되짚어 볼까요? 사도행전 21장에 보면 바울은 3차 선교여행을 무사히 마치고 예루살렘에 도착하여 야고보와 교회의 장로들로부터 환대를 받고 그들에게 그간의 선교보고를 합니다. 바울을 환영한 야고보와 장로들은 다른 한편으로 유대 그리스도인들이 율법을 가볍게 생각하는 바울의 태도를 문제삼고 있는 상황을 염려했습니다. 그래서 해결책으로 교회의 지도자들은 바울에게 모세의 율법에 따라 결례를 행하기 위해 성전에 올라갈 것을 권합니다. 바울은 그 제안을 기쁜 마음으로 받아들여서 다른 네 사람과 함께 7일 동안 정결예식을 행하게 됩니다. 그런데 마지막 날에 아시아에서 온 유대인들이 바울을 보고, 그가 이방인을 성전 안으로 데리고 들어가 성전을 더럽혔다며 바울을 붙잡고 소동을 일으킵니다. 이렇게 누명을 쓰고 붙잡힌 바울은 종교재판에 넘겨지고 결국 로마에 있는 황제에게 재판을 받겠다고 호소함으로써 로마까지 압송됩니다. 바울은 약 2년 동안 로마에서 미결수의 몸으로 가택연금 상태에서 재판을 기다리며 풀려나기 전까지 아시아와 유럽에 세워진 교회들에게 쓴 편지가 바로 '옥중서신'입니다. 이런 내용을 근거로 학자들은 옥중서신이 A.D. 62~63년경에 로마에서 기록된 것으로 추정합니다.

에베소서와 빌립보서 그리고 골로새서는 교회에 보낸 편지이고 유일하게 빌레몬서는 개인에게 보낸 편지입니다. 골로새교회의 지도자였던 빌레몬에게 오네시모라는 종이 있었는데 그는 어떤 문제인지는 모르지만 주인으로부터 도망친 사람입니다. 그런데 하나님의 섭리로 오네시모는 로마에서 바울을 만나게 됩니다. 오네시모가 바울을 통하여 잘못을 깨닫고 회개하여 새사람이 됩니다. 바울은 빌레몬에게 오네시모를 용서하고 형제로 받아 줄 것을 간곡히 부탁하는 편지를 써서 보냅니다. 이것이 빌레몬서입니다. 학자들은 빌레몬서와 골로새서는 동시에 전달이 되었을 것으로 추정합니다. 그리고 골로새와 가까운 도시였던 에베소 교회에 보내는 편지도 함께 전달이 되었을 가능성이 매우 높습니다. 또한 학자들은 에베소서 6장과 골로새서 4장에서 언급되는 두기고가 이 편지들을 전달했을 것이라고 추정하고 있고 이 때 바울이 편지를 빌레몬에게 보내면서 오네시모도 함께 갔을 것이라고 봅니다.

7) 데살로니가전/후서

데살로니가는 바울이 제2차 선교여행 당시 마게도니아를 넘어 도착한 대표적인 항구 도시입니다. 바울은 성령의 역사로 마게도니아 사람이 도와 달라고 손짓하는 환상을 보았고 그것에 순종하여 에베소로 내려가지 않고 방향을 돌려 유럽의 관문인 마게도니아 땅으로 건너갑니다. 데살로니가는 바울이 "데마는 이 세상을 사랑하여 나를 버리고 데살로니가로 갔고..(딤후 4:10)"라고 말할 만큼 퇴폐와 향락에 물든 세속적인 도시였고 당시 인구가 약 50만명이나 살고 있는 큰 도시였습니다.

데살로니가전서에는 데살로니가교회의 문제를 지적하는 내용이 별로 없어 보입니다. 그런데 데살로니가후서에는 잘못된 시한부 종말론자들의 종말사상으로 인하여 예수님이 오시기 전에 죽은 자들은 구원을 받을 수 없다는 거짓 교리가 전파되어 교회가 혼란에 빠지게 된 내용이 나옵니다. 그것에 관하여 바울이 제시한 성경적인 종말의 준비는 동굴을 파서 숨거나 비밀리에 함께 모여서 사는 것이 아니라, 일상생활 중에 항상 기뻐하고, 쉬지 말고 기도하고, 범사에 감사하며 사는 것이 종말을 잘 준비하는 성경적인 태도라는 것을 분명한 말씀하고 있습니다.

"항상 기뻐하라 쉬지 말고 기도하라 범사에 감사하라 이것이 그리스도 예수 안에서 너희를 향하신 하나님의 뜻이니라" (데살로니가전서 5장 16-18절)

예수님도 종말을 말씀하실 때 "두 사람이 밭에서 일하다가 한 사람은 들림을 받고 나머지 한사람은 남아 있다"고 말씀하셨습니다(마 24:40). 최근에 잘못된 종말론의 교리로 많은 사람들을 미혹하는 나쁜 무리들이 주변에 난무합니다. 이들을 분별하여 교회 밖으로 쳐내지 않으면 영적으로 아직은 순수하고 어린 성도들이 시한부 종말론과 같은 잘못된 교리에 빠져 세상과 단절된 개인의 구원 문제에만 매몰되어 그리스도인의 사명인 빛과 소금의 역할은 외면하고 자신의 안위와 성공에만 몰두하는 병든 신앙이 성도들의 마음을 사로잡게 될까 심히 걱정스럽습니다. 그래서 데살로니가전/후서는 우리에게 매우 중요한 분별력과 올바른 성경적 종말관을 갖도록 만들어주는 중요한 메시지를 담고 있습니다. 데살로니가전서와 후서 간에는 약 6개월 이상의 시간적 차이가 있고 A.D. 52년경쯤 쓰여진 것으로 추정합니다.

8) 디모데전후/서와 디도서

로마에 가택연금 상태로 있던 바울은 약 2년 후에 잠깐 풀려납니다. 이렇게 잠깐 풀려난 기간에 바울이 무엇을 했는지에 대해서는 로마의 클레멘트의 기록과 무라토리 정경의 기록과 역사가 유세비우스의 기록을 근거로 바울이 약 2년 간 서바나에서 선교를 했다는 주장도 있습니다. 그러나 최근에 여러 학자들이 가장 많이 주장하는 내용은 바울이 이 기간에 그레데(크레타)섬을 방문하여 디도를 만났고 에베소로 가서 에베소와 골로새교회를 방문했다는 것입니다. 영적인 아들인 디모데를 에베소에 남겨두고 홀로 마게도니아에 도착하게 된 바울은 그 곳에서 디모데전서와 디도서를 써서 목회의 현장에서 수고하는 디모데와 디도를 위로하고 말씀으로 권면합니다. 디모데전서와 디도서는 A.D. 63년경에 쓰여진 것으로 봅니다.

그리고 난 뒤에 드로아를 거쳐 네압볼리를 방문하고, 재무관 출신인 에라스도가 있던 고린도를 방문하고 다시 로마에 도착한 바울은 2차 투옥을 당하게 됩니다. 그때 바울은 1차 투옥(가택연금)과는 다른 상황이라는 것을 깨닫고 A.D. 67년경에 디모데후서를 써서 디모데에게 보냅니다. 디모데전/후서와 디도서는 목회지에 두고 온 영적인 아들이며 후임자들인 디모데와 디도에게 목회에 관한 지혜를 전달하고 그들을 위로하고 권면하기 위해 쓴 편지이기 때문에 "목회서신"이라고 부릅니다.

목회서신의 내용을 살펴보면 바울이 교회의 조직이 얼마나 중요한지를 강조하고 있습니다. 그래서 교회의 중직자를 세울 때에는 매우 신중해야 한다는 것을 강조합니다. 교회 중직자를 세울 때 매우 높은 수준의 도덕적이고 사회적인 기준을 적용할 것을 말씀합니다. 왜냐하면 중직자를 잘못 세우면 교회의 덕이 되지 않고 그것이 세상사람들에게 실망을 주어 교회의 문을 막는 일이 되기 때문입니다. 한마디로 하나님의 영광을 가리는 일이기 때문입니다. 바울은 목회 초년병인 디모데와 디도에게 자신의 이러한 목회의 지혜와 경험을 담아 간곡히 마음으로 권면하고 있습니다.

2. 사도행전의 구조

먼저 생각할 것은 사도행전의 구조입니다. 사도행전은 크게 두 부분으로 나누게 됩니다. 전반부는 교회의 역사이고 후반부는 선교의 역사입니다. 그리고 그 중심에 베드로와 바울이 있습니다. 이것을 생각하고 사도행전을 봐야 전체를 한눈에 볼 수 있게 됩니다.

1) 전반부: 교회의 역사 (1장부터 10장까지)

사도행전 1장과 2장은 예수님의 시대가 마감되고 사도들의 시대가 시작되는 분기점이면서, 교회의 역사 가운데 가장 중요한 사건인 교회의 탄생에 관한 이야기나 나옵니다. 제자들은 먼저 가룟 유다의 빈자리를 채우기 위해서 하나님께 기도하여 제비를 뽑아서 맛디아를 선출합니다. 그리고 예수님께서 승전하심으로써 첫번째 보혜사이신 예수님의 사역은 마감되고 또다른 보혜사이신 성령의 사역이 시작됩니다. 예수님께서 승천하시기 전에 하신 말씀 "**아버지께서 약속하신 것을 기다리라….몇 날이 못되어 성령으로 세례를 받으리라**"하신 그대로 120명의 제자들이 모여 간절히 기도할 때, 홀연히 불의 혀와 같이 갈라지는 것들이 각 사람 위에 임하며 성령께서 강림하시는 사건이 일어납니다.

이것이 교회의 탄생을 알리는 사건이 되었고, 예수 그리스도의 십자가와 부활 사건으로 믿는 자들 안에 세워진 하나님의 전에 성령께서 강림하시는 사건이 이루어집니다. 그래서 성령이 심령 가운데 내주하고 있는 사람은 하나님의 자녀이지만 성령으로 거듭나지 않은 사람, 다시 말해 하나님의 영이 없는 사람은 구원받은 자가 아닙니다. 이것을 알고 있던 바울은 로마서 8장 9절에 하나님의 영이 없는 자는 그리스도인이 아니라고 말씀했습니다.

9 만일 너희 속에 하나님의 영이 거하시면 너희가 육신에 있지 아니하고 영에 있나니 누구든지 그리스도의 영이 없으면 그리스도의 사람이 아니라

이렇게 성령을 받은 120명의 제자들을 통해 이 땅 위에 교회가 시작됩니다. 성령강림 사건으로 인하여 요엘서의 예언(요엘 2:28-32)이 성취되고 또 방언의 은사를 주셔서 각 민족과 나라 사람들이 복음을 들을 수 있도록 각 나라의 언어로 복음을 열어 주셨습니다. 그래서 성령강림의 사건은 하나님께서 땅끝까지 복음을 전파하실 계획이 있다는 것을 분명히 보여주신 사건입니다. 이제 각 나라와 족속의 언어로 복음이 전파될 수 있도록 성령께서 친히 앞장서서 역사하시는 것입니다.

3장과 4장부터는 새로운 이스라엘 공동체요 제자 공동체이며 선교 공동체인 지상의 교회를 통하여 예루살렘과 온 유대와 사마리아와 땅 끝까지 복음이 퍼져 나가기 시작합니다. 사도행전 3장에는 성전 미문에서 구걸하던 앉은뱅이를 베드로가 일으켜 세우는 놀라운 기적이 나타납니다. 예수님께서 천국복음을 전파하시며 병자들을 고치셨던 것과 동일한 모습으로 베드로가 놀라운 기적을 일으킵니다. 베드로의 기적이 나타난 뒤에 이어서 그는 복음을 전파합니다. 이를 듣고 5천 명이나 회개하고 복음을 듣고 예수님을 영접하며 세례를 받습니다. 이 때 예루살렘교회 가운데 큰 부흥의 역사가 일어납니다.

여기서 우리는 한가지 분명한 영적인 원리를 알아야 합니다. 성경에 나오는 기적은 예수님이 복음을전파하기 위한 방법으로 사용하신 것이지 단지 기적만을 위한 기적은 예수님의 방법도 아니고 성경적인 것이 아니라는 것을 꼭 알아야 합니다. 기적은 복음이 복음 되게 만들어주는 수단입니다. 그러나 복음보다 기적이 더 커지는 순간 잘못된 신앙으로 빠질 위험이 있습니다. 기적을 경험한 이후에 복음은 사라지고 기적만 남는 일들이 우리 주변에 너무 많기 때문입니다. 목회자와 교회는 성도들이 기적만을 추구하고 따르는 신앙으로 치우치지 않도록 잘 보호하고 주님 앞으로 인도할 책임이 있습니다.

5장 ~ 7장은 교회 안에 불어닥친 위기를 주님의 은혜로 극복하는 내용이 나옵니다. 교회는 주님께서 직접 지키시고 인도하십니다. 성령께서 친히 놀라운 능력과 힘으로 역사하시고 보호하십니다. 제자들처럼 오직 성령으로 충만하고 주님을 교회의 주인으로 인정하며 믿음으로 싸우면 반드시 승리합니다. 초대교회 가운데 찾아온 첫 번째 시험은 거짓의 문제였습니다. 초대교회의 모든 성도가 성령이 충만하여 모든 물건을 서로 함께 나누어 쓰고 자기 재물을 팔아 필요한 사람들에게 나누어 주는 일들이 일어났습니다. 아나니아와 삽비라도 자신의 재산을 팔아서 이 일에 동참하려고 했지만 전부를 내놓는 것이 아까운 나머지 성령을 속이고 판 돈의 얼마를 감추었습니다. 그 때 하나님께서 성령을 통하여 역사하사 두 사람의 생명을 그 자리에서 바로 거두십니다. 이것을 본 초대교회 성도들은 하나님이 살아 계시다는 것과 살아 역사하심에 대한 두려움을 갖습니다. 교회 안에서 역사하시는 하나님을 보면서 교회의 질서가 바로 세워지게 된 것입니다.

그리고 두 번째 사건은 구제사역 때문에 일어난 갈등입니다. 헬라파 과부들과 히브리파 과부들 사이에 불공평해 보이는 구제사역 때문에 헬라파 과부들이 문제를 제기합니다. 서로 출신이 다른 사람들이 공동체를 이루어 살다 보니 오해가 생기고 소외감을 쉽게 느낄 수밖에 없습니다. 헬라파 과부들은 구제 대상에서 점점 소외되고 히브리파 과부들만 돌봄을 받는 것 같은 편파적인 행정 처리로 보이는 행동으로 인해 헬라파 과부들이 큰 시험에 듭니다. 그러나 12사도는 이 문제에 직접 개입하지 않고 평신도 지도자들을 세워서 해결합니다. 평신도 지도자인 집사 일곱 명 모두를 헬라파 출신으로 세워서 헬라파 과부들과 헬라파 출신 성도들의 불만을 가라 앉히고 교회가 하나가 되도록 일을 처리합니다. 자신들의 이익이 먼저가 아니라 교회를 하나로 만드는 방향으로 일을 진행하고 사람을 세운 것입니다. 그리고 사도들은 말씀전하는 일과 기도하는 일에 집중하고, 교회의 실제적인 문제는 평신도 지도자를 세워서 그들이 처리하고 교회 조직과 구조를 새롭게 만들게 됩니다. 이것은 정말 지혜로운 결정입니다. 히브리파 출신 중에도 성령 충만하고 지혜가 있으며 존경받는 사람들이 있었겠지만 모두 헬라파 출신으로 일곱 집사를 세워서 일을 처리했다는 것은 성숙하고 본이 되는 결정인 것입니다.

초대교회의 일곱집사는 "스데반, 빌립, 브로고로, 니가노르, 디몬, 바메나, 니골라"입니다(행 6:5). 스데반 집사는 은혜와 권능이 충만하여 큰 기사와 표적을 행했고, 그가 지혜와 성령으로 말하는 것을 누구도 당하지 못했다고 나옵니다(행 6:8,10). 빌립 집사는 성령의 인도하심에 따라 에

디오피아 여왕의 내시에게 말씀을 가르치고 세례를 베풉니다(행8:26-10). 이런 것을 볼 때, 초대교회 일곱 집사의 영적 수준이 거의 목회자 수준이었음을 알 수 있습니다. 이렇게 교회의 큰 위기 속에서 우리가 얻는 교훈은 성령으로 충만했던 초대교회 가운데도 문제가 있었다는 것입니다. 그런데 사도들은 그러한 문제를 하나님의 뜻과 말씀의 길에서 벗어나지 않고 성령의 역사를 따라 매우 지혜롭게 처리했습니다. 성경의 원리대로 성령충만하고 말씀으로 훈련된 자들을 교회의 중직자로 세우면 그들은 당연히 교회를 함께 세워가는 훌륭한 동역자가 됩니다. 그리하여 목회자는 말씀 전하는 일과 기도하는 일에 전념하고, 교회는 하나님이 기뻐하시는 사역과 선교에 집중할 때 예루살렘 교회를 통해 하나님의 놀라운 역사는 일어나게 됩니다.

8장부터 사울(바울)이 등장합니다. 사울은 바울이 개종하기 전에 사용한 이름입니다. 사울은 바리새파 사람이었고 베냐민 지파였으며 가말리엘의 제자였고 율법에 정통한 사람이었습니다. 사울은 앞장서서 교회를 핍박하였고, 이러한 핍박을 피해서 여러 지역으로 흩어진 그리스도인들을 찾아내기 위해 다메섹까지 쫓아 갔습니다. 그런 와중에 빌립은 구스(에디오피아) 내시에게 복음을 전합니다.

9장에는 사울이 그리스도인을 잡으러 다메섹으로 가던 도중에 부활하신 예수님을 만나 회심하는 장면과 베드로가 중풍병자를 고치고 '도르가'라 하는 여제자를 살리는 기적 사건이 일어납니다.

10장으로 넘어오면 드디어 베드로가 로마 군대의 백부장인 고넬료의 집을 방문하는 장면이 나옵니다. 이 일은 하나님께서 이방인 선교를 위해 유대인들의 생각을 지배하고 있던 유대 전통이라는 틀을 완전히 깨버린 사건입니다. 사람은 자기 생각의 틀을 깨기가 쉽지 않습니다. 그러나 성령께서 역사하시면 변할 수 있습니다. 결국 율법의 틀에 묶여 있던 예루살렘 교회 지도자들은 베드로가 고넬료의 집에서 경험한 성령의 역사하심을 듣고 이방인들에게도 세례를 베풀고 복음을 전하기로 결정을 내립니다. 이것을 통해 우리는 다시한번 선교는 인간의 능력이 아닌, 하나님의 인도하심을 통해 이루어 진다는 것을 깨닫게 됩니다. 그래서 선교를 위해 가정 먼저 해야 될 일은 하나님의 역사하심과 인도하심을 구하는 기도입니다.

27과

사도행전과 바울의 편지 3

1. 사도행전과 바울서신 연결하기 (2)

지난 시간에는 사도행전의 전반부를 살펴보았고, 이번 장에서는 후반부를 살펴보겠습니다. 사도행전은 크게 나누면 두 부분으로 나눌 수 있다는 것을 기억하시기 바랍니다. 전반부는 베드로가 중심이 된 초대교회의 역사로 예루살렘 교회가 배경이 됩니다. 후반부는 바울이 중심이 된 선교의 역사로 안디옥 교회를 배경으로 내용이 전개됩니다. 또한 예루살렘 교회는 성령의 역사와 말씀으로 세워지는 교회 사역을 보여주고 있고 안디옥 교회는 성령의 역사와 말씀으로 복음이 전파되는 선교 사역을 보여주고 있습니다.

1) 후반부: 선교의 역사 (11장부터 28장까지)

11장에서 베드로는 이방인에게 복음을 전했다는 사실 때문에 비방하는 사람들에게 자신이 본 환상과 고넬료 가족에게 성령이 임한 것을 그대로 전합니다. 이 이야기를 듣던 비방하던 자들은 모두 잠잠해 집니다. 드디어 하나님께서 고넬료 가정의 전도를 통해 예루살렘 교회 성도들의 고정 관념과 유대주의의 틀을 깨시고 이방 민족에게도 성령이 임하여 역사한다는 것을 분명히 보여주십니다. 만약 바울에게 그런 일이 일어났다면 예루살렘 교회 성도들은 여전히 믿지 않았을 것입니다. 그런데 예루살렘 교회의 지도자인 베드로가 이방인에게 임하는 성령을 목격하고 직접 경험한 것을 증언하니 그들도 믿을 수 밖에는 없었던 것입니다. 베드로의 설교를 통하여 고넬료 가정이 회심한 사건은 최초의 타문화 전도(선교)사건이며, 하나님께서 선교의 주체가 되시고 완성자가 되신다는 사실을 분명히 보여주신 사건입니다. 고넬료 가정의 전도는 사도행전의 전반부와 후반부를 연결하고, 예루살렘 교회와 안디옥 교회를 연결하고, 초대교회와 이방인 선교를 연결하는 중요한 의미를 담고 있는 사건입니다.

[성경에 등장하는 복잡한 헤롯 가문 정리]

- 헤롯대왕(대헤롯) – 예수님 탄생 당시의 왕
- 헤롯대왕 아들, 헤롯 안티파스 – 세례요한을 죽임. 예수님의 재판에 등장함
- 헤롯대왕의 손자, 헤롯 아그립바 1세 – 야고보 사도를 죽이고 예루살렘교회를 박해함

12장으로 넘어가면 헤롯왕이 요한의 형제 사도 야고보를 죽입니다. 유대인들이 이 일을 기뻐하자 이번엔 베드로를 잡아 가둡니다. 예루살렘 교회의 성도들은 베드로를 위하여 밤새 간절히 기도합니다. 그리고 하나님은 밤에 천사를 보내어 자고 있던 베드로를 깨워 옥에서 탈출 시킵니다. 12장 말미에는 드디어 헤롯이 죽습니다. 헤롯(아그립바 1세)은 로마 황제와의 친분관계를 이용하여 팔레스타인 지역 대부분의 땅을 다스리는 권한을 얻었던 왕입니다. 이것은 A.D. 41년경에 이루어진 일로 헤롯은 과거 대헤롯(헤롯대왕)이 누렸던 영광을 다시 되찾았습니다. 그런데 이렇게 무소불위의 권력을 휘두르던 헤롯도 '충'이 먹어 죽게 됩니다.(행 12:18-25) 여기서 말하는 충은 아마도 바이러스에 노출된 것이 아닌가 추정됩니다. 혹자는 헤롯이 충이 먹어 죽게 된 이유가 유대인의 환심을 사기위해 기독교인들을 박해하고 초대교회를 핍박했기 때문에 하나님께서 징계하신 것이라고 주장하기도 합니다. 너무나 허무한 것이 인생이고 너무나 쉽게 죽는 것이 사람입니다. 헤롯이 일찍 죽게 되자 그의 어린 아들이 왕위에 오릅니다. 이 사람이 바로 헤롯 가문의 마지막 왕인 헤롯 아그립바 2세입니다. 헤롯 아그립바 2세는 나중에 바울의 설교를 듣고 그 자리에서 풀어주려고 했던 사람입니다. 헤롯 가문의 족보는 매우 복잡합니다. 위에 헤롯 가문을 간단히 정리한 내용을 참고하시기 바랍니다.

2. 바울의 1차 선교여행

13장과 14장은 바울의 1차 선교여행을 소개하고 있습니다. 13장부터 안디옥 교회가 나옵니다. 바울과 바나바를 선교사로 파송한 교회입니다. 담임목사를 선교사로 파송할 수 있는 복음의 열정이 있는 교회가 안디옥 교회입니다. 바울과 바나바는 서로 협력하여 선교의 물꼬를 열어 가기 시작합니다. 안디옥이라는 이름의 도시는 아시아의 여러 지역에 있었습니다. 1차 선교여행의 시작점인 '수리아'의 안디옥이 있고 바울과 바나바가 아시아 지역을 방문하여 전도하고 더베까지 갔다가 돌아올 때 들린 장소가 오늘날 터키 중부에 위치한 '비시디아' 안디옥입니다. 안디옥은 셀레우코스 2세가 자기 아버지인 안티오쿠스를 기념하여 세운 도시마다 붙인 이름이 '안디옥'입니다.

그래서 아시아를 비롯한 팔레스타인 지역에 총 16개의 ‘안디옥’이라는 도시가 세워졌습니다. 그 중에 성경에 가장 빈번하게 언급되는 안디옥은 ‘수리아’에 있는 안디옥입니다. 그래서 성경을 읽다가 안디옥 나오면 자연스럽게 수리아에 있는 안디옥으로 생각하면 됩니다.

1차 선교 여정을 정리하면 ‘안디옥’을 출발한 바울과 바나바 일행은 ‘실루기아’를 거쳐서 배를 타고 ‘구브로’섬에 도착합니다. 구브로 섬의 항구인 ‘살라미’에 도착하여 도보로 반대편 항구인 ‘바보’로 옮겨갑니다. 이후에 구브로를 떠나 배를 타고 터키로 넘어갑니다. 터키 남부에 위치한 ‘버가’에 도착하게 됩니다. 배를 타고 버가에 들어가보면 내륙으로 연결되어 있는 거대한 ‘토러스’산맥이 눈앞에 보입니다. 어떤 학자들은 그 산맥의 광경을 보고 선교 초년병인 마가(마가복음의 기록자)가 두려워서 다시 집으로 돌아갔을 지도 모른다 말할 정도로 해발 1000m 이상 되는 높은 산맥입니다. 뚜렷이 어떤 문제인지는 모르지만 마가는 이곳에서 선교의 여정을 포기하고 돌아가고 맙니다. 그러나 선교의 여정은 멈추지 않습니다. 바울 일행은 버가에서 ‘비시디아 안디옥’을 거쳐서 ‘이고니온’을 방문합니다. 이고니온에서 ‘루스드라’로, 그리고 계속해서 1차 선교 여행의 최종목적지인 ‘더베’까지 갑니다. 그리고 더베를 반환점으로 하여 다시 루스드라, 이고니온, 비시디아 안디옥과 버가를 거쳐 항구인 ‘앗달리아’로 와서 배를 타고 ‘수리아 안디옥’으로 돌아옵니다. 위에 지도를 꼭 참고 하시기 바랍니다.

바울의 1차 선교여행은 안디옥으로 바로 돌아갑니다. 그러나 2차와 3차 선교여행은 예루살렘을 들러서 안디옥으로 돌아갑니다. 바울은 2차 선교여행부터 경제적인 어려움에 빠진 예루살렘 교회를 위해 지역에 세워진 교회들로부터 선교비를 받아서 예루살렘 교회에 전달했습니다. 그래서 1차 선교여행 때는 전달할 선교비가 없기 때문에 바로 안디옥으로 올라간 것 같습니다. 또한 바울은 1차 선교여행을 하는 동안에는 선교지의 교회들에 서신을 한 번도 보내지 않습니다. 갈라디아서는 1차 선교를 마치고 안디옥에서 기록한 것으로 보입니다. 2차 선교 여행 이후에 서신들이 교회들 가운데 보내진 것은 교회를 세우는 시작 단계라서 지역 교회들이 아직은 문제가 발생하지 않은 것과 지역교회들 가운데 바울의 입지와 관계성이 깊지 못했기 때문입니다.

15장으로 들어가면 '갈라디아서'를 함께 보면서 읽어야 합니다. 이방인에게 복음이 전해짐으로 인해 할례와 율법을 지키는 것이 문제로 대두되었습니다. 베드로가 고넬료 가정을 방문하여 그들에게 복음을 전한 사건을 통해서 이방인에게도 복음을 전해야 한다는 하나님의 뜻은 분명해졌지만 아직도 모세의 율법대로 할례를 받지 않으면 구원을 얻지 못한다고 주장하는 유대 그리스도인들 때문에 복음을 들고 달려가야 하는 세계선교에 자꾸 브레이크가 걸리게 됩니다. 그래서 이 문제로 인해 유대 그리스도인들과 바울과 바나나 사이에 변론이 일어나자 이것을 해결하고자 예루살렘에서 회의(예루살렘 공의회)가 열렸고, 3가지 중요한 내용을 결의하였습니다.

첫째, 이방인들을 한 형제로 받아들인다. 둘째, 구원은 율법을 지킴으로가 아니라 오직 예수님의 은혜를 믿음으로 얻는다. 셋째, 이방인 그리스도인들에게는 율법의 짐을 지우지 않는다.

그러나 이러한 결의에도 불구하고 유대 전통에 매어 있는 사람들은 이것을 수용하지 못했고 그 이후로 바울이 3차 선교여행을 하는 내내 이 문제를 가지고 여러 지역에 세워진 교회 안에서 논쟁이 일어납니다. 가만히 생각해 보면 오랜 시간 유대 전통 아래에서 살아온 자들에게는 율법 없이 오직 믿음으로, 오직 복음으로, 오직 예수로만 구원을 얻는다는 것이 쉽게 받아들여지지 않았을 것 같습니다. 그러나 하나님은 여전히 복음이 복음 되도록 역사하셨고 그 은혜로 예루살렘 교회는 율법의 문제 앞에서 자유하지 못했지만 그래도 하나님의 뜻에 순종하며 조금씩 변화되고 있었습니다.

우리도 한번 깊이 고민하고 생각해 봅시다. 왜 바울은 그렇게도 율법에 대하여 반대하는 태도를 보였을까요? 바울은 과거에 그 누구보다도 율법에 철저했던 사람이었습니다. 그랬던 그가 다메섹 도상에서 살아계신 예수님을 만나 생생한 복음을 경험한 뒤에 율법에 대한 시각이 바뀌었습니다. 바울은 율법을 폐하기 위해서가 아니라 완전케 하기 위해 오셨다는 예수님의 뜻을 알았기 때문에 율법의 무가치성과 무용성을 주장하지는 않았습니다. 그러나 율법은 죄를 깨닫게 해주는 거울일 뿐, 그 죄를 씻는 것은 오직 십자가에 달리신 예수 그리스도의 '피'라는 것을 분명히 알았기 때문에 율법의 행위로 구원받는 것이 아니라 오직 믿음으로 말미암아 구원을 얻는다고 강조, 또 강조한 것입니다.

이상에서 살펴본 바와 같이, 사도행전 15장 1절부터 35절까지의 내용을 읽을 때 반드시 갈라디아서를 끼워서 함께 읽어 보시기 바랍니다. 그래야 예루살렘 공의회가 왜 열리게 되었는지 알게 되고 사도행전 15장을 통해 갈라디아서의 배경을 알게 되니 갈라디아서 전체의 메시지와 문맥도 이해가 됩니다.

3. 바울의 2차 선교여행

15장 36절부터 18장 22절까지는 바울의 2차 선교여행의 내용이 나옵니다. 이 대목에서 함께 읽어야 할 바울의 서신서는 데살로니가전/후서입니다. 데살로니가는 유럽에 위치한 곳입니다. 바울이 '마게도니아 사람이 손을 흔들며 건너와 우리를 도우라'하는 환상을 보고 하나님 뜻에 순종하여 유럽으로 건너가서 세운 교회가 데살로니가 교회입니다. 원래 바울의 계획은 아시아 선교를 위한 전초기지(Outpost)로 생각했던 에베소를 방문해서 교회를 세우고 다음을 준비하려고 했습니다. 그러나 하나님은 에베소가 먼저가 아니라 마게도니아와 그곳에 위치한 교회들을 먼저 세우기를 원하셨습니다. 우리가 생각할 때 사람의 계획대로 되는 것처럼 보여도 그 걸음을 인도하시는 분은 여호와 하나님이심을 알아야 합니다.

바울과 바나바가 1차 선교여행을 마친 후 수리아 안디옥 교회에서 목회를 하던 중 바울은 바나바에게 2차 선교여행을 가자고 제안합니다. 바나바는 1차 선교 여행 당시 도중에 도망을 갔던 마가를 다시 데리고 가고자 했지만 바울은 이를 거절하여 결국 두 사람은 결별합니다. 이후 바나바는 마가와 함께 구브로 섬으로 떠났고, 바울은 실라와 함께 육로로 선교여행을 떠납니다. 바울은 실라와 함께 높이 1000m 이상 되는 토러스 산맥(터어키 남부에 위치한 산맥)을 넘어서 소아시아 지역까지 가게 됩니다. 바울과 바나바 사이에 의견 차이로 인한 다툼은 있었으나, 결국 이것으로 선교팀이 둘이 되는 결과를 낳았습니다. 그리고 이 때부터 선교의 주도권이 바나바에서 바울로 바뀌게 됩니다. 사도행전 초반에는 '바나바와 바울'이라고 소개했던 사도행전의 기록자 누가는 이후부터 바울을 바나바 이름보다 앞에 소개하여 '바울과 바나바'라고 기록하고 있습니다.

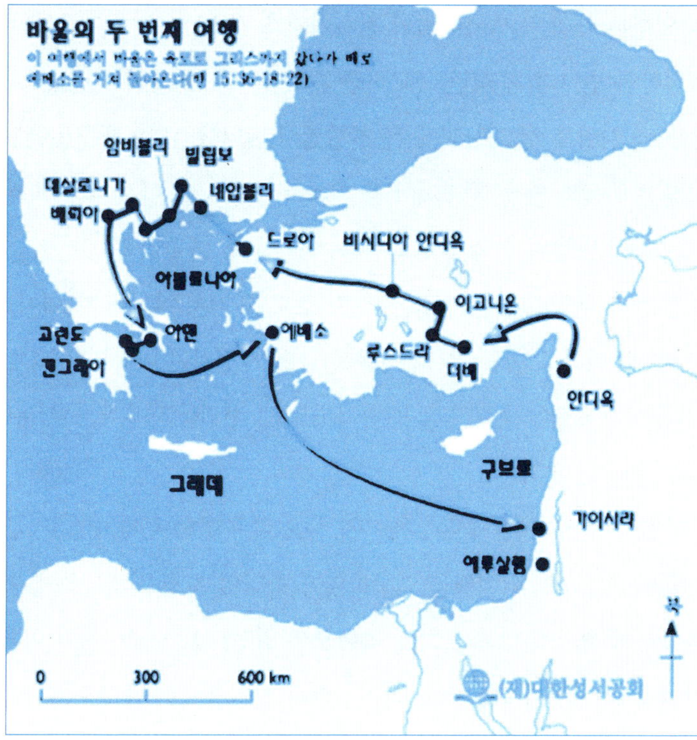

바울의 선교에는 특별한 원칙과 목표가 있었는데, 바로 당시 땅 끝인 스페인까지 복음을 전파하는 것을 목표로 계속 그 방향으로 달려가는 것이었습니다. 그리고 도중에 지나게 되는 대도시와 교통의 중심지에 전초기지로 사용할 교회를 세우고 복음을 전했습니다. 마치 예수님께서 본격적으로 공생애를 시작하시기 위해 시골 나사렛을 떠나 유동인구가 많은 중소도시 가버나움으로 이사를 하셨던 것처럼 바울도 철저하게 교통의 중심지를 선택하여 가급적이면 전파력이 큰 대도시를 중심으로 적극적으로 선교했습니다.

이제 지도를 보면서 바울과 함께 2차 선교여행을 떠나 봅시다. 먼저 '수리아 안디옥'에서 출발하여 북쪽 방향의 육지로 올라갑니다. 고향인 '다소'에 들러 '더베'로 갑니다. 더베는 1차 선교 여행의 반환점이었던 것 기억하시죠? 그 다음은 '루스드라'입니다. 그리고 '비시디아 안디옥'을 거쳐서 '드로아'(트로이)로 가게 됩니다. 이 곳 드로아는 매우 중요한 장소입니다. 드로아는 '트로이 목마'로 유명한 도시입니다. 원래 바울은 드로아에서 남쪽으로 내려가 아시아의 중심도시인 '에베소'를 반환점으로 다시 안디옥으로 돌아올 계획이었던 것 같습니다. 그런데 선교의 주관자이신 하나님께서 유럽의 관문인 '마게도니아'로 방향을 바꾸십니다. 드로아에서 이 환상을 본 바울과 그 일행은 하나님의 뜻으로 알고 순종하여 배를 타고 유럽으로 건너가 '네압볼리'에 도착합니다. 그 다음엔 '빌립보'를 지나고 '데살로니가'로 향합니다. 그리고 유럽 쪽으로 바다를 끼고 돌아 '베뢰아'를 거쳐서 배를 타고 이제 '아덴'까지 내려갑니다. 아덴은 지금의 아테네입니다. 결국 바울의 일행은 아덴을 거쳐 유럽의 전초기지가 될 '고린도'에 도착합니다. 그 곳에서 '아굴라'와 '브리스길라'를 만나 함께 고린도 교회를 개척합니다. 바울이 고린도에서 아굴라와 브리스길라 부부를 만난 것은 향후 선교 사역에 큰 전환점이 됩니다. 1년 6개월동안 고린도에 있으면서 복음을 전한 바울은 이들과 함께 '겐그레아'를 거쳐서 배를 타고 아시아의 '에베소'에 도착합니다. 바울은 에베소에 잠시 머물며 회당에서 복음을 가르친 후 아굴라와 브리스길라 부부는 에베소에 남게 하고 자신은 다른 일행과 함께 배를 타고 '로도'를 거쳐 마침내 '가이사랴'에 도착합니다. 이 때 유럽과 아시아의 여러 교회들로부터 받은 헌금을 재정적인 어려움을 겪고 있던 예루살렘 교회에 전달합니다. 예루살렘에서 모든 일을 마치고 다시 수리아 안디옥으로 돌아옴으로써 바울의 2차 선교여행은 끝이 납니다.

바울의 선교여행을 1차, 2차, 3차 등으로 구분하게 된 이유는 무엇일까요? 성경을 연구하는 학자들이 바울의 선교여행을 연구하다가 하나의 특징을 발견하게 되었는데, 매번 안디옥 교회에서 출발하여 다시 안디옥 교회로 돌아오는 일정으로 선교여행이 이루어졌다는 점입니다. 그래서 수리아에 있는 안디옥에서 출발해서 다시 안디옥으로 돌아오는 것을 기준으로 3번에 나누어 1차, 2차, 3차 선교여행이 구분되었습니다. 바울은 먼저 갈라디아 지역을 1차 선교 구역으로 계획하고, 그 다음은 아시아 선교를 2차로 계획하고, 그 다음은 유럽으로 넘어가려는 3차 계획을 단계별로 구상했던 것입니다. 그리고 나중에는 4차로 로마를 거쳐 최종적으로 땅 끝인 스페인까지 선교를 할 계획이었습니다.

4. 바울의 3차 선교여행

사도행전 18장 23절부터 21장 16절까지는 3차 선교여행의 내용입니다. 바울은 2차 선교여행을 통해 아시아의 중심지인 에베소에 교회를 세우고 그 곳을 세계선교를 위한 아시아의 전초기지로 사용합니다. 그래서 바울은 3차 선교여행이 시작됨과 동시에 곧장 에베소로 향합니다. 2차 선교여행 당시 고린도 교회 개척을 함께 했던 동역자 브리스 길라와 아굴라를 에베소에 남겨두었던 바울은 이들을 다시 보고 싶은 마음과 부탁하고 온 일들을 잘하고 있을까 하는 기대를 가지고 서둘러 에베소로 향합니다. 이런 바울의 기대에 부응이라도 하듯 브리스길라와 아굴라는 에베소를 방문한 알렉산드리아 출신의 학자인 '아볼로'를 복음 안에서 가르쳐 믿음의 사람으로 잘 세워 놓았습니다. 그래서 바울은 에베소에서 만난 아볼로를 고린도로 보냅니다. 고린도 교회 성도들을 말씀으로 더욱 굳건하게 세우기 위해 탁월한 성경교사가 필요했는데, 마침 에베소에서 아볼로를 만나게 된 것입니다. 나중에 아볼로는 고린도교회 안에서 대단한 영향력을 미치는 인물이 됩니다. 고린도 교회가 네 파로 나누어지는데 그 중에 아볼로파가 있었다고 소개가 되는 것으로 볼 때, 아볼로를 지지하는 층이 꽤 있었다는 것을 알 수 있습니다.

에베소는 전략적으로 매우 중요한 위치에 있는 도시입니다. 과거 주변의 열강들이 소아시아 지역을 점령할 때 대부분 에베소를 가장 먼저 점령했을 만큼 유럽과 아시아를 이어주는 중심지였고, 아시아 여러 지방들 '루시아', '카리아', '무시아', '부루기아' 등을 이어주는 매우 중요한 다리의 역할을 하는 곳입니다. 이런 이유로 바울도 에베소를 먼저 복음으로 점령하고 여기를 기점으로 향후 선교를 펼칠 계획이 있었던 것입니다. 바울은 다른 지역과 비교할 때 대단히 오랜 시간 에베소에 머물렀습니다. 무려 3년 동안이나 머물며 혼신을 다해서 사역을 합니다. 바울은 '회당'에 들어가 3개월 동안 담대하게 하나님 나라에 관하여 가르치고, '두란노서원'에서도 2년 동안이나 가르치고 복음을 전합니다. 두란노서원이란 도서관의 기능과 더불어 학교의 기능을 했던 곳입니다. 바울은 오전에는 일을 하고 낮잠을 자는 시간(오전 11시부터 오후 4시까지)을 이용하여 복음을 전하고 가르쳤습니다. 이렇게 열심히 사역한 바울은 에베소에 머물고 있는 동안 고린도교회의 소식을 듣게 됩니다. 여기서 잠깐! 고린도전서를 꼭 끼워 넣어서 읽어야 합니다. 사도행전 19장에서는 은으로 우상을 만들어 팔던 '데메드리오'라는 은장색(Silversmith, 금/은/구리 세공인)이 바울 때문에 장사가 되지 않자 사람들을 충동하여 폭동을 일으키고, 바울은 폭동이 잠시 진정되자 에베소를 떠나 마게도니아로 넘어 갑니다.

유럽 선교의 전초기지인 고린도교회 안에 분열과 다툼과 교만과 음란한 행위로 인해 문제가 가득하다는 소식과 함께 지난 3년동안 혼신을 다해 복음을 전하며 애쓰고 수고했던 에베소에서 도망 치듯이 모든 것을 놓고 떠나야 했던 바울의 마음은 얼마나 힘들고 어려웠겠습니까! 에베소 교회의 미래가 불투명해진 상태가 되었습니다. 한순간에 너무나 중요한 지역인 고린도와 에베소의 사역 모두가 무너지는 것만 같은 상황이 된 것입니다. 때때로 목회의 현장에서도 모든 것이 무너지는 것 같은 경험을 할 때가 있습니다. 그 순간 목회자들도 "주님, 제가 뭘 잘못했습니까? 열심히 한 죄 밖에 없는데 왜 도와주지 않으십니까? 왜 이런 결과가 생기게 된 것입니까?"라며 주님께 질문이 생깁니다.

바울은 '에베소'를 빠져나와 '마게도니아'로 향합니다. 사도행전 20장부터는 고린도후서를 끼워 넣어 읽어야 합니다. 마게도니아에 도착할 때쯤 "눈물로 쓴 편지"를 가지고 고린도로 갔던 디도와 만납니다. 고린도전서와 후서 사이에 소실된 또 하나의 편지가 있다고 했던거 기억나시죠! 마게도니아로 디도를 만나러 가는 동안에 바울 일행은 드로아를 비롯한 여러 도시를 지나게 되지만 그곳에서 복음을 전했다는 기록이 별로 없습니다. 그냥 스쳐가듯 지나간 것처럼 묘사되고 있습니다. 왜 그럴까요? 바울의 마음이 고린도에 집중되어 있었기 때문입니다. 바울은 속히 디도를 만나 고린도 교회의 상황을 듣기 원했습니다. 고린도는 유럽의 선교를 위한 '전초기지'이고 로마로 향하는 길목이기 때문에 바울은 고린도 교회의 회복이 너무나 간절했습니다. 마침내 디도를 만난 바울은 고린도 교회가 십자가와 예수 그리스도의 복음으로 다시 회복되었다는 눈물 겨운 소식을 듣습니다. 정말 하나님의 놀라운 기적과 은혜가 나타난 것입니다. 이 소식을 들은 바울은 즉시 고린도후서를 써서 보냅니다. 이처럼 고린도전서와 고린도후서는 전혀 다른 상황에서 쓰여진 서신서라는 것을 알아야 합니다. 이와 같은 배경이 되는 내용을 알면 고린도 전/후서에 담겨 있는 바울의 마음과 영적 의미를 더욱 온전하게 이해할 수 있습니다.

많은 사람들이 좋은 교회 만나길 소망합니다. 문제가 없는 교회를 만나길 원합니다. 그러나 문제가 없는 교회는 세상에 존재하지 않습니다. 교회는 죄의 본성을 지닌 사람들이 모이는 집단이기 때문에 반드시 문제가 있습니다. 이것은 마치 사람이 살고 있는 집에는 반드시 쓰레기가 나오는 원리와 같습니다. 어느 집이든 다 쓰레기가 나오기 마련입니다. 그런데 더러운 집과 깨끗한 집은 무슨 차이가 있습니까? 그것은 쓰레기를 치우는 사람이 있느냐 없느냐의 차이입니다. 다시 말해 쓰레기가 쓰레기 통에 들어가 있는 집은 깨끗하고, 쓰레기가 집안 구석구석에 그냥 있는 집은 더러운 것입니다. 더럽고 깨끗하고의 차이는 쓰레기가 나오느냐 안 나오느냐의 차이가 아니라 그 집에 쓰레기를 치우는 사람이 있느냐 없느냐의 차이입니다. 쓰레기를 버리는 사람보다 치우는 사람이 더 많으면 그 집은 깨끗합니다. 그러나 반대로 아이를 키우는 집처럼 치우는 사람은 한 사람인데 쓰레기를 버리는 사람이 많으면 깨끗해질 수 없습니다. 고린도 교회가 문제가 많았다는 것은 문제를 해결할 성숙한 그리스도인이 적다는 반증입니다. 그래서 바울은 고린도전서를 통해 십자가와 예수 그리스도의 복음을 증거합니다. 그런 바울의 메시지를 듣고 고린도 교회가 변화되었습니다. 문제없는 교회는 없습니다. 그러나 문제를 해결할 수 있는 성숙한 성도들이 교회 안에 많으면 문제는 문제가 되지 않습니다. 그렇기 때문에 말씀을 가르쳐서 성숙한 그리스도인으로 많은 성도들이 세워지면 문제를 해결하고 사명을 이루는 건강한 교회가 되는 것입니다.

바울이 고린도후서를 통해 앞으로 예루살렘에 전달할 헌금을 염두에 두고 편지 안에 그 내용을 언급합니다. 그 당시 예루살렘교회는 대단히 어려운 상황이었습니다. 종교적인 도시인 예루살렘에서 이교도 취급을 받으며 배척을 받고 경제활동에 큰 타격을 입고 있는 상황에 예루살렘 교회 성도들이 놓인 것입니다. 그래서 예루살렘 교회는 재정적인 압박을 크게 받고 있었습니다. 이런 이유로 바울은 각 지역의 교회들을 향해 복음의 빚을 진 자들로써 예루살렘 교회의 어려움을 함께 도와야 한다고 촉구했습니다. 고린도 교회도 헌금을 미리 준비했다가 드리도록 가르칩니다.

이후에 마게도니아에 머물고 있던 바울은 고린도 교회의 문제가 어느정도 해결되었다고 생각되어 조급했던 마음에 여유를 갖고 약 8개월간 마게도니아 지역에 머물며 그 곳의 교회들(빌립보, 데살로니가, 베뢰아 등등)을 충분히 살피고 돌본 후에 고린도를 향하여 출발합니다. 고린도에 도착한 바울은 정말 마음이 기쁘고 행복했을 것입니다. 바울을 맞이하는 성도들의 모습에서 주님의 은혜와 사랑을 느낄 수 있었을 것이고, 복음이 얼마나 큰 능력이 있는지 다시금 실감하게 된 바울은 감격과 은혜 속에 고린도 교회에서 머물게 됩니다. 이러한 감동과 은혜를 갖고 다음 사역지인 로마 교회를 생각하며 쓴 서신이 바로 로마서입니다. 그리고 이 때쯤 시간을 내어 바울은 '일루리곤'을 다녀옵니다. 그래서 사도행전 20장을 읽을 때에는 로마서를 끼워 넣어 읽어야 합니다. 우리가 서신서를 읽을 때 배경지식이 전혀 없으면 그 내용의 절반도 이해하지 못하고 읽는 셈입니다. 구약의 선지서를 읽을 때 역사적인 배경을 알아야 한다고 그토록 강조했던 것처럼 신약에서도 서신서를 읽을 때에 반드시 그 서신서가 쓰이게 된 역사적인 배경을 먼저 아는 것이 중요합니다. 그래서 사도행전의 선교 이야기와 맞물리는 바울의 서신서를 꼭 함께 읽기를 바랍니다.

바울은 로마서를 쓰면서 특별히 에베소에 머물던 브리스 길라와 아굴라의 이름을 언급합니다. 이런 내용으로 미루어 볼 때 에베소에 폭동이 일어났을 당시 바울은 마게도니아로 올라가고, 브리스 길라와 아굴라는 다시 로마로 돌아간 것 같습니다. 그리고 바울은 로마서에서 다른 여러 사람들의 이름을 언급합니다. 모두 바울의 동역자였던 사람들입니다. 바울에게 이렇게 많은 동역자가 생긴 이유가 무엇일까요? 그것은 그의 성품이 변화되었기 때문입니다. 과거 2차 선교여행을 시작할 당시 '마가'의 문제로 '바나바'와 헤어졌던 사건을 기억해 보면 바울은 실수를 용납하지 않는 철저한 '완벽주의자'였습니다. 사람을 품는 성품도 아니었습니다. 그런 그가 많은 동역자들을 곁에 둘 수 있는 넉넉한 성품으로 바뀌었습니다. 어떻게 그것이 가능했을까요? 아마도 고린도 교회 사건을 통해서 바울이 크게 변화된 것 같습니다. 바울은 고린도 교회의 사건을 놓고 눈물로 기도하는 가운데 자신의 연약함을 발견하고 복음이 복음되기 위해 자신이 변해야 된다는 것을 알았을 것입니다. 그래서 복음 때문에 자신의 성품도 바꾸었습니다. 예수님 때문에 자신의 성질까지도 내려 놓는 것은 바울이 고백한 것처럼 예수님 외에는 모든 것을 배설물로 여겼기 때문입니다.

바울은 고린도 교회의 변화를 보면서 십자가의 능력이 얼마나 놀라운지 알게 되었습니다. 그런 가운데 쓰여진 책이 로마서이기 때문에 로마서에 복음의 핵심을 담았습니다. 바울이 전한 복음은 죽은 복음이 아닙니다. 실생활과 무관한 복음이 아닙니다. 삶의 현장에서 체험한 복음이기 때문에 능력이 있는 것입니다. 기독교의 역사적 인물인 성 어거스틴의 회개를 이끌어 낸 것이 로마서이고, 루터가 종교개혁을 일으킬 수 있었던 핵심도 로마서에서 나왔으며, 감리교 창시자 존 웨슬리의 회심도 루터의 로마서주석 서문을 읽다 마음에 뜨거움을 느끼고 변화된 일입니다. 기독교 역사 가운데 큰 획을 긋는 중요한 사건들 중심에는 이처럼 항상 로마서가 있습니다.

고린도에서 은혜로운 시간을 보낸 바울은 다시 육로를 따라서 '마게도니아' 지방을 거쳐서 '드로아'를 지나 '앗소', '미둘레네' 등을 지나면서 예루살렘 교회를 위한 헌금을 모아 각 지역의 교회 지도자들과 동행합니다. '밀레도'에 도착한 바울은 그러나 에베소에는 방문하지 않습니다. 왜냐하면 아직도 지난 번 폭동의 영향이 남아 있었기 때문입니다. 바울이 이렇게 조심스럽게 여정을 진행하는 이유는 예루살렘 교회를 위해 각 지역의 교회들이 내 준 헌금을 가지고 있었기 때문입니다. 과거부터 돈에 대한 공격과 오해가 있었기 때문이기도 합니다. 여러 오해가 될 수 있는 일들을 가급적 피하며 미리 조심하는 차원이었습니다. 바울은 복음전파에 방해가 되는 이런 오해를 미연에 방지하기 위해 자비량 선교사로 직접 텐트를 만드는 일도 마다하지 않았고, 자신의 결백함을 증언해 줄 동행자들을 세워 나중에 그들로 하여금 예루살렘 교회의 상황과 헌금 전달과정을 직접 본 뒤에 자신들의 교회로 돌아가 선교보고를 하도록 한 것입니다.

이제 바울은 밀레도에서 에베소 교인들을 잠시 만나며 서로의 안타까운 마음만 나누고 헤어집니다. 그리고 이어서 가이사랴에 도착한 바울은 예언하는 자들을 통해 예루살렘으로 올라가면 붙잡히게 된다는 예언을 듣게 됩니다. 그러나 그 예언을 듣고도 예루살렘으로 올라갑니다. 바울이 그들의 예언을 무시했기 때문이 아니라 예루살렘으로 올라가는 길이 하나님의 사명을 이루는 하나님의 뜻임을 알았기 때문입니다. 미래에 일어날 예언보다 더 중요한 것은 하나님의 뜻입니다. 그것이 분명한 바울은 예언이 아닌 하나님의 뜻을 따라 예루살렘으로 향합니다. 이것으로 바울의 3차 선교여행이 끝이 납니다.

5. 체포된 바울의 로마행 여정

바울은 예루살렘에 도착하여 여러 사람들과의 화목을 도모합니다. 바울은 율법을 가볍게 생각한다는 오해를 해소하고자 예루살렘 교회 지도자인 예수님의 동생 야고보의 요청을 받아들여서 성전에 함께 올라가 결례를 위한 비용을 내고 금식에 참여합니다. 그러나 금식이 끝나갈 무렵 아시아에서 온 디아스포라 유대인들이 바울이 이방인을 데리고 성전에 들어갔다는 거짓말을 하면서 혼란이 시작됩니다. 율법에 의하면 이방인은 성전 안으로 들어가지 못하고 이방인의 뜰에 있어야 합니다. 그런데 바울이 이런 율법을 범하였다는 거짓말을 하며 그를 죽이고자 선동합니다. 그 때 백부장이 이것을 저지시키고 바울을 구출합니다.

결국 소동이 폭동으로 번질 가능성이 있자 바울을 가이사랴로 이송합니다. 그리고 로마에 압송 되기 전까지 약 2년간 미결수의 신분으로 투옥생활을 합니다. 대헤롯 쪽이 아닌 헤롯 형의 아들인 헤롯 아그립바 1세의 아들 '헤롯 아그립바 2세'가 예루살렘지역을 통치하고 있을 때 이 사건이 벌어집니다. 예수님 당시 로마에서 파견된 총독은 본디오 빌라도였는데 바울 때에는 총독이 '벨릭스'로 바뀌었습니다. 그래서 사도행전 23장에는 벨릭스 총독이 바울을 심문하는 내용이 나옵니다. 벨릭스 총독은 바울의 무죄를 확신하고 있었으나 유대인의 반발이 너무 심하자 자칫 잘못하면 폭동과 내란이 발생할 수도 있다고 생각하고 바울에 대한 판결을 계속 미룬 것이 약 2년 가까이 시간이 흘렀습니다.

벨릭스 총독이 로마로 불려간 이후에 후임자로 예루살렘에 온 총독은 '베스도'입니다. 베스도는 바울의 내용을 구체적으로 알기 위해 예루살렘으로 불러 다시금 심문합니다. 그러나 바울은 로마의 황제 앞에서 복음을 전하기 위해 로마행을 결정하고, 자신에 대한 암살의 위협을 이유로 로마 시민권자의 권리를 주장하며 황제 앞에서 재판을 받게 해달라고 요구합니다. 이런 과정 중에 베스도 총독을 축하하기 위해 헤롯 아그립바 2세가 찾아오고 함께 한 누이 '베니게'가 바울을 불러 함께 복음과 구원에 관한 간증을 듣습니다. 이 모든 내용을 듣고 난 뒤에 아그립바 2세는 바울을 놓아줄 마음까지 갖게 됩니다. 결국 미결수의 몸으로 가이사랴에서 2년간 감금되었던 바울은 누가와 '아리스다고'와 함께 로마로 향하는 배에 오릅니다. 로마까지 가는 긴 여정은 그림을 보고 꼭 확인해 보시기 바랍니다.

우여곡절 끝에 로마에 도착한 바울은 그 곳에서 재판이 있기까지 구금상태로 있으면서 로마에 있는 형제 자매들에게 복음을 전하고 제자훈련을 시킵니다. 그리고 '옥중서신'이라고 불리우는 골로새서, 빌레몬서, 에베소서, 빌립보서를 씁니다. 이것이 사도행전 28장의 내용입니다. 이 부분을 읽으면서 옥중서신을 끼워서 읽으면 바울이 옥중서신을 어떤 마음에서 쓰게 되었는지 깊이 이해하게 됩니다. 이후로 로마 교회는 큰 부흥을 경험하면서 놀라운 역사를 만들어 냅니다.

마침내 A.D. 313년, 로마 황제 콘스탄티누스가 밀라노 칙령을 발표함으로써 기독교가 공식적으로 인정받게 됩니다. 바울이 로마로 들어간지 약 250년이 흐른 뒤에 기독교는 로마를 복음으로 정복하게 됩니다. 마지막으로 예루살렘에서 붙잡히고 가이사랴에서 2년간 있다가 로마로 압송되는 바울의 로마행을 최종적으로 정리하며 지도를 꼭 참고하여 확인해 보시기 바랍니다.

예루살렘 → 가이사랴(아드라뭇데노 배) → 시돈 → (구브로 해안 통과) → (길리기아, 밤빌리아 해안 통과) → 루기아지방 무라성(이달리아로 가려는 알렉산드리아 배로 옮겨 탐) → (니도 맞은편) → (살모네 앞을 지남) → 미항(그레데 섬의 작은 항구) → (뵈닉스항으로 가려 했으나 유라굴로 광풍에 휘말림) → (아드리아 바다 표류) → 멜리데섬(석달 머뭄) → (다른 알렉산드리아 배) → 수라구사 → 레기온 → 보디올 → 압비오 저자, 삼관 → 로마

6. 1차 투옥과 잠깐의 자유 그리고 다시 2차 투옥

바울이 로마에서 1차로 투옥될 당시는 구금 상태였습니다. 집 안에 감옥처럼 갇혀 있던 구금 상태가 잠깐 풀려났을 때 바울은 영적인 아들 디도와 디모데를 만납니다. 그래서 다시 '마게도니아' 지역을 순회하고 있을 때 디도와 디모데에게 편지를 써서 주님의 충성된 일꾼이 되어 좋은 목회자들이 되라고 당부합니다. 이 편지가 디모데전서와 디도서입니다. 그리고 다시 로마로 돌아와 2차로 투옥되는데 2차 투옥은 가택연금이 아니라 완전히 감옥에 갇히게 되는 상태가 됩니다. 이런 상황에서 바울은 '이제 죽을 수도 있겠구나'라는 생각을 하게 됩니다. 그래서 바울은 최종적으로 디모데에게 다시 편지를 보냅니다. 자신에게는 이제 면류관이 예비되어 있다는 고백을 하며 에베소 교회를 잘 목양해 줄 것을 진심으로 부탁합니다. 이것이 바울의 마지막 편지인 디모데후서입니다.

서울과 뉴욕의 거리는 약 6,800 마일이고 비행기로 이동할 경우 총 13시간 정도 걸립니다. 바울의 선교 여정을 거리로 계산해 보면 총 3번에 걸친 아시아와 유럽의 선교여행과 로마로 잡혀간 여정 그리고 나중에 로마에서 잠깐 풀렸을 때 다니며 선교한 거리를 모두 합쳐 약 12,000 마일(2만킬로미터) 정도라고 합니다. 그렇다면 바울은 서울과 뉴욕을 왕복할 만큼의 거리를 걸어서 다니거나 목숨을 걸고 배를 타고 이동한 것입니다. 이렇게 오랜 시간 바울은 쉼없이 목숨을 다해 달렸습니다. 오직 복음을 위해서 말입니다.

선교여행 과정	기록된 바울의 서신
2차	갈라디아서 / 데살로니가전/후서
3차	고린도전/후서 / 로마서
1차 투옥(구금상태)	골로새서 / 빌레몬서 / 에베소서 / 빌립보서
4차	디모데전서 / 디도서
2차 투옥(감옥상태)	디모데후서

28과 일반서신과 요한계시록 읽기 준비

1. 일반서신 읽기준비

바울이 쓴 서신서를 제외한 모든 신약성경의 서신서를 가리켜 "일반서신"이라고 합니다. 신약성경 총 27권 중 사복음서, 사도행전, 요한계시록 그리고 바울이 쓴 서신서 13권을 빼면 나머지 총 8권이 일반서신입니다. 일반서신의 목록은 작자 미상인 히브리서와 예수님의 동생인 야고보가 쓴 야고보서, 사도 베드로가 쓴 베드로전/후서, 사도 요한이 쓴 요한1, 2, 3서와 예수님의 동생 유다가 쓴 유다서입니다.

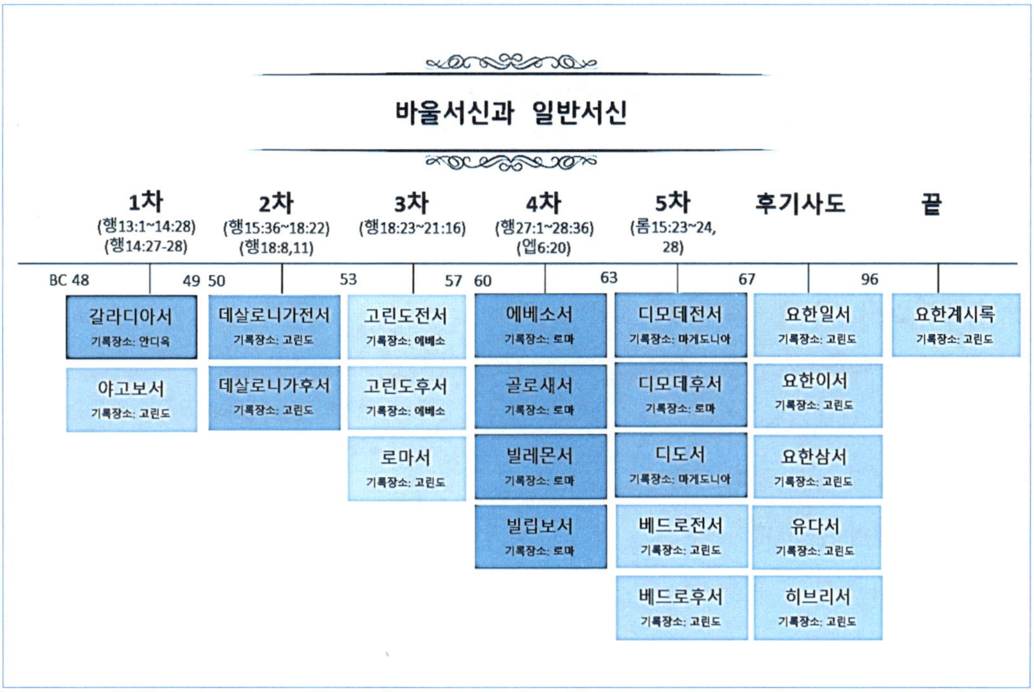

일반서신은 흩어진 유대 그리스도인들에게 보낸 편지입니다. 일반서신도 기록할 당시의 상황과 배경을 알고 읽으면 너무 좋겠지만 일반서신의 배경이 될 만한 것이 마땅히 없는 것이 사실입니다. 앞서 살펴보았듯이 바울의 편지들은 사도행전과 연결해서 중간중간에 끼워 읽으면 그 의미와 뜻이 더 명확해지지만 일반서신은 대상자(수신자)를 특정하여 밝히고 있지도 않고 배경도 구체적으로 소개하고 있지 않기 때문에 다소 막연한 상태에서 읽을 수밖에 없습니다. 그러나 충분하지는 않지만 한가지 도움을 받을 수 있는 길이 있습니다. 일반서신의 수신자와 정확히 일치하지는 않지만 요한계시록에 나오는 아시아의 일곱교회가 아마도 일반서신의 교회와 수신자들이 겪었던 상황과 비슷한 배경에 있지 않았을까 추측됩니다. 그러므로 일반서신을 읽기 전에 요한계시록 2장과 3장에 나오는 아시아의 일곱교회 내용을 꼭 읽어보고 일반서신을 읽기를 권해 드립니다.

요한계시록은 사도 요한이 아시아의 일곱 교회에게 보낸 '서신서'이면서 동시에 '예언서'입니다. 그리고 요한계시록 2장과 3장에 소개된 일곱 교회는 사도 요한 당시 존재하고 있던 지역교회입니다. 사도 요한이 계시록을 쓸 당시에 아시아에 일곱교회만 있었던 것이 아닙니다. 그러나 특별히 이들 교회를 선택하여 계시록의 수신자로 명시한 것은 일곱 교회가 처한 상황이 당시 다른 교회들의 상황과 크게 다르지 않았으며, 또 이들 교회가 앞으로 교회의 역사 속에 등장할 모든 교회들을 대표하고 상징하고 있기 때문이라고 학자들은 설명합니다.

아시아의 일곱 교회는 '에베소', '서머나', '버가모', '두아디라', '사데', '빌라델비아', '라오디게아' 교회입니다.(에.서.버.두.사.빌.라…로 외우세요). 에베소 교회에서 사역했던 사도요한은 에베소를 시작으로 그 주변에 있는 교회들에게 주님께서 주신 메시지를 기록하여 전달해 주었습니다.

첫번째 에베소 교회에 보내

는 메시지는 요한계시록 2장 1절로 7절에 나옵니다. 오른손에 일곱 별을 붙잡고 일곱 금 촛대 사이에 다니시는 분으로 예수님을 묘사하며 예수님이 에베소 교회를 향하여 말씀하십니다. 여기서 말하는 일곱 별은 일곱 교회에서 말씀을 전하는 종, 심부름꾼 혹은 천사를 상징하고 일곱 금 촛대는 일곱 교회를 상징합니다. 그런데 주님께서 그들을 붙잡고 계시다는 것입니다. 주님이 붙잡고 계시니 담대하게 복음 전하고 주님을 의지하여 믿음으로 승리하라고 하십니다. 이것은 예수님께서 교회의 주인이심을 보여주고 있습니다.

에베소 교회는 신실함으로 악한 자들을 용납하지 않고 거짓된 자들을 가려내었다고 칭찬을 받습니다. 말씀이 없이는 분별력이 생기지 않는 법인데 에베소 교회는 악한 것을 용납하지 않고 거짓된 자들을 분별하고 그 꼬임에 넘어가지 않을 만큼 말씀에 견고하게 잘 세워져 있는 교회였다는 것입니다. 그래서 주님은 주님의 이름을 위하여 참고 견디고 게으르지 않았다고 칭찬해 주십니다. 그러나 주님과의 첫사랑을 버린 것에 대해서는 책망을 받습니다. 매너리즘과 안일한 생각에 머물고 있다고 지적하시며 회개를 촉구하십니다. 처음 사랑과 처음 행위를 다시 회복하지 않으면 촛대를 옮길 것이라고 경고하시며, 끝까지 이기는 자들에게는 하나님의 낙원에 있는 생명나무 과실을 주겠다고 약속하십니다.

두번째 서머나 교회를 향한 말씀은 계시록 2장 8절로 11절에 나옵니다. 서머나는 에베소보다 위치적으로 북쪽에 있습니다. 서머나 교회에게 나타난 주님의 모습은 처음이요 나중이며 죽었다가 살아나신 분입니다. 처음이요 나중이라는 뜻은 시간적인 초월성을 의미합니다. 그리고 죽었다가 살았다는 것은 사망의 권세까지도 이기시고 부활하신 주님을 보여주는 말입니다. 서머나 교회 가운데 발생한 어려움은 사탄을 추종하는 자들의 훼방인데 그럼에도 불구하고 굴하지 않았다 해서 영적으로 부요하다는 칭찬을 듣습니다. 서머나 교회는 책망의 메시지가 없습니다. 그러면서 앞으로 당하게 될 환란을 두려워하지 말라고 당부합니다. 죽도록 충성하면 '생명의 면류관'을 받을 것이며 둘째 사망의 해를 받지 않게 될 것이라고 약속해 주십니다.

세번째 버가모 교회를 향한 메시지는 요한계시록 2장 12절로 17절까지에 나옵니다. 주님의 모습은 좌우에 날 선 검을 가진 분입니다. 여기서 '검'은 하나님의 말씀 곧 성령의 검을 의미합니다. 따라서 버가모 교회에게는 하나님의 말씀을 강조하려는 뜻이 있어 보입니다. 버가모 교회를 향하여 주님은 "네가 어디에 사는지를 내가 아노니"라고 말씀하십니다. 역사적 기록에 의하면 버가모는 강력한 이교도의 중심지였다고 합니다. 이렇듯 '사탄의 권좌'가 있는 곳이어서 핍박과 어려움도 가장 큰데 '안디바'의 순교를 예로 들어 끝까지 믿음을 지킨 것에 대해 크게 칭찬해 주십니다.

그러나 발람과 니골라당의 사상을 따르며 우상을 숭배하는 것을 책망하십니다. 발람의 사건은 출애굽 당시 이스라엘 백성이 모압 평지에 머무를 때 발람이 '꾀'를 내어서 하나님의 말씀에 불순종하도록 만들어 이스라엘 백성을 멸망으로 이끈 사건입니다. 그래서 '발람'이라 하면 교묘한 거짓말로 믿는 자들을 미혹하여 하나님의 뜻에 불순종하도록 만드는 대표적인 이단을 상징합니다. '니골라당'은 그 당시 대표적인 영지주의자들을 말합니다. 성경에 자주 등장하는 영지주의자들의 입장은 영적인 것은 선하고 육적인 것은 악하다는 이분법적인 생각으로, 영적인 구원을 받았으면 육적인 삶은 영적인 결정에 아무런 영향을 줄 수 없기 때문에 더 이상 세상과 죄에 묶여 살지 않아도 된다는 것입니다. 그리고 특별한 교리를 만들어 성경보다 교리를 더 중요하게 생각하게끔 성도들에게 비성경적인 신앙을 가르치는 이단이었습니다.

버가모 교회에 나타나신 예수님의 모습을 좌우에 날선 검을 가진 분으로 묘사한 것도 이 내용과 무관하지 않습니다. 발람과 니골라당 모두 하나님의 말씀을 왜곡시켜서 성도들을 잘못된 길로 이끄는 이단 집단이므로 좌우에 날선 검과 같이 예리한 주님의 말씀으로 이단 사상을 분별하여 싸워 이기고 주님께서 이르시기 전에 회개할 것을 촉구합니다. 이렇게 하여 이기는 자들에게는 감추었던 만나와 새 이름이 새겨진 흰 돌을 줄 것이라고 약속합니다.

네번째 두아디라 교회를 위한 말씀은 요한계시록 2장 18절로 29절에 나옵니다. 주님의 모습은 그 눈이 불꽃같고 그 발이 빛난 주석과 같은 하나님의 아들로 묘사가 되었습니다. 이것은 세상 모든 일을 감찰하시는 예수님을 보여줍니다. 나중 행위가 처음행위보다 많다고 칭찬해 주신 것으로 보아 나중에 더 열심히 헌신한 것에 대해 주님께서도 인정해 주신 것 같습니다. 그러나 당시 두아디라 교회에는 '여선지자'라 자칭했던 '이세벨'을 추종하는 무리가 있어 우상을 숭배하고 음행을 저지르는 죄 가운데 있었기에 이것을 지적하시고 책망합니다. 심지어 주님은 그런 자들의 자식을 죽일 것이라는 무서운 경고까지 하십니다. 그러면서 돌이키지 않으면 환란과 사망이 예비되어 있으니 속히 회개할 것을 촉구합니다. 끝까지 이기는 자들에게는 만국을 다스리는 권세와 새벽 별을 주겠다고 약속하십니다.

다섯 번째 사데 교회는 요한계시록 3장 1절로 6절까지에 나옵니다. 주님의 모습은 하나님의 일곱 영과 일곱 별을 가진 분입니다. 일곱 영과 일곱 별은 하나님께서 일곱 교회에 보내신 영을 이야기합니다. 어떤 학자는 일곱 교회에 보낸 성령으로 이야기하기도 합니다. 그러나 분명한 것은 일곱 교회를 의미하는 일곱 별은 일곱 교회에 보낸 사자들입니다. 사데 교회 가운데 나타나신 예수님의 모습은 교회의 주인이 누구인지를 분명하게 보여줍니다. 사데 교회는 교회라는 이름은 있지만 존재할 가치를 드러내지 못해 책망을 받습니다. 교회라는 이름은 있지만 전혀 교회답지 못한 것입니다.

필자는 10여 년 전에 미국의 한 소도시에서 부목사 생활을 한 적이 있습니다. 한인인구가 많지 않은 탓에 한국 식당이 별로 없었는데, 그 중에 '아사히'라는 식당이 있었습니다. 이름만 보고는 일식집인 줄 알고 들어 갔는데 일식은 전혀 없고 한식과 중식만 메뉴에 있어서 황당했던 기억이 있습니다. 알고 보니 처음엔 일식집으로 시작을 했는데 한국 손님들이 와서 한식 메뉴도 있었으면 좋겠다고 하니 하나 둘 한식메뉴를 늘려갔다는 것입니다. 그러다가 중식메뉴도 시작을 해서 메인이 한식과 중식이 되고, 오히려 일식메뉴는 자취를 감추는 희한한 식당이 되어 버렸습니다.

마치 교회안에 예수는 없고, 말씀도 없고, 성령의 역사도 없는데 여전히 교회라는 간판을 달고 있는 것과 같습니다. 주님은 이런 유명무실한 사데교회를 책망하시며 겉모습과는 달리 말씀대로 살지 않는 죽은 믿음을 지적하십니다. 또한 사데 교회에게 주님이 도둑같이 임할 것이라는 경고를 하시며 그러기 전에 그들의 믿음이 어디서부터 잘못되고 왜 순수함을 잃었는지를 생각하고 돌이키라고 말씀하십니다. 그런데 그 와중에도 사데교회 안에 순결하고 때 묻지 않은 믿음과 신앙을 지키고 있는 일부 성도들이 있었기에 주님은 그들을 칭찬하십니다. 결국 이기는 자는 흰 옷을 입고 주님과 동행할 것이며 생명책에 이름이 기록될 것임을 약속하십니다.

여섯 번째 빌라델비아 교회를 향한 메시지는 요한계시록 3장 7절로 13절까지에 나옵니다. 주님의 모습은 거룩하고 진실하사 다윗의 열쇠를 가진 분으로 소개합니다. 열면 닫을 자가 없고 닫으면 열 자가 없는 권세를 지니신 분이 예수님이십니다. 주님은 다윗의 열쇠를 갖고 계십니다. 이것이 어떤 열쇠이냐의 문제는 요한계시록에 자주 등장하는 논쟁의 주제인데, 천국과 지옥의 문을 여는 열쇠로 보는 견해가 많습니다. 마지막 종말의 모든 일을 주관하실 권세를 예수님이 가지고 계시다는 것을 상징하는 것입니다. 그래서 역사의 주관자는 오직 예수 그리스도 뿐이십니다. 빌라델비아 교회는 작은 능력을 가졌지만 그럼에도 불구하고 주님께 충성한 교회입니다. 능력의 크고 작음이 문제가 아닙니다. 큰 교회냐 작은 교회냐의 문제도 아닙니다. 오직 믿음의 문제이고 능력은 작아도 충분히 말씀을 지키며 그 이름을 배반하지 않을 수 있다는 것을 보여준 교회입니다. 주님께서는 특별히 면류관을 빼앗기지 않도록 믿음을 굳게 지킬 것을 당부합니다. 결국 이기는 자에게 하나님 성전의 기둥이 될 것과 그 위에 하나님 이름과 새 예루살렘의 이름과 주님의 새 이름을 기록하겠다는 약속을 주십니다.

마지막 일곱 번째 라오디게아 교회는 요한계시록 3장 14절로 22절에 나옵니다. 아멘이시요 충성되고 참된 증인이시요 하나님의 창조의 근본이신 분으로 주님을 소개합니다. '아멘'이란 '진실로'라는 뜻입니다. 또한 '그렇게 될 것을 믿는다'는 표현입니다. 그런데 라오디게아 교회에게 주님을 아멘이시고 참된 증인이시라고 소개하였다는 것은 라오디게아 교회에게도 그런 모습을 원하신다고 볼 수 있습니다. 다시 말해 라오디게아 교회의 지금 상태는 부요한 듯 보이나 실상은 가난하다는 것입니다. 외적인 성장만 있고 내면의 성숙이 부족하다면 당연히 라오디게아 교회처럼 영적인 빈곤을 지적 받게 될 것입니다. 그래서 라오디게아 교회에는 칭찬을 하는 내용이 없습니다. 겉에 보이는 측면만 부유해 보일 뿐 실상은 가난한 상태이기 때문입니다. 차든지 덥든지 하라는 말씀과 함께 그러지 않으면 입에서 토하여 버릴 것이라고 강하게 질책하십니다.

라오디게아 교회를 향하여 '차든지 덥든지 하라'고 하신 말씀을 이해하려면 지리적 배경을 알아야 합니다. 라오디게아에서 북쪽으로 9 Km 떨어진 히에라볼리는 온천지역이었고, 동쪽으로 14 Km 정도 떨어진 골로새에는 만년설이 덮여 있는 '바바산'이 있습니다. 그런데 히에라볼리의 온천수와 골로새의 만년설이 녹은 차가운 물이 수로를 통해 라오디게아에 와서 만나면 둘 다 미지근한 물이 되어 버리고 맙니다. 찬물은 식수로 쓰고, 뜨거운 온천수는 건강을 위해 약으로 쓸 수 있지만 차지도 뜨겁지도 않은 미지근한 물은 아무런 쓸모가 없습니다. 이처럼 아무 쓸모없는 상태가 된 라오디게아 교회를 향하여 하나님께서 쓰지 않고 토하여 버리겠다는 강한 어조로 책망하십니다. 주님은 라오디게아 교회에게 돌아보아 차든지 덥든지 변화될 것과 회개하고 다시 열심을 내라고 촉구하십니다. 이어서 주님은 라오디게아 교회를 향하여 우리가 아주 잘 알고 있는 유명한 말씀을 하십니다. **"볼찌어다 내가 문 밖에서 두드리노니"**. 우리는 이 말씀을 불신자를 전도할 때 많이 인용하는데 원래 뜻은 그게 아닙니다. 이미 믿는다고 하는 자들, 그러니까 라오디게아 교회 성도들에게 말씀하신 내용입니다. 왜 이런 말씀을 하셨을까요? 주님은 지금 성도들에게 말씀으로 마음의 문을 두드리고 계십니다. 내가 문을 열면 주님이 들어와 역사하십니다. 마음의 문을 열지 않고 말씀을 듣지 않는 사람이 비기독교인 뿐만 아니라 기독교인들 가운데도 분명히 있다는 것을 반증해 주는 말씀입니다. 라오디게아 교회에게 주신 약속은 끝까지 이기는 자에게는 주님의 보좌에 함께 앉게 해주겠다는 것입니다.

2. 일반서신 개론

1) 히브리서

히브리서는 A.D. 70년 예루살렘이 멸망하기 전, 흩어져 있던 디아스포라 유대 그리스도인들에게 예수 안에서 자라가되 종교인 또는 율법주의로 되돌아가지 말라는 것을 권면하기 위해서 누군가 익명으로 쓴 서신서입니다. 히브리서의 기록자가 누구인지는 정확하지 않지만 학자들의 견해는 바울 아니면 누가가 기록했을 것으로 추정합니다. 어떤 학자는 초안을 바울이 잡고 바울의 순교 이후에 누가가 계속해서 집필하여 완성했을 것으로 주장하기도 합니다. 그러나 공식적으로는 작자 미상입니다. 히브리서에서는 '믿음장'이라고 불리우는 11장이 가장 유명하지만, 히브리서의 핵심내용은 유대 그리스도인들에게 예수 그리스도께서 대제사장이 되셔서 완벽하게 제사를 완성하셨다는 것과 십자가 위에서 직접 희생 제물이 되어 단번에 온전한 제사를 이루셨다는 것을 알려줌으로써 율법과 제사에 묶이지 말고 오직 복음과 예수 그리스도 안에서 믿음으로 살 것을 권면하는 것입니다.

2) 야고보서

야고보서는 히브리식 패러다임으로 '믿음'에 대해 설명한 성경입니다. 종교개혁가 마틴루터는 야고보서를 가리켜 '지푸라기 서신'이라고 했는데, 이런 평가를 내린 것은 오직 믿음과 하나님의 은혜를 강조한 바울서신에 비해 '행위'를 강조한 야고보서에는 은혜의 복음이 잘 드러나지 않았다는 이유에서입니다. 이처럼 많은 사람들은 '행함이 없는 믿음은 죽은 믿음'이라는 표현을 문자적으로만 해석하여 야고보서를 믿음보다는 '행위'를 강조하는 성경으로 오해하고 있습니다.

야고보서의 본질을 이해하기 위해서는 히브리식 사고와 헬라식 사고의 차이점을 먼저 이해해야 합니다. 예를 들어 헬라식 사고의 영향을 받은 서양문화에서는 모든 것을 세분화시키고 전문화시킵니다. 의학의 경우, 예를 들어 보면 서양의학에서는 외과, 내과, 산부인과, 이비인후과, 정형외과 등으로 세분화되고 전문화되어 있습니다. 반면에 히브리적 사고를 하는 동양문화는 모든 분야를 통합하여 일체화 합니다. 그래서 한의원에서는 한 곳에서 모든 질병을 다 다룹니다. 한의사 한 분이 진맥하고, 침 놓고, 뜸 뜨고, 한약을 처방합니다. 이렇게 모든 분야를 통합하여 일체화 시키는 것이 히브리식 사고입니다. 그리고 고대 싸움의 기술이었던 무술이 현대에 이르러 운동경기로 발전하게 되었는데 서양에서는 '스포츠'와 '정신'을 나누어 발전시켰습니다. '정신'은 철학이라는 학문으로 발전되었고 싸움의 기술인 무술은 '스포츠'라는 이름으로 발전되어 펜싱, 창 던지기, 레슬링 등과 같은 스포츠 종목이 되었습니다. 그러나 동양에서는 '정신과' '무술'을 하나로 통합하여 '도(道)'로 발전시켰습니다. 그래서 탄생한 것이 태권도(道), 유도(道), 검도(道) 같은 운동입니다. 단순한 싸움의 기술이 아니라 정신과 몸이 하나가 되는 도(道)입니다. 이렇게 히브리식 사고와 헬라식 사고의 차이를 알고 야고보서를 관찰하고 분석해야 '야고보'가 말하고자 하는 바가 무엇인지 제대로 이해할 수 있습니다.

히브리식 사고의 영향아래 있는 야고보는 믿음과 행함을 일치된 하나로 보았기 때문에 행함이 없으면 믿음도 없는 것입니다. 야고보는 그것을 가짜라고 표현하지 않고 '죽었다'고 표현합니다. 죽었다는 것은 생명력이 없는 것을 말합니다. 행함과 믿음이 분리되는 것을 육체와 영이 분리되는 죽음과 비슷한 원리로 보고 말한 것입니다. 육체가 영과 분리되는 순간 그것은 가짜가 되는 것이 아니라 죽은 상태가 됩니다. 완전히 생명력을 상실한 상태입니다. 그래서 '행함이 없는 믿음'이라는 것은 아예 존재할 수 없는 불가능한 개념입니다. 그래서 믿음이 있다면서 행함이 없다는 것 자체가 말이 되지 않는다는 결론이 나올 수밖에 없습니다. 이것이 히브리식 사고 방식을 갖고 있는 유대인들은 생각입니다. 따라서 야고보가 '행함이 없는 믿음은 죽은 믿음'이라고 표현한 것은 '행위'를 강조한 말이 아니라 믿음과 행함은 분리될 수 없는 하나임을 강조한 말입니다.

미국에서 '이민 목회'를하면서 미국인 남편과 사는 한국인 아내분들의 고충을 들어 볼 때가 있습니다. 이분들도 아들이 말을 안 듣고 속을 썩이면 한국 엄마로서 아들에게 한국식으로 잔소리를 합니다. 그럴 때 남편들이 아빠로서 좀 거들어 주거나 함께 아이를 혼내야 하는데 미국 남편들은 도리어 아들에게 잔소리하는 아내에게 '왜 당신이 남(아들)의 인생에 간섭을 하느냐?'는 식으로 말을 한다고 합니다. 그러면 '자식문제가 왜 남의 문제냐?' 엄마는 이렇게 대답을 하는 것입니다. 한국 엄마는 철저히 자식과 나는 '하나다'라는 개념이고, 미국아빠는 자식의 인생에 간섭하는 것이다, 자식일지라도 그를 독립된 개체로 인정해 주어야 한다는 것입니다. 서로의 생각에 차이가 있기 때문에 문제를 바라보고 풀어가는 방법도 다를 수밖에 없습니다.

바울이 이방인의 사도가 된 것은 하나님의 놀라운 섭리와 역사하심입니다. 만약 행함이 없는 믿음은 믿음 자체로 죽은 것이기 때문에 있을 수 없다는 생각을 하는 야고보가 헬라인에게 복음을 전했다면 서로 힘들고 어려웠을 것입니다. 행함이 믿음과 함께 해야만 그것이 살아 있는 믿음이라는 생각하고 있는 히브리식 사고를 하는 야고보와, 바울처럼 믿고 난 뒤에 행위가 뒤따르는 것은 사람마다 다르고, 당장 행위가 따라올 수도 있고 그렇지 않을 수도 있다는 헬라식 사고는 충돌이 일어날 수밖에 없는 것입니다. 결론적으로 야고보서는 행위로 인하여 믿음이 증명되고 행위가 뒤따라야만 살아 있는 믿음으로 증거된다는 것을 말하는 것이 아닙니다. 히브리식 사고로 볼 때 행위와 믿음은 동전의 양면과 같이 붙어 있는 일체이지 분리될 수 없다는 것을 강조하는 것입니다.

야고보서는 예수님의 친동생 야고보가 디아스포라 유대 그리스도인들에게 믿음과 행위가 하나일 때 그 믿음이 살아 있는 믿음이라는 것을 강조하기 위해 쓰여졌습니다. 이런 내용들을 볼 때 야고보는 바울이 갈라디아서를 기록했던 시간 보다 조금 늦은 A.D. 57, 58년쯤 기록한 것으로 보입니다. 왜냐하면 행위를 전혀 강조하지 않는(것처럼 보이는) 바울이 전한 복음을 유대 그리스도인들이 잘못 이해하여 여러 부작용이 발생하자 야고보가 이것을 바로 잡아 균형을 맞추기 위해 갈라디아서 이후에 기록한 것으로 추정합니다.

3) 베드로전/후서

베드로전서와 후서는 본격적인 로마의 박해가 시작되는 시점에서 성도들에게 굳건한 믿음과 인내로써 승리할 것을 강조하기위해 사도 베드로가 디아스포라 유대 그리스도인들에게 보낸 편지입니다. 갈릴리의 평범한 어부였던 베드로는 예수님을 따라다니면서 수많은 기적과 사건들을 보고 예수님의 천국 복음을 들으면서 많은 은혜와 도전을 받았을 것입니다. 그러다가 예수님께서 인간일 뿐만 아니라 하나님이심을 깨닫고 나서는 고민과 생각이 무척 깊었겠지요. 또 예수님 승천 이후에 예루살렘 교회의 수장으로 활동하면서는 얼마나 고민과 걱정이 많았겠습니까!

베드로가 가장 잊을 수 없는 순간은 갈릴리 호수가에서 부활하신 예수님과 다시 만난 순간일 것입니다. “네가 나를 사랑하느냐?”고 물으시는 주님께 “내가 주님을 사랑합니다”라고 고백하며 주님의 은혜로 다시 믿음이 회복될 때 베드로의 마음 안에 세워진 누구도 부인할 수 없는 확신은 얼마나 분명했겠습니까! 이렇듯 복음서에 기록된 베드로의 인생을 되짚어 보며 베드로전/후서를 읽으면 이제는 온전한 믿음과 성숙한 신앙에서 이 서신을 쓰고 있는 베드로의 마음을 함께 느낄 수 있습니다.

4) 요한 1, 2, 3서

사도 요한은 요한복음과 요한계시록을 기록했고, 서신으로는 요한 1, 2, 3서를 기록해서 디아스포라 유대 그리스도인들에게 편지를 보냈습니다. 요한은 요한 1, 2, 3서의 메시지를 통해 가장 성숙한 신앙의 모습이 무엇인지를 말씀하고 있는데, 바로 **"사랑하는 자들아 우리가 서로 사랑하자. 사랑은 하나님께 속한 것이니 사랑하는 자마다 하나님으로부터 나서 하나님을 안다"**입니다.

요한일서는 성숙한 신앙의 내용들이 담겨 있는 것으로 보아 요한의 생애 중 말년에 쓴 것으로 추정됩니다. 사도 요한은 무려 44번이나 사랑에 대하여 강조함으로써 단순히 예수님을 믿는 단계를 넘어 사랑하는 단계로 나아갈 것을 권면하고 있습니다. 세상에는 수많은 종교가 있고, 그 종교들마다 나름의 '신(神)'이 있어 그 신을 믿고 숭배합니다. 그러나 자신들이 믿는 신을 '아버지'라 부르고, '사랑한다'고 말하는 것은 오직 기독교만이 보여주는 특징이며 기독교 신앙의 핵심입니다. 사도 요한은 요한일서에서 그것을 보여주고 있습니다.

요한이서는 성경 66권 중 가장 짧은 성경으로 "택하심을 입은 부녀"에게 보낸 편지이며 여자들이 말씀 안에서 마땅히 행해야 할 내용을 가르쳐주고 있습니다. 확실한 대상자들이 누구인지는 설명되지 않습니다. 마치 바울이 교회 안에서 여인들의 문제를 다룬 것처럼 요한도 교회 안에 발생하는 여인들의 문제를 말씀으로 다루고 권면한 메시지입니다.

요한삼서는 가이오에게 쓴 편지입니다. 요한은 가이오가 믿음이 있는 것과 선을 행하는 것에 대해 칭찬합니다. 그러나 으뜸이 되기를 좋아하는 디오드레베에 대해서는 엄중히 경고합니다. 교회 안에서 꼭 필요한 공동체의 신앙 덕목을 가르쳐주는 것이 요한삼서의 내용입니다.

5) 유다서

A.D. 64년경에 쓰였고, 예수님의 동생인 유다가 기록한 서신입니다. 특별히 유다서는 이단을 경계할 것을 강조하는 메시지가 많이 담겨 있습니다. 유다는 교회를 어지럽게 하고 성도들의 신앙을 흔드는 거짓 교사들에 대해 경고한 후에, 우리가 어떻게 영적 전쟁에서 승리할 수 있는지에 대해 조언합니다. 예수님의 친동생으로서 예수님의 신성과 인성에 대한 개인적인 확증과 증거를 토대로 이단의 사상을 지적하고 있기 때문에 다른 사람들이 말하는 것보다 훨씬 더 설득력이 있습니다. 유다서는 지금과 같은 말세를 지나면서 우리가 받아들이고 붙들어야 할 영적 지혜가 담긴 서신입니다.

3. 요한계시록 읽기준비

요한계시록은 사도 요한이 유배를 당해 밧모섬에 있을 때 하늘의 문이 열리고 환상이 보여 마지막 때에 있게 될 일과 앞으로 교회와 성도들이 당하게 될 일들을 보고 들은 대로 기록한 것입니다. 요한계시록은 수신자를 아시아의 일곱 교회라고 밝히고 있기 때문에 서신서인 동시에 계시의 말씀입니다. 요한계시록을 읽을 때 염두에 두어야 할 내용은 아래와 같습니다.

첫 번째, 요한계시록은 환상을 보고 주님의 음성을 듣고 쓴 계시의 말씀입니다. 따라서 계시록의 모든 내용을 지나친 상징으로 풀려고 하는 것은 성경적인 관점은 아니라고 말할 수 있습니다. 사도 요한이 본 것을 우리도 그림으로 보듯이 함께 따라가며 읽는 것이 중요합니다. 요한이 들은 것을 우리도 동일하게 듣는 것처럼 들으려고 하면서 요한계시록을 읽어야만 무리한 상징적 해석으로 기울지 않을 수 있습니다. 또한 요한계시록은 신구약 66권 중 마지막 66번째 성경이므로 앞에 있는 성경 65권의 내용을 먼저 충분히 이해하고 공부한 후에 보아야 더 명확하게 이해할 수 있습니다. 잘못된 관점과 이단의 사상에 의한 억지스런 해석을 하려 하지 말고, 오직 요한이 본 그대로 먼저 계시록 전체를 살펴 보고 앞선 65권의 내용과 어떻게 일치되는지를 확인하며 읽어 간다면 많은 사람들이 선입관을 갖고 있는 것처럼 특별한 사람만 읽을 수 있는 성경이 아니라는 사실을 금방 알게 될 것입니다.

두 번째, 요한계시록이라는 종말의 계시를 왜 '로마시대'에 주셨을까 하는 질문을 가져야 합니다. "역사는 반복된다"는 서양 속담을 여러분은 아실 겁니다. 따라서 로마 시대와 종말의 시대 사이에는 유사한 점과 중첩되는 내용이 많다는 것을 염두에 두고 읽어야 합니다. 구원과 하나님 나라를 해석할 때, '이미'와 '아직'이라는 관점이 매우 중요한데 예수님께서 십자가 위에서 '이미' 구원을 이루셨지만 구원의 완성은 재림 때 이루어 지기 때문에 '아직'이라고 말합니다. 종말의 해석도 '이미'와 '아직'이라는 긴장 관계와 상호 보완적인 관점에서 해석해야 앞으로 다가올 종말의 때를 준비하는 우리에게 주시는 메시지를 분명히 깨닫게 됩니다.

계시록의 내용을 제대로 이해하기 위해서는 로마시대 "기독교 박해의 역사"를 꼭! 공부해야 합니다. 로마시대 당시 기독교인들을 핍박했던 이유는 무엇이고 핍박의 내용은 무엇인지 잘 살펴보아야 합니다. 왜냐하면 종말의 때에 믿는 자들이 겪게 될 환란과 핍박이 로마시대의 내용과 거의 비슷하게 이루어 질 것이 분명하기 때문에 이를 알고 깨어 준비해야 합니다.

우선 앞으로는 로마시대처럼 점점 세상이 하나로 통일된 지구촌 One World가 되어 갈 것입니다. 그래서 세계가 단일국가의 개념으로 통합이 될 때, 그 일을 이루고 완성한 사람은 마치 로마의 황제 시저처럼 단일정부의 수장이 될 것이고 그는 자신을 신격화 할 것입니다. 그 사람은 경제통합을 시작으로 정치, 사회, 문화, 종교에 이르기 까지 대통합을 추구할 것이고, 이 때 그것을 반대하는 세력은 반정부 단체로 오해를 받고 낙인이 찍힐 것입니다. 특히 기독교인들은 이런 부분에 있어 복음과 충돌하는 내용들 때문에 반대 입장에서서 이런 통합을 거부할 것입니다. 지금까지 가능할 것이라고 예상조차 못했던 일을 '코로나 사태'라는 전무후무한 일을 겪으면서 정부가 종교를 탄압할 수도 있다는 가능성을 확인하게 되었습니다. 정부는 '감염병 예방'이라는 지극히 타당한 이유를 들어서 교회의 예배와 모임을 중지시켰고 그 방침에 따르지 않는 교회는 온 국민과 언론으로부터 지탄을 받아야 했습니다. 이것에 관해서는 기독교인들 사이에서도 논쟁이 있지만 이런 사태를 통해 어떠한 이유로든 정부가 종교를 통제할 수 있고 심하면 탄압할 수도 있다는 사실을 우리 모두는 충분히 경험했습니다. 과거 로마의 황제가 기독교를 반정부 집단으로 정죄하고 여론몰이를 하여 그들을 탄압하는 일이 정당하다는 식의 프레임을 만들어 죽이고 옥에 가두는 일이 일어났던 것처럼 종말의 시대에도 기독교에 대한 탄압이 거의 비슷한 형태로 나타날 가능성은 매우 높아 보입니다.

로마시대에 기독교를 탄압하면서 로마 정부가 내세웠던 몇 가지 명목이 있습니다. 그 첫 번째는 반제국 (로마 제국의 정책에 반대하는) '단체'라는 것입니다. 네로 황제 때 발생했던 로마의 대화재 사건(A.D. 64년)을 기독교인이 주도했다고 누명을 씌워서 원형경기장에서 무참히 죽이고 십자가에 매달았습니다. 이를 보고 많은 로마 시민들은 기독교인들이 로마제국에 대항하여 반정부 행위를 하고 국가에 위협을 가했기 때문에 죽는 것이 당연하다고 생각했습니다. 또한 기독교인들을 예수 그리스도를 주라고 인정하고 로마 제국의 황제인 시저를 주로 인정하지 않는 반제국적 입장을 가진 집단으로 매도했고, 로마 제국에 반하여 하나님 나라를 세우려고 하는 쿠데타 집단이라는 누명까지 씌웠기 때문에 로마의 시민들 대부분은 기독교인의 처형을 당연하게 생각했습니다.

두 번째는 기독교인들을 이기적인 집단으로 매도했습니다. 로마 제국은 통합과 연합을 강조하는 사회였습니다. 그런데 기독교인들은 자신들이 믿는 예수 그리스도 이외에는 구원이 없다는 강한 주장을 폈기 때문에 다신종교(그리스 로마 신화)의 영향을 받은 로마 시민들이 이러한 주장을 이해할 수 없을 것임을 알고 기독교인들을 매우 독선적이며 이기적인 집단으로 매도하고, 또 비합리적이며 비이성적인 광신도 집단이라는 프레임을 씌워 버렸습니다.

세 번째는 어처구니없는 이유이기는 한데, 실제로 기독교인들이 행하는 성찬예식 때문에 인육(사람 고기)을 먹는 집단이라는 오해를 받기도 했습니다. 예수님의 살과 피를 먹고 마시는 집단이라는 것입니다. 또한 당시 기독교인들은 로마 정부의 박해를 피해 묘지 같은 곳에 굴을 파서 숨어 사는 경우가 많았는데, 그것에 대해서도 죽은 시신을 꺼내어 예배의식 중에 나누어 먹는 만행을 저지르는 집단이라는 거짓말을 퍼뜨려 로마 시민들의 생각속에 기독교인에 대한 반감을 고조시켰습니다.

마지막은 그리스도인들이 서로에 대하여 '형제', '자매'라는 호칭을 사용하고 서로를 '그리스도 안에서 사랑한다'고 표현한다는 것을 이유로 음란한 '사교집단'이라는 거짓말을 퍼뜨리고 '아버지를 믿는다'는 교리적인 내용들을 오해할 수 밖에 없게끔 재포장하여 로마인들에게 전달함으로써 기독교인을 집단 성행위가 있는 비도덕적이며 반윤리적인 단체로 인식하게 만들었습니다.

결국 로마 정부에 의한 기독교의 핍박은 인류 역사상 가장 참혹한 형벌과 인권이 무시된 가장 비참한 행위들로 나타났는데도 불구하고 기독교 박해역사를 연구한 한 학자는 원형 경기장에서 엄마의 품에 안겨 사자의 밥이 되어 죽어가는 아이를 보면서 로마시민 중에 누구도 그것을 가혹한 형벌이라고 생각하거나 불쌍하다고 생각하지 않았다고 기록하고 있습니다. 초대교회 역사가운데 이러한 기독교 핍박의 역사는 우리에게 많은 교훈을 주며 또한 요한계시록을 이해하는 매우 중요한 단서를 제공합니다.

29과 요한계시록 순서대로 읽기 (1-3장)

요한계시록은 믿는 자들이 반드시 읽고 알아야 할 하나님의 마지막 약속의 말씀입니다. 그럼에도 불구하고 많은 사람들이 요한계시록 읽기를 두려워합니다. 왜 그럴까요? 계시록을 읽기도 전에 종말론에 관한 이야기를 너무 많이 들었기 때문입니다. 그래서 계시록에 대한 편견이 생겨서 계시록을 생각하면 '어렵다' 혹은 '무섭다'는 생각이 먼저 드는 것입니다. 필자는 성도들을 대상으로 요한계시록 세미나를 열 때 제일 먼저 부탁하는 것이, 지금까지 알고 있었던 요한계시록과 종말론에 관한 모든 내용과 선입견을 내려놓고 순수하게 요한계시록 자체를 읽어 보자고 말합니다. 요한계시록이 왜 쓰였는지, 어떤 구조를 가지고 있는지 등등 다른 성경을 읽을 때와 마찬가지로 문맥을 살피면서 순수하게 읽자고 말씀드립니다. 여러분도 그런 마음으로 요한계시록 자체를 읽어 보시기 바랍니다. 그러기 위해서 요한계시록 안으로 들어가기 전에 지금까지 요한계시록을 쉽게 읽지 못하게 만든 장애요소가 무엇인지를 먼저 생각해 보겠습니다. 아래에 소개된 내용은 개인적인 경험과 성경일독스쿨을 15년정도 인도하면서 참여자들로부터 들은 의견을 참고하여 정리한 것입니다.

요한계시록 읽기를 어려워하고 두려워하게 만드는 요소는 무엇인가?

그 첫 번째는 성경을 모르기 때문입니다. 성경은 모두 66권으로 되어 있습니다. 그 중에서 요한계시록은 66번째 성경입니다. 요한계시록을 제대로 이해하기 위해서는 그 앞에 기록된 65권의 성경을 먼저 잘 알아야 합니다. 요리를 해 본 경험도 거의 없고, 요리를 위해 칼을 잡아 본 적도 없고, 시장에서 장을 본 적도 없는 사람에게 갑자기 요리를 해서 음식을 만들어 보라고 한다면 그 사람은 갑자기 머리가 하얗게 되면서 아무 생각도 나지 않을 것입니다. 너무 막연해서 도대체 무엇부터 어떻게 해야 할지 모르기 때문입니다. 65권의 다른 성경에 대해 잘 모르는 사람이 요한계시록을 먼저 읽고 이해하려고 하는 것은 이러한 막막함과 혼란에 빠지는 것과 같은 것입니다. 요한계시록이 어려운 것이 아니라 성경 전체를 모르기 때문에 어려운 것입니다.

두 번째는 이단들이 주로 인용하는 성경이 계시록이기 때문에 잘못 이해하면 자칫 이단으로 빠지는 것 아닌가 하는 생각에 두려워합니다. 이단의 가장 큰 문제점은 요한계시록을 비유로 풀어서 설명한다는 것입니다. 과거부터 한국교회 안에서도 비유풀이로 인해 많은 문제가 야기되었습니다. '비유풀이'란 한마디로 성경에 나오는 모든 내용들이 비유로 되어 있기 때문에 그것을 풀기 위해서는 상징을 알아야 한다는 것입니다. 이 주장을 펴는 대표적인 이단으로 신천지를 들 수 있습니다. 신천지의 핵심 교리는 '비유풀이'입니다. 그들은 이사야서 34장 16절 말씀을 근거로 "성경은 모두 짝이 있다"는 주장을 합니다. 이 주장은 '성경은 성경으로 풀어야 한다'는 말과 대단히 비슷해 보이지만 분명히 다르다는 것을 알아야 합니다. '성경은 성경으로 풀어야 한다'는 말은 성경의 전후 문맥을 전혀 고려하지 않은 채 성경구절만을 따오는 방식을 이야기하는 것이 아닙니다. 이단들이 자기 교리를 설명할 때 항상 성경구절을 인용하여 설명하기 때문에 얼핏 보기엔 대단히 성경적인 것처럼 보입니다. 그러나 성경구절만 인용한다고 해서 성경적인 것이 아닙니다. 이것이 이단이 되는 이유입니다. 성경구절만 빼내서 어디든 끼워 넣으면 그대로 말이 이어질 수 있고 이것을 자의적으로 해석하여 이단의 교리가 만들어 지는 것입니다.

그렇다면 이사야 34장 16절 말씀을 통해 왜 신천지의 주장이 틀렸고 비유풀이가 위험한지를 설명드리겠습니다. 먼저 개역개정판 성경으로 본문을 한번 보겠습니다.

16 너희는 여호와의 책에서 찾아 읽어보라 이것들 가운데서 빠진 것이 하나도 없고 제 짝이 없는 것이 없으리니 이는 여호와의 입이 이를 명령하셨고 그의 영이 이것들을 모으셨음이라

이 구절만 보면 신천지의 주장이 맞는 것처럼 보입니다. 왜냐하면 "이것들 가운데 하나도 짝이 없는 것이 없다"고 할 뿐 아니라 심지어 여호와의 입에서 나온 명령이고 그의 영이 이것을 모았다고 이야기하기 때문입니다. 이번에는 새번역 성경으로 다시 한번 보겠습니다. 새번역 성경으로 읽으면 문맥을 파악하는데 많은 도움을 받을 수 있습니다. 성경을 바르게 읽기 위해서는 반드시 문맥을 살피면서 읽는 습관을 가져야 합니다.

16 주님의 책을 자세히 읽어 보아라. 이 짐승들 가운데서 어느 것 하나 빠지는 것이 없겠고, 하나도 그

짝이 없는 짐승은 없을 것이다. 주님께서 친히 입을 열어 그렇게 되라고 명하셨고 주님의 영이 친히 그 짐승들을 모으실 것이기 때문이다.

새번역 성경에서는 "하나도 그 짝이 없는 짐승은 없을 것이다"라고 표현하는 것을 분명히 알 수 있습니다. 그러니까 개역개정으로 읽을 때 보았던 것과 전혀 달라 보입니다. 그리고 입을 열어 짐승에게 짝이 있으라고 하신 분이 주님이시고 또한 주님의 영이 친히 노아 시대에 모아 주신 것처럼 짐승을 모으실 것이라는 말씀입니다. 원래 뜻은 이런데 이것을 한 구절만 쏙 빼서 자신들이 원하는 말씀으로 만들어 버리면서 성경적이라고 주장하는 것입니다. 그러면 원래 개역개정판 성경의 이사야 34장 16절 말씀 앞과 뒤를 살펴보면서 전후 맥락을 살펴봅시다.

15 부엉이가 거기에 깃들이고 알을 낳아 까서 그 그늘에 모으며 솔개들도 각각 제 짝과 함께 거기에 모이리라

16 너희는 여호와의 책에서 찾아 읽어보라 이것들 가운데서 빠진 것이 하나도 없고 제 짝이 없는 것이 없으리니 이는 여호와의 입이 이를 명령하셨고 그의 영이 이것들을 모으셨음이라

17 여호와께서 그것들을 위하여 제비를 뽑으시며 그의 손으로 줄을 띠어 그 땅을 그것들에게 나누어 주셨으니 그들이 영원히 차지하며 대대로 거기에 살리라

이렇게 전후맥락을 살펴보니 모든 성경은 짝이 있다는 말이 아니고, 하나님이 만드신 짐승에게 하나님이 짝을 만들어 주셨다는 뜻으로 보이지 않습니까? 그래서 요한계시록 뿐만 아니라 다른 모든 성경을 읽을 때에는 전후 맥락을 꼭 살피면서 읽어야 복음주의적인 관점에서 성경읽기가 되는 것입니다.

세 번째는 계시록의 말씀을 성경 그대로 읽지 않고 지나치게 신학적인 해석으로 풀려고 하기 때문에 어렵습니다. 식자우환(識字憂患)이라는 말처럼 성경은 모르고 종말론만 아는 그것 때문에 요한계시록 자체를 더 못 읽는 어려움에 빠지는 경우입니다. 우리가 흔히 알고 있는 종말론 이론 중에는 전천년설, 후천년설, 무천년설 등이 있는데 이러한 이론들이 요한계시록을 읽는데 중요한 틀을 제공하기는 하지만 문제는 교단마다 이론이 다 다르다는 것입니다. 왜 그렇습니까? 교단마다 천년왕국설에 대한 신학적 입장이 다른데 자기 교단이 가장 성경적이라고 보기 때문입니다. 모든 천년왕국설은 학자들의 입장이며 교단의 입장입니다. 그러므로 자신이 몸담고 있는 교회 담임목사님께서 가르쳐 주는 천년왕국설을 잘 배우고 알면 된다고 생각합니다. 종말론에 관심이 있는 많은 사람들이 어떤 천년왕국설이 맞느냐의 문제에 꽂혀 있는데 필자의 경험으로 볼 때 천년왕국설에 대한 입장은 각 교단마다 자신들이 주장하는 내용이 성경적이라고 주장합니다. 그래서 논쟁이 있고 주장이 있습니다. 이렇기 때문에 요한계시록을 읽는 데 큰 도움이 되지 못하고 도리어 읽는 것 자체를 막는 결과를 낳습니다. 마치 빨간색 선글라스를 끼면 모든 것이 붉게 보이고 파란색 선글라스를 끼면 모든 것이 파랗게 보이는 것처럼 어떤 천년왕국설이라는 안경을 쓰고 요한계시록을 보느냐에 따라 전천년설을 주장하는 교단은 그렇게 보이고 후천년설을 주장하는 교단은 그렇게 보이고 무천년설을 주장하는 교단은 또 그렇게 보일 수 밖에는 없습니다. 그래서 요한계시록을 제대로 읽기 위해서는 자신이 기존에 알고 있던 천년왕국설과 교리적인 입장을 일단은 내려놓고 순수하게 성경 그대로 읽어볼 것을 권하고 싶습니다.

네 번째는 요한이 환상으로 본 것을 언어로 표현한 것이므로 '그림언어'로 이해해야 한다는 것입니다. '그림언어'란 내가 본 것을 다른 사람에게 설명할 때 그 사람도 내가 본 그대로 상상해 볼 수 있도록 말로 묘사해주는 언어표현의 방식입니다. 그래서 그림언어를 잘 구사하시는 분들이 다른 사람에게 어떤 상황을 설명하면 듣기만 했는데도 불구하고 그 상황이 머리에 그림처럼 그려지는 것을 경험합니다. 요한이 계시록을 어떻게 썼나요? 주님이 보여주신 계시를 본 그대로 글로 표현했습니다. 주님이 들려주신 말씀을 들은 그대로 글로 표현했습니다. 그러니 우리도 요한이 설명하는 그림언어를 토대로 그가 본 것을 머릿속에 그림으로 그려보고, 요한이 들은 것을 우리도 들어보면서 읽으면 되는데, 그렇게 하지 않고 억지로 해석하여 모든 환상이 무엇을 상징하고 무엇을 비유하는지 일일이 풀려고 하니까 어려운 것입니다.

마지막 다섯 번째는, 루터와 칼빈 같은 대학자들도 해석하지 못한 요한계시록을 내가 너무 쉽게 읽고 해석하는 것은 아닐까하는 우려와 미래에 대한 예언이 담긴 책이라는 생각 때문입니다. 루터는 성경 65권에 대한 주석을 만들었으나 요한계시록은 주석하지 못했습니다. 그리고 천재 신학자 칼빈도 모든 성경의 주석을 만들었음에도 요한계시록에 대해서는 아시아의 일곱 교회에 보내는 편지 부분인 1장부터 3장까지만 주석을 만들고 나머지는 주석하지 못했습니다. 이렇듯 위대한 신학자들도 해석하기 어려워했던 요한계시록을 내가 쉽게 읽는 것은 무엇인가 '금기'시 된 것을 건드리는 것 같은 생각이 들기 때문에 두려워 합니다. 또한 요한계시록은 "예언의 책"이라는 선입관에 사로잡혀서 함부로 읽으면 안 된다는 고정관념에 묶여 있는 분들도 많습니다.

그렇다면 어떤 관점에서 요한계시록을 읽어야 하는지 원칙을 정해 봅시다.

첫째, 요한계시록에서 설명하고 있는 그대로 보면 됩니다. 다른 것들을 첨가할 생각을 하지 말고 오직 성경자체로만 읽기 바랍니다. 요한계시록에서 말씀하는 그대로만 보면 됩니다. 먼저 요한계시록 1장 1절과 2절의 내용을 제대로 알면 요한계시록은 열리게 되어 있습니다. 새번역 성경으로 봅시다.

1 이것은 예수 그리스도의 계시입니다. 이 계시는 곧 일어나야 할 일들을 그 종들에게 보이시려고, 하나님께서 그리스도에게 주신 것입니다. 그런데 그리스도께서는 자기의 천사를 보내셔서, 자기의 종 요한에게 이것을 알려 주셨습니다.

2 요한은 하나님의 말씀과 예수 그리스도의 증언 곧 자기가 본 것을 다 증언하였습니다.

요한계시록은 예수님께서 우리에게 열어서 보여주신 하나님의 계시입니다. 그 계시는 곧 일어날 일들에 대해 하나님께서 그리스도에게 보여주신 것을 천사를 통해서 요한에게 보여주신 것입니다. 여기에 중요한 표현이 두가지가 나오는데 하나는 "계시"입니다. 요한이 만들어 낸 이야기가 아니라 하나님께서 열어서 보여주신 것을 본 그대로 적은 예언이라는 것입니다. 또 한가지는 "본" 것을 그대로 증언했다는 것입니다. 그러므로 우리도 계시의 말씀을 깨달을 수 있도록 성령님께서 조명해 주시길 기도하며 동시에 요한과 똑같은 관점에서 계시록을 보는 마음으로 읽어야 합니다. 요한계시록 1장 11절의 말씀도 계시록을 읽는 데 필요한 귀한 지침을 우리에게 제시해 주고 있습니다. 이것도 새번역 성경으로 읽어 보겠습니다.

11 그 음성은 이렇게 말하였습니다. "네가 보는 것을 책에 기록하여, 일곱 교회, 곧 에베소와 서머나와 버가모와 두아디라와 사데와 빌라델비아와 라오디게아의 교회로 보내라."

하나님께서 요한에게 들려주신 음성은 "네가 보는 것을 책에 기록해서 아시아에 있는 일곱 교회에게 보내라"는 명령이었습니다. 그래서 요한은 계시록을 써서 일곱교회에 보냅니다. 요한계시록 1장 1절에서는 요한계시록이 '계시의 말씀'이라는 것을 증거한다면 11절에서는 요한계시록이 일곱교회에 보내는 '편지'라는 것을 분명히 밝히고 있습니다. 그래서 요한계시록은 미래에 일어날 일을 알려주시기 위해 주신 예언과 계시의 말씀이면서 동시에 일곱 교회에게 보내는 편지입니다. 이것을 기억하고 우리도 요한이 묘사해 주는 그림언어를 통해 그림을 보는 것처럼 계시록을 읽어야 맞는 것입다.

두 번째는 "이미와 아직"의 관점에서 요한계시록을 읽어야 2000년전 계시의 말씀이 그 시대 아시아의 일곱 교회에게 주신 말씀인 동시에 종말을 사는 오늘날의 우리에게 주신 말씀이 됩니다.

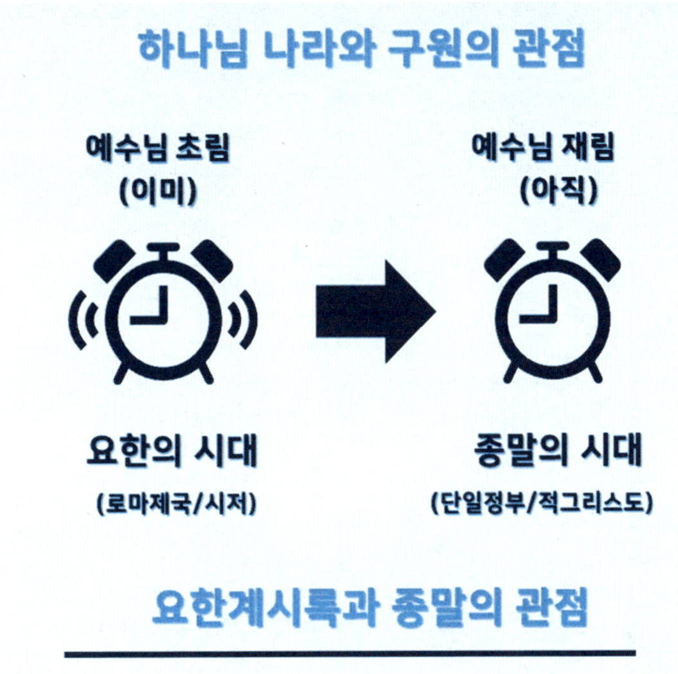

하나님의 구원 역사는 "이미와 아직"의 긴장관계 속에 있습니다. 하나님 나라와 구원의 역사는 예수님께서 성육신 해서 십자가에서 죽고 부활하심으로 "이미" 성취된 역사인 동시에, 예수님의 재림을 통한 구원의 완성과 하나님 나라의 도래가 "아직" 완성되지 않은 역사입니다. 그래서 요한계시록을 공부할 때도 "이미와 아직"이라는 복음적인 관점에서 살펴봐야 합니다. 요한계시록의 13장과 17장에 등장하는 일곱 머리와 열 뿔을 가진 짐승은 학자들마다 견해는 조금씩 다르지만 로마 혹은 로마의 황제(시저)를 가리키면서 동시에 종말시대의 '적그리스도'를 상징한다고 봅니다. 이렇게 계시록에 나타난 동일한 짐승이 로마시대(이미)에는 시저를, 종말의 시대(아직)에는 적그리스도를 상징하는 것처럼 요한계시록은 "이미" 역사속에 등장한 로마시대의 교회에게 주신 메시지인 동시에 "아직" 도래하지 않은 종말시대의 교회에게 주신 메시지입니다.

1. 시대적인 상황과 배경 이해하기

요한계시록의 시대적인 배경은 로마시대입니다. 로마는 그 당시 유럽지역 전역을 통합한 대제국이었으며 또한 전 세계를 통합한 '단일국가'였다고 말할 수 있습니다. 로마 황제는 거대 단일국가의 리더일 뿐만 아니라 신격화된 인물이었기 때문에 성경에서는 적그리스도로 많이 표현됩니다. 로마시대에 나타난 기독교에 대한 핍박의 양상은 각각의 황제가 "기독교를 어떻게 보느냐"에 따

박해	황제 이름	시대적인 상황과 순교자들
1차	5대 황제 네로(Nero) 박해시기 AD 64년	* 기독교인들이 로마 대화재의 주범으로 간주되어 희생을 당하게 됩니다. 그래서 로마를 중심으로 그 주변에 있는 기독교인들에게 박해가 집중되었습니다. * 기록에 따르면 기독교인들의 시신이 너무 많아서 불로 태운 시신이 네로의 정원을 덮을 정도였다고 합니다. * 대표적인 순교자는 바울과 베드로입니다.
2차	11대 황제 도미티아누스 (Domitianus) 박해시기 AD 90–96년	* 네로 황제 때와는 달리 로마 뿐만 아니라 소아시아에 있는 교회들까지 큰 핍박을 당한 시대입니다. * 황제에게 절하지 않는다는 이유로 기독교를 반정부 단체로 오인하고 로마를 대적할 세력으로 간주했습니다. 그러나 결국 가장 가까운 사람인 근위대장 아그리콜라와 왕비의 계략으로 죽게 됩니다. * 대표적인 순교자는 로마의 클레멘트입니다. 이때 사도요한은 밧모섬으로 유배를 당합니다.
3차	13대 황제 트라이아누스 (Traianus) 박해시기 AD 98–117년	* 박해가 주기적으로 일정한 기간동안 강화되었다가 풀렸다 반복적으로 일어났습니다. * 로마에 대항하는 반정부 기관으로 인정된 모든 단체들이 핍박을 받을 때 기독교도 포함이 되었습니다. 그래서 기독교인들은 발견되는 즉시 형이 집행 되었습니다. * 이런 어려움을 대비하여 기독교인들 사이에 주의해야 될 내용들이 교육이 되었고 그 덕분에 붙잡힌 기독교인들이 많지 않았다고 합니다. * 대표적인 순교자는 루프스, 시므온, 소지무스, 이그나티우스 등이 있습니다. (이들은 사도 이후의 교회 지도자입니다.)
4차	14대 황제 하드리아누스 (Hadrianus) 박해시기 AD 117–138년	* 전임자 트라이아누스의 정치적인 입장을 유지하며 기독교에 대한 핍박을 이어갔습니다. 심지어 기독교를 설명하려고 했던 변증가들까지 거짓으로 기독교를 옹호한다는 이유로 핍박했습니다. * 대표적인 순교자는 텔레스포루스입니다.
5차	16대 황제 마르쿠스 아우렐리우스 (Marcus Antoninus) 박해시기 AD 161–180	* 철학에 심취했던 황제는 기독교를 반철학적인 종교 또는 사상으로 생각하고 반대했습니다. 특별히 스토아학파의 영향을 받은 황제는 반기독교적인 입장을 고수했습니다. 철학적인 사고와는 다르게 로마에 큰 재난이 일어나자 그 원인을 기독교인들에게 돌려서 박해 했습니다. * 대표적인 순교자들은 포티누스, 저스틴, 블렌티나입니다.
6차	20대 황제 셉티미우스 세베루스 (Septimius Severus) 박해시기 AD 202–211	* 강력한 기독교 핍박과 더불어 기독교 입교 금지법을 정하여 반포한 황제입니다. * 대표적 순교자들은 이레니어스, 페르페투아, 레오니다스입니다.

7차	25대 황제 막시미누스 트락스 (Maximinus Thrax) 박해시기 AD 235-236	* 역사적인 기록에 따르면 전임 황제인 세베루스 알렉산데르의 암살을 기독교인들이 지지했다고 오해하여 기독교를 강력하게 핍박했습니다. * 특별히 수많은 기독교 성직자들을 처형했습니다. * 대표적인 순교자는 히폴리투스입니다.
8차	데키우스 (Decius) 박해시기 AD 249-251	* 황제를 신격화 시킨 대표적인 인물입니다. 기독교 박해를 로마제국 전체로 확대하였고 황제만을 숭배하도록 했습니다. 만약 황제 이외에 다른 신을 섬기면 즉시 형을 집행했습니다. * 대표적인 순교자는 파피아누스와 (예루살렘의) 알렉산더입니다.
9차	33대 황제 발레리아누스 (Valerianus) 박해시기 AD 257-260	* 기독교인들의 매매를 금지하고 재산마저 몰수합니다 그리고 기독교인들의 집회를 금지하여 예배도 드리지 못하게 만듭니다. * 대표적인 순교자는 식수투스 2세와 키프리안, 오리게네스입니다.
10차	디오클레티아누스 (Diocletianus)와 갈레리우스 (Galerius) 공동황제 박해시기 AD 303-311	* 10차에 걸친 박해중에 가장 심했던 박해입니다. 수많은 교회와 성경책이 불에 타 소실되었습니다. * 모든 기독교인들의 정치 · 사회적인 권한을 정지시켰습니다. 심지어 이방신을 위한 인신공양에 기독교인들이 제물로 쓰였습니다. * 대표적인 순교자는 마우리티우스입니다.

라 크게 달랐으며 모든 로마 황제들이 핍박을 강하게 한 것은 아니었습니다. 이제 로마시대에 기독교를 가장 심하게 핍박했던 10명의 황제와 핍박의 내용을 살펴봄으로써 그 당시 교회를 위로하고 소망을 주신 주님의 마음을 이해하고 앞으로 닥치게 될 종말시대 기독교인들에 대한 핍박도 미리 짐작해 보도록 합시다.

로마시대 기독교 박해역사를 통해 앞으로 다가올 종말 시대의 흐름을 예상해 본다면, 먼저는 전세계가 하나의 국가로 통합되는 방향으로 세계역사가 흘러갈 것입니다. 이미 각 대륙은 통합을 이루고 있습니다. 그 대표적인 시작이 EU(유럽연합)입니다. 이렇게 대륙이 통합되면 대륙과 대륙간의 통합도 시간의 문제일 뿐이지 반드시 진행이 될 것입니다. 마치 로마시대에 원로원 정치가 삼두정치로 변화되었다가 결국 한 사람으로 통합되어 황제정치가 된 것처럼, 앞으로 세계의 정치 구도 또한 대륙의 연합이 이루어진 뒤에 단일 국가로 통합될 가능성이 높으며 이 때 나타날 지도자가 로마의 시저처럼 적그리스도로가 되어 신격화될 가능성이 대단히 높습니다.

그렇다면 적그리스도가 절대적인 힘을 가지고 있을 때 어떤 일들이 벌어질까요? 반드시 정치와 사회와 문화와 종교를 통합하여 세계를 하나로 묶는 작업을 이루어 갈 것입니다. 결국 단일국가를 이루어 하나의 절대권력을 갖게 된 지도자는 국가의 일치와 연합을 유지하기 위해 국민에 대한 통제와 억압을 강화해 나갈 것이고, 반드시 종교적인 통합도 시도할 것입니다. 그러나 기독교인들은 이에 맞서 오직 구원은 예수 그리스도 밖에 없다는 주장을 펼 것이고, 이로 인하여 사회적인 비판에 직면하게 되고 정부의 지침을 따르지 않는 반정부단체라는 오해를 받아 초대교회 성도들처럼 핍박을 당하게 될 것입니다. 이런 상황에서 신격화된 적그리스도는 더욱 더 강력한 권력으로 기독교인들을 탄압하게 될 것이고 마침내 666 즉 "사람의 수이며 매매하는 표"를 이용하여 기독교인들로 하여금 경제활동을 위해서는 신앙을 부인하도록 몰아갈 것입니다. 결국 기독교인들은 생존의 문제 앞에서 666표를 놓고 "순교냐 생존이냐"를 선택해야 될 갈림길에 서게 될 것입니다. 그러나 끝까지 표를 받지 않고 순교한 자들에게는 반드시 주님이 약속하신 대로 영생과 하늘의 상이 있을 것입니다.

2. 요한계시록의 전체 구조

요한계시록은 문학적인 입장에서 두 분류로 나누어집니다. 하나는 '편지'이고 다른 하나는 '계시(묵시)'입니다. 그래서 수필과 비슷하고 묵시 문학과도 비슷합니다. 요한계시록의 전체 구조는 크게 세 부분으로 나눌 수 있습니다. 이것은 요한계시록 1장 19절의 말씀을 근거로 하여 나눈 구조입니다.

19 그러므로 네가 본 것과 지금 있는 일과 장차 될 일을 기록하라

본 것	· 계시록 1장
지금 있는 일	· 계시록 2장 – 3장
장차 될 일	· 계시록 4장 – 22장

1장 전체는 핍박의 시대를 살고 있는 교회와 성도들의 현실을 역사적 관점에서 기록하고 있습니다. 2장과 3장은 아시아에 있는 일곱 교회에게 보낸 편지를 기록하고 있습니다. 일곱교회가 처한 각각의 상황에서 어떻게 고난의 시대를 이겨야 하는지, 그리고 교회의 머리되시고 주인이신 어린 양 예수께서는 교회를 어떻게 판단하고 계시는지에 대해 말씀하고 있습니다. 마지막으로 4장부터 22장까지는 앞으로 일어나게 될 일을 예언하고 있기 때문에 4장부터는 요한이 하늘로 들려 올라가서 보게 되는 장면으로 시작이 됩니다. 이제 요한계시록의 이러한 구조에 초점을 맞추어, 사도요한이 본 장면들을 우리도 같이 보는 것처럼 머릿속에 그리면서 따라가 봅시다. 여기서 거듭 강조하지만 성경이 풀지 않는 것을 억지로 풀거나 짜 맞추려 하지 말아야 합니다.

3. 요한계시록의 세분화된 구조와 설명 (1–3장)

요한계시록의 전체구조

주제	서론	일곱 교회	말세의 징조와 대 환란						종말	결론
시간	본 것	지금 있는 일	장차 될 일							
내용	계시	일곱교회의 편지	하늘 보좌	죽임 당한 어린양	일곱인 재앙	일곱나팔 재앙	예고된 큰 심판	일곱 대접	재림과 새 예루살렘	재림의 약속
장/절	1	2–3	4	5	6–8:4	8:5–11:19	12–14	15–18	19–22:5	22:6–22
삽입					7	10–11:14	12–14			

위의 표를 먼저 머리에 넣고 계시록을 읽어 갑시다. 1장은 본 것입니다. 그래서 계시의 내용이 나옵니다. 2장과 3장은 지금 있는 일을 기록한 것으로 아시아의 일곱 교회에게 보낸 편지입니다.

4장부터 22장까지는 장차 될 일을 말씀합니다. 4장은 요한이 하늘로 올라가서 하나님 보좌 앞에서 이루어지는 천상회의를 보는 모습입니다. 5장에서는 천상회의를 통해 어린양 되신 예수께서 인류를 구원할 자로 선택을 받습니다.

6장부터 8장 4절까지에는 일곱재앙이 소개됩니다. 그리고 7장은 이스라엘의 회복에 관한 내용이 삽입이 됩니다. 8장 5절에서 마지막 인을 떼니까 일곱 나팔 재앙이 시작됩니다.

그리고 11장 15절에 마지막 나팔이 불리게 됩니다. 그 사이에 10장부터 11장 14절까지 삽입된 이야기가 나옵니다. 또 다른 힘센 천사의 출현과 작은 두루마리를 먹은 요한의 모습과 두 증인이 나옵니다.

이어서 11장 15절부터 19절까지 일곱 번째 마지막 나팔이 불리게 됩니다. 여기서 마지막 나팔은 일곱대접의 재앙과 연결이 되는 사건입니다. 일곱 번째 나팔 재앙은 일곱대접의 재앙이기 때문입니다. 그러나 요한계시록은 11장 15절부터 일곱 대접의 재앙이 시작되는 15장 사이에 12장부터 14장까지 예고된 큰 심판의 내용을 끼워 넣어서 보여주고 있습니다.

그리고 15장부터 18장까지 일곱대접의 사건을 설명하고 있고 19장부터 22장 5절까지 재림의 과정을 상세하게 설명해주고 있으며 하나님의 도성인 새예루살렘이 하늘에서 내려오는 장면과 그 속에 들어가는 내용으로 천국의 소망을 남기며 끝이 납니다.

그리고 마지막 22장 6절부터 마지막 21절에서 "주 예수여 어서 오시옵소서!"라는 간절한 기대의 외침을 끝으로 요한계시록은 마무리됩니다.

1) 1장 (본 것)

계시록 1장은 서론이며 '본 것'에 관한 내용으로 '계시'에 대한 말씀이 시작됩니다. '계시'는 보여주시는 것입니다. 그러므로 우리도 보여주시는 대로 따라가야 합니다. 말씀을 따라가는 것이 복이요, 종말을 준비하는 올바른 태도입니다. 여기서 계시의 주체는 '예수님'입니다. 우리가 노력한다고 해서 보여지는 것이 아닌, 예수님께서 은혜로 우리에게 보여주시는 것을 보는 것이 바로 계시입니다. 요한은 하나님께서 보여주신 환상을 보았습니다. 이것을 저는 개인적으로 '영적인 영화'라고 표현하고 싶습니다. 앞서 사복음서를 살펴볼 때 예수님의 생애에 관한 다큐멘터리를 보듯이 본 것처럼, 요한계시록도 한 편의 영적인 영화를 보듯이 본다면 이해에 큰 도움이 되리라 생각합니다.

이 계시의 말씀은 '주님의 명령'입니다. 따라서 이 계시의 말씀을 읽고 듣고 지켜 행하는 자가 복이 있을 것이라고 했습니다. 이 복은 계시의 말씀을 읽고 듣고 행하는 자와 함께 하는 임마누엘의 복입니다. 예수님은 과거, 현재, 미래를 초월하시는 분이시며 세상의 왕들 중에 머리가 되십니다. 요한계시록은 예언서이지만 구속의 교리가 분명합니다.

2) 2-3장 (지금 있는 일)

2장과 3장은 아시아에 있는 일곱 교회에게 주신 편지입니다. 당시 일곱 교회는 로마의 핍박과 이단의 도전에 시달리고 있었으며 교회 내부의 문제도 있어서 점점 복음은 변질되고 형식화되고 세속화되어 가는 상황이었습니다. 그러자 교회의 주인이신 예수님께서 이러한 각 교회의 상황을 진단하시면서 칭찬과 더불어 책망과 회개를 촉구하는 것입니다.

요한계시록 2과 3장에 나온 7교회 도표

	칭찬	비판	가르침	약속
에베소	악한자를 용납하지 않고 견디고 인내함	처음 사람을 버렸다	처음행위를 가져라	생명나무의 과실
서머나	은혜롭고, 환란과 궁핍을 견딤	없음	죽도록 충성하라	생명의 면류관
버가모	믿음을 저버리지 않았다.	부도덕, 우상숭배 음행을 허용함	회개하라	감추었던 만나 새 이름 새긴 돌
두아디라	섬김, 사랑, 믿음, 인내가 처음보다 더 큼	우상숭배와 음란과 부도덕 허용	심판이 있다 믿음을 지켜라	만국을 다리스리는 권세와 새벽별
사데	믿음을 지킨 자들이 있음	죽은 교회다	회개하라 남은것을 굳게 하라	명예를 얻고 흰옷을 입음
빌라델비아	믿음 안에서 견딤	없음	믿음을 지켜라	하나님이 임재하는 장소 새이름, 새예루살렘
라오디게아	없음	무관심	열심을 내라 회개하라	예수님 보좌에 함께 앉음

30과 요한계시록 (4-22장) 과 성경일독스쿨 맺는 말

1. 요한계시록의 세분화된 구조와 설명 (4-22장)

주제	말세의 징조와 대 환란						종말	결론
시간	장차 될 일							
내용	하늘 보좌	죽임 당한 어린양	일곱인 재앙	일곱나팔 재앙	예고된 큰 심판	일곱 대접	재림과 새 예루살렘	재림의 약속
장/절	4	5	6-8:4	8:5-11:19		15-18	19-22:5	22:6-22
삽입			7	10 -11:14	12-14			

1) 4-5장 (장차 될 일)

4장과 5장에는 하나님의 보좌 앞에서 벌어지는 천상의 회의 장면이 소개됩니다. 하늘 보좌의 모습과 24장로와 신비로운 4마리의 짐승에 관하여 소개하고 있습니다. 4장을 어떻게 보느냐에 따라서 이중 재림론(공중재림과 지상재림)에 대한 주장을 수용하기도 하고 반대하기도 합니다. 그래서 4장 1절이 중요합니다.

1 이 일 후에 내가 보니 하늘에 열린 문이 있는데 내가 들은 바 처음에 내게 말하던 나팔 소리 같은 그 음성이 이르되 이리로 올라오라 이 후에 마땅히 일어날 일들을 내가 네게 보이리라 하시더라

이것을 휴거로 보는 견해들도 많은데 그러나 문맥상 보면 휴거가 아니라 사도 요한이 성령에 사로잡혀 '하늘로 올라간 것'으로 보는 것이 타당하다 생각합니다. 왜냐하면 1절 후반부에 보면 "이 후에 일어날 일들을 네게 보여주겠다"고 말씀하고 있고 이어서 2절 전반부에 요한이 성령의 역사로 놀라운 체험을 합니다. **"내가 곧 성령에 감동되었더니 보라…,"**

성령의 감동으로 보게 된 것을 기록한 것입니다. 이것을 휴거로 해석하기도 하고 입신으로 해석하기도 하고 눈이 열려서 하나님 보좌 앞에서 이루어지는 천상회의를 본 것이라고도 해석합니다. 우리가 잘 아는 에스겔도 바벨론 포로로 잡혀 가서 그 지역에 있는 그발 강가에서 요한처럼 성령에 이끌리어 환상 중에 예루살렘을 본 것과 비슷합니다. (겔 1:1-3)

●여기서 잠깐!

요한계시록을 읽을 때 요한이 본 것처럼 우리도 함께 보면서 요한계시록을 읽어야 한다고 말씀드렸습니다. 지금부터 그것을 꼭 적용해서 읽어야 합니다. 많은 분들이 4장부터 요한이 보게 되는 모든 것이 "무슨 뜻이냐?" "어떤 상징이냐?", 이런 궁금함 때문에 요한계시록을 끝까지 제대로 읽어 보지도 못하고 도중에 멈추어 버립니다. 그래서 앞으로 나오는 모든 내용을 "무엇이냐?"로 보지 마시고 "요한이 본 것이 이런 것이었구나"하고 인정하고 받아들이면서 읽으시기 바랍니다. 요한이 본 것처럼 읽어야 우리에게도 보이는 것입니다.

영화 제작에 필요한 3가지 요소가 시나리오, 촬영, 편집이라고 합니다. 감독이 시나리오에 담긴 메시지를 영상으로 촬영하고 그것을 관객들이 정확하게 이해하고 받아들일 수 있도록 편집하는 과정까지 마무리해야 한편의 영화가 만들어집니다. "이 계시는 곧 일어나야 할 일들을 그 종들에게 보이시려고 그리스도께 주신 것이고 ,그것을 자기 천사를 보내셔서 종 요한에게 알려주신 것"이 요한계시록입니다. 그러므로 계시록 4장 이하는 하나님이 역사의 주관자로써 쓰신 시나리오를 가지고 예수님이 감독을 맡아서 천사들이 촬영하여 관객인 요한과 우리들에게 보여주신 영적인 영화라고 생각하고 읽어 보시기 바랍니다. 너무 많은 의미와 해석을 덧붙이지 말고 편하게 한편의 영화를 보듯이 장면을 따라가 보시기 바랍니다.

4장부터는 요한이 환상 중에 본 장면들이 하나하나 묘사되어 나타나기 시작합니다. 그래서 홍옥, 비취옥, 무지개 등이 나오면 머릿속으로 상상하여 그림을 그리며 읽습니다. 요한이 쓴 것이 "그림언어"인데 우리는 그것을 상징으로 먼저 풀려고 하니까 진도가 나가지 않습니다. 상징하는 바가 전혀 없다는 것은 아닙니다. 그러나 상징까지 가려면 먼저 전체적인 내용을 알고 큰 그림이 머리에 그려져야 합니다. 그런 뒤에 해석을 해야 오류가 없이 균형 잡힌 이해를 할 수 있습니다.

4장에 나오는 네 짐승은 다니엘서에 나온 짐승과 유사합니다. 그런데 이 네 짐승은 요한이 이 땅에서는 한번도 본 적이 없는 짐승입니다. 그런 생소한 형상의 짐승을 표현하려니 요한은 자기가 알고 있는 이 땅의 짐승에 빗대어 표현할 수밖에 없고 그래서 나온 표현이 '사자 같고', '송아지 같고', '사람 얼굴 같고', '독수리 같다'입니다.

우리가 잘 아는 "철마(鐵馬)"라는 단어는 기차라는 공식적인 명칭이 만들어지기 전인 19세기초에 일본에 가서 기차를 처음 보고 온 조선의 사절단들이 사람들에게 기차를 설명하기 위해 사용한 단어입니다. 철로 만들어진 마차라는 뜻이지요. 한번도 본 적이 없고 그것을 표현하는 언어도 없는 상태에서 그것을 설명하려면 자신이 알고 있는 경험과 지식의 범위 안에서 표현할 수밖에 없습니다. 요한도 마찬가지입니다. 요한이 본 네 짐승은 기존의 짐승들을 동원하여 그것 '같다'라고 표현할 수밖에는 없는 짐승이었습니다. 앞으로도 요한이 본 환상을 설명하면서 "~같다"라는 표현이 많이 나오는데 모두 이와 같은 맥락이라는 것을 기억하고 읽기 바랍니다.

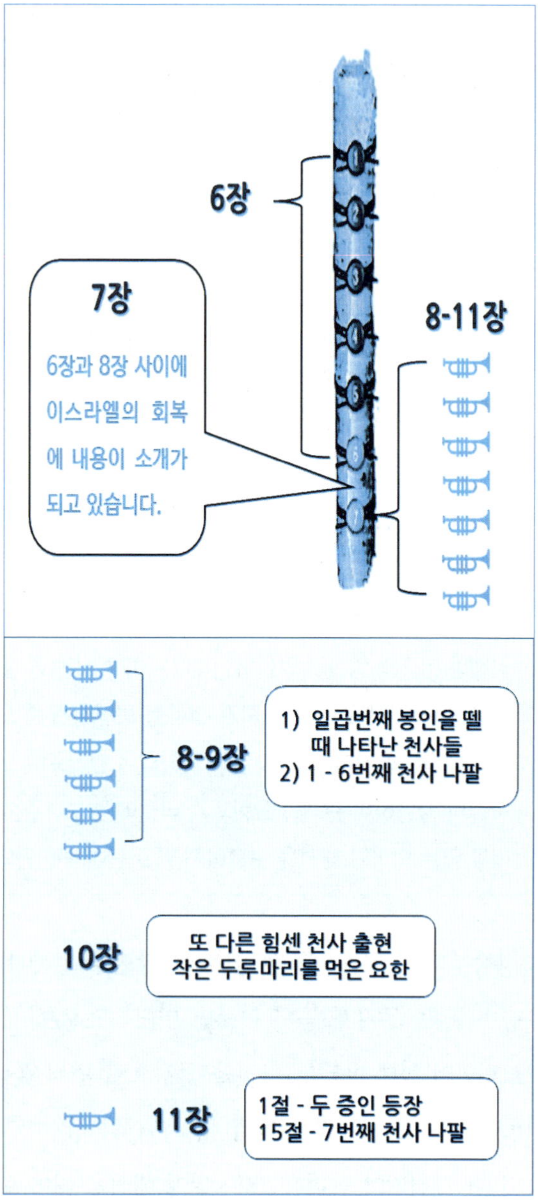

2) 6-11장 (장차 될 일)

6장부터는 11장전반부까지는 온 세상에 임할 환란의 때를 말씀합니다. 앞으로 있게 될 하나님의 심판에 관한 말씀입니다. 그리고 11장 후반부에는 마지막 나팔에 관한 말씀입니다. 6장부터 8장 1절까지 나타나는 일곱인은 인을 뗄 때마다 하나님께서 심판을 땅에 내리시는 장면이 나옵니다. 일곱 번째 인을 뗄 때, 이번에는 일곱천사가 나타나서 일곱 나팔을 붑니다. 특히 네 번째 나팔까지 나타난 심판도 너무 크고 놀라운데 나머지 세 번의 나팔을 불 때는 아무도 피할 수 없는 크고 놀라운 심판의 내용들이 소개됩니다. 심판을 피할 길이 없습니다. 오직 피할 곳은 하나님 뿐입니다. 그래서 믿는 자들은 하나님만이 우리의 피난처가 되시고 구원이 되신다는 것을 잊지 말아야 합니다.

마지막으로 기억해야 할 중요한 내용은 11장을 휴거로 볼 때 이후의 내용에 대한 해석은 "환란

11장	· 일곱 번째 나팔이 불리면서 심판과 함께 하늘 나라가 임하는 환상을 보았습니다.
12-14장	· 하늘의 영적 싸움과 이 땅에 벌어지는 사건들이 연결되어 있음을 환상을 통해 보여주고 있습니다.
15장	· 다시 일곱천사와 마지막 나팔에 대한 묘사로 연결되고 있습니다.

전 휴거설"이 된다고 말하기도 합니다. 이후에 등장하는 12장부터 14장까지는 대환란이 닥치는 내용인데 특별히 15장에 나오는 어린양의 혼인잔치는 마치 환란 전에 믿는 자들이 휴거를 받아서 하늘에서 예수님과 잔치를 벌이는 것과 같고, 16장의 일곱 대접의 재앙은 믿지 않고 휴거되지 못한 자들이 땅에서 7년 대환란을 당하는 장면처럼 이어지기 때문에 이런 주장이 나왔습니다.

16장	· 일곱천사가 순서대로 대접을 쏟을 때마다 땅에 재장이 나타나게 됩니다.
17장	· 큰 음녀(창여)에게 임하는 하나님의 진노를 보여줍니다.
18장	· 바벨론의 멸망과 하나님의 공의와 영광을 보여줍니다.

그러나 우리는 이러한 교리보다 먼저 요한계시록 자체를 정확하게 읽어 보는 것이 중요합니다. 그러다 보면 자연스럽게 성경적인 종말론이 세워지기 때문에 그렇습니다. 그리고 자신이 몸 담고 있는 교회의 담임목사님과 교회가 속한 교단의 교리를 잘 배우기를 권장합니다. 계시록을 배워 보겠다고 어디 특별한 곳에 가서 이단에게 이상한 교리나 상징, 비유풀이 등을 배우면 큰 일 납니다. 각자 섬기는 교회를 통해 복음주의 관점에서 정통교리와 신학을 공부한 목회자에게 배우시기를 바랍니다. 교단마다 상황이 다르니 여기까지만 설명합니다.

3) 12-19장 (장차 될 일)

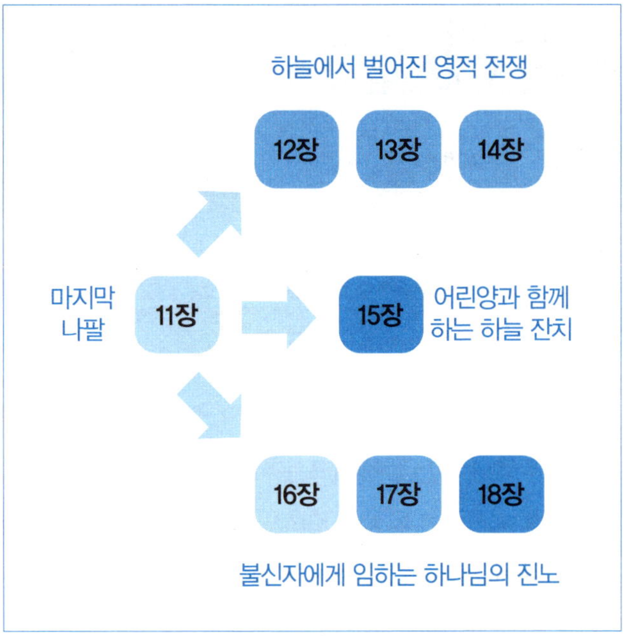

12장부터 19장까지는 크게 세 부분으로 나눌 수 있습니다. 첫번째는 12-14장까지 종말의 때에 인류 역사 가운데 나타날 영적 전쟁과 하늘에서 벌어지는 사건과 일들을 보여주고 있습니다. 12장부터 14장까지는 11장과 15장 사이에 들어가 있는 영적인 장면이라고 생각하면서 읽어야 합니다. 두 번째는 15장과 19장에 중복되어 소개된 어린양의 혼인잔치에 관한 내용입니다. 그리고 마지막으로 16장부터 18장까지는 불신자에게 임하는 진노에 관한 묘사입니다. 특별히 불신자에게 임하는 진노 중에 16장에 나오는 일곱 대접에 대한 진노는 11장에 소개된 일곱 번째 나팔과 함께 나타나는 현상입니다. 그래서 둘은 서로 연결되어 있습니다.

4) 20장 - 22장

20장부터는 천년왕국시대와 백(흰)보좌 심판에 관하여 말씀합니다. 이 대목에서 우리가 가장 많은 관심을 갖게 되는 것이 천년왕국입니다. 천년왕국은 천년동안 주님께서 다스리는 왕국이 있다는 것입니다. 그런데 그것이 재림전에 있느냐(전천년설), 아니면 재림후에 있느냐(후천년설) 혹은 예수님께서 초림에 오신 이후부터 다시 재림하실 때가지 교회 시대를 천년왕국 시대로 볼 것이냐(무천년설)에 따라 입장 차이가 있기 때문에 각 교단 마다 주장하는 천년왕국설이 다 다릅니다. 여기서 어떤 것이 맞는지 틀린지를 논하는 것은 의미가 없습니다. 요한계시록을 읽는 것에 도움이 되기 보다는 선입관을 만들어서 순수한 성경읽기를 방해할 수 있는 요소가 있기 때문에 일단은 요한계시록의 구조와 내용만 다루고자 합니다.

마지막 21장과 22장은 새 하늘과 새 땅, 즉 새 예루살렘인 천국을 보여주고 있습니다. 이렇게 모든 과정을 마치고 마침내 천국이 어떤 모습인지, 그 곳에서 보게 될 내용이 무엇인지 말씀해 주

19장	· 흰 말을 타신 심판의 주님의 입에서 말씀의 검이 나와 믿지 않는 자들을 징계하십니다.
20장	· 천년왕국 시대가 도래하고 사탄과 모든 불신자의 심판이 이루어집니다.
21-22장	· 새 하늘과 새 땅이 이루어지고 새 예루살렘이 하늘로부터 내려옵니다.

고 있습니다. 마지막으로 사도요한은 그 모습이 너무나 찬란하고 아름다워서 "아멘! 주 예수여 어서 오시옵소서!"라고 고백하며 계시록의 막을 내립니다.

2. 성경일독스쿨 맺는 말

이제 우리가 30과에 걸친 성경일독스쿨 대장정의 막을 내리면서 몇 가지 질문을 통해 그동안 공부한 것들을 차분히 마무리 해 보고자 합니다. 먼저 생각해 볼 것은 "성경전체를 통해 하나님께서 우리들에게 원하시는 것은 과연 무엇일까?" 입니다. 하나님께서는 도대체 우리에게 무엇을 말해주고 싶어서 계시의 말씀으로 성경을 주셨을까요?

성경은 '죄'라는 것이 아직 세상에 있지 않은 창세기 1장과 2장의 내용으로 시작합니다. 그런데 3장에서부터 죄가 시작되고 인간은 타락하여 온갖 문제가 나타나기 시작합니다. 그 이후로 인류의 역사는 살인과 죽음, 고통과 전쟁 같은 죄로 점철되어 왔음을 성경은 말해주고 있습니다. 그래서 인류의 역사는 곧 '죄의 역사'라고 3과를 공부할 때 이야기 했습니다. 그렇다면 이렇게 죄의 문제로 인하여 인류 가운데 고통이 들어오고 상처가 들어와서 마음과 관계가 파괴되는 세상과 인간을 바라보시며 하나님은 어떤 생각을 하셨을까요? 하나님은 멸망을 향해 가고 있는 당신의 피조물들을 그냥 손 놓고 구경만 하시는 분이 아닙니다. 하나님은 적극적으로 인류역사에 개입하셔서 온 인류를 구원하시고자 가장 크게 희생하셨습니다. 그 증거가 바로 '십자가'입니다. 사랑하는 독생자 예수 그리스도를 온 인류의 대속물로 아낌없이 내어 주셨습니다. 사랑하는 아들까지 내어 주실 만큼 인류를 구원하시고자 하는 하나님의 의지와 책임감은 매우 강했습니다. 우리는 십자가의 사랑을 통해 하나님의 그 마음을 알 수 있습니다. **여기서 우리가 질문하게 될 내용은 그렇다면 인간은 스스로를 구원할 수 없는 존재인가? 입니다. 그것에 대한 답은 절대로 인간은 스스로를 구**

원할 수 없는 존재라는 것입니다.

3. 하나님의 영광이라는 관점에서 죄를 깨달아야 합니다.

지금까지 우리는 '하나님의 영광'이라는 관점에서 성경을 읽고 살펴보았습니다. '하나님의 영광'이라는 관점에서 바라볼 때 '죄'란 하나님께 올려드려야 될 영광을 자신이 하나님 되어 가로챈 상태이며 결국 하나님과 원수가 된 상태입니다. 이것은 단순히 물건을 훔치는 정도가 아닙니다. 마치 다윗의 아들 압살롬이 아버지 다윗을 죽이고 그 자리를 차지하려고 했던 반역과도 같은 죄입니다. 그래서 바울은 로마서 8장 7~8절에서 죄로 인하여 우리 육체가 하나님과 원수가 된 상태라는 것을 분명히 밝히고 있습니다. 나 자신이 하나님이 되어 모든 것을 내 기준으로 판단하는 육신의 생각은 죄의 결과로 생겨난 현상이며 우리를 하나님과 원수가 되게 만들 뿐입니다.

7 육신의 생각은 하나님과 원수가 되나니 이는 하나님의 법에 굴복하지 아니할 뿐 아니라 할 수도 없음이라

8 육신에 있는 자들은 하나님을 기쁘시게 할 수 없느니라

창세기에 나오는 인간의 타락한 사건을 잠시 기억해 봅시다. 아담과 하와는 선악과 나무를 따먹고 난 뒤에 자신들이 벗었다는 것을 알게 되었습니다. 그전에는 한번도 그런 생각을 해 본 적이 없는데 말입니다. 이것은 단순히 몸을 가리지 않고 벗은 상태임을 인식한 것 이상의 의미입니다. 아담과 하와는 죄를 범하고 난 뒤부터 자신의 기준이 생겼습니다. 그래서 자신이 법이 되어 하나님 노릇하며 자기 마음대로 결정하고 판단하는 상태가 되었습니다. 아담과 하와 이후에 가인과 아벨의 사건에서도 가인은 동생 아벨의 제사만 받고 자신의 제사는 받지 않으신 하나님의 기준에 반기를 들고 자신의 감정대로 아무 잘못도 없는 동생 아벨을 죽입니다. 그리고는 하나님께서 "네 동생 아벨이 어디에 있느냐?"고 물으실 때 "내가 동생 아벨을 지키는 자이니까?"라며 반항합니다. 이것이 바로 죄 가운데 있는 인간의 모습이요, 내가 하나님 되어 하나님 노릇하는 죄된 상태입니다.

이처럼 아담과 하와가 범한 선악과나무 사건 이후에 누구도 예외 없이 인간은 하나님께 마땅히 올려 드려야 할 영광을 가볍게 생각하며 너무도 쉽게 하나님의 영광을 자신의 영광으로 바꾸었습니다. 하나님의 하나님 되심을 인정하지 않고 자기가 하나님 되어서 자신의 영광을 추구하고 하나님과는 오히려 대적하는 일들이 인간의 역사 가운데 계속해서 나타나고 있습니다. 결국 모든 인간은 자신이 하나님 되려고 하는 죄의 묶임에 갇혀서 빠져나올 수 없는 존재가 되었습니다. 그런데 이렇게 죄에서 빠져나올 수 없는 상태가 되어버린 인간을 구원해 주시기 위해 주님은 우리를 대신하여 십자가에서 죽고 부활하셔서 '나의 주 나의 하나님'이 되셨습니다. 그리고 이것을 증거하고 인치기 위해서 성령을 우리 속에 보내주셨습니다. 그래서 인간은 물과 성령으로 거듭나야만 내가 하나님 되려고 하는 죄로부터 자유를 얻게 됩니다. 내가 하나님 노릇 하려고 할 때마다 우리 안에서 역사하시는 성령께서 '하나님은 내가 아니라 오직 예수 그리스도'이심을 깨우쳐 주시기 때문입니다. 사도 바울은 갈라디아서 2장 20절에서 우리가 죄에 묶이지 않고 구원의 삶을 살 수 있는 방법을 분명하게 제시합니다.

20 내가 그리스도와 함께 십자가에 못 박혔나니 그런즉 이제는 내가 사는 것이 아니요 오직 내 안에 그리스도께서 사시는 것이라 이제 내가 육체 가운데 사는 것은 나를 사랑하사 나를 위하여 자기 자신을 버리신 하나님의 아들을 믿는 믿음 안에서 사는 것이라

내가 내 인생의 주인되어서 살면 여전히 죄의 종이 될 수밖에 없지만 바울처럼 내 안에 그리스도께서 주인이 되어 주시고 날마다 그것을 인정하면 우리는 더이상 죄에 묶이지 않습니다. 그렇기 때문에 날마다 예수 그리스도를 나의 주 나의 하나님으로 인정하고 주님이 말씀하시는 길로 가면 됩니다. 주님이 말씀하시는 방법을 선택하고 주님이 생각하시는 것을 따라가면 됩니다. 내가 하나님 노릇 하려는 마음과 육체의 소욕을 따르지 말고 그런 생각이 들때마다 나를 위하여 십자가에서 죽으신 예수 그리스도를 생각하며 나는 죽고 예수로 살면 됩니다. 예수로 살기 위해 내가 죽는 것입니다.

4. 죄와 사망의 법을 이기는 성령의 법

사도 바울은 우리가 온전히 그리스도 안에 있어야만 죄를 이길 수 있다는 것을 알았습니다. 그러나 그것이 뜻대로 잘 되지 않는 것 또한 알았습니다. 그래서 바울은 로마서 7장 24절에서 자신의 마음 속에서 늘 일어나고 있는 죄와의 싸움이 얼마나 힘든 일인지를 고백합니다.

24 오호라 나는 곤고한 사람이로다 이 사망의 몸에서 누가 나를 건져내랴

여러분, 죄를 쉽게 보시면 안 됩니다. 미국에서 살면서 반드시 정기적으로 해야하는 일 중 하나가 집 앞 정원의 잔디를 깎는 일입니다. 그런데 잔디를 깎으면 며칠이 안되어 다시 자랍니다. 특히 여름이 되면 더 빨리 자랍니다. 안 깎고 살아갈 방법이 전혀 없습니다. 방법은 단 하나, 정기적으로 깎아주는 것 뿐입니다. 우리 마음에 일어나는 죄의 욕구가 바로 계속해서 자라나는 잔디와 같습니다. 한번 이겼다고 해서 죄성이 사라지지 않습니다. 육신의 소욕이 없어지지 않습니다. 내가 하나님 되려는 마음이 결코 사라지지 않습니다. 이처럼 죄와 사망의 법이 끊임없이 올라오는 자신의 내면을 보면서 사도 바울은 탄식합니다. 그런데 로마서 8장 1절과 2절을 보면 죄와 사망의 법을 이기는 길이 예수 그리스도 안에 있다는 것을 말씀합니다.

1 그러므로 이제 그리스도 예수 안에 있는 자에게는 결코 정죄함이 없나니

2 이는 그리스도 예수 안에 있는 생명의 성령의 법이 죄와 사망의 법에서 너를 해방하였음이라

그렇습니다. 예수 그리스도 안에 있는 사람은 결코 정죄함이 없습니다. 왜냐하면 죄와 사망의 법이 왕 노릇하는 것이 아니라 성령이 왕 노릇하기 때문입니다. 죄를 따라가면 사망이 나의 왕이 되어 나를 다스리지만 성령님이 왕이 되시면 내가 하나님 되려는 생각을 내려 놓고 하나님의 하나님 되심을 높이며 찬양합니다. 결국 내가 하나님 되려는 죄 된 생각을 이기기 위해서는 우리 안에 계신 성령의 음성을 듣고 성령의 법을 따라가야 합니다. 그럴 때 죄와 사망의 법이 내 안에서 왕 노릇하던 것을 멈추고 떠나갑니다. 사도 바울은 이것을 로마서 8장 3,4절에서 더 분명히 강조합니다.

3 율법이 육신으로 말미암아 연약하여 할 수 없는 그것을 하나님은 하시나니 곧 죄로 말미암아 자기 아들을 죄 있는 육신의 모양으로 보내어 육신에 죄를 정하사

4 육신을 따르지 않고 그 영을 따라 행하는 우리에게 율법의 요구가 이루어지게 하려 하심이니라

우리는 연약해서 할 수 없지만 하나님은 하실 수 있습니다. 그래서 인간의 죄를 해결하기 위해서 주님께서 이 땅에 오셨으며, 우리로 하여금 육신을 따르지 않고 성령을 따라서 살아가도록 하시기 위해 십자가에서 죽으시고 부활하여 나의 주 나의 하나님이 되셨습니다.

5. 성령의 법을 따르면 어떤 결과가 있습니까?

그렇다면 성령의 법을 따라 살 때 나타나는 결과는 무엇일까요? 그것은 바로 하나님께서 함께 해주시는 복인 '임마누엘의 복'을 누리게 된다는 것입니다. 하나님과 동행하는 것이 진정한 복입니다. 성령의 법을 따라 살면 복의 근원되신 주님께서 늘 함께 해주시는 은혜를 충만히 누리며 살아갈 수 있습니다. 시편기자는 시편 1편의 말씀에서 어떻게 하면 우리가 하나님과 동행하는 복을 누릴 수 있는 지에 대해 가르쳐 주고 있습니다. 그것은 바로 주야로 말씀을 묵상하는 자가 시냇가에 심은 나무처럼 하나님과 늘 동행하게 된다는 것입니다.

그렇습니다. 성령의 법이 죄와 사망의 법에서 나를 해방하도록 역사하는 힘은 어디에서 시작이 되는가? 그것은 말씀에서 시작이 됩니다. 말씀을 읽고 말씀을 묵상하는 것이 바로 하나님과 동행하는 길이요 성령의 법이 우리 속에서 강력하게 역사하게 만드는 능력입니다. 그래서 시냇가에 심은 나무가 시절을 따라서 과실을 많이 맺고 잎이 마르지 않는 생명력이 넘치는 모습으로 살수 있는 것입니다. 그렇다면 우리가 분명히 알아야 될 내용은 무엇입니까? 성령의 법을 더 기쁨과 은혜가 넘치고 생명력 있게 누리길 원할 때 우리는 반드시 하나님의 말씀을 읽고 주야로 묵상하는 삶을 살아야만 합니다 이것은 선택이 아닙니다. 이것은 주님과 동행하는 삶을 원하고 성령의 법이 죄와 사망의 법에서 우리를 해방하길 원하는 사람은 반드시 해야 될 영적인 싸움입니다.

6. 이제 남은 것은 선택입니다.

창세기에 나오는 아담과 하와 앞에 놓인 선악과 나무도 선택입니다. 그리고 이스라엘 백성에게 시내산에서 율법을 주시며 복과 저주를 말씀하신 하나님의 뜻을 따를 것인가? 아니면 따르지 않을 것인가? 그것도 선택입니다. 오늘날 우리들은 수많은 말씀을 듣고 보고 있습니다. 말씀의 홍수시대에 산다고 해도 과언이 아닙니다. 말씀을 듣는 사람은 많습니다. 그러나 말씀대로 사는 사람은 그렇게 많지 않습니다. 그것이 우리의 문제입니다.

그렇다면 이제 우리에게 남은 것은 무엇입니까? 하나님의 말씀을 정말 믿고 그 말씀을 하나님의 음성을 알고 그 말씀에 귀를 기울이고 따르며 순종할 것인가? 아니면 여전히 내가 주인 되고 하나님 되어 죄 가운데 묶여서 살 것인가? 이 질문에 대답하는 일만 남은 것입니다.

가나안 땅으로 인도했던 모세가 죽고 가나안을 정복했던 길을 인도한 여호수아는 여호수아서 24장 14절과 15절에서 지금까지 하나님께서 어떻게 역사하고 인도해 주셨는지를 다 설명한 뒤에 이스라엘 백성 앞에서 이렇게 말합니다.

14 그러므로 이제는 여호와를 경외하며 온전함과 진실함으로 그를 섬기라 너희의 조상들이 강 저쪽과 애굽에서 섬기던 신들을 치워 버리고 여호와만 섬기라

15 만일 여호와를 섬기는 것이 너희에게 좋지 않게 보이거든 너희 조상들이 강 저쪽에서 섬기던 신들이든지 또는 너희가 거주하는 땅에 있는 아모리 족속의 신들이든지 너희가 섬길 자를 오늘 택하라 오직 나와 내 집은 여호와를 섬기겠노라

우리가 하나님의 말씀을 듣고 난 뒤에 아는 것으로 끝나지 말아야 합니다. 그리고 생각해 봐야 합니다. 하나님을 하나님으로 인정하며 살 것인지, 아니면 내가 만든 우상을 하나님처럼 섬기거나 내가 하나님이 되어 죄에 묶여서 살 것인지 결정해야 합니다. 지금까지 성경일독스쿨을 통해 여러분이 하나님을 하나님으로 인정하는 영광된 삶을 살도록 가르치고 인도해 주었습니다. 이제 선택은 여러분에게 달려 있습니다. 오직 하나님을 하나님으로 인정하며 영광된 삶을 누리시는 모든 분들 되시길 두 손 모아 기도합니다. 약속의 말씀대로 성령의 법을 따라 살면서 죄와 사망의 법에 묶여 살지 말고 하나님의 영광을 나타내며 마지막 날 주님이 주실 하늘의 상을 누리시기를 바랍니다.

성경일독스쿨 운영 방법

1. 전체 운영 시간은 2시간 내외로 하되 먼저 워크북 나눔과 설명을 1시간 진행 하고 나머지 1시간은 예습으로 읽은 성경 내용을 함께 나눕니다.

2. 가급적 12명 이하의 소그룹으로 운영하시기 바랍니다. 대그룹인 경우에 강의 및 워크북 인도는 목회자 또는 담당 사역자가 진행하고 읽은 성경 내용을 나누는 것은 인도자를 그룹별로 따로 세워서 소그룹으로 진행합니다.

3. 성경을 읽어온 내용을 함께 나눌 때, 은혜 받은 것과 깨닫고 결심한 것과 적용한 것을 나누면 좋습니다. 가끔 그 주간 성경 본문과 상관없는 개인적인 간증과 은혜를 오랜 시간 나누시는 분들이 있는데 그것은 적절한 선에서 마무리하도록 지도해야 합니다. 나눔은 한 사람당 5분 내외로 시간을 정해야 합니다.

4. 워크북 나눔과 설명은 12명 이하의 소그룹인 경우에 일방적인 강의 스타일 보다는 질문을 주고받는 나눔 스타일로 진행하는 것이 효과적이며 성도의 참여율도 높일 수 있습니다.

5. 대그룹인 경우는 어쩔 수 없이 강의 스타일로 진행해야 합니다. 그러나 강의하면서 너무 많은 내용을 첨가하지 말고 워크북과 관련된 범위 안에서 질문을 읽고 답을 보충해 주는 형태로 진행하는 것이 좋습니다. 더 가르치려 하다 보면 나중에 참여자가 워크북 예습에 흥미를 잃고 수업의 열기도 점점 식게 됩니다.

6. 워크북은 홈페이지(www.bible1dok.net) 자료실에 있는 워크북 PDF/워드/한글 파일을 다운로드 하시기 바랍니다. 한주에 한과를 프린트해서 나누어 주시고, 바인더로 워크북을 만들어서 활용하시면 좋습니다. 참고로 홈페이지 자료의 이용과 워크북은 무료입니다.

7. 마지막으로 꼭 부탁할 것은 인도자는 반드시 기도하라는 것입니다. 성경을 쓰신 분은 성령님 이십니다. 성령의 역사하심과 감동이 있어야 성경을 읽고 은혜를 누리며 삶이 변화되고 하나님을 인격적으로 만나게 됩니다. 기도만이 말씀의 능력을 경험하게 만듭니다.

부록 연대기식 성경읽기표

1. 구약 성경일독학교 읽기 순서 (읽은 것은 표시하기 바랍니다.)

(주)차	( )요일	( )요일	( )요일	( )요일	( )요일	( )요일	( )요일
1	창 1-7	창 8-11 욥 1-5	욥 6-13	욥 14-20	욥 21-28	욥 29-34	욥 35-39
2	욥 40-42 창 12-15	창 16-21	창 22-26	창 27-31	창 32-37	창 38-42	창 43-47
3	창 48-50 출 1-3	출 4-9	출 10-15	출 16-21	출 22-27	출 28-32	출 33-38
4	출 39-40 레 1-4	레 5-10	레 11-15	레 16-21	레 23-25	레 26-27 민 1-2	민 3-6
5	민 7-10	민 11-13	민 11-17 시 90	민 18-22	민 23-27	민 28-32	민 33-36
6	신 1-4	신 5-10	신 11-16	신 17-23	신 24-29	신 30-34	수 1-8
7	수 9-15	수 16-21	수 22-24 삿 1-2	삿 3-7	삿 8-12	삿 13-18	삿 19-21 룻 1-4
8	삼상 1-8	삼상 9-14	삼상 15-20 시 11/59	삼상 21-24 시 7/27/31 34/52	시 56/120 140-142 삼상 25-27	시 17/35 54/63/18 삼상 28-31	시 121/ 123-125 128-130 삼하 1-4
9	시 6/8-10 14/16/19/21 대상 1-2	시 43-45 49/84-85 87 대상 3-5	시 73 77-78 대상 6	시 81/88 92-93 대상 7-10	시 102-104 삼하 5:1-10 대상 11-12	시 133 106-107	삼하 5:11-6:23 대상 13-16 시 1-2/15 24/47/68
10	시 89/96 100/101/105 132/ 삼하 7 대상 17	시 25/29 33/36/39 삼하 8/9 대상 18	시 50/53 삼하 10 시 60/75/20 대상 19	시 65-67 69-70 삼하 11-12 대상 20	시 32/51 86/122 삼하 13-15	시 3-4 /12 13/28/55 삼하 16-18	시 26/40/58 61/62/64 삼하 19-21
11	시 5/38/41 42/22/23/57 삼하 22-23	시 95/97-99 삼하 24/시 30 대상 21/22	시108-110 대상 23-25	시 131/127 138-139 143-145 대상 26-29	시 111-118 왕상 1-2 시 37/71/94	시 119:1-88 왕상 3-4 대하 1 시 72	시 119:89-176 아가 1-8
12	잠 1-6	잠 7-12	잠 13-18	잠 19-24	왕상 5-7 대하 2-4	대하 5-7 왕상 8 / 시136	시 134 146-150 왕상 9/대하 8
13	잠 25-29	전 1-12	왕상 10/11 대하 9 잠 30-31	왕상 12-14 대하 10-12	왕상 15-16 대하 13-17	왕상 17-21	왕상 22 대하 18-23
14	오바댜 시 82/83 왕하 1-4	왕하 5-11	왕하 12-14 대하 24/25	요나 1-4 왕하 15 대하 26	사 1-8	암 1-9	대하 27 사 9-12 미가 1-7
15	대하 28 왕하 16-17 사 13-17	사 18-24	사 25-27 왕하 18:1-8	대하 29-31 시 48 호 1-7	호 8-14 사 28-30	사 31-36	사 37-39 시 76 사 40-43
16	사 44-48 왕하 18:9-19:37	시 46/80/135 사 49-53	사 54-59	사 60-66	왕하 20-21 대하 32-33	나훔 1-3 왕하 22-23	대하 34-35 습 1-3

2. 신약 성경일독학교 읽기 순서 (읽은 것은 표시하기 바랍니다.)

(주)차	( )요일	( )요일	( )요일	( )요일	( )요일	( )요일	( )요일
17	렘 1-6	렘 7-13	렘 14-22	렘 23-29	렘 30-34	렘 35-40 시 74/79	왕하 24-25 대하 36 합 1-3
18	렘 41-48	렘 49-52	애 1:1-3:36	애 3:37-5:22 겔 1-4	겔 5-12	겔 9-15	겔 16-19
19	겔 20-23	겔 24-31	겔 32-37	겔 38-41	겔 42-45	겔 46-48 욜 1-3	단 1-6
20	단 7-12	라 1-6 시 137	학 1-2 슥 1-7	슥 8-14 더 1-5	더 6-10 라 7-10	느 1-8	느 9-13 시 126 말 1-4
21	눅 1 / 마 1 요 1:1-14 눅 2:1-38	마 3 눅 2:39-52 막 1/ 눅 3	마 4/눅 4-5 요 1:15-4::54	막 2 요 5	마 12:1-21 막 3 / 눅 6 마 5-7	마 8:1-13 눅 7 마 11	마 12:22-50 / 눅 11 마 13 / 눅 8
22	마 8:14-34 막 4-5 마 9-10	마 14 / 막 6 눅 9:1-17 요 6	마 15-16 막 7-8 눅 9:18-27	마 17-18 막 9 눅 9:28-62	요 7-9 10:1-21 눅 10 요 10:22-42	눅 12-15	눅 16-17:10 요 11
23	눅 17:11-18:14 마 19 / 막 10	마 20-21 눅 18:15-19:48	막 11 / 요 12 마 22 / 막 12	마 23 눅 20-21 막 13	마 24-25	마 26 / 막 14 눅 22 / 요 13	요 14-17 마 27 막 15
24	눅 23 요 18-19 마 28 / 막 16	마 1-8	마 9-15	마 16-22	마 23-28	막 1-5	막 6-10
25	막 11-16	눅 1-7	눅 8-14	눅 15-22	눅 23/24 요 1-4	요 5-10	요 11-16
26	요 17-21	행 1-6	행 7-10	행 11-14	약 1-5 행 15/16	갈 1-6	행 17-18:18 살전/후
27	행 18:19-19:41 고전 1-4	고전 5-11	고전 12-16	고후 1-9	고후 10-13 행 20:1-3 롬 1-3	롬 4-10	롬 11-16
28	행 20:4-26:32	행 27-28 골1-4/ 몬 1	엡 1-6 빌 1-4	딤전 1-6 딛 1-3	벧전 1-5 히 1-3	히 4-10	히 11-13 딤후 1-4
29	벧후 1-3 유 1	요일/이/삼	계 1-5	계 5-10	계 11-15	계 16-19	계 20-22

구약 성경 읽기표

(읽은 부분은 꼭 표시해서 확인하시기 바랍니다.)

창세기	1	2	3	4	5	6	7	8	9	10	11	12	13	14	15	16	17	18	19	20
	21	22	23	24	25	26	27	28	29	30	31	32	33	34	35	36	37	38	39	40
	41	42	43	44	45	46	47	48	49	50										
출애굽기	1	2	3	4	5	6	7	8	9	10	11	12	13	14	15	16	17	18	19	20
	21	22	23	24	25	26	27	28	29	30	31	32	33	34	35	36	37	38	39	40
레위기	1	2	3	4	5	6	7	8	9	10	11	12	13	14	15	16	17	18	19	20
	21	22	23	24	25	26	27													
민수기	1	2	3	4	5	6	7	8	9	10	11	12	13	14	15	16	17	18	19	20
	21	22	23	24	25	26	27	28	29	30	31	32	33	34	35	36				
신명기	1	2	3	4	5	6	7	8	9	10	11	12	13	14	15	16	17	18	19	20
	21	22	23	24	25	26	27	28	29	30	31	32	33	34						
여호수아	1	2	3	4	5	6	7	8	9	10	11	12	13	14	15	16	17	18	19	20
	21	22	23	24																
사사기	1	2	3	4	5	6	7	8	9	10	11	12	13	14	15	16	17	18	19	20
	21																			
룻기	1	2	3	4																
사무엘상	1	2	3	4	5	6	7	8	9	10	11	12	13	14	15	16	17	18	19	20
	21	22	23	24	25	26	27	28	29	30	31									
사무엘하	1	2	3	4	5	6	7	8	9	10	11	12	13	14	15	16	17	18	19	20
	21	22	23	24																
열왕기상	1	2	3	4	5	6	7	8	9	10	11	12	13	14	15	16	17	18	19	20
	21	22																		
열왕기하	1	2	3	4	5	6	7	8	9	10	11	12	13	14	15	16	17	18	19	20
	21	22	23	24	25															
역대상	1	2	3	4	5	6	7	8	9	10	11	12	13	14	15	16	17	18	19	20
	21	22	23	24	25	26	27	28	29	30	31	32	33	34	35	36	37	38	39	40
역대하	1	2	3	4	5	6	7	8	9	10	11	12	13	14	15	16	17	18	19	20
	21	22	23	24	25	26	27	28	29	30	31	32	33	34	35	36				
에스라	1	2	3	4	5	6	7	8	9	10										
느헤미야	1	2	3	4	5	6	7	8	9	10	11	12	13							
에스더	1	2	3	4	5	6	7	8	9	10										
욥기	1	2	3	4	5	6	7	8	9	10	11	12	13	14	15	16	17	18	19	20
	21	22	23	24	25	26	27	28	29	30	31	32	33	34	35	36	37	38	39	40
	41	42																		
시편	1	2	3	4	5	6	7	8	9	10	11	12	13	14	15	16	17	18	19	20
	21	22	23	24	25	26	27	28	29	30	31	32	33	34	35	36	37	38	39	40
	41	42	43	44	45	46	47	48	49	50	51	52	53	54	55	56	57	58	59	60
	61	62	63	64	65	66	67	68	69	70	71	72	73	74	75	76	77	78	79	80
	81	82	83	84	85	86	87	88	89	90	91	92	93	94	95	96	97	98	99	100
	101	102	103	104	105	106	107	108	109	110	111	112	113	114	115	116	117	118	119	120
	121	122	123	134	125	126	127	128	129	130	131	132	133	134	135	136	137	138	139	140
	141	142	143	144	145	146	147	148	149	150										
잠언	1	2	3	4	5	6	7	8	9	10	11	12	13	14	15	16	17	18	19	20
	21	22	23	24	25	26	27	28	29	30	31									

전도서	1	2	3	4	5	6	7	8	9	10	11	12								
아가	1	2	3	4	5	6	7	8												
이사야	1	2	3	4	5	6	7	8	9	10	11	12	13	14	15	16	17	18	19	20
	21	22	23	24	25	26	27	28	29	30	31	32	33	34	35	36	37	38	39	40
	41	42	43	44	45	46	47	48	49	50	51	52	53	54	55	56	57	58	59	60
	61	62	63	64	65	66														
예레미야	1	2	3	4	5	6	7	8	9	10	11	12	13	14	15	16	17	18	19	20
	21	22	23	24	25	26	27	28	29	30	31	32	33	34	35	36	37	38	39	40
	41	42	43	44	45	46	47	48	49	50	51	52								
예레미야애가	1	2	3	4	5	6	7	8	9	10	11	12	13	14	15	16	17	18	19	20
에스겔	1	2	3	4	5	6	7	8	9	10	11	12	13	14	15	16	17	18	19	20
	21	22	23	24	25	26	27	28	29	30	31	32	33	34	35	36	37	38	39	40
	41	42	43	44	45	46	47	48												
다니엘	1	2	3	4	5	6	7	8	9	10	11	12								
호세아	1	2	3	4	5	6	7	8	9	10	11	12	13	14						
요엘	1	2	3																	
아모스	1	2	3	4	5	6	7	8	9											
오바댜	1																			
요나	1	2	3	4																
미가	1	2	3	4	5	6	7													
나훔	1	2	3																	
하박국	1	2	3																	
스바냐	1	2	3																	
학개	1	2																		
스가랴	1	2	3	4	5	6	7	8	9	10	11	12	13	14						
말라기	1	2	3	4																

활용방법 소개

먼저 성경읽기 시작한 날을 정해서 요일을 순서대로 적어 넣으시기 바랍니다. 매일 연대기식 성경읽기 순서에 나와있는 스케줄대로 성경을 읽습니다. 하루에 약 5장 -10장정도 범위로 나누어져 있습니다. 그래서 하루도 빠지지 말고 매일 읽는 습관을 기르고 훈련해야 합니다.

그리고 신구약 성경 읽기표에 읽은 범위를 표시해서 내가 얼마나 읽었는지 확인하는 것이 필요합니다. 이렇게 하는 것은 두가지 목적이 있습니다. 하나는 연대기식 성경읽기 방법에 따라 성경을 읽기 때문에 나중에 내가 어디를 읽었는지 안 읽었는지 모르기 때문에 표시해 놓는 것이 필요하고 다른 하나는 읽은 것을 표시해 두면 읽은 것 만큼 보람과 성취감을 느끼기 때문에 이후에 더 열심히 읽으려는 동기부여가 됩니다. 성경일독스쿨은 성경공부가 아니라 성경을 스스로 읽을 수 있는 자생능력을 훈련하는 것입니다. 또한 성경을 이번 기회에 반드시 일독해 보시기 바랍니다.

신약 성경 읽기표

(읽은 부분은 꼭 표시해서 확인하시기 바랍니다.)

마태복음	1	2	3	4	5	6	7	8	9	10	11	12	13	14	15	16	17	18	19	20
	21	22	23	24	25	26	27	28												
마가복음	1	2	3	4	5	6	7	8	9	10	11	12	13	14	15	16				
누가복음	1	2	3	4	5	6	7	8	9	10	11	12	13	14	15	16	17	18	19	20
	21	22	23	24																
요한복음	1	2	3	4	5	6	7	8	9	10	11	12	13	14	15	16	17	18	19	20
	21																			
사도행전	1	2	3	4	5	6	7	8	9	10	11	12	13	14	15	16	17	18	19	20
	21	22	23	24	25	26	27	28												
로마서	1	2	3	4	5	6	7	8	9	10	11	12	13	14	15	16				
고린도전서	1	2	3	4	5	6	7	8	9	10	11	12	13	14	15	16				
고린도후서	1	2	3	4	5	6	7	8	9	10	11	12	13							
갈라디아서	1	2	3	4	5	6														
에베소서	1	2	3	4	5	6														
빌립보서	1	2	3	4																
골로새서	1	2	3	4																
데살로니가전서	1	2	3	4	5															
데살로니가후서	1	2	3																	
디모데전서	1	2	3	4	5	6														
디모데후서	1	2	3	4																
디도서	1	2	3																	
빌레몬서	1																			
히브리서	1	2	3	4	5	6	7	8	9	10	11	12	13							
야고보서	1	2	3	4	5															
베드로전서	1	2	3	4	5															
베드로후서	1	2	3																	
요한일서	1	2	3	4	5															
요한이서	1																			
요한삼서	1																			
유다서	1																			
요한계시록	1	2	3	4	5	6	7	8	9	10	11	12	13	14	15	16	17	18	19	20
	21	22																		

지금 내가 여러분을 주와 및 그 은혜의 말씀에 부탁하노니 그 말씀이 여러분을 능히 든든히 세우사 거룩하게 하심을 입은 모든 자 가운데 기업이 있게 하시리라 (행20:32)